아동발달과 교육심리의 이해

이대식 · 여태철 · 공윤정 · 김혜숙 · 송재홍 · 임진영 · 황매향 공저

Child Development

Educational Psychology

학지사

머리말

이 세상에 나와 완전하게 동일한 사람은 없다. 일란성 쌍둥이라고 해도 적지 않은 부분에서 서로 차이를 보인다. 만약 모든 사람들이 동일한 방식과 동일한 정도로 성장한다면 이 세상이 단조로워지는 것은 차치하고라도 아동들이 어떻게 성장하고 발달하는지 연구하거나 공부할 필요가 없을 것이다. 한두 사람만 보아도 그 패턴을 알 수 있을 테니까 말이다.

아동발달이론은 아동들이 어떻게 성장하는지를 연구하는 학문 분야다. 아동발달을 연구하는 사람들은 아동의 다양한 발달 현상 중에서 다수의 아동에게 두드러지게 나타나는 것을 분석하고 찾아내어 아동발달 현상을 설명하려 한다. 학자들의 이러한 노력은 양육하고 교육할 대상인 아동에 대한 우리의 이해를 넓히는 데 매우 큰 기여를 하고 있다. 그러나 일반적이거나 높은 빈도로 나타나는 현상이 지나치게 강조될 때 이것이 자칫 '좋은 것' '정상적인 것'으로 인식될 가능성은 늘 존재한다. 우리가 어떤 이유에서든 다수가 일반적으로 보이는 발달상의 특징에 대해 사실 이상으로 가치를 부여할 때 이것은 곧 인간발달의 다양성을 부인하거나 경시하는 결과를 초래할 수 있다.

학습에 대한 이해도 마찬가지다. "사람들이 특정한 방식으로 학습을 하는 것으로 보인다."라는 것과 "아동으로 하여금 특정한 방식으로 학습하도록 해야 한다."라는 주장은 성격상 전혀 다르다. 아동발달과 학습 현상을 공부하는 궁극적인 목적 중 하나는 각 아동들이 발달과 학습상에 보이는 다양성을 이해하고 그것을 소중하게 여기고 존중해 주기 위함이다.

이 책은 초등교사가 될 학생들에게 아동발달과 학습에 대해 가르칠 때 유용하게 사용할 수 있는 교재가 있으면 좋겠다는 저자들의 판단에 의해 집필되었다. 그러므로 예상 독자는 일반적으로 예비교사들, 그들을 가르치는 교육자 그리고 아동발달과 학습 현상에 관심을 가지고 있는 사람들이다. 이 책을 교사양성 과정에서 아동발달이나 교육심리 관련 강좌의 교재로 사용한다면 큰 도움이 될 것으로 생각한다.

이 책은 크게 세 부분으로 구성되어 있다. 제1부는 아동발달이론의 기초를 다룬다. 제1장(여태철 저)에서는 발달의 개념, 발달의 기제와 원리, 아동발달 연구의 목적과 주요 주제 그리고 아동발달 연구방법들을 살펴보고, 제2장(여태철 저)에서는 아동발달을 바라보는 다양한 관점들을 설명한다.

제2부는 각 영역별로 아동발달의 내용과 특징을 다룬다. 제3장(황매향 저)에서는 신체발달, 제4장(송재홍 저)에서는 인지발달, 제5장(여태철 저)에서는 지능과 창의성, 제6장(공윤정 저)에서는 도덕성 발달, 제7장(임진영 저)에서는 성격발달, 제8장(공윤정 저)에서는 자아 발달 그리고 제9장(이대식 저)에서는 발달장애에 대해 살펴볼 것이다.

제3부는 학습이론을 다룬다. 제10장(김혜숙 저)에서는 행동주의 학습이론, 제11장(임진영 저)에서는 인지주의 학습이론을 살펴보고, 제12장(황매향 저)에서는 동기와 학습 간의 관계에 대해 다룬다.

또한 이 책에서는 장마다 학습자들을 배려하여 다양한 활동과 내용을 제시하려 하였다. 첫째, 각 장마다 해당 장의 학습목표와 내용 조직을 제시하여 학습자가 어떤 내용을 중점적으로 학습해야 할 것인지를 명확하게 알 수 있도록 유도하였다. 둘째, 각 장에서 다루고 있는 주요 개념이나 용어를 안내하여 학습 시 중요한 부분이 무엇인지를 알게 하였다. 셋째, 각 장 끝에 '요점 정리'를 제시하여 해당 장에서 꼭 알아야 할 사항을 점검하거나 각종 시험 준비에 활용할 수 있도록 하였다. 넷째, 각 장 끝에 '생각해 볼 문제'를 수록하여 수업 내용이나 과제 형태로서의 이론적 · 실제적 쟁점 사항을 심도 있게 학습하고 서로 의견을 나눌 수 있는 기회를 갖도록 유도하였다.

이 책이 나오기까지 여러 사람들의 헌신이 있었다. 학지사 김진환 사장님은 이 책이 틀을 잡기 전부터 관심과 지원을 아끼지 않았고, 이 책이 햇빛을 보도록 물심양면으로 도와주셨다. 난관이 많았던 진행 과정에서는 학지사 편집자님이 수고해 주셨다. 두 분을 비롯한 출판사 관계자분들께 감사 인사를 드린다.

2010년 3월
저자 일동

차 례

제1부
아동발달이론의 기초

제1장

아동발달의 기초

학습목표

- 발달의 개념을 이해한다.
- 아동발달연구의 목적을 이해한다.
- 인간발달연구에서 논점이 되는 주제들을 고찰한다.
- 발달의 기제와 그 원리에 대해 이해한다.
- 아동발달연구의 접근법과 여러 방법을 이해한다.

이 장의 내용

1. 발달의 개념과 아동발달연구의 목적
   발달의 개념 / 아동발달연구의 목적
2. 아동발달의 논점
   유전과 환경 / 성숙과 경험 / 연속성과 비연속성 / 결정적 시기 / 초기 경험과 후기 경험 / 개인차의 안정성과 변화 가능성
3. 발달의 원리와 기제
   발달의 원리 / 발달의 기제
4. 아동발달의 연구방법
   자료 수집 방법 / 연구방법 / 아동연구의 윤리

주요 개념 및 용어

· 발달 · 성장 · 성숙 · 학습 · 연속성 · 비연속성 · 결정적 시기
· 실험연구 · 상관연구 · 종단적 연구법 · 횡단적 연구법

제1장 아동발달의 기초

아동은 발달이 완전히 이루어지지 않은 존재로, 아동의 발달을 제대로 이해하여 그에 적합한 교육적 환경을 제공하고 나아가 아동의 발달을 촉진하는 것은 아동교육에서 무엇보다 중요하다.

이 장에서는 아동발달에 대해 올바로 이해하기 위한 기초가 되는 아동발달의 개념, 아동발달의 논점, 발달의 원리와 기제 그리고 아동발달연구법에 관해 살펴보고자 한다.

1. 발달의 개념과 아동발달연구의 목적

아동발달은 전 생애 동안 이루어지는 인간발달의 한 부분인 동시에 청년기와 성인기 발달을 위한 기초를 형성한다. 아동발달연구자들의 관심 분야는 매우 다양하나 인생 초기의 극적 변화에 영향을 주는 요인들을 기술하고 설명하려는 공통점을 지니고 있다. 이를 위한 기초로서 발달이 의미하는 것이 무엇이고, 아동발달을 연구하는 목적이 무엇인지 살펴보기로 한다.

1) 발달의 개념

발달은 시간이 경과함에 따라 아동이 양적 또는 질적으로 변화하는 과정이다. 양적인 변화는 신장, 체중, 어휘력에서 보이는 변화와 같이 크기 또는 양에서의 변화를 의미한다. 질적인 변화는 지능의 본질이나 정신작용에서의 변화와 같이 본질, 구조 또는 조직상의 변화를 의미한다(정옥분, 2002).

발달과 유사한 개념으로 성장과 성숙, 학습이라는 개념이 있다. 성장(growth)이란 신체적으로 키가 커지거나 몸무게가 늘어나는 등의 양적으로 변화하는 현상을 뜻한다. 성숙(maturity or maturation)은 신체적인 변화 중에서도 기기, 앉기, 서기 등과 같은 운동기능이라든가, 피부가 외부의 자극에 민감하게 반응하거나 눈동자의 움직임이 활발해지는 등의 감각기능과 여러 가지 내분비선의 변화에 따라서 신체기능이 유능해지는 것을 의미한다. 학습(learning)이란 연습과 경험을 통하여 이루어지는 변화다. 그러므로 학습은 비교적 연속적이고 진보적인 행동의 변화가 된다. 성장과 성숙, 학습은 발달을 돕는 배경이 된다는 측면에서 발달과 밀접한 관계가 있다(유안진, 1999).

발달이 성장, 성숙, 학습과 밀접히 관련된다고 하면 인간의 행동이 상향적으로 또는 지향적(志向的)으로 변화될 때 발달이라고 할 수 있다. 상향적이나 지향적이라고 할 수 있는 변화는 그 방향이 바람직하게 변화되는 것을 의미한다. 즉, 양적으로 전보다 더 증대되고, 기능적으로도 전보다 더 유능해지고 세련되게 변할 때만 발달이라고 할 수 있다. 종전에는 이러한 발달의 개념이 사용되어 수태에서 청년기에 이르는 상승적인 변화만을 가리켰으나, 근래에는 청년기 이후 노년기에 이르기까지의 하강적 변화도 적응을 위한 변화라고 간주하여 발달이 보다 넓은 의미로 사용된다. 오늘날 대부분의 발달심리학자들은 인간발달은 일생을 통하여 진행된다는 견해를 받아들이고 있다. 즉, 인간발달은 전 생애를 포괄하여 생명의 시작에서부터 죽음까지 계속된다는 것이다(정옥분, 2002).

2) 아동발달연구의 목적

우리는 왜 아동기를 연구하는가? 아동기는 전 생애 발달의 초기 단계로서 많은 학자들이 관심을 갖는다. 우리는 다음과 같은 다섯 가지 이유로 이 질문에 대답할 수 있다. 첫째, 아동기는 전 생애의 어떤 시기보다 변화가 많은 시기다. 변화는 발달연구자들이 관심을 갖는 주제이기 때문에 아동기 변화는 발달연구자들의 관심을 끌기에 충분히 흥미롭다.

둘째, 인생 초기의 경험이나 사건들은 후기의 발달에 강한 영향을 주기 때문에 아동기를 연구한다. 어떤 사람이 현재 청년 또는 성인이라면 그 개인은 아동기 발달과 경험의 결과에 따라 현재의 모습을 갖추고 있다고 볼 수 있다.

셋째, 아동발달은 성인기의 복잡한 발달에 통찰을 제공해 준다. 세련되고 복잡한 성인의 행동 그 자체를 연구하기보다는 아동기 행동을 연구함으로써 복잡한 행동들의 기본 규칙이나 원칙을 쉽게 이해할 수 있다.

넷째, 아동발달에 관한 연구는 문제를 가지고 있는 아동들에게 도움을 줄 수 있다. 특히 아동발달연구는 가난이나 약물, 범죄와 같은 실제 문제를 갖는 아동들에게 도움을 줄 뿐 아니라 탁아소와 유아원에서의 아동지도, 학교 교실 내에서의 교수방법, 부모의 양육 방식에도 영향을 줌으로써 아동이 더 나은 삶을 살 수 있도록 한다.

다섯째, 많은 연구자들은 아동 연구 그 자체가 흥미로워서 연구를 계속한다. 연구자들은 아동에 대한 개인적 애정을 가지고 그들의 행동과 발달에 대한 매력을 느껴 연구에 몰두한다.

결론적으로 아동발달연구는 보다 더 바람직한 성장환경과 학습환경을 아동들에게 제공해 줄 수 있도록 하므로 아동 자신들에게 이익을 주고 부모와 아동을 교육하는 교사나 교육행정가를 포함하여 전문가들에게 도움을 준다. 또한 청소년 비행과 폭력, 약물남용 등 최근의 심각한 청소년문제와 사회문제는 아동에 관한 연구를 통하여 잘 이해되고 미연에 방지될 수 있으므로 아동에 관한 연구가 사회에 이익을 줄 수도 있다(장휘숙, 2002).

2. 아동발달의 논점

인간발달이란 수태에서 죽음에 이르기까지 인간의 전 생애를 통해 계속되는 과정을 말한다. 아동기는 전 생애 중 한 부분이지 발달선상에서 고립된 기간이 아니다. 아동기에서만 볼 수 있는 독특한 특성이 있기는 하지만, 아동기는 유아기나 청년기의 발달과 경험에 연관되어 있다(정옥분, 2002). 아동발달을 비롯한 인간발달에 관한 기본적인 논점으로 유전과 환경의 문제, 성숙과 경험의 문제, 연속성과 비연속성의 문제, 결정적 시기의 문제, 초기 경험과 후기 경험의 문제 그리고 발달에서의 개인차 문제가 주 논점으로 제기되고 있다. 이를 간단히 설명하면 다음과 같다.

1) 유전과 환경

인간발달이 유전에 따른 것인가, 아니면 환경에 따른 것인가에 관한 논쟁만큼 널리 알려진 논쟁은 없다. 전성설(前成說)을 주장한 학자들은 인간이 남성의 정자나 여성의 난자 안에 이미 완전한 형상을 갖추고 있다고 믿었다. 따라서 수태 시 오로지 제한된 양적 변화만이 일어나며, 환경은 발달의 결과에 거의 영향을 미치지 않는 것으로 믿었다. 반면에 John Locke는 아동을 '백지상태(tabula rasa)'에 비유함으로써 생물학적 기초가 아닌 환경적 영향력만이 모든 발달적 변화를 설명할 수 있다고 가정하는 극단적인 환경론을 주장하였다.

일반적으로 인간발달은 유전과 환경의 상호작용의 결과라고 볼 수 있다. 개인의 인자형(因子型)은 표현형(表現型)을 절대적으로 제한한다. 예를 들어, 우리가 아무리 많이 먹는다 해도 3m 이상 자랄 수 없는 것처럼 유전적 요인은 좀처럼 능가할 수 없는 성장의 한계를 설정한다. 반면에 환경적 요인은 유전적 잠재력이 실현될 수 있는 정도와 범위를 절대적으로 제한한다. 즉, 선천적 특성들이 잠재적 변화의 한계를 규정하지만, 이러한 한계는 적절한 환경이 뒷받침된 상태라야 충분히 실현될 수 있다.

2) 성숙과 경험

성숙과 경험에 관한 논쟁은 앞에서 논의한 유전과 환경의 영향에 관한 논쟁과도 유사하다. 유전과 환경의 논쟁이 발달에 영향을 미치는 요인의 소재 및 근원의 문제에 초점을 맞춘 것이라면, 성숙과 학습에 관한 논쟁은 어떤 기제와 과정을 통해서 변화가 일어나는가라는 문제에 초점을 맞춘 것이라 할 수 있다(정옥분, 2002).

성숙에 의한 발달이란 사람마다 가지고 있는 유전자 지도에 따라 정해진 변화의 과정을 밟는다는 것이며, 경험적 발달이론은 후천적인 환경의 경험을 통해 개인마다 다른 발달 양상을 보인다는 것이다. 성숙은 아무래도 유전적 특성의 영향을 많이 받으며, 경험은 그가 속해 있는 환경의 영향을 많이 받게 된다(김동일 외, 2003).

성숙과 경험을 결합시킨 좋은 예로, 아동과 양육자 사이의 애착행동을 다룬 Bowlby와 Ainsworth의 연구를 들 수 있다. Ainsworth는 아동이 생의 초기에 특정한 사람과 애착을 형성하는 발달적 경향이 있다고 보았다. 이러한 발달 경향은 유전의 계획표에 따라 나타나는 것으로 생각되며 성숙과정의 일부분으로 여겨진다. 그러나 애착대상을 선택하는 것은 매우 특별하며, 많은 경우에 상황에 따라 결정되는 것을 볼 수 있다(Salkind, 1985).

3) 연속성과 비연속성

행동주의적 접근과 같이 학습과 경험을 강조하는 발달론자들은 대부분 발달을 점진적이고 연속적인 과정으로 본다. 반면, 발달이 일련의 독립적 · 질적으로 다른 단계들로 구성된다고 믿는 단계이론가들은 발달을 비연속적인 과정으로 본다.

발달의 연속성을 주장하는 학자들은 개인 내부에서 일어나는 변화를 개인 자체의 구조적 변화로 보지 않고, 계속되는 변화의 과정, 즉 반응들이 계속해서 축적되는 과정으로 본다([그림 1-1] (가) 참조). 개인에게는 근본적인 질적 변화가 없기 때문에 질적인 변화로 보이는 것은 모두 양적 변화에 부수적인 것이나 양적 변화로 환원될 수 있다고 본다(Reese & Overton, 1970). 따라서 성인과 아동의 차이는 인지구조에서의 차이가 아니라 정보를 다루는 효과적인 전략의 소유 유무에서의 차이로 보고 있다(Perlmutter & Hall, 1985).

반면, 인간발달의 비연속성을 주장하는 학자들은 사고에서의 진보 또는 변화는 단순히 새로운 전략이나 경험의 결과로 나타나는 것이 아니고 질적으로 다른 인지 과정의 구조에서의 변화를 반영한다고 보고 있다([그림 1-1] (나) 참조). 이 관점에서 성인과 아동의 차이를 보면 성인과 아동은 인지구조의 차이를 갖고 있다. 따라서 변화나 발달은 각 부분의 양적 변화로 파악되는 것이 아니라 내적 구조의 질적 변화로 파악된다(Perlmutter & Hall, 1985).

만약 오랜 기간에 걸친 변화의 실제 곡선을 관찰한다면, 발달적 변화는 두 가지 형태를 결합한 모양으로 보일 수 있다([그림 1-1] (다) 참조). 이 관점에 따르면, 발달은 점진적이면서도 비약적인 변화를 다 포괄하는 역동적인 양상으로 나타날 수 있다(Fabes & Martin, 2003).

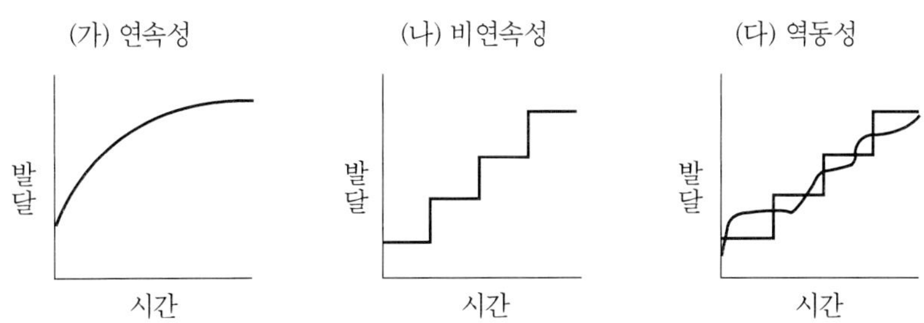

[그림 1-1] 발달의 연속성과 비연속성

4) 결정적 시기

인간발달에서 또 하나의 중요한 논점은 발달의 결정적 시기에 관한 것이다. 결정적 시기란 유기체를 둘러싼 내적 · 외적 사건들이 발달에 최대의 영향을 미치는 짧은 기간을 말한다. 만약 결정적 시기에 적정한 외부자극이 주어진다면 발달이 정상적으로 진행될 수 있지만, 적정한 외부자극이 주어지지 않는다면 정상적 발달이 일어나지 않을 수 있다. 엉뚱한 시기에 외부자극이 주어진다면 결정적 시기와 동일한 영향력을 발휘할 수 없다(Fabes & Martin, 2003).

인간발달에서 결정적 시기를 연구하는 데는 외부자극이나 신체적 접촉 또는 음식 등의 인위적 박탈이 수반되어야 하고, 그것은 윤리적인 문제를 발생시킬 수 있기 때문에 결정적 시기에 대한 증거는 주로 동물연구를 통해 수집된다. 새끼 오리가 알에서 깨어난 직후 보게 되는 움직이는 물체를 어미로 인식하는 각인은 결정적 시기에 대해 검증할 수 있는 대표적인 예라고 볼 수 있다. 우연히 자연적으로 발생한 사건들로 인간발달에서 결정적 시기를 증명할 수 있는 상황이 마련되기도 한다. 19세기 초, 프랑스의 시골에서 발견된 어려서부터 문명을 접하지 못하고 야생 상태에서 성장한 빅터라는 12세 소년은 언어 훈련을 받았음에도 불구하고 끝내 언어를 익히지 못하였다. 이것은 언어발달에서 결정적 시기가 6~7세 이전이라는 것을 알려 주는 예다.

결정적 시기가 너무 짧은 시기에 나타나고 결정적 시기가 지난 다음에 회복이나 보충 가능성을 배제하고 있어서 이를 보완하는 민감한 시기(sensitive period)라는 개념이 사용되기도 한다. 민감한 시기는 어떤 행동이나 기능의 발달에 가장 적절한 시기를 가리키는 말로, 회복이 불완전할 수 있지만 민감한 시기 이후에도 발달이 일어날 가능성을 열어놓는 것이다(Fabes & Martin, 2003).

5) 초기 경험과 후기 경험

"세 살 버릇 여든까지 간다." "이미 싹이 노랗다." 등이 초기 아동의 발달을 중요시하는 표현이라면, "크면서 사람이 되었다." "장가가면서 사람이 전혀 달라졌다."라고 하는 말은 후기 발달의 중요성을 강조하는 말이다.

유아기 때의 발달이나 학동기 때의 발달이 인생의 어느 시기보다도 중요하다는 것은 전자의 입장이고, 인생의 어느 시기치고 중요하지 않은 시기가 없다는 것은 후자의 입장이다. 같은 정신분석학자이면서도 Freud는 전자의 입장이고, Erikson은 후자의 입장이다(김동일 외, 2003).

6) 개인차의 안정성과 변화 가능성

인간발달에서 중요한 또 하나의 논점은 보편적인 인간발달의 특징과 개별적인 인간발달의 특징을 분류해 내는 것이다. 인간은 모두 같은 종(種)이기 때문에 기본 형태나 기능, 능력 등이 유사할 수 있다. 그러나 아동들은 태어날 때부터 여러 가지 차이점을 보이기도 한다. 생물적 · 문화적 특징들을 공유하는 아이들도 각각의 아동들이 독특한 모습을 보인다. 일란성 쌍생아도 많은 면에서 차이를 보인다.

이 논점은 개인차가 안정적인지, 아니면 시간에 따라 변화하는지에 대한 의문을 갖게 한다. 어릴 때 까다로운 아이가 커서도 까다로울 것인가? 어릴 때 수줍음을 잘 타던 아이가 커서도 그럴 것인가? 개인차는 일관되게 나타나기도 하지만, 인간 행동은 매우 유동적이고 시간과 상황에 따라 쉽게 변화되기도 한다(Fabes & Martin, 2003).

3. 발달의 원리와 기제

1) 발달의 원리

모든 아동은 비슷한 시기에 앉을 수 있게 되고, 그런 다음에 일어서서 걸을 수가 있다. 그러나 같은 연령의 아동끼리라도 키나 몸무게 등에서 조금씩 다르기도 하고, 더 빨리 걸을 수 있는 아동이 있는가 하면, 좀 늦게 걷는 아동도 있다. 같은 연령, 같은 성별의 아동들이라 해도 더 영특한 아동이 있기도 하고, 보다 늦게 영특해지는 아동도 있다. 이러한 발달의 현상은 어떻게 설명되어야 하는가? 이 점은 인간의 발달에 관해 지금까지 연구되어 발견된 사실로 설명되어야 한다. 인간의 발달 현상에는 보편적이고도 일반적으로 나타나는 원리가 있다. 이 원리는 인간발달의 현상을 일관성 있게 지배하는 것으로 알려져 거의 모든 발달 현상이 이 원리를 따르는 것으로 인정되고 있는데, 이를 발달의 원리라고 한다. 물론 학자들 간에 조금씩 의견의 차이가 없는 것도 아니나 공통되는 발달 원리는 다음과 같이 제시될 수 있다(유안진, 1999).

(1) 발달의 순서

인간발달에는 일정한 순서가 있다. 연령이 증가됨에 따라 발달하는 아동을 관찰해 보면, 유아는 앉을 수 있게 된 다음에 비로소 설 수 있고, 설 수 있게 된 다음에 걸을 수 있으며, 목표를 향해 손을 움직이기 시작한 후에야 비로소 목표하는 물건을 잡을 수 있다. 발달의 순서를 보다 구체적으로 살펴보면 다음과 같다. 첫째, 발달은 상체에서 하체의 방향(cephalo-caudal direction)으로 이루어진다. 다시 말해서 머리에서 손이나 발쪽으로 발달해 나간다. 둘째, 발달은 중심에서 말초의 방향(proximal-distal direction)으로 이루어진다. 즉, 대근육이 있는 중심에서 소근육의 말초로 발달의 방향이 바뀐다. 셋째, 전체 활동에서부터 특수 활동의 방향(mass-specific direction)으로 이루어진다. 모든 운동 발달은 세분화된 특수 운동이 나타나기 전에 전반적인 전체 활동이 나타난다. 다시 말해서 몸의 전체 활동이 팔과 다리의 근육 활동으로 분화되었다가, 이들이 다시 걷는 활동으로 통합되는 것이다. 이와 같이 발달에는 일정한 순서가 있다는 사실은 발달의 전 단계는 다음 단계의 기초가 되며, 다음 단계로 이행한다는 것은 보다 높은 차원의 발달이 이루어짐을 뜻한다.

(2) 발달의 속도와 계속성

발달은 계속적인 과정이지만 발달의 속도는 항상 일정하지 않다. 신체의 각 부위에 따라, 또 정신기능에 따라 발달의 속도가 각각 다르다. 또 특정한 측면의 발달에서도 발달단계에 따라 그 속도가 항상 일정하지 않다. 예를 들면, 체위의 발달은 유아기와 사춘기에 급격한 증가를 나타내나 다른 시기에는 발달 속도가 느리다. 어휘 수는 유아기에 급격히 증가하며, 추리력은 서서히 발달하여 청년기에 완숙에 이른다. 앞에서도 살펴본 것처럼 이와 같이 특정한 시기에 어떤 기관이나 기능의 발달이 급격히 진행되는 시기를 결정적 시기라 한다.

(3) 발달의 개인차

발달에는 개인차가 있다. 모든 사람이 보편적인 순서에 따라 성장 발달해 간다. 그러나 개개인의 발달을 자세히 살펴보면, 개인차가 있음을 또한 발견할 수 있다. 우선 알기 쉬운 신장의 발달을 예로 들어 보면, 어떤 사람은 키가 180cm나 되는데 어떤 사람은 160cm에서 신장의 발달이 끝난다. 그리고 어떤 사람은 고교 시기에 이미 성장이 완료되는데, 어떤 사람은 천천히 성장하여 대학교 시기까지 성장이 계속되는 경우가 있다. 이와 같이 발달은 보편적 패턴을 밟으면서도 개인차를 나타낸다.

(4) 발달의 상호관련성

발달의 각 측면은 밀접히 상호 연계되어 있다. 신체발달이 우수한 아동이 지적 발달에서도 앞서고, 신체발달이 빠른 아동이 성취동기도 높으며, 경쟁적이고 호기심이 강할 뿐 아니라 적극적인 성격으로 발달될 수 있다. 신체발달이 빠른 아동의 경우, 주변 아동이 그에게 리더십을 기대하면서 강력한 호기심과 성취욕을 갖게 되고, 이는 지적 발달에 보다 좋은 영향을 끼칠 수 있다. 흔히 언어발달과 사고력의 발달은 밀접히 관련된 것으로 밝혀져 있다. 또 신체적으로 발달이 늦은 아동은 대인관계 기술이 결여될 수 있는데, 이는 허약한 몸 때문에 여러 아동과 어울릴 기회가 적기 때문이다. 따라서 신체발달은 사회성 발달과도 관련될 수 있다.

(5) 발달의 분화와 통합

발달은 분화와 통합의 과정을 거친다. 아기는 처음엔 자기에게 다가오는 사람이면 누구든지 좋아하게 되지만, 자라면서 차츰 어머니와 어머니가 아닌 다른 가족에게 다른 반응을 나타내고, 나아가서는 자기 가족과 낯선 타인에게도 서로 다른 반응을 보일 수 있게 된다. 생후 1개월 된 아기의 울음은 분화되어 있지 않지만, 2개월 정도 되면 아기는 배가 고파서 울 때, 기저귀가 젖어서 불편함을 표시할 때, 또는 몸이 아파서 울 때 각각 다르게 울 줄 안다. 이처럼 연령의 증가에 따라 아기의 표현 행동인 울음도 점차 분화되어 간다.

2) 발달의 기제

인간은 지적 · 정의적 · 신체적으로 생득적인 유전요인과 출생 후의 환경요인의 상호작용의 결과로 발달하고 형성된다. 이 유전과 환경의 상호작용이 인간특성 형성의 기반이 된다. 그러면 거기에 내포되어 있는 기본적 기제는 무엇인가? 즉, 인간특성을 획득하게 하는 과정의 원칙은 무엇인가? 여기서는 발달의 적기성, 기초성, 누적성, 불가역성에 대해 살펴보고자 한다(유효순, 이성진, 2002).

(1) 발달의 적기성

인간발달에 대한 단계설은 각 단계의 '과업' 에 적기성(適機性)이 있음을 시사한다. 그때가 그 과업, 그 학습, 그 경험을 성취할 수 있는 가장 적절한 기회이며, 이 기회를 놓치면 다음에는 그 효과가 적다는 것이다. Piaget의 인지발달 첫 단계인 0~2세의 감각운동기에는 풍부한 감각 경험과 지적 요소가 포함된 풍부한 동작적 경험이 필요하고, 이 시기가 그러한 경험들을 성취할 적기라는 것이다. 만약 이러한 경험이 다른 시기에 이루어진다면 그 효과가 감소된다는 것이다. 감각운동기의 아이에게 형식적 조작기에서야 할 만한 과제를 강요한다 해도 별 효과가 나지 않는다. 즉, 때를 놓쳐서는 안 된다는 것이다. 여러 정신분석학자들의 이론도 기본적인 양심체제나 도덕성이 주로 3세 전후에 형성되는 것이라고 설명한다. 이때 잘못되어 왜곡된 도덕성을 훗날에 교정할 수는 있으나, 대단히 힘이 드는 일이라고 주장한다.

(2) 발달의 기초성

어릴 때의 경험일수록 나중의 발달에 초석적인 의미를 가진다는 뜻에서 기초성(基礎性)이 중요하다. 성인이 되면 대개 자신의 3, 4세 이전의 일은 기억하지 못하지만, 그렇다고 3, 4세 이전의 경험의 초석적인 중요성을 부정할 수는 없다. 즉, 기억하지 못하는 어릴 때의 경험이 자신의 현재를 결정하였다는 사실을 부정할 수 없다는 것이다. 예컨대, 출생 시 집안 형편이 좋지 않아 0～1세 시기에 영양실조 상태였다가 그 후에 영양 상태가 좋아진 아이와, 출생 시부터 1세까지는 형편이 좋았다가 1세 때부터 어떤 이유로 가난해져서 1～2세 시기에 영양실조 상태였고, 그 후에 다시 영양 상태가 좋아진 아이를 비교해 보자. 같은 1년간의 영양실조이지만 전자, 즉 더 어렸을 때 영양실조에 걸렸던 아이의 경우 그 이후의 발달장애가 더 심하다고 한다. 이 말은 곧 어릴 때일수록 영양 상태가 더 중요하다는 뜻이 된다. 지적 · 정의적 · 사회적 · 도덕적 발달을 위한 문화적 자극의 부족, 실조와 부조화는 어릴 때 관계되는 일일수록 그것이 발달에 주는 기초적 장애와 후유증이 크다는 추리가 가능하다. Bloom은 여러 자료를 토대로 지능발달의 경우 약 50%의 발달이 수태와 4세 사이에, 그리고 약 30%의 발달이 4세와 8세 사이에서 이루어진다고 추정하였다.

(3) 발달의 누적성

발달의 누적성(累積性)은 인간발달에서의 '빈익빈, 부익부' 현상이라고 말할 수 있다. 즉, 앞 단계에서 잘못되면 다음 단계에서는 그것이 원인이 되어 더 잘못되고, 잘못에 잘못이 누적되어 또 다음 단계에는 더욱 잘못된다는 것이다. 반대로 잘된 것이 원인이 되어 다음 단계에서 더 잘되는 것도 누적성이다. 모든 발달단계는 따로따로 떨어져 있는 것이 아니며 한 계열을 이루고 있을 뿐만 아니라, 비슷한 그리고 좀 더 높고 깊고 다양한 모습으로 발달하게 된다. Erikson의 성격발달의 첫 단계에서 '기본적 신뢰감'을 형성하느냐 못하느냐는 그때가 그것의 형성에 가장 중요한 시기이며, 그것이 모자관계에서 출발하여 부모 · 형제 · 가족관계에서, 이웃 동무관계에서, 더 커서는 급우, 동료, 집단, 국가, 인류에까지 주기적인 인간관계 형성의 과업의 연결에서 누적적으로 작용한다. 어쩌다 한 번 공부에 실패하면 학습 내용에 대해 모르기도 하려니와 공부에 대한 동기도 저하되고, 그 때문에 다음 학습에서는 또 실패하고, 그 결과 동기저하는 더 심해진다. 이것이 '결손의 누적'이다. 이른바 학교에서 볼 수 있는 학습부진아는 대부분 이런 누적된 결손에 허덕이는 아동들이며, 그 원인을 분석해 보면 취학 전 경험의 결손이 그 출발점인 경우가 많다.

(4) 발달의 불가역성

마지막으로 발달에는 불가역성(不可逆性)의 기제가 작용한다. 즉, 한 단계에서 잘한 것 또는 잘못한 것의 다음 또 다음 단계에 영향을 미치기는 하나 정, 역으로 나중에 가서 잘한다고 해서 그것으로 앞 단계의 잘못에 영향을 주거나 이를 교정 · 보충하는 데는 한계가 있다는 것이다. 예컨대, 0~6세 시기에 영양이 불충분하여 체격이 빈약해졌을 경우 그 후 7~17세 시기에 잘 먹여도 체중은 보충하기 쉬우나, 신장은 보충하기 어렵다고 한다. 신장은 체중보다 불가역성이 심하다. 일반적으로 적기를 놓치고 기초가 부실할 때, 그 결함을 나중에 풍부한 대가로 시정하려 해도 잘 되지 않는다는 것이다. 신체발달과 지적 발달에는 이 불가역성이 상당히 큰 것으로 판명되어 있다. 즉, 빈곤한 영양환경, 문화환경에서 기초와 적기를 놓쳤을 경우, 후에 풍부한 영양과 문화자극을 준다 해도 빈약해진 체격과 충분히 발달하지 못한 지능은 그리 크게 회복되지는 못한다. 정의적 · 사회적 · 도덕적 발달의 경우는 불가역성이 이렇게 심하지는 않은 것 같다. 그러나 거기에도 상당한 정도로 불가역성이 작용한다는 증거는 충분하다. 이를 회복하기 위해서는 매우 힘든 장기적인 교정 처리가 필요하다.

4. 아동발달의 연구방법

아동발달을 이해하기 위해서는 과학적인 연구가 필요하다. 과학 연구는 일반적으로 기술, 설명, 예언 그리고 통제에 그 목적이 있는데, 아동발달연구도 아동의 발달을 기술하고, 설명하고, 예측하고, 그 결과를 아동의 복지 등에 적용 · 통제하는 데 목적이 있다. 이러한 목적을 달성하기 위해 여러 가지 연구방법을 사용한다. 이 절에서는 다양한 자료 수집 방법과 연구의 전체적 계획인 연구설계(research design), 그리고 연구의 윤리적 문제를 함께 설명하기로 한다.

1) 자료 수집 방법

아동에 관한 정보는 어떻게 수집되는가? 아동발달 분야에서 가장 흔한 자료 수집 방법은 체계적 관찰, 자기보고방법, 심리생리적 방법, 임상적 사례 연구 및 인류학적 연구법 등이 있다(장휘숙, 2002).

(1) 체계적 관찰

체계적 관찰은 아동이 실제로 어떻게 행동하는가를 알아내는 방법으로, 자연관찰(naturalistic observation)과 통제관찰(controlled observation), 그리고 구조화된 관찰(structured observation)의 세 가지 유형을 포함한다.

자연관찰은 현장이나 자연적 환경으로 가서 거기서 필요한 행동을 직접 관찰하는 방법으로 어떠한 통제나 조작을 하지 않고 자연적으로 발생하는 사건이나 행동을 그대로 기록한다. 통제관찰은 연구자 자신이 관찰의 한계와 체계를 가지고 관찰 대상 아동의 행동이나 관찰 시간을 미리 정해 놓고 관찰하는 방법이다. 자연관찰의 문제점을 보충하기 위하여 사용되는 통제관찰은 관찰 대상 아동을 통제한다는 의미를 내포하는 것은 아니다. 통제관찰에서의 통제의 의미는 관찰 시간이나 관찰 대상 행동을 미리 정해 놓는 것을 뜻한다. 구조화된 관찰은 모든 연구대상자들이 특정한 반응을 나타낼 동일한 기회를 가질 수 있도록 상황을 설정한다. 구조화된 관찰을 사용하여 아동의 도움행동을 관찰한다면, 마치 우연인 것처럼 물건이 가득 들어 있는 상자를 떨어뜨려서 쏟아지게 한 후 아동이 어떻게 반응하는가를 관찰한다. 이 접근은 실험법에서 사용되는 관찰기법으로 자연관찰보다 연구상황에 대한 더 큰 통제를 가능하게 하고 일상생활에서 쉽게 관찰하기 어려운 행동을 연구할 수 있도록 한다. 그러나 구조화된 관찰의 가장 큰 문제점은 아동이 실제 생활에서 하는 것처럼 실험 상황에서 항상 동일하게 행동하지는 않는다는 것이다.

(2) 자기보고방법

자기보고방법은 연구대상자들이 그들의 지각과 사고, 능력, 감정, 태도, 신념 및 과거 경험에 대한 질문에 직접 대답하도록 설계된 방법으로서 질문지법(questionnaire), 면접법(interview)이 있다. 질문지법은 태도나 가치관 연구에서 많이 사용되며 연구자가 관심을 갖는 문제에 대한 응답을 얻기 위해 질문지가 제작되고 실시된다.

한편, 면접법은 면접자와 피면접자가 일대일로 만나 피면접자의 생각이나 느낌을 직접적으로 질문하고 그에 대한 응답을 분석하는 방법이다. 효과적인 질문을 위해 질문지와 검사가 함께 사용될 수도 있다. 면접에는 비교적 구조화되지 않은 임상적 면접(clinical interview)에서부터 지극히 구조화된 면접까지 다양하다.

임상적 면접은 융통성 있는 개방형의 질문을 사용하여 연구대상자의 견해를 탐색한다. 아동의 최초의 반응이 다음 질문의 기초가 되며 더 풍부한 추론이 가능하도록 자극어가 제시되기도 한다.

구조화된 면접은 연구대상자들이 동일한 방식으로 동일한 질문에 대답할 수 있도록 설계된 면접으로, 임상적 면접의 단점을 보완하기 위하여 개발되었다. 임상적 면접에서처럼 연구대상자에 따라 질문이 다르게 표현되거나 특정 연구대상자에게만 더 많은 대답을 요구할 위험이 없기 때문에, 면접하는 방식의 차이에서 기인되는 반응을 차단할 수 있는 이점이 있다.

(3) 심리생리적 방법

연구자들은 아동의 지각적, 인지적 그리고 정서적 반응의 생물학적 기초를 연구하기 위하여 심리생리적 방법(psychophysiological methods)을 사용한다. 생리적 과정과 행동과의 관계를 연구하는 심리생리적 방법은 중추 신경계의 어느 부분이 인간발달과 개인차에 기여하는가를 규명하려고 한다. 특히 이 접근법은 자신의 심리적 경험을 정확하게 보고할 수 없는 영아와 어린 아동의 지각, 사고, 정서를 연구할 수 있는 유용한 연구방법이다.

가장 흔하게 사용되는 생리적 측정치는 개인의 심리적 상태에 민감한 심장박동, 혈압, 호흡, 동공확대 그리고 피부의 전기전도 변화와 같은 자율신경계의 불수의적 활동들이다. 보통 심장박동은 영아가 특정 자극에 주의를 기울이고 정보를 처리하는가(주의집중 동안 심장박동은 느려진다), 괴로움을 경험하는가(심장박동이 증가한다), 아니면 자극을 단순히 바라보기만 하는가(심장박동이 안정되어 있다)를 추론하기 위하여 사용되며 분노나 슬픔과 같은 특정한 정서표현을 연구하기 위해서도 사용될 수 있다.

뇌의 전기적 활동을 기록하는 EEG(electroencephalogram)도 자주 사용된다. 다양한 각성 상태를 나타내 주는 EEG는 개인의 각성 상태가 연령에 따라 어떻게 변화하는가를 연구할 수 있도록 한다. EEG 패턴은 개인이 행복한가, 슬픈가, 혹은 괴로워하는가에 따라 달라지므로 영아나 아동의 정서 상태를 연구하기 위하여 사용되기도 한다. 또한 영아는 이전에 본 자극에 다시 노출되면 독특한 EEG파형을 나타내기 때문에, EEG는 영아의 기억 연구에서도 활용될 수 있다.

특히 뇌 활동의 3차원 그림을 제공하는 기능적 자기공명영상(functional magnetic resonance imaging: fMRI) 기법은 대뇌의 어떤 영역이 언어나 정서와 같은 특정 기능에 전문화되어 있는가에 대한 정확한 정보를 제공해 준다. 근래에 심각한 학습장애나 정서장애를 갖는 아동의 뇌구조와 뇌기능에서의 연령에 따른 변화를 연구하기 위하여 fMRI가 자주 사용되고 있다.

(4) 사례연구

임상적 방법(clinical method)이라고도 불리는 사례연구(case study)는 한 개인을 집중적으로 연구하는 방법으로, 개인의 심리적 기능에 관해 가능한 한 완전한 모습을 얻기 위하여 면접, 검사점수 및 관찰방법 등을 모두 동원하여 광범위한 정보를 수집한다. 사례연구는 대표적인 질적 연구로서 연구결과를 수량화하고 통계적 유의성을 바탕으로 결과를 해석하는 양적 연구와는 큰 차이가 있다.

주로 비구조화된 면접이나 자연관찰을 사용하여 개인의 행동을 기록하고 이것을 이야기식으로 기술하는 질적 연구는 맥락 내에 있는 인간을 효과적으로 연구하려고 한다. 다양한 설계법을 필요로 하는 양적 연구와는 대조적으로, 질적 연구는 독특한 설계법 없이 자료에 대한 전체적 접근을 중요시하고 의미와 맥락의 중요성을 강조하는 차이가 있다.

사례연구는 기술적으로 풍부한 사례이야기를 산출하고 발달에 대한 가치 있는 통찰을 제공해 준다. 그러나 사례연구는 연구자의 이론적 선호에 따라 임상적 자료의 해석이 편향될 수 있다는 단점이 있을 뿐 아니라 연구된 아동 이외의 다른 아동들에게 연구결과를 적용할 수 없다는 문제점을 지닌다. 따라서 사례연구를 통하여 확인된 결과들은 다른 연구방법을 사용하여 재검증될 필요가 있다.

(5) 문화기술적 방법

문화의 영향에 관한 관심의 증대로, 최근 아동발달연구자들은 인류학자들이 주로 사용하는 연구방법을 활용하는 추세에 있다. 문화기술적 방법(ethnography)이라고 불리는 이 연구방법은 사례연구와 같이 기술적 · 질적 연구방법이지만 한 개인을 연구하는 것이 아니라 문화나 서로 다른 사회적 집단을 연구한다.

참여자 관찰(participant observation)을 사용하는 문화기술적 방법은 연구자가 수개월 혹은 수년 동안 연구대상이 되는 문화 내에서 함께 생활하면서 특정 문화의 구성원들에 대한 관찰을 실시하고 자기보고방법에 따라 자료를 수집하여 거기에 대한 연구자의 해석을 기록한 광범위한 현장 노트를 만든다. 이 노트들이 모여서 특정한 사회의 가치와 사회화 과정을 이해할 수 있는 자료가 된다.

문화기술자(ethnographer)들은 한국의 작은 시골 마을에서 성장하는 것이 어떤 것인가를 기술하기 위하여 한 지역에서 생활하는 아동 경험의 모든 측면에 초점을 맞추어 자료를 수집할 수도 있고, 가정생활 혹은 학교생활과 같이 한두 개의 상황에 초점을 맞추어 연구할 수도 있다. 이 방법을 통해, 특정 사회에서 광범위하게 수용되는 편견이나 고정관념이 잘못되었다는 것이 밝혀질 수도 있다.

문화기술적 방법의 문제점은 연구를 위해 특정 문화 속에 들어간 연구자의 존재가 연구 상황을 변화시킬 수 있다는 것이다. 문화기술자 자신의 영향을 최소화하려는 노력이 요구됨은 물론, 사례연구에서처럼 연구자의 문화적 가치와 이론적 조망이 자주 연구자가 본 적이 없는 것을 오해하거나 선택적으로 관찰하도록 할 수 있다는 것을 명심해야 한다. 마지막으로 문화기술 연구의 결과들은 연구가 이루어진 지역 이외의 지역이나 상황에 처한 사람들에게는 적용될 수 없다는 것도 함께 기억해야만 한다.

2) 연구방법

아동발달연구를 위해 사용될 수 있는 대표적 연구방법에는 실험연구와 상관연구가 있다. 이 두 가지 연구법의 구분은 연구자의 변인(variable) 조작 여부에 따라 결정된다. 변인이란 연구자가 연구하는 구성 개념이나 속성을 가리키는데, 실험연구는 연구자가 변인을 조작하여 제2의 다른 변인에 미치는 영향 정도를 밝히려는 연구방법인 반면, 상관연구는 연구자의 변인 조작을 포함하지 않는다. 이 두 가지 연구법 외에도 아동발달연구에만 적용되는 또 다른 독특한 연구법이 있다. 여기서는 실험연구와 상관연구 외에 발달연구를 위한 독특한 연구법에 대해 검토하려고 한다.

(1) 실험연구

실험연구란 집단을 분리하여 통제된 상황에서 관심변인만을 조작하여 그 결과를 알아보는 연구를 의미한다. 이때 조작하는 변인을 독립변인이라 하고 실험효과가 나타나는 변인을 종속변인이라고 한다. 실험을 받는 사람을 피험자라고 하며 실험을 받는 집단을 실험집단, 실험을 받지 않고 비교만 되는 집단을 통제집단이라 지칭한다. 검사는 실험에 따라 그 실시 횟수가 다르다. 실험 전에 행하는 검사를 사전검사, 실험 후에 행하는 검사를 사후검사라고 한다.

실험연구의 특징은 특정 변인이 어떤 사건 혹은 현상과 어떠한 관계가 있는지를 알아보기 위해 연구자가 변인을 직접 조작한다는 데 있다. 따라서 상관연구에서는 확신할 수 없는 인과관계를 확인할 수 있는 것이 최대의 장점이다.

실험연구는 실험실 실험과 현장 실험의 두 가지로 구별된다. 인과관계에 관한 가설을 검증할 목적으로 연구한다는 점에서 볼 때, 이 두 실험연구는 차이가 없으나 조건의 통제를 얼마나 엄격히 하는가에서는 현격한 차이를 나타낸다. 윤리적으로 또는 다른 이유로 변인 조작을 임의로 할 수 없는 경우에 현장 실험을 많이 하게 된다. 실험실 실험은 실험상황이 매우 인위적이어서 실제 적용에 제한을 받는 단점이다. 현장 실험에서는 조건의 통제가 엄격히 이루어지지 못하기 때문에 변인 간의 관계를 정확히 규명할 수 없다는 단점이 있다.

이런 실험연구는 실험에 동원되는 집단의 수나 검사 실시 횟수에 따라 다양하게 이루어진다. 이를 실험설계라고 하는데 가장 전형적인 실험설계는 '전후검사 통제집단 설계' 다. 이는 대체로 다음과 같은 절차를 밟는다.

첫째, 가능한 한 무작위적으로 피험자를 표집한다.

둘째, 피험자들을 실험집단과 통제집단에 무선적(無選的)으로 배치한다.

셋째, 실험집단과 통제집단에 각각 사전검사를 실시한다.

넷째, 실험집단에 실험처치를 가하고, 통제집단에는 실험처치를 주지 않는다. 이 밖의 모든 조건에서는 두 집단이 동일하도록 조건을 통제한다.

다섯째, 실험처치를 끝마친 다음 실험집단과 통제집단에 각각 사후검사를 실시한다.

마지막으로, 알맞은 통계적 방법을 사용하여 두 집단을 비교하면서 실험처치의 효과를 평가한다(이성진, 1996).

(2) 상관연구

상관연구는 연구에서 수집한 자료들을 통계적으로 분석하고 해석하는 데 초점을 두는 연구다. 즉, 상관연구는 어떤 사건이나 현상에 내재되어 있는 여러 변인들의 일반적인 관계를 규명하는 데 더 역점을 둔다.

상관관계는 인과관계를 말하는 것은 아니지만 과학적인 예언을 할 수 있게 해 준다. 상관(correlation)이란 둘 혹은 그 이상의 변인들 간의 결합 정도를 말하는 것이다. 만일 두 변인들 간에 상관이 높다면 그 변인들은 같이 변하는 경향이 있다. 예컨대, 키가 큰 사람들은 보통 싱겁다고 하면, 신장과 성격 간에는 상관이 있다고 말할 수 있다. 그러나 이것이 신장이 성격의 원인이 된다는 것을 말하지는 않는다. 단지 어떤 사람이 신장이 크다면 그 사람은 싱거울 가능성이 높다는 것을 예언할 수 있게 해 줄 뿐이다.

두 변인의 상관관계의 정도를 나타내는 것으로 어떤 계수를 사용하는데, 이 계수를 상관계수(correlation coefficient)라고 하며 일반적으로 r로 표시한다. r=-1.00~+1.00의 범위를 갖는다. r=1.00라는 것은 최대의 정적 상관을 가리킨다. 예컨대, 신장과 체중이라는 두 변인이 완벽하게 같이 변화할 때, 두 변인은 최대의 상관이 있는 것이다. r=1.00이라면 어떠한 예외도 있을 수 없다. 따라서 신장과 체중 간의 r이 1.00이라면, 다른 사람보다 신장이 큰 사람은 다른 사람들에 비해서 체중도 더 나가며, 이것은 모든 개인에게 다같이 적용된다(성태제, 시기자, 2006).

r=0은 변인들 사이에 아무런 관계도 없다는 것을 가리키며, r=−1.00은 최대의 부적 상관을 가리킨다. 예컨대, 학교 성적과 결석일수 간의 r이 −1.00이라면, 학교 성적이 높은 모든 학생의 결석일수는 다른 모든 사람의 결석일수보다 적다는 것을 의미한다.

모든 상관계수는 −1.00~+1.00의 어느 점에 있다고 말할 수 있다. 상관계수의 절대치가 1.00에 가까울수록 예언의 정확도는 높아진다고 말할 수 있다. 결국, 상관연구의 주요한 목적은 예언에 있다. 예컨대, 신장과 체중 간의 상관이 +0.65라면, 상관이 단지 +0.25인 것보다는 어떤 사람의 체중이 주어졌을 때 그 사람의 신장을 보다 더 정확하게 예언할 수 있을 것이다(이성진, 1996).

(3) 발달연구를 위한 설계

앞에서 이미 언급한 것처럼 아동발달연구자들은 다른 인간발달연구자들과 마찬가지로 연령증가에 따른 변화에 관심을 갖는다. 일반적으로 연령에 따른 변화는 종단적 설계(longitudinal design)와 횡단적 설계(cross-sectional design)를 사용하여 연구되고, 두 접근법을 적절히 조합한 횡단적-단기종단적 설계가 사용되기도 한다.

① 종단적 설계

종단적 설계는 아동의 어떤 특성을 연구하기 위하여 동일한 아동을 대상으로 오랜 기간(수개월에서 수십 년까지)에 걸쳐 반복적으로 관찰하고 연구하는 설계법이다. 만약 연구자가 종단적 설계를 사용하여 연령 증가에 따른 아동의 놀이 발달을 연구한다면, 1세 아동들을 연구대상자로 선정하고 그들이 11세가 될 때까지 1년 간격으로 또래들과의 상호작용을 관찰한다. 따라서 아동의 놀이 발달 패턴을 연구하는 데 10년의 기간이 소요된다.

종단적 설계는 각 시기마다 동일한 아동을 대상으로 연구가 이루어지기 때문에 훨씬 더 정확한 발달적 변화를 그려 낼 수 있고, 초기 사건이 아동의 후기 행동에 미친 영향을 찾아낼 수 있고, 연구대상행동이 안정성을 유지할 수 있으며, 연구자들이 손쉽게 연구대상행동을 분리해 낼 수 있고, 오염변인들의 통제가 용이하다는 장점이 있다(Schickedanz, Schickedanz, Forsyth, & Forsyth, 2001).

반면, 시간과 비용이 많이 들고, 시간 경과에 따른 연구대상자의 손실과 연구자의 변동 등 예기치 못한 사건들이 연구의 타당도를 저해하며, 반복 측정에 따른 연습의 효과(practice effect)가 나타날 수 있다. 또한 연구가 장기간에 걸쳐 이루어지기 때문에 아무리 동일한 출생동시집단(cohort)을 사용하였다고 할지라도 순수한 연령효과라고 생각하는 결과가 측정 시기에 기인된 사회문화적 환경의 영향일 수 있다는 단점이 있다(장휘숙, 2002).

② 횡단적 설계

횡단적 설계는 동일한 시기에 상이한 연령의 아동들을 동시에 연구함으로써 일정기간 동안의 발달곡선을 그려 낼 수 있는 설계법이다. 아동의 놀이 발달을 횡단적 설계로 연구하려면, 6개의 연령집단(1, 3, 5, 7, 9, 11세)의 아동들을 동시에 표집하여 또래집단과의 상호작용을 연구한다.

횡단적 설계는 종단적 설계에 비해 비용과 시간이 적게 들고, 연구결과를 즉시 활용할 수 있으며, 비교적 짧은 기간 내에 광범위한 연령 범위에 대한 행동차이를 파악할 수 있다는 장점이 있다(Schickedanz, Schickedanz, Forsyth, & Forsyth, 2001).

반면, 다른 연령집단 간의 차이이기 때문에 진정한 발달곡선을 알아낼 수 없고, 인생 초기의 사건이 후기의 행동에 주는 영향을 알 수 없으며, 집단을 대표할 수 있는 표집의 선정이 어렵다. 그리고 각 연령집단은 출생연도가 다르고 성장한 시기가 다르기 때문에 그들이 나타내는 차이는 순수한 연령 차이가 아닌 출생연도가 다른 데 기인한 출생동시집단효과(cohort effect)일 수 있다는 단점이 있다(장휘숙, 2002).

③ 횡단적-단기종단적 설계

횡단적 설계와 단기종단적 설계를 적절히 결합하여 아동의 발달 현상을 예측할 수 있는 방법이 있다. 이 설계의 일반적 전략은 여러 표집을 여러 연령대에 걸쳐서 관찰하되, 각 표집을 비교적 짧고 부분적으로 겹치는 시간 동안 종단적으로 연구하는 것이다. 이 전략은 Schaie(1970)가 전통적인 단일표집 종단적 설계의 한계를 극복할 수 있는 대안으로 제안하였다.

발달 현상의 연구에 영향을 미치는 요소로는 세 가지가 있는데, 첫째, 측정 시점에서의 연구대상자의 연령(age), 둘째, 연구대상자를 표집한 출생동시집단(cohort), 셋째, 실제로 측정한 시점(time of measurement) 등이다. 여기서 연령이란 인간의 신체적 성숙과정을 반영하는 것, 출생동시집단효과는 환경의 차이나 유전-환경 상호작용의 반영하는 것, 측정시점은 표집의 모든 대상에 공통적인 환경을 의미한다. 언급했듯이, 종단적 설계는 연령에 따른 효과에 포함된 측정시점의 효과를 구분해 내지 못하고, 횡단적 설계는 연령과 출생동시집단효과가 혼합된다는 단점이 있다. 따라서 이 효과를 분리해 내기 위해서는 다른 연구설계를 필요로 하는데, 그것이 바로 횡단적-단기종단적 설계다.

이 설계방법으로 Schaie는 세 가지 연구 방안을 제안하였다. 출생동시집단계열법(cohort-sequential method)은 2개 이상의 출생동시집단을 2개 이상의 연령 수준에서 반복하여 측정하는 것이다. [그림 1-2] (가)에서 보는 것처럼, 5~10세 동안 5년 사이의 지능지수 변화를 보기 위하여 1995년, 2000년과 2005년에 걸쳐 세 번 반복측정해서 비교한다.

횡단계열법(cross-sequential method)은 각각 다른 출생동시집단을 각각 다른 시기에 측정하는 방법이다. [그림 1-2] (나)에서 보는 것처럼, 2000년에 7세인 출생동시집단(1993년생)과 12세인 출생동시집단(1988년생) 아동에게 사회성숙도를 측정하고, 2005년에 1993년생 출생동시집단(12세)과 1988년생 출생동시집단(17세)의 사회성숙도를 측정한다.

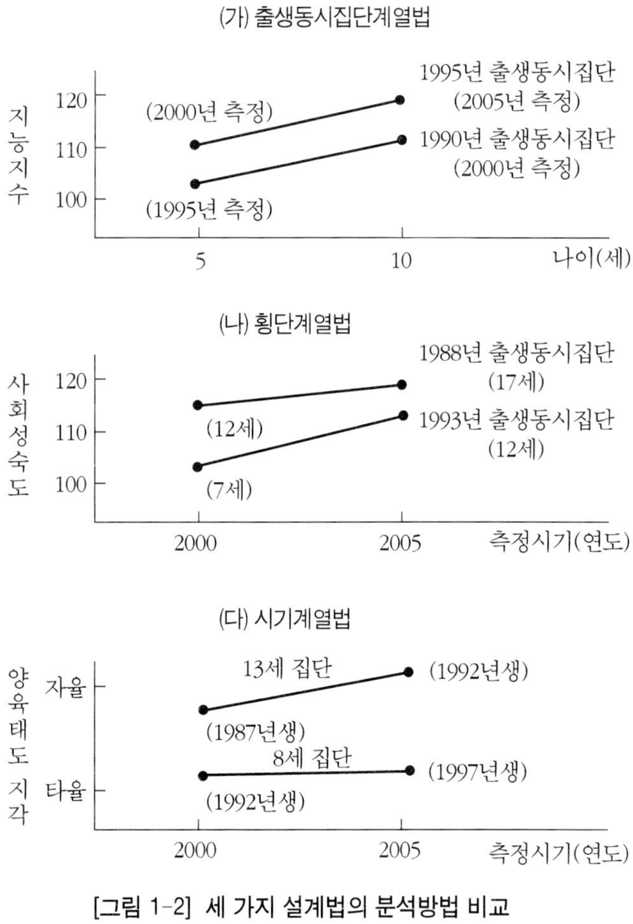

[그림 1-2] 세 가지 설계법의 분석방법 비교

그리고 시기계열법(time-sequential method)은 별도의 표집을 다른 연령에서 두 번 이상 측정하는 것이다. [그림 1-2] (다)에서 보는 것처럼, 부모의 양육태도에 대한 아동의 지각이 연령 간에 차이가 있는지를 알아보기 위해 8세와 13세 아동의 차이를 2000년과 2005년의 두 번에 걸쳐서 측정하는 것이다(윤진, 1985; 이성진, 2005).

횡단적-단기종단적 설계는 비교적 짧은 기간 동안에 관련되는 모든 연령 간의 종단적 변화를 관찰할 수 있다는 장점이 있는 반면, 횡단적 설계와 종단적 설계의 단점이 약화되긴 했으나 여전히 그 단점을 지니고 있다는 한계가 있다.

3) 아동연구의 윤리

아동을 대상으로 연구를 수행할 때, 연구결과가 아무리 인류에게 큰 도움을 줄 수 있다고 할지라도 아동의 건강이나 안녕, 혹은 인간으로서의 존엄성을 손상시키는 연구는 수행될 수 없다. 특히 통제된 상황하에서 수행되는 아동연구방법들은 많은 윤리적 문제를 불러일으킬 수 있다. 아동은 성인과는 달리 성장 과정에 있기 때문에 조그만 좌절이나 긴장을 통해서도 쉽게 손상을 입을 수 있으며 그 결과 정상적인 성장이 저해될 수 있다. 아동은 아직도 지식이 부족하고 판단 능력이 미숙하기 때문에 성인들이 사소하다고 생각하는 사건에 따라서도 큰 위해를 받을 수 있으므로 아동연구는 성인연구와는 다른 제한점을 갖는다(장휘숙, 2002).

미국에서는 일찍부터 아동, 여성, 소비자 혹은 흑인과 같은 법적인 권익을 보장받지 못하는 사람들에 대해 관심을 가져 왔다. 특히 성장 과정에 있는 아동에 대한 성인들의 학대에 대해서는 엄격한 법의 심판이 가해지도록 규정하고 있다. 미국의 심리학회와 아동발달연구회는 이러한 문제를 예방하기 위하여 연구에 관한 아동의 권리규정을 다음과 같이 채택하고 있다(이현섭 외, 1999).

첫째, 아동은 연구 도중에 신체 및 심리적인 손해로부터 보호받을 권리가 있다. 연구로 인해 발생될 수 있는 해로운 결과에 대한 의문이 있으면 연구자는 다른 사람들의 자문을 받아야 한다. 손해의 가능성이 있으면 다른 방법을 채택하든지, 그 연구를 포기해야 한다.

둘째, 아동을 포함한 연구에 관련된 모든 사람들은 자신들의 참여 여부에 영향을 줄 수 있는 연구의 내용들을 미리 그들의 수준에서 알아듣기 쉽게 설명을 들을 수 있는 권리가 있다. 연구자는 아동이 연구에 참여할 경우 부모나 교사가 문서로 작성한 동의서를 받아야 한다. 아동과 보호자가 원하지 않을 경우는 언제라도 연구 도중에 그만둘 수 있는 권리가 있다.

셋째, 아동은 연구과정에서 수집된 모든 정보상에 자신의 이름을 익명으로 해 줄 것을 요구할 권리가 있다. 또한 그 연구에 관한 보고서나 비공식적 논의에서도 익명을 요구할 권리가 있다.

넷째, 아동들은 자신이 참여한 연구결과에 대해 자신들의 수준에 알맞는 언어로 통보받을 권리가 있다.

다섯째, 실험연구에서 실험집단에 속한 아동들에게만 이익이 있는 것으로 판단되는 교육이나 혜택이 있을 경우, 가능하다면 연구가 끝난 후 통제집단의 아동들도 이러한 혜택을 받을 권리가 있다.

요점 정리

1. 아동발달이란 시간이 경과함에 따라 아동이 양적 또는 질적으로 변화하는 과정을 의미한다.
2. 아동발달을 연구하는 목적은 인생 초기의 경험이나 사건들이 후기의 발달에 강한 영향을 주고, 아동발달이 성인기의 복잡한 발달에 통찰을 제공하며, 아동발달연구가 문제를 가지고 있는 아동들에게 도움을 줄 수 있기 때문이다.

3. 인간발달에 관한 기본적인 논점으로 유전과 환경의 문제, 성숙과 경험의 문제, 연속성과 비연속성의 문제, 결정적 시기의 문제, 초기 경험과 후기 경험의 문제, 그리고 발달에서의 개인차 문제가 있다.

4. 발달의 원리로는 일정한 순서가 있고, 계속적인 과정이나 발달 속도가 항상 일정하지 않으며, 개인차가 있고, 각 측면은 서로 밀접히 상호 연계되어 있고, 분화와 통합의 과정을 거친다는 원리가 있다.

5. 인간특성을 획득하게 하는 과정의 원칙인 발달기제에는 적기성, 기초성, 누적성, 불가역성이 있다.

6. 아동발달연구를 위한 자료 수집 방법으로는 체계적 관찰법, 자기보고방법, 심리생리적 방법, 사례연구법, 문화기술적 방법 등이 있다.

7. 대표적 아동발달연구방법에는 실험연구와 상관연구가 있고, 발달연구를 위한 설계로 종단적 설계와 횡단적 설계, 횡단적-단기종단적 설계가 사용되기도 한다.

8. 연구에 대한 아동의 권리규정에는 손해로부터의 보호, 동의서를 받아야 할 권리, 사생활 보장, 결과에 대한 통보 그리고 유익한 대우 등이 포함되어 있다.

생각해 볼 문제

1. 인간발달에 관한 기본적인 논점을 정리해 보시오.

2. 발달의 원리 중 세 가지를 택해서 그 원리에 부합하는 예를 찾아 적어 보시오.

3. 종단적 설계와 횡단적 설계의 장단점을 비교해 보시오.

참고문헌

김동일, 김신호, 이근재, 정일호, 정종진(2003). 아동발달과 학습. 서울: 교육출판사.

성태제, 시기자(2006). 연구방법론. 서울: 학지사.

유안진(1999). 아동발달의 이해. 서울: 문음사.

유효순, 이성진(2002). 아동발달. 서울: 한국방송통신대학교출판부.

윤진(1985). 성인 · 노인심리학. 서울: 중앙적성출파사.

이성진(1996). 교육심리학서설. 서울: 교육과학사.

이성진(2005). 한국인의 성장 · 발달: 30년 종단적 연구. 서울: 교육과학사.

이현섭, 김상윤, 추정선, 조선희(1999). 아동발달심리. 서울: 학지사.

장휘숙(2002). 아동발달. 서울: 박영사.

정옥분(2002). 아동발달의 이해. 서울: 학지사.

Fabes, R. A., & Martin, C. L. (2003). *Exploring child development* (2nd ed.). MA: Allyn & Bacon.

Perlmutter, M., & Hall, E. (1985). *Adult developing and aging*. New York: John Wiley & Sons.

Reese, H. W., & Overton, W. F. (1970). Models of development and theories of development. In L. R. Goulet & P. B. Baltes (Eds.). *Life-span developmental psychology*. New York: Academic Press.

Salkind, N. J. (1985). *Theories of human development*. New York: John Wiley & Sons.

Schaie, K. W. (1970). A reinterpretation of age related changes in cognitive structure and funtioning. In L. R. Goulet & P. B. Baltes (Eds.), *Life-span developmental psychology: Research and theory*. New York: Academic.

Schickedanz, J. A., Schickedanz, D. I., Forsyth, P. D., & Forsyth, G. A. (2001). *Understanding children and adolescents* (4th ed.). MA: Allyn & Bacon.

제2장

아동발달의 관점

학습목표

- 몇 가지 관점에 따라 아동발달이론을 분류한다.
- 심리성적 이론과 심리사회적 이론의 차이를 이해한다.
- 경험적 관점의 발달이론의 공통점을 찾는다.
- 인지적 관점의 발달이론들을 서로 비교한다.
- 맥락적 관점의 발달이론의 특징을 이해한다.

이 장의 내용

1. 생물학적 관점
   성숙이론 / 애착이론
2. 정신분석적 관점
   심리성적 이론 / 심리사회적 이론
3. 경험적 관점
   고전적 조건형성이론 / 작동적 조건형성이론 / 사회학습이론
4. 인지적 관점
   Piaget의 인지발달이론 / Vygotsky의 사회문화적 인지이론 / 정보처리이론
5. 맥락적 관점
   생태이론 / 전생애발달이론

주요 개념 및 용어

· 성숙이론 · 애착 · 리비도 · 점성적 원리 · 조건형성
· 근접발달영역 · 비계 · 미시체계 · 거시체계 · 역사적 요소
· 비규범적 요소

제2장 아동발달의 관점

이론이란 미래에 일어날 사건을 예측할 뿐만 아니라 과거에 일어났던 사건을 설명할 수 있는 논리적인 진술이다. 아동발달에 관해서도 많은 이론들이 제시되어 왔다. 그러나 지금까지 아동발달의 모든 측면을 설명할 수 있는 통합된 단일 이론은 없었다. 어느 한 이론이 아동발달의 복잡하고 다양한 측면을 모두 설명할 수는 없지만, 각 이론은 어느 것이나 상호보완적으로 우리가 아동발달을 이해하는 데 중요한 기여를 한다(정옥분, 2002).

많은 아동발달이론들은 아동의 심리적 발달을 이해할 수 있도록 도와주는 동시에 다음의 몇 가지 중요한 역할을 수행한다. 첫째, 아동의 정상적 및 비정상적 행동을 이해할 수 있도록 돕는다. 둘째, 많은 아동발달이론은 아동연구를 자극한다. 셋째, 아동의 정신문제를 예방할 수 있도록 돕는다. 넷째, 심리학적으로 적응을 잘하지 못하는 아동들에게 도움을 준다(장휘숙, 2002).

이 장에서는 아동발달 분야에서 중요시되는 이론들을 생물학적 관점, 정신분석적 관점, 경험적 관점, 인지적 관점 그리고 맥락적 관점으로 나누어 살펴보고자 한다(Fabes & Martin, 2003).

1. 생물학적 관점

아동발달에서 생물학적 요인에 초점을 맞추는 많은 이론들은 유전적이고 생득적인 요소들이 아동의 행동에 어떤 영향을 주는지에 대해 관심을 갖는다. 대표적인 이론으로는 성숙이론, 애착이론 등을 들 수 있다.

1) 성숙이론

Gesell의 성숙이론은 인간이 태어날 때 부모로부터 물려받은 유전적 특성이든, 아니면 돌연변이적 특성이든 모든 개인은 나름대로의 특성을 가지고 태어나며 그 특성에 걸맞게 발달이 이루어진다고 한다. 실제 크면서 부모의 얼굴을 닮는다든지, 손가락 또는 발가락 모양이 닮는다든지 하는 신체적 용모의 유사점은 그것이 곧 우리의 심장이나 뇌와 같은 체내의 기관도 부모의 것과 닮는다는 추론을 가능케 한다.

이러한 생각을 바탕으로 유추해 보면, 결국 인간의 발달은 이미 수정되는 순간 다른 생물이 아닌 인간으로 발달하도록 조건과 특성으로 규정되어 있고, 그 규정된 인간특성 외에 누구, 누구, 아무개, 아무개라는 개체의 독특성을 지니고 태어난다는 설이 가능하다. 따라서 성숙이론은 인간의 발달은 각 개인마다 그가 가지고 태어난 프로그램에 따라서 추진되고 있으며 그 프로그램을 크게 벗어날 수 없다는 것을 강조한다(김동일 외, 2003).

2) 애착이론

Bowlby의 애착이론에 따르면, 모든 아동은 자기를 돌봐주는 사람에게서 어떤 양육을 받든 정서적으로 애착을 형성하게 되어 있다. 진화론과 정신분석이론의 영향을 받은 Bowlby는 영아가 미소를 짓거나, 울거나, 어머니에게 매달리거나, 옹알이를 하는 등의 애착행동은 자기를 돌봐주는 양육자로부터 보살핌을 이끌어 내고 영아의 생존가능성을 증가시켜 주므로 진화되어 왔고, 애착의 질이 영아의 안정감과 신뢰로운 관계를 형성하는 능력에 영향을 준다고 보고 있다(Holmes, 2005).

애착에 관한 최근의 연구에서는, 생후 최초의 몇 년 동안 애착인물과의 상호작용을 통하여 개인이 형성한 자기와 타인에 대한 정신적 표상인 내적 작동 모델은 성장한 이후에도 영향을 미친다는 결과들을 보고하고 있다. 즉,

영아기에 민감하고 일관된 양육을 통해 안정된 애착을 형성한 개인들은 타인을 신뢰할 수 있고, 도움을 주는 타인에게 접근할 수 있다는 무의식적 확신을 가지며, 자기 자신에 대해서도 신뢰나 사랑 혹은 보살핌을 받을 가치가 있다는 신념에 바탕을 둔 내적 작동 모델을 형성한다. 그들은 성장한 이후에도 자신을 긍정적으로 지각하고 타인과도 안정된 애착관계를 형성할 수 있다 (Fabes & Martin, 2003).

2. 정신분석적 관점

정신분석적 관점은 인간의 동기와 성격의 발달에 연구의 초점을 두는데, 인간의 발달은 무의식적 욕망과 본능에 의해 지배받는다고 강조한다. 대표적 이론으로 Freud의 심리성적 이론, Erikson의 심리사회적 이론을 들 수 있다.

1) 심리성적 이론

Freud에 따르면, 인간의 성격은 원초아(id), 자아(ego), 초자아(superego)의 세 체계로 구성되어 있다. 원초아(id)는 정신 에너지의 원천이며 주로 본능적 욕구(성욕, 공격력)를 관장한다. 원초아의 작동원리는 쾌락원리로 원초적 충동을 갖는다. 또한 원초아는 세 체계(원초아-자아-초자아)의 활동을 위한 에너지인 리비도(libido)를 방출한다. 자아(ego)는 현실 원리를 그 작동원리로 하며 주어진 현실에 비추어 적절한 환경 조건이 마련될 때까지 원초아의 욕구 충족과 긴장의 방출을 보류하며 현실적이고 합당한 방법으로 만족을 얻을 수 있는 방법을 모색한다. 초자아(superego)는 부모와 주위 사람들로부터 물려받은 사회의 가치와 도덕이 내면화된 표상이다. 초자아에는 두 측면이 있는데 양심과 자아이상이다. 양심(conscience)은 잘못된 행위에 대해 비난 · 처벌의 경험에서 생기는 죄책감과 결부된 것으로, 외부의 제재가 내면화된 것이다. 자아이상(ego-ideal)은 잘한 행위에 대해 보상받은 경험을 통해 생기는 이상적 자아상이다.

Freud의 성격발달단계는 심리성적 에너지인 리비도가 신체의 어느 부위에 집중되느냐에 따라 입에 집중되는 구강기, 배설물의 보유와 배설에 집중되는 항문기, 성기와 이성의 부모에 집중되는 남근기, 리비도가 잠복하는 잠복기, 이성과의 사랑과 성관계를 향하는 생식기로 나뉜다.

2) 심리사회적 이론

Erikson은 Freud의 심리성적 이론을 수용했지만, Freud와는 달리 사회문화의 영향을 강조하고, 청소년기를 넘어서까지 발달이 일어난다고 보며, 원초아보다는 자아발달을 강조하고, 성격발달이론을 점성적 원리(epigenetic principle)로 설명하고 있다. 태아가 발달할 때 신체의 어떤 기관이 어떤 특수한 시기에 나타나서 그 유아의 형태로 결합되어 가듯, 인생주기의 각 단계는 이 단계가 우세하게 출현되는 최적의 시간이 있고, 모든 단계가 계획대로 전개될 때 완전한 기능을 하는 성격이 형성된다는 것이 점성적 원리다(이성진, 1996).

Erikson의 견해로는, 성격발달단계란 일련의 전환기이며 이 전환기들은 바람직한 것과 위험한 것을 동시에 포함한다. 그는 성격발달의 각 단계에는 그 단계 특유의 과제가 있으며, 각 단계의 핵심적 위기를 성공적으로 해결했을 때, 성격은 성공적으로 발달된다고 주장하였다. 각 단계에서의 위기와 그 위기를 성공적으로 해결했을 때의 결과는 〈표 2-1〉과 같다.

〈표 2-1〉 Erikson의 심리사회적 발달 8단계-단계별 위기와 해결 결과

각 단계의 위기	위기를 긍정적으로 해결했을 때의 결과	연 령
신뢰감 대 불신감	자신의 행동과 타인의 행동을 예측하고 의존할 수 있는 능력	0~1세
자율성 대 수치심 및 회의감	스스로 할 수 있는 능력	2~3세
주도성 대 죄책감	실제적이고 높은 호기심과 독립심	4~6세
근면성 대 열등감	많은 활동에 적극적이고 만족스러운 참여	7~12세
정체성 대 역할 혼미	자아정체성의 결정	13~19세
친밀감 대 고립감	다른 사람에게 헌신하고 밀접한 사랑의 관계를 형성하는 능력	20~34세
생산성 대 침체감	자신의 삶에 타인의 요구를 합치는 것	35~65세
통합감 대 절망감	노화와 죽음에 대한 건강한 적응	65세 이후

출처: Fabes & Martin, 2003.

3. 경험적 관점

인간의 발달은 생득적 요인을 무시할 수는 없지만 환경의 영향에 따라 좌우된다고 주장하는 설이 경험적 관점이다. 1900년대 초에 행동주의 심리학자들은 이러한 경험설의 배경 속에서 등장하였으며, 이들은 체계적인 후천적 프로그램을 통해 인간의 발달을 의도된 대로 변화시킬 수 있음을 강조하였다. 대표적인 이론으로는 고전적 조건형성이론, 작동적 조건형성이론, 그리고 사회학습이론을 들 수 있다.

1) 고전적 조건형성이론

러시아의 생리학자인 Pavlov는 소화액 분비에 관한 실험 도중 원래는 반응을 일으킬 수 없던 자극이 반응을 일으키는 것을 관찰하였다. 처음에 Pavlov는 개가 고기 가루를 입에 넣어 주었을 때만 침을 흘리는 것을 알았는데, 시간이 경과함에 따라서 개가 고기를 주기 전에 고기를 보는 것만으로, 심지어 실험자의 발소리만 듣고도 침을 흘리는 것을 관찰하였다. 이것을 관찰한 Pavlov는 벨소리와 음식물을 짝지음으로써 벨소리만 듣고도 개가 타액을 분비할 수 있도록 학습시킬 수 있었고, 이 절차를 고전적 조건형성(classical conditioning)이라고 명명하였다.

Watson은 고전적 조건형성의 절차를 아동의 행동에도 적용할 수 있는지를 실험하였다. 그는 생후 9개월의 알버트에게 자연적으로 공포를 일으키는 큰 소리를 여러 번 들려주고 그것을 중립적 자극인 흰쥐와 짝지음으로써 흰쥐에 대한 공포를 학습시키려고 하였다. 처음에 흰쥐에 대해서 전혀 공포를 느끼지 않던 알버트는 흰쥐와 큰 소리가 여러 번 짝지어짐에 따라 흰쥐가 나타나면 울음을 터뜨리기 시작하였다. 이 실험을 기초로 Watson은 아동은 환경의 영향에 따라서 발달하고 자극-반응의 연합을 통제함으로써 성인이나 사회가 원하는 대로 아동의 행동을 형성할 수 있다고 주장하였다.

2) 작동적 조건형성이론

고전적 조건형성은 행동의 학습을 설명하는 데 유용하기는 하지만 모든 인간 행동을 설명하는 데는 한계가 있다. Thorndike는 인간이 주어진 자극에 반응하면서 학습을 하기보다는 반응 뒤에 제시되는 무엇 때문에 학습한다는 것을 연구하게 되었다. Thorndike는 학습자가 다양한 반응을 해 보면서 그중에서 문제를 성공적으로 해결한 반응을 학습한다는 것을 증명하였다. 성공하기까지 다양한 반응을 해 보았기 때문에 이러한 학습을 시행착오

학습(trial and error learning)이라고 하였고, 성공적인 반응이 성공을 가져다 준 도구가 되었기 때문에, 이러한 학습을 도구적 조건형성(instrumental conditioning)이라고 불렀다(이성진, 1996).

Thorndike가 시작한 도구적 조건형성 실험은 하버드대학교의 Skinner가 보다 체계적으로 연구하여 작동적 조건형성으로 발전시켰다. 작동적 조건형성이론은 행동의 결과가 그 행동의 반복가능성에 영향을 준다는 데 초점을 맞춘 것이다. 예를 들어, 어떤 아이가 한 걸음을 걸을 때 칭찬을 받는다면, 다음 걸음을 걷도록 동기화될 수 있다. 인간의 행동은 음식이나 칭찬과 같은 정적 강화물이 제시될 때 더 많이 일어날 수 있고, 또한 부정적이고 혐오스러운 조건으로 구성된 부적 강화물이 제거될 때 더 많이 일어날 수 있다. 반면, 벌과 같이 즐겁지 않은 결과를 초래하는 행동은 반복될 가능성이 낮다(Fabes & Martin, 2003). 그러나 벌은 그 효과가 일시적이고 때로는 불안과 두려움의 증가와 같은 예기치 않은 부정적 결과를 초래할 수도 있으므로, 원치 않은 행동을 감소시키는 데는 모든 긍정적 결과를 보류하는 소거의 전략을 사용하는 것이 바람직할 때도 있다(Crane, 1992).

작동적 조건형성의 원리는 여러 가지 생활장면에 적용될 수 있다. 그 예로, 행동수정 프로그램은 작동적 조건형성 원리를 적용한 대표적인 행동치료 방법이다. 이 방법은 영유아는 물론 초등학교 아동들의 문제행동을 교정할 수 있는 유용한 것으로 알려져 있다.

3) 사회학습이론

인간은 사회적 존재이며, 상호 영향을 미치고 영향을 받는다. 인간은 타인의 행동을 보고 그것으로부터 배운다. 만일 인간이 직접적 체험을 통해서만 학습한다면 그 과정은 너무나 복잡하고 지루할 것이다. 우리는 우리 주변에 있는 사람이 하는 행동을 그대로 모방해 봄으로써 지루하고 복잡한 시행착오를 생략할 수 있다. Bandura는 많은 아동들이 타인의 행동의 결과를 보는 것만으로도 학습을 한다는 것에 주목하였다.

타인의 행동을 보고 배우는 것은 인류 역사만큼이나 오래된 현상이지만, 본격적으로 연구하게 된 것은 얼마 되지 않았다. 그중에서도 Bandura는 사회학습이론(또는 관찰학습이론)의 본질에 관한 우리의 이해를 돕는 가장 체계적인 연구를 하고 이론을 발전시킨 사람이다(이성진, 1996). Bandura의 사회학습이론은 개인이 다른 사람들에게 크게 영향을 받는다는 데 기초하고 있다. 아동뿐 아니라 성인들도 타인의 행동을 모방하거나 본받는다. 이러한 과정에서 새로운 행동을 학습하고, 행동에 적절한 상황뿐만 아니라 행동의 결과까지도 학습하게 된다. 실제 인물이 아니라고 하더라도 영화나 텔레비전, 책의 영웅들의 행동도 모방할 수 있다.

관찰학습은 아동이 모델의 행동을 모방하기 위해 모델에게 주의를 기울이는 주의집중단계, 관찰한 행동을 회상할 수 있도록 그 행동을 기억하는 파지단계, 기억하고 있던 것을 다시 실행해 보는 재생단계, 그리고 재생된 행동이 원하는 결과를 가져와 반복가능성을 높이는 강화/동기화단계의 네 과정으로 구성되어 있다. 사회학습이론은 텔레비전을 비롯한 여러 매체들이 아동의 행동에 어떤 영향을 주는지를 설명하는 데 유용한 이론이라 볼 수 있다 (Fabes & Martin, 2003).

4. 인지적 관점

인지적 관점에 기초한 이론들은 발달에 영향을 주는 것으로 기억, 판단 그리고 정보처리와 같은 정신적 과정의 역할을 중시한다. 인지발달연구들은 사고나 추리가 시간에 따라 어떻게 변하고 이러한 변화가 발달에 어떤 영향을 미치는가에 초점을 맞춘다. 대표적인 이론으로는 Piaget의 인지발달이론, Vygotsky의 사회문화적 인지이론, 정보처리이론을 들 수 있다.

1) Piaget의 인지발달이론

Piaget는 아동이 어떻게 세계를 알고 이해하게 되는지에 대해 관심이 많았다. 그는 생물학에서 박사학위를 받은 후 심리학으로 관심을 옮겼고 파리에 있는 Binet 연구소에서 일하면서 아동용 지능검사의 제작 작업을 도왔다. 여기서 Piaget는 지능검사에서 딴 점수 자체보다는 오히려 아동들이 검사문항에 대해 오답을 하는 이유를 알아보는 데 관심을 가지게 되었고, 연령이 다른 아동들이 다른 종류의 사고과정을 사용한다는 것을 발견하였다(Fabes & Martin, 2003).

Piaget는 자신의 세 자녀가 성장하는 과정을 세심하게, 그리고 계속해서 관찰함으로써 초기의 감각운동적 동작과 후기의 인지능력 발달의 관계를 알 수 있는 중요한 실마리를 발견하였다(이성진, 1996; 정옥분, 2003). Piaget의 인지발달이론에서 도식, 적응, 동화, 조절 그리고 평형화의 개념이 중요한 의미를 갖는데, 이러한 용어들은 그의 발달이론이 생물학의 영향을 받은 것임을 보여 주고 있다.

〈표 2-2〉 Piaget의 인지발달단계

발달단계	특 징	연 령
감각 운동기	감각-동작을 통한 학습, 어떤 물체를 다른 각도에서 보아도 동일하다는 것을 인식(사물의 실재성) 못함, 의도적인 반복 행동	0~2세
전조작기	지각과 표상 등의 직접 경험과 체험적인 행동, 사물을 단일 차원에서 직관적으로 분류, 언어의 발달, 자기중심성의 사고와 언어 태도, 비가역성	2~7세
구체적 조작기	동작으로 생각했던 것을 머리로 생각할 수 있음, 논리적 사고, 가역성 획득, 언어의 복잡화, 사고의 사회화	7~11세
형식적 조작기	추상적 개념의 이해, 문제해결에서 형식적 조작이 가능, 사물의 인과관계 터득, 문제해결에 가설 적용, 가설 검증능력, 추리력 · 응용력의 발달	11~15세

출처: 이성진, 1996.

Piaget에 따르면, 인지발달에는 네 단계가 있으며, 질적으로 서로 다른 이 단계들은 정해진 순서대로 진행되고, 단계가 높아질수록 복잡성이 증가한다. Piaget의 인지발달단계는 〈표 2-2〉와 같다.

2) Vygotsky의 사회문화적 인지이론

Vygotsky의 사회문화적 인지이론에 따르면, 한 사회의 특성인 가치, 신념, 관습, 고차적 정신기능 등이 사회적 상호작용을 통해 전수된다. Vygotsky에 따르면, 사회적 상호작용, 특히 아동과 성인 간의 대화가 아동이 특정문화에 적절하게 사고하고 행동하는 법을 습득하는 데 필수적이라고 한다(Wertsch & Tulviste, 1992).

Vygotsky의 이론은 특히 아동의 인지를 연구하는 데 큰 영향을 미쳤다. 그러나 그의 접근법은 Piaget의 접근법과 상당히 다르다. Vygotsky의 사회문화적 인지이론은 Piaget가 간과했던 사회문화적 요인의 중요성을 강조함으로써 아동의 인지발달을 이해하는 새로운 견해를 제시하였다. 인지발달의 문화적 보편성을 강조했던 Piaget와는 달리, Vygotsky는 인지발달의 문화적 특수성을 강조하였다(정옥분, 2002; 한순미, 1999).

근접발달영역(zone of proximal development)과 비계(scaffolding)는 Vygotsky의 사회문화적 이론에서 중요한 개념들이다. 근접발달영역이란 아동이 독립적으로 수행하는 것이 가능한 수준과 아동이 숙달된 조력자의 도움을 받아야 수행할 수 있는 수준 사이의 간극을 가리키는 말이다. 이 간극은 암시와 실마리 제공하기, 질문의 내용을 다시 설명해 주기, 아동에게 교사가 설명한 내용을 다시 말하도록 하기, 아동이 이해한 것 묻기, 과제 설명하기 등의 사회적 상호작용을 통해 메워질 수 있다. 사회적 상호작용의 차이는 아동의 인지발달에 차이를 가져올 수밖에 없다(장휘숙, 2002).

근접발달영역과 매우 밀접한 연관이 있는 개념이 비계다. 비계는 '건물을 건축하거나 수리할 때 인부들이 건축 재료를 운반하며 오르내릴 수 있도록 건물 주변에 세우는 장대와 두꺼운 판자로 된 발판을 세우는 것' 을 말하는데, 교육 장면에서 비계란 아동이 스스로의 힘으로 문제를 해결할 수 있도록 성인이나 유능한 또래가 도움을 제공하는 것을 의미한다(정옥분, 2002; 한순미, 1999). 비계는 즉각적인 문제해결뿐만 아니라 장기적인 안목에서 아동이 스스로 문제를 해결하는 데 필요한 기술을 가르치는 데도 효율적일 수 있다.

3) 정보처리이론

Piaget의 인지발달이론을 배경으로 등장한 이론이 정보처리이론이다. 이 이론은 Piaget처럼 인지발달단계에 초점을 맞추기보다는 아동들이 어떻게 정보를 수집, 저장, 활동하는가 하는 정보처리 과정을 중점적으로 연구하여 아동의 인지발달을 촉진시키고자 한다(김동일 외, 2003). 정보처리이론은 수학적이고 논리적인 단계를 따라 문제를 해결하는 컴퓨터의 정보처리 과정과 같이 인간의 마음도 정보가 흘러가는 상징-조직체계(symbol-manipulating system)로 볼 수 있다고 가정한다. 감각의 입력에서 행동반응의 출력까지 정보는 능동적으로 부호화되고 변형되고 조직된다(장휘숙, 2002).

Piaget 이론과 같이, 정보처리이론은 아동을 환경적 요구에 반응하여 자신의 사고를 수정하는 능동적이고 사려 깊은 존재로 간주하나(Klahr & MacWhinney, 1998), 사고의 단계적 발달을 가정하지 않는다는 점에서 Piaget와 차이가 있다. 정보처리이론에 따르면, 어린 아동이나 성인의 사고과정, 즉 지각, 주의, 기억, 계획짜기 전략, 정보의 범주화, 문어체와 구어체로 된 산문의 이해 등은 질적으로 유사하고 아동은 단지 성인보다 더 적은 양의 사고를 하는 것으로 가정한다. 아동은 연령에 따라 질적으로 상이한 지적 능력을 갖는다는 Piaget의 주장과는 상이하게, 정보처리이론가들은 지식의 양적 축적과 기억능력의 확장을 지적 발달로 간주한다. 그러므로 발달은 갑작스럽게 일어나는 단계적인 변화가 아니라 오히려 계속적이고 연속적인 변화다(장휘숙, 2002).

5. 맥락적 관점

맥락적 관점은 특수한 맥락에서 행동과 발달에 영향을 주는 생물학적 · 환경적 힘(force) 간의 상호작용을 강조한다. 여기에 속한 이론들은 다양하지만, 아동의 발달을 제대로 이해하기 위해서는 아동의 역사적 · 사회적 · 문화적 맥락을 연구해야 한다는 생각에 기초하고 있다는 공통점을 지니고 있다. 대표적인 이론으로는 생태이론, 전생애발달이론 등을 들 수 있다.

1) 생태이론

이 이론을 주장하는 대표적 학자는 Bronfenbrenner(1979)인데, 그는 아동의 세계가 '양파' 처럼 네 겹으로 쌓여 있어 외겹은 거시체계(macrosystem), 다음은 외체계(exosystem), 중간체계(mesosystem), 그리고 제일 아래 핵심부분은 미시체계(microsystem)로 되어 있다고 하였다([그림 2-1] 참조).

미시체계는 아동이 살고 있는 집의 크기, 근처에 있는 운동장의 시설물, 학교 도서관에 구비된 장서의 크기 등과 같은 물리적 특성을 포함한다. 또한 아동의 가족, 친구, 학교, 이웃이 이 체계에 포함된다. 이들은 아동의 발달에 관련이 있는 특성들을 소유하는데, 또래집단의 사회경제적 지위, 부모의 교육수준, 교사의 정치적 신념 등이 그것이다.

중간체계는 미시체계들 간의 상호관계, 즉 환경들 간의 관계를 말한다. 아동이 소속되어 있는 가정, 학교, 친구, 사회 등과 같이 직접 대면하고 있는 환경으로, 아동이 청소년으로 발달해 가는 과정에서 크게 영향을 받는 체계다. 일반적으로 이 체계들 간의 관계가 밀접하면 할수록 아동의 발달은 순조롭게 진행된다.

외체계는 아동의 활동이나 참여와 직접 관련되어 있지는 않지만 은연중에 영향을 주는 사회적 환경을 의미하는 것으로 정부기관, 사회복지기관, 교육

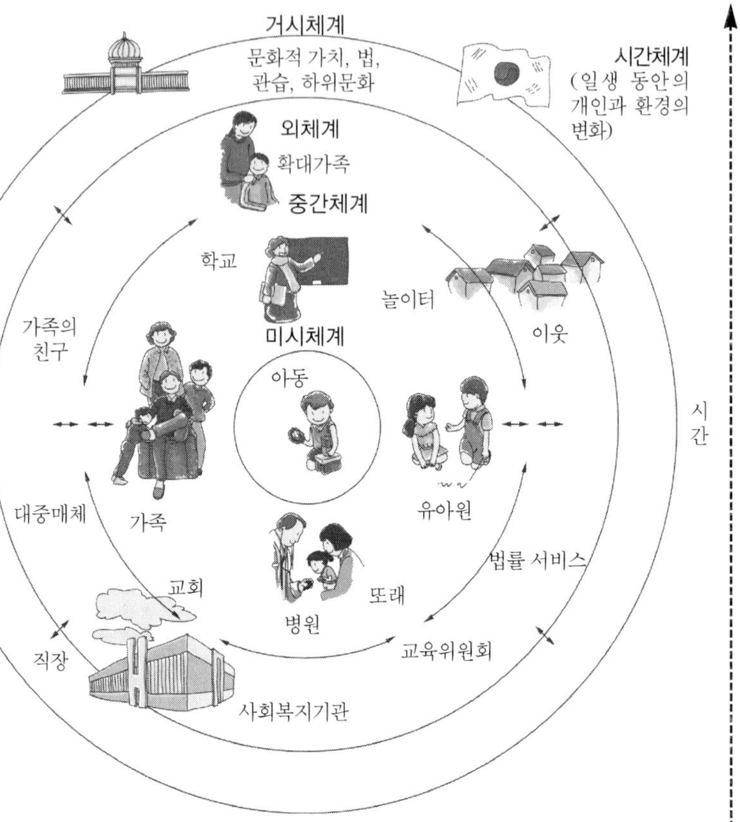

[그림 2-1] Bronfenbrenner의 생태학적 체계 모델(정옥분, 2003)

위원회, 대중매체, 직업세계 등이 포함된다.

거시체계는 미시체계, 중간체계, 외체계에 포함된 모든 요소에 개인이 살고 있는 문화적 환경까지 포함한다. 아동이 속해 있는 사회문화적 배경은 아동의 발달에 지속적인 영향을 미친다. 즉, 거시체계는 신념, 태도, 전통을 통해 아동에게 영향을 미친다(김동일 외, 2003; 장휘숙, 2002; 정옥분, 2003).

생태학적 체계이론은 행동주의 학습이론이 제공하는 것보다 환경에 대하여 더 풍부한 자료를 제공해 주고 있다. 즉, 기존의 연구자들이 아동의 환경을 아동 주변의 직접적 환경과 조건 그리고 사건에만 한정하여 상당히 협소하게 본 데 반해, Bronfenbrenner는 아동을 둘러싼 환경을 겹겹의 구조로 체계화하고 이들 각 체계와 아동발달 간의 관계를 설명하고 있다. 그리고 환경의 영향을 인위적인 실험실 상황에서 탈피하여 자연환경 속에서의 상호작용을 관찰함으로써, 인간이 어떻게 환경에 영향을 주고 환경으로부터 영향을 받는지를 이해할 수 있게 해 주었다. Bronfenbrenner는 아동은 이 4개의 실제생활 체계 속에서 직·간접으로 영향을 받아 성장하고, 여기서 환경은 아동의 발달에 결정적인 역할을 한다고 보았다(Fabes & Martin, 2003).

2) 전생애발달이론

대표적인 학자로는 Elder를 들 수 있다. 전생애발달이론은 인간의 발달과정과 결과를 맥락 속에서 이해하려는 것으로, 삶의 변화라는 맥락과 그것의 결과가 인간의 발달에 어떤 영향을 미치는가에 초점을 둔다(정옥분, 2003). 특히 발달에 대한 전생애적 접근은 발달의 중요성을 아동기에 국한시키기보다는 전 생애에 걸쳐 두고 있다. 전생애발달이론은 발달의 요소로서 세 가지 요소를 중시한다(Baltes, Reese, & Lipsitt, 1980).

첫째는 같은 연령층에 해당되는 규범적, 정례적 요소로서 특정 문화에서 어떤 연령에 있는 모든 사람에게 미치는 영향을 말하는데, 가족의 생애 주기(life cycle)나 교육, 직업의 여러 측면과 관련된 생물학적 성숙과 연령에 따른 사회화 과정을 들 수 있다. 예컨대, 우리의 제도나 관습은 초등학교는 7세에 입학하고 대학교는 18~19세에 들어가고, 결혼은 30세 전후가 적합하다고 규정하여 실천하도록 하는 것이 여기에 속한다.

이처럼 인간은 태어날 때 프로그램되어 있는 인간 스케줄과 후천적인 사회규범에 따른 환경적 영향을 받아 발달한다는 것을 강조하고 있다. 다시 말해, 개인마다 정도의 차이는 있을지 모르지만 거의 모든 아동이 일차적으로 유기체적, 사회체제적 기본 프로그램에 따라 발달한다고 주장한다.

둘째는 같은 연령층이 공유하고 있는 역사적 배경 및 시대적 상황의 요소들이다. 특정한 역사적 순간에 존재하는 환경의 결과로 영향력이 나타나서 한 역사적 사건이 모든 연령의 사람에게 영향을 주는 것을 말하며, 그 예로 경제공황, 전쟁, 전염병 등을 들 수 있다. 같은 해에 태어난 동년배들은 똑같은 역사적 배경 속에서 발달한다. 따라서 1945년 해방둥이로 태어난 아동과 1990년대 태어난 아동은 역사적 · 문화적 · 정치적 · 경제적 배경과 상황이 다른 만큼 정서나 인성이 다르다는 것이다.

다시 말해, 시대와 역사적 상황을 공유한 동년배 아동들이 다른 시대적 · 역사적 상황을 공유한 동년배 아동들과 어떻게 다르게 성장, 발달하고 있는가에 관심을 가져야 함을 강조하고 있다.

셋째는 각 개개인에게 적용되는 비규범적 요소로서 가장 한정된 양상으로 개인에게 특수하게 영향을 미치는 것을 말하는데, 이직이나 실직, 의학적인 외상, 사고, 이혼 그리고 중요한 타인의 사망 등을 예로 들 수 있다. 이 요소는 모든 사람이 인간으로서의 종 특유의 프로그램에 따라 발달되고 사회제도나 체제의 영향 속에서 발달하지만, 실제 개인마다 각기 다른 환경적 영향을 받아 성장함을 설명하고 있다. 같은 연령의 초등학생이라고 하더라도 각각 환경이 다르므로 그 발달에는 개인차가 생길 수 있음을 시사하고 있다.

환경의 영향이 모든 개개인에게 똑같지 않기 때문에 개인에게 부여되는 환경의 다양성에 따라 발달의 차이가 있겠지만, 실제로 간과할 수 없는 것은 예기치 않았던 환경적 요소다. 부모의 이혼, 경제적 파탄, 다른 지역으로의 이사 등 이러한 사건들은 어느 시점에서 개인의 발달에 큰 영향을 줄 수 있는 것이다.

발달의 세 가지 요소는 [그림 2-2]에서 볼 수 있듯이 영향을 미치는 시기가 다르다. 따라서 인간의 발달을 전 영역에 걸쳐서 올바로 파악하기 위해서는 규범적 요소나 역사적 요소뿐만 아니라 개인 특유의 비규범적 요소도 균형 있게 고려되어야 한다.

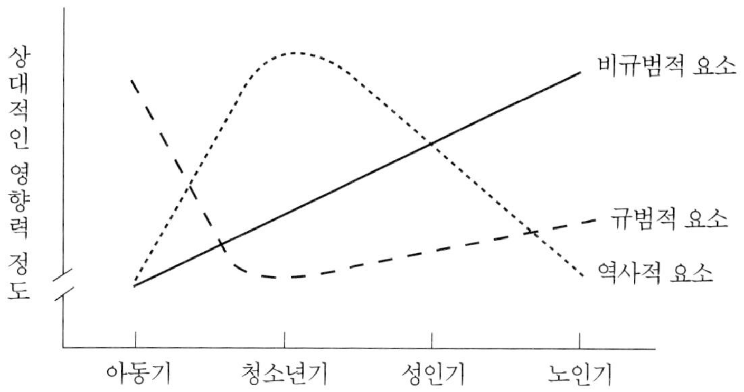

[그림 2-2] 발달 요소의 전 생애 영향력 측면(Baltes, Reese, & Lipsitt, 1980)

요점 정리

1. 생물학적 관점의 발달이론은 유전적이고 생득적인 요소들이 아동의 행동에 어떤 영향을 주는지에 대해 관심을 갖는다. 성숙이론은 인간이 태어날 때 모든 개인은 나름대로의 특성을 가지고 태어나며 그 특성에 걸맞게 발달이 이루어진다고 본다. 애착이론은 모든 아동은 자기를 돌봐주는 사람에게서 어떤 양육을 받든 정서적으로 애착을 형성하게 되어 있다고 본다.

2. 정신분석적 관점은 인간의 동기와 성격의 발달에 연구의 초점을 두고 있는데, 인간의 발달은 무의식적 욕망과 본능으로부터 지배받는다고 강조한다. 심리성적 이론은 심리성적 에너지인 리비도가 신체의 어느 부위에 집중되느냐에 따라 발달단계가 나뉜다고 보고 있다. 심리사회적 이론에서는 성격 발달의 각 단계에는 그 단계 특유의 과제가 있으며, 각 단계의 핵심적 위기를 성공적으로 해결했을 때 성격은 성공적으로 발달된다고 주장한다.

3. 인간의 발달은 생득적 요인을 무시할 수는 없지만 환경의 영향에 따라 좌우된다고 주장하는 설이 경험적 관점이다. 고전적 조건형성이론은 자극과 반응의 새로운 연합에 따라 학습이 이루어진다고 보고 있고, 작동적 조건형성이론은 행동의 결과가

그 행동의 반복가능성에 영향을 준다는 데 초점을 맞추고 있다. 이에 반해 타인의 행동의 결과를 보는 것만으로도 학습을 한다는 것에 주목한 것이 사회학습이론이다.

4. 인지적 관점에 기초한 이론들은 발달에 영향을 주는 것으로 기억, 판단 그리고 정보처리와 같은 정신적 과정의 역할을 중시한다. Piaget는 아동들이 지능검사 문항에 대해 오답을 하는 이유를 알아보는 데 관심을 가지는 것을 통해 인지발달단계를 발견했고, Vygotsky의 사회문화적 인지이론은 사회문화적 요인의 중요성을 강조함으로써 아동의 인지발달을 이해하는 새로운 견해를 제시하였다. 정보처리이론은 아동들이 어떻게 정보를 수집, 저장, 활동하는가 하는 정보처리 과정을 중점적으로 연구한다.

5. 맥락적 관점은 특수한 맥락에서 행동과 발달에 영향을 주는 생물학적 · 환경적 힘 간의 상호작용을 강조한다. 생태이론은 아동을 둘러싼 환경을 겹겹의 구조로 체계화하고 이들 각 체계와 아동발달 간의 관계를 설명하고 있다. 전생애발달이론은 발달의 중요성을 아동기에 국한시키기보다는 전 생애에 걸쳐서 두고 있다.

생각해 볼 문제

1. 아동발달의 각 관점이 초점을 맞추고 있는 아동발달의 측면을 비교해 보시오.
2. 경험적 관점과 인지적 관점의 차이를 비교 설명해 보시오.
3. 전생애발달이론이 아동발달에 시사하는 점을 생각해 보시오.

참고문헌

김동일, 김신호, 이근재, 정일호, 정종진(2003). 아동발달과 학습. 서울: 교육출판사.
이성진(1996). 교육심리학서설. 서울: 교육과학사.
장휘숙(2002). 아동발달. 서울: 박영사.

정옥분(2002). 아동발달의 이해. 서울: 학지사.

정옥분(2003). 아동발달의 이론. 서울: 학지사.

한순미(1999). 비고츠키와 교육. 서울: 교육과학사.

Baltes, P. B., Reese, H. W., & Lipsitt, L. P. (1980). Life-span developmental psychology. *Annual Review of Psychology, 31,* 65-110.

Bronfenbrenner, U. (1979). *The ecology of human development.* Harvard University Press.

Crane, W. (1992). *Theories of development: Concepts and applications.* Englewood Cliffs, NJ: Prentice-Hall.

Fabes, R. A. & Martin, C. L. (2003). *Exploring child development* (2nd ed.). MA: Allyn & Bacon.

Holmes, J. (2005). 존 볼비와 애착이론(이경숙 역). 서울: 학지사.

Klahr, D. & MacWhinney, B. (1998). Information processing. In D. Kuhn & R. S. Siegler (Eds.), *Handbook of child psychology: Vol. 2. Cognition, perception, and language* (5th ed.). New York: Wiley.

Wertsch, J. V. & Tulviste, P. (1992). L. S. Vygotsky and contemporary developmental psychology. *Developmental Psychology, 28,* 548-557.

제2부
영역별 발달 특성

제3장

신체발달

학습목표

- 전반적인 신체적 발달과정 속에서 아동기의 신체적 발달을 이해한다.
- 뇌의 생물학적 발달과정에 대해 이해한다.
- 사춘기에 나타나는 신체적 변화와 심리적 반응에 대해 이해한다.

이 장의 내용

1. 신장과 체중의 변화
2. 운동기능의 발달
   초등학교 이전 시기의 발달 / 초등학교 시기의 발달 / 운동기능 발달의 개인차
3. 뇌의 발달
   신경계의 발달 / 뇌의 분화와 성장
4. 사춘기
   호르몬 분비의 변화 / 성적 성숙 / 심리적 영향

주요 개념 및 용어

· 신체적 발달 · 성장 · 신장 · 성장 급등 · 운동기능 · 신경세포(뉴런)
· 대뇌피질 · 뇌의 가소성 · 뇌의 분화 · 사춘기 · 2차 성징 · 호르몬

제3장 신체발달

아동발달은 대체로 세 영역으로 이루어지는데, 생물학적 발달, 인지적 발달, 사회정서적 발달이 그것이다(정옥분, 2002). 생물학적 발달은 신체적 변화와 관련된 것으로 이 장에서 주로 다룰 것이다. 아동의 신체적 성장에 대해 알아보기 위해 신장과 체중의 변화, 운동기능의 발달, 뇌의 분화와 성장, 사춘기의 신체적 변화와 이에 대한 정서적 반응 등에 관해 살펴보고자 한다.

1. 신장과 체중의 변화

인간은 생후 2년간 급속한 성장을 하여 생후 4~6개월에는 출생 시의 2배의 체중이 되고, 생후 1년에는 출생 시의 3배의 체중이 되며, 생후 2년에는 성인이 되었을 때 키의 1/2이 된다. 이후 성장 속도는 점차 둔화되어 초등학교 시기의 아동은 비교적 성장 속도가 느려지며 6세 아동의 체중이 2배가 되는 데는 6년이 걸린다. 아동기 말에는 사춘기의 성장 급등으로 다시 성장이 빨라진다. 성장 급등기 이후에는 다시 성장이 둔화되고 십대 중·후반의 키와 성인기의 키는 거의 차이가 없다.

신체발달의 특징적인 면은 유아기의 변화와 청소년기 초에 일어나는 성장 급등(growth spurt) 현상이다(이성진, 2005). 성장 급등 현상이란 신장과 체중의 변화가 급격해지는 시기로 이때부터 청소년기가 시작된다고 할 수 있다. 여아들은 10세 6개월에 시작하여 12세에 최고점에 이르러 13세에서 13세 6개월 정도에 성장 속도가 느려지고, 남아들은 여아들에 비해 2~3년 정도 늦다(Tanner, 1990). 우리나라 아동 및 청소년들의 신체 성장 급등기는 횡단

〈표 3-1〉 연도별 신체발육상황 대비표(신장)

(단위: cm)

연도	6세		7세		8세		9세		10세		11세	
	남	여	남	여	남	여	남	여	남	여	남	여
1995	119.4	118.4	125.2	123.9	130.7	129.3	135.6	135.0	140.6	141.4	146.3	147.9
1996	119.6	118.5	125.2	124.2	130.6	130.0	135.7	135.3	140.8	141.7	146.6	147.9
1997	119.8	118.3	125.5	124.3	130.9	129.9	135.9	135.5	141.0	142.0	146.8	148.4
1998	119.8	118.5	125.7	124.0	130.9	129.5	136.2	135.6	141.2	142.0	147.3	148.8
1999	120.1	118.6	125.7	124.3	131.0	129.8	136.2	135.5	141.6	142.4	147.5	149.1
2000	120.1	118.9	125.8	124.9	131.3	130.1	136.6	136.0	141.9	142.3	148.1	149.2
2001	120.3	118.8	126.2	124.8	131.4	130.3	136.8	136.2	142.2	142.5	148.2	149.1
2002	120.3	119.1	126.4	125.0	131.9	130.6	136.9	136.5	142.4	143.1	148.6	149.6
2003	120.8	119.4	126.7	125.4	132.2	130.9	137.1	137.0	142.9	143.5	148.7	149.8
2004	120.6	119.6	126.7	125.2	132.1	131.1	137.6	137.0	142.9	143.7	149.1	150.3
2005	120.6	119.3	126.5	125.3	132.0	131.0	137.3	137.1	143.0	143.7	149.1	150.3
2006	121.7	120.2	127.1	125.8	132.6	131.5	138.7	138.3	143.5	144.4	150.0	150.9
2007	121.6	120.4	127.4	126.1	132.9	131.8	138.6	138.4	143.7	144.7	150.4	151.1
연도	12세		13세		14세		15세		16세		17세	
	남	여	남	여	남	여	남	여	남	여	남	여
1995	152.6	153.2	159.5	156.2	165.3	158.2	168.8	158.9	170.4	159.4	171.5	159.8
1996	152.9	153.2	159.9	156.4	165.5	158.5	169.4	158.8	171.1	159.6	172.0	160.1
1997	153.7	153.5	160.3	156.7	165.7	158.6	169.6	159.2	171.6	160.0	172.2	160.3
1998	153.6	153.7	160.8	156.8	166.3	158.7	169.8	159.3	172.0	159.9	172.6	160.5
1999	154.3	153.9	161.3	157.0	166.6	158.7	170.3	159.6	171.9	159.9	172.7	160.6
2000	154.9	154.4	161.8	157.3	167.2	158.9	170.4	159.5	172.2	160.2	173.0	160.5
2001	155.2	154.3	162.2	157.5	167.2	159.0	170.9	159.7	172.2	160.2	173.1	160.7
2002	155.5	154.3	162.4	157.5	167.2	159.3	170.7	160.0	172.5	160.1	173.3	160.9
2003	155.9	154.8	162.5	157.6	167.7	159.3	171.1	160.1	172.6	160.6	173.6	161.0
2004	156.2	154.8	163.3	157.7	167.8	159.4	171.4	160.3	172.7	160.6	173.6	161.6
2005	156.4	154.9	163.2	157.9	168.5	159.3	171.6	160.2	172.8	160.7	173.6	161.0
2006	158.1	156.1	164.2	158.2	168.7	159.5	171.8	160.4	173.0	160.7	173.9	161.1
2007	158.3	156.1	164.2	158.3	169.2	159.7	172.0	160.4	173.1	160.7	173.9	160.9

출처: 2008년 아동 · 청소년백서, 2008: 195.

〈표 3-2〉 연도별 신체발육상황 대비표(체중)

(단위: kg)

연도	6세		7세		8세		9세		10세		11세	
	남	여	남	여	남	여	남	여	남	여	남	여
1995	22.8	22.0	25.7	24.6	28.9	27.7	32.1	31.0	35.5	35.3	39.7	40.5
1996	22.9	21.9	25.6	24.6	28.9	27.9	32.6	31.0	35.8	35.5	40.0	40.1
1997	23.1	21.9	25.9	24.6	29.2	27.9	32.6	31.5	36.4	36.0	40.5	40.8
1998	23.1	22.1	26.0	24.9	29.3	27.8	32.8	31.5	36.4	35.9	40.6	40.9
1999	23.2	21.9	26.1	24.9	29.3	28.0	32.8	31.4	36.5	36.1	41.0	41.2
2000	23.3	22.4	26.4	25.4	29.9	28.5	33.6	32.2	37.8	36.3	42.0	41.8
2001	23.5	22.4	26.9	25.5	30.3	28.7	34.1	32.5	38.1	36.8	42.7	41.8
2002	23.8	22.7	27.1	25.8	30.7	29.4	34.6	32.9	38.8	37.6	43.9	42.8
2003	23.8	22.8	27.2	25.9	30.8	29.3	34.7	33.3	39.2	37.8	43.8	43.1
2004	24.0	22.8	27.1	25.9	30.7	29.4	34.9	33.1	39.3	37.2	44.4	43.2
2005	24.0	22.9	27.3	26.0	31.0	29.4	34.8	33.4	39.4	38.1	44.5	43.6
2006	24.5	23.2	27.7	26.4	31.6	29.7	35.8	34.0	39.8	38.6	44.7	43.7
2007	24.4	23.3	27.9	26.4	31.7	29.9	35.9	34.2	40.2	38.9	45.1	44.0
연도	12세		13세		14세		15세		16세		17세	
	남	여	남	여	남	여	남	여	남	여	남	여
1995	44.6	45.4	49.8	48.8	54.8	51.9	59.1	52.8	61.4	53.5	63.4	54.4
1996	45.0	45.5	50.1	49.4	55.4	51.9	59.7	53.2	61.9	54.0	64.0	54.2
1997	45.7	45.7	51.1	49.6	55.7	52.4	60.1	53.2	62.2	54.4	64.1	54.8
1998	45.9	45.8	51.5	49.6	56.0	52.2	60.0	53.4	62.3	54.1	64.1	54.8
1999	46.5	45.7	51.7	49.6	56.6	52.0	60.1	53.4	62.5	54.1	64.6	54.5
2000	47.4	46.7	52.9	49.9	57.7	52.5	60.8	53.3	63.2	54.2	65.3	54.9
2001	48.3	46.7	53.7	50.6	58.3	52.4	61.8	53.8	63.4	54.3	66.1	54.9
2002	49.2	47.0	54.7	51.1	59.4	53.3	62.5	53.9	64.7	54.8	66.9	55.2
2003	49.4	47.5	55.0	51.1	60.2	53.3	63.6	54.1	65.6	54.9	67.6	55.4
2004	49.7	47.5	55.7	51.1	60.2	53.4	63.4	54.0	66.3	55.2	68.1	55.8
2005	50.2	47.8	55.7	51.0	61.0	53.1	64.1	54.4	66.1	55.2	68.1	56.1
2006	50.7	48.0	56.6	51.2	60.5	52.9	64.3	54.2	66.5	54.8	68.2	55.4
2007	50.9	48.1	56.7	51.4	61.1	53.2	64.0	54.0	66.3	54.8	68.3	55.4

출처: 2008년 아동 · 청소년백서, 2008: 196.

적 연구에서 얻은 자료(2008년 아동 · 청소년 백서)에 따르면, 여아는 초등학교 시기 동안 꾸준한 성장을 보이고 10~11세에 가장 큰 성장을 보이다가 12세 이후 성장이 둔화되고, 남아는 12~13세에 가장 큰 성장을 보이고 14세 이후 점차 성장이 둔화된다(〈표 3-1〉 〈표 3-2〉 참조). 종단적 연구에서 얻은 자료(이성진, 2005)를 보면, 여아는 10~11세에 남아는 12~13세에 신장과 체중의 빠른 성장을 보이고, 일반적으로 남아가 여아보다 큰 성장을 보였다.

2. 운동기능의 발달

1) 초등학교 이전 시기의 발달

생후 1년 사이의 발달 가운데 가장 눈에 띄는 발달은 유아가 스스로 신체의 움직임을 통제하고 운동기능(motor skill)을 습득하는 것이다. 유아가 혼자 힘으로 기거나 걸어서 흥미로운 사물에 다가가고 잡고 탐색할 때 부모는 비로소 아이의 존재를 확인하게 된다. 뿐만 아니라 유아 자신은 신체의 움직임을 통제할 수 있게 되면서 보다 대담해지고, 자신이 돌아가 안전하게 쉴 수 있는 보호자의 존재를 알면 다른 사람들을 만나고 모험을 찾게 된다(Ainsworth, 1979).

운동기능은 편의상 특정 운동에 사용되는 근육의 크기와 신체 부위에 따라 사지와 대근육을 주로 사용하는 대근육 운동기능(large-muscle motor skill)과 손의 가는 근육을 주로 사용하는 소근육 운동기능(small-muscle motor skill or fine motor skill)으로 분류된다. 대근육 운동기능의 발달은 고개도 못 가눌 정도로 전적으로 의존적이던 유아가 뒤집기, 기기, 걷기, 달리기, 공 차기, 공 던지기 등을 할 수 있게 되는 과정으로 이루어진다. 1~2세 때는 사물에 걸려 자주 넘어지던 유아가 3세에 이르면 장애물도 뛰어넘으면서 뛰고 달리고 멈추고를 자유자재로 하게 되고, 5세가 되면 성인처럼 평형감각을 획득하여 자전거를 탈 수도 있다. 소근육 운동기능은 근원발달의 원리에 따라 팔, 손, 손가락의 순서로 발달한다. 작은 물건을 잡기 위해 처음에는 손 전체를 사용하다가 10개월이 지나면서 엄지와 검지를 사용해 작은 물건을 잡는다(정옥분, 2002). 2~6세에 눈과 손의 협응과 소근육의 통제가 급속히 발달하면서 손의 사용이 점점 정교해져 우유를 흘리지 않고 따르기, 밥 먹기, 글씨 쓰기, 색칠하기, 가위질하기, 단추 채우기, 신발 끈 매기 등을 하게 된다.

2) 초등학교 시기의 발달

초등학교에 입학할 무렵이면 대근육과 소근육의 기본적 운동기능이 거의 대부분 발달하며, 이후에는 기존의 운동능력이 더 빠르고 정교하게 발달한다. 6~7세 후에는 완전히 새로운 기본 기능을 습득하는 경우는 거의 없고, 운동의 질이 향상되고 더 복잡한 기능을 습득한다(Berk, 2003). 자전거 타기, 스케이트타기, 수영, 줄넘기, 야구, 농구, 피구, 술래잡기 등은 대부분의 아동이 습득하는 대근육 운동기능이다(Cratty, 1986). 유아기에 비해 아동기의 운동기능은 훨씬 정교하고 유연하다. 특히 협응능력의 신장이 두드러지게 나타난다. 협응능력 발달의 가장 좋은 지표는 공놀이인데, 연령이 증가함에 따라 아동들은 공을 보다 멀리 던지고 잘 받을 수 있다. 7세에는 손놀림이 더 안정되고 글씨를 쓰는 속도도 빨라진다. 8~10세에는 양손을 따로 쓰면서 가정에서 사용하는 공구를 다루고, 10~12세에는 손놀림이 성인의 수준에 가까워져서 정교한 수공예도 할 수 있고 어려운 곡도 악기로 연주한다.

3) 운동기능 발달의 개인차

운동기능의 발달에서는 개인차와 성차가 나타나는데, 남아는 운동기능의 발달에 필요한 활동을 더 많이 하고 17세까지 지속적인 발달을 보이는 반면, 여아는 13세경에 최고조에 이르고 이후부터는 쇠퇴하거나 기존의 능력을 유지한다(정옥분, 2002). 운동기능에서의 남녀 차이는 사춘기가 다가오면서 더욱 커져서 남아는 힘이 더 세지고 여아는 유연성에서 우세함을 보인다. 특히 남아는 대근육을 사용하는 스포츠에서 우세하고 여아는 체조나 수공예 같은 소근육을 사용하는 활동에서 우세하다(Cratty, 1986). 지난 수년간 성역할에 대한 인식이 변화되면서 이러한 남녀 차이는 점차 감소하고 있다는 견해도 있다(Whipp & Ward, 1992). 그러나 차귀염(2005)의 연구에 따르면, 아직도 우리나라 초등학생들은 신체적 능력 면에서 남자는 힘이 세고 여자는 힘이 약하다고 생각한다. 즉, 초등학교 고학년 학생들은 남녀의 능력에 따라 남자가 해야 하는 일과 여자가 해야 하는 일로 구분하여, 남자는 힘이 세니까 힘을 쓰는 일을 해야 하고 여자는 꼼꼼하니까 꼼꼼함이 요구되는 일을 해야 한다고 스스로 역할을 분담하는 것을 확인할 수 있었다.

운동기능 발달의 개인차는 아동의 자아개념에도 영향을 미친다. 운동을 잘 못한다고 생각하는 아동은 운동에 대한 부정적인 자아개념을 형성하게 되고, 창피를 당할까 봐 운동에 더 참여하지 않으면서 연습이 부족해 운동기능이 더 발달하지 못하는 악순환에 빠진다(Seidal & Reppucci, 1995). 우리나라 초등학생들을 대상으로 한 김지현(2003)의 연구에서도 운동기능과 자아개념이 밀접하게 관련됨이 확인되었다. 스스로 운동기능이 높다고 지각한 학생들이 낮다고 지각한 학생들에 비해 신체적 자아개념에서 더 높은 점수(긍정적 자아개념)를 보였고, 스스로 운동기능이 낮다고 지각하면서 다른 사람의 평가에서도 운동기능이 낮은 아동은 학업적 자아개념, 사회적 자아개념, 정서적 자아개념에서도 다른 학생들보다 낮은 점수(부정적 자아개념)를 보였다.

3. 뇌의 발달

뇌의 발달은 생애 초기에 급격하게 진행되어 뇌의 무게가 출생 당시 성인의 25%에서 만 2세에 성인의 75%까지 증가한다. 즉, 뇌의 성장 급등기는 출생 이전 3개월부터 출생 후 2세까지라고 할 수 있다(Shaffer, 2002). 뇌의 무게는 뇌발달의 다양한 지표 중 하나이고, 뇌의 무게의 증가는 아동의 학습과정과 밀접히 관련되는 뇌발달의 영역인 신경계의 발달과 뇌의 분화 및 성장의 결과다.

1) 신경계의 발달

인간의 뇌는 1,000～2,000억 개의 뉴런(neuron, 신경세포)으로 이루어져 있는데, 각 뉴런은 수없이 많은 다른 뉴런들과 연결되어 있으면서 정보를 저장하고 전달하는 역할을 한다. 뉴런은 다른 체세포들과는 달리 세포와 세포가 인접하지만 맞닿아 있지 않고 어느 정도의 공간을 두고 떨어져 있는데, 뉴런과 뉴런이 만나는 공간을 시냅스(synapse)라고 한다. 뉴런에서 나오는 신경전달물질(neurotransmitter)이 시냅스를 거쳐 뉴런과 뉴런 사이의 정보를 전달해 준다.

뇌의 성장은 바로 뉴런들이 이러한 정보전달체계를 형성해 가는 과정이다. 각 뉴런은 세포생성, 세포이동, 세포분화의 세 단계를 거쳐 발달한다. 뉴런은 태아의 신경관 뇌실벽에서 생성되고(세포생성단계), 때가 되면 정해진 피질 영역으로 이동하여 자리를 잡는다(세포이동단계). 임신 2기 말에 이 과정이 완료되고 일생 동안 더 이상의 뉴런이 생성되지 않는다(Nowakowski, 1987)고 알려져 있었으나, 최근에는 청소년기에 다시 뉴런 생성이 일어난다는 증거들이 포착되고 있다. 자리를 잡은 뉴런은 분화하기 시작하면서 신경섬유를 확장하여 인접한 세포들과 시냅스를 형성하면서 고유한 기능을 갖게 된다(세포분화단계).

(1) 시냅스의 발달

시냅스가 형성되는 동안 축색(axon)과 수상돌기(dendrite)가 발달하면서 공간이 필요해지고, 이에 따라 뇌의 발달과정에서 주변의 많은 뉴런의 수가 감소하게 된다. 각 뉴런의 위치와 방향성은 유전에 따라 결정되는 것으로 알려져 있으나, 뉴런들끼리 연결을 형성하는 과정에서는 외부의 자극이 중요한 역할을 한다. 주변 환경으로부터 자극을 받은 뉴런은 새로운 시냅스를 계속 만들어 가는데, 자극을 받지 못한 신경들은 곧 사라진다(Greenough, Black, & Wallace, 1987). 처음에 뉴런이 과잉 생산되는 것과 마찬가지로 시냅스 연결 역시 초기에는 과잉 형성되어 출생 후 첫 1년 동안 지속적으로 증가한다. 과잉 증식된 뉴런과 수상돌기, 축색, 시냅스는 사용하지 않으면 자연스럽게 가지치기가 이루어져 소멸하게 된다. 시냅스의 연결은 자주 사용하면 강해지고 사용하지 않으면 약해지는 특성을 지니고 있기 때문에 환경적인 영향을 많이 받는다고 할 수 있다. 시냅스는 유아기와 아동기뿐 아니라 성인이 된 이후에도 경험이나 훈련, 학습 등을 통해 새롭게 형성되고 소멸된다.

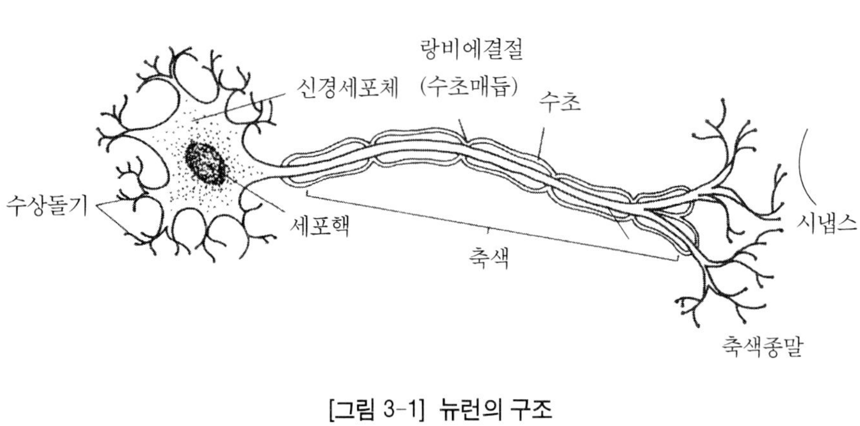

[그림 3-1] 뉴런의 구조

(2) 수초화

신경세포가 더 이상 증가하지 않아도 뇌는 계속 커지고 무거워지는데, 이는 신경섬유의 증가와 뇌무게의 1/2을 차지하는 신경교 세포(glial cell)의 성장 때문이다. 신경교 세포는 정보를 전달하는 기능을 하지는 않고 뉴런의 수초화(myelinization) 기능을 담당한다. 수초화란 정보전달의 효율성을 높이기 위해 신경섬유를 절연체로 감싸는 과정이다. 신경교 세포는 수초(myelin)라고 하는 지방층을 각 뉴런마다 만들고, 수초가 절연 역할을 하여 뇌가 신체의 다른 부위와 효율적으로 자극을 주고받을 수 있게 한다. 임신 4개월부터 생후 2년까지 신경교 세포는 급속한 성장을 보이다가 점차 성장 속도가 감소한다(Spreen et al., 1984). 뇌의 부피와 무게의 급격한 증가도 바로 수초화 기간에 일어나는 것이다.

수초화도 신경계 발달과 병행하여 나타나는데, 출생부터 그 직후까지 감각기관과 뇌 사이의 수초화가 급격히 일어나고 이를 통해 신생아의 감각기능이 제 기능을 할 수 있게 된다. 뇌와 근육 사이의 수초화가 진행되면서 머리와 가슴을 들고, 손과 팔을 뻗고, 구르고, 앉고, 일어나 걷고 뛰는 운동기능이 점차 발달한다. 생후 2년까지 급속하게 수초화가 진행되지만 그 이후에도 지속적인 발달과정을 보이는데, 아동기와 청소년기를 지나 성인 초기까지도 수초화는 완료되지 않는다(Fischer & Rose, 1995; Paus et al., 1999). 예를 들면, 주의집중을 지속시키는 데 관여하는 망상체와 전두엽은 사춘기에 가서야 수초화가 완료된다(Tanner, 1990). 이 때문에 유아기나 아동기의 주의집중 시간이 청소년이나 성인보다 짧은 것으로 보인다(Shaffer, 2002).

2) 뇌의 분화와 성장

뇌의 85%를 차지하면서 뇌 전체를 감싸고 있는 대뇌피질(cerebral cortex)은 인간의 고유한 인지적 기능을 담당하는 곳으로, 지속적으로 발달하는 뇌 부위다. 대뇌피질의 각 영역은 감각기관으로부터 정보 받기, 운동기관에 지시하기, 사고하기 등 서로 다른 기능을 관장하고 있다. 피질의 각 영역별 발달은 유아기와 아동기에 발달하는 여러 가지 능력의 발달 순서와 일치한다. 예를 들면, 신체동작을 통제하는 영역 가운데 출생 당시 가장 활발하게 발달하는 영역인 전반 뇌회(precentral gyrus)의 경우는 머리, 팔, 가슴을 통제하는 뉴런이 몸통과 다리를 통제하는 신경보다 먼저 발달한다(발달의 순서: 위에서 아래로). 피질에서 가장 마지막에 수초화가 일어나면서 발달하는 영역은 사고와 의식을 관장하는 전두엽이다. 이 영역의 기능은 만 2세부터 발달하여 수년에 걸쳐 발달이 지속되고 청소년기까지 꾸준히 발달이 이어진다(Paus et al., 1999).

(1) 영역별 기능 분화

대뇌피질은 후두엽(occipital lobe), 측두엽(temporal lobe), 두정엽(parietal lobe), 전두엽(frontal lobe)으로 구성되어 있다. 전두엽은 이마 쪽에 가까운 부위로 어떤 일을 의지적으로 계획, 통제하거나 판단하는 일이 주로 이루어지는 곳이다. 두정엽은 공간지각 및 주의기능을 관장하는 곳이고, 측두엽은 언어이해 및 청각정보 처리를 담당하는 곳이다. 후두엽은 머리 뒤쪽에 위치하는데 시각정보 처리가 이루어지는 곳이다. 각 두엽에는 서로 다른 기능을

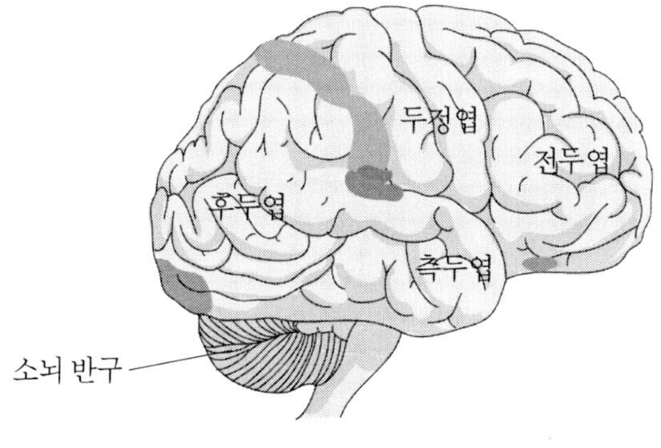

[그림 3-2] 대뇌피질

하는 영역들이 자리잡고 있는데, 운동영역(motor region)은 근육으로 명령을 보내는 역할을 하고, 감각영역(sensory region)은 감각기관을 통해 정보를 받아들인다. 연합영역(association region)에서는 뇌의 여러 영역으로부터 오는 정보를 종합하여 처리하는 기능을 한다.

(2) 좌우 기능의 분화

대뇌피질은 좌우가 유사한 모양을 하고 있지만 그 기능과 관장하는 영역이 서로 다르다. 이것을 좌뇌와 우뇌의 기능 분화(lateralization, 편측성이라고 부르기도 함)라고 한다. 좌뇌는 신체의 오른쪽을 관장하면서 말하기, 듣기, 음성언어 기억, 의사결정, 언어정보 처리, 긍정적 정서표현의 기능을 주로 한다. 우뇌는 신체의 왼쪽을 관장하면서 공간적 정보, 음악과 같은 비음성적 소리, 촉각, 부정적 정서표현의 기능을 주로 한다(Fox et al., 1995). 뇌의 기능 분화는 어느 한쪽 손과 신체의 어느 한쪽을 선호하는 것과 관련되는데, 성인의 약 90%가 쓰기, 먹기, 기타 운동기능을 쓰는 데 오른쪽(또는 좌뇌)을 선호한다고 한다(Shaffer, 2002). 뇌의 기능이 이와 같이 좌우로 분화되어 있긴 하지만, 좌우 반구가 서로 완전히 독립되어 있는 것은 아니며, 좌우 반구를 연결해 주는 뇌량의 역할을 통해 서로 통합된 기능을 한다.

좌우 기능의 분화는 2세 정도부터 나타나기 시작하여 아동기와 청소년기 동안 꾸준히 지속된다고 제안되었으나(Lenneberg, 1967), 최근에는 좌우 기능의 분화가 태아기부터 시작되어 태어날 당시에도 나타난다고 밝히고 있다(Grattan et al., 1992; Kinsbourne, 1989). 그러나 아동기를 통해서도 좌우 기능의 분화가 계속 진행되는데, 예를 들면 오른손잡이와 왼손잡이의 선호가 어릴 때부터 나타나지만 연령이 증가하면서 선호성은 더욱 확고해진다.

(3) 뇌의 가소성

뇌는 각 영역별로 다른 기능을 담당하고 있으면서도 뇌의 어느 부분에 손상이 생기면 다른 부위에서 그 기능을 담당하게 되는데, 이것을 뇌의 가소성

(plasticity)이라고 한다. 가소성이 큰 피질은 많은 영역이 아직 특정한 기능을 맡지 않았기 때문에 더욱 적응적이라고 할 수 있다. 그러나 좌우 기능의 분화가 완료되면, 어떤 특정 영역의 손상은 그 영역이 관장하는 기능의 손상을 초래한다.

(4) 뇌량의 발달

아동 초기의 주요한 변화 중 하나는 뇌량(corpus callosum)의 발달이다. 뇌량은 좌뇌와 우뇌가 서로 소통할 수 있도록 이어 주는 신경다발이다. 뇌량을 통해 두 좌반구와 우반구는 서로 정보를 주고받을 수 있어 모든 일상적 행동을 할 때마다 협력한다. 뇌량의 수초화는 만 1세 이후에 시작되고, 4~5세 때 상당히 발달한 수준에 이른다(Spreen et al., 1984; Witelson & Kiger, 1988). 그 이후 시기에도 속도는 느리지만 계속 발달한다.

(5) 청소년기 뇌의 발달

십대가 되면 만약이라는 가설적 질문을 많이 하고 진실이나 정의와 같은 추상적 개념에 대해 깊이 생각하기를 좋아한다(Shaffer, 2002). 이러한 청소년기 사고의 변화는 뇌의 상층 부위의 수초화와 관련된다고 본다. 수초화가 청소년기까지 지속되기 때문에 청소년의 주의집중 시간이 아동보다 길 뿐만 아니라 정보를 처리하는 속도도 더 빠르다(Kail, 1991). 또한 십대들의 미숙한 결정과 충동적인 행동들을 뇌의 미성숙에 기인한다고 설명하기도 한다. 예를 들면, 여아들은 11세, 남아들은 12세 6개월까지 전두엽의 뉴런이 수없이 많은 새로운 연결망을 생성하고 이후 몇 년 동안 대부분이 다시 가지치기를 통해 사라지는데, 많이 사용되고 강화를 받는 연결망만이 남는다(Giedd et al., 1999). 즉, 아동기부터 청소년기에 걸쳐 뇌발달은 제2의 성장 급등기를 맞이하면서 새롭게 재조직되고 정교화된다.

뇌발달 연구에 대해 더 관심이 있다면……

미국국립보건원(National Institutes of Health)의 Giedd 박사는 2004년 미국 제11회 아동과 법(Child and Law) 연차학술대회에서 MRI를 통한 뇌촬영 결과 청소년들의 뇌는 급격한 성장과 재구조화를 경험하게 된다고 발표하였다. Giedd 박사의 연구결과는 청소년의 행동과 심리적 요구를 이해하는 데 중요한 정보를 제공하였다.

Giedd 박사는 "8세 아동의 뇌와 13세 청소년의 뇌는 다르다는 것을 많은 사람들이 알고 있지만, 그 차이점이 무엇인지에 대해서는 잘 모르고 있다"고 언급하면서 십대들의 뇌발달에 대한 연구결과를 소개하였다.

출생 이후 신경 연결을 계속 발달시켜 온 십대들의 전두엽에서는 급속한 수초화가 일어나는데, 수초화란 정보전달을 보다 빠르고 효율적으로 할 수 있도록 신경전달 과정을 절연시켜 주는 것이다. "우리는 수없이 많은 선택지와 수없이 많은 가능성을 가지고 있지만, 어느 순간 우리의 뇌는 가장 필요한 한 가지를 선택해야 하는데 이것이 바로 가장 수초화된 부분이 됩니다."라고 설명하였다.

인간의 뇌는 25세가 될 때까지도 완전히 발달하지 못하고, 십대 청소년들은 의사결정을 할 때 두려움과 편도에서 온 본능적 반응을 연결해 주는 뇌 부위를 주로 사용한다고 한다. 따라서 아동의 문제를 다루는 법조인들은 이러한 사실을 염두에 두어야 할 것이라고 주장하였다.

Giedd 박사는 십대 청소년들은 아직 의사결정을 제대로 할 수 없기 때문에 전두엽의 발달이 일어나는 시기에 부모들이 잘 지켜보면서 도와야 한다는 점을 마지막으로 강조하였다.

– K. Kersting, *Monitor on Psychology, 35*(7), July/August, 2004: 80.

* Giedd 박사의 뇌발달 연구는 다음의 웹사이트에서 다운받아 볼 수 있다.
http://intramural.nimh.nih.gov/chp/articles/index.html#Brain

* TIME(May 31, 2004: 40-43)의 〈Inside the Adolescent Brain〉에서는 청소년기 뇌발달을 일반인들이 이해할 수 있도록 아주 쉽게 설명하고 있다.

4. 사춘기

호르몬의 변화로 신체적 · 성적 성숙이 급격하게 이루어지는 시기를 사춘기(puberty, "털이 자라는" 이라는 뜻을 가진 라틴어 pubertas에서 유래)라고 하고, 사춘기를 통해 신체적으로 성숙하고 다음 세대를 이어갈 수 있는 생식능력을 가지게 된다. 앞서 살펴본 사춘기의 성장 급등기는 성적 기능과 관련된 신체적 특징의 변화다.

1) 호르몬 분비의 변화

신체발달과 성적 성숙은 신경계에서 통제하고, 신경계는 호르몬을 생산하는 내분비선에서 통제한다고 알려져 있다. 내분비선 중 사춘기 신체 변화와 관련된 것으로 생각되는 것은 시상하부의 뇌하수체에서 분비되는 부신피질촉진 호르몬과 생식선촉진 호르몬이다. 부신피질촉진 호르몬은 부신피질을 자극하고 생식선촉진 호르몬은 생식선을 자극하여 남성호르몬인 안드로겐(androgen)과 여성호르몬인 에스트로겐(estrogen)을 분비하게 한다. 이 성호르몬은 남녀 모두에게서 생산되나 성별로 그 비율에 차이가 있으며, 생식기의 발달과 제2차 성징의 발현에 영향을 미친다.

남아의 고환에서는 다량의 테스토스테론(testosterone)을 분비하여 근육발달, 몸과 얼굴의 털, 기타 남성적 특성을 드러나게 한다. 여아의 난소에서 분비된 에스트로겐은 유방, 질, 자궁을 성숙하게 하고 여성스러운 몸매를 만들어 준다. 부신피질에서 분비된 안드로겐은 여아의 성장 급등과 체모 성장을 촉진한다. 반면, 남아의 신체 성숙은 부신피질에서 분비되는 안드로겐의 영향보다는 고환에서 분비되는 안드로겐의 영향을 받는다.

2) 성적 성숙

생식기를 중심으로 1차 성징을 말한다면, 외모에 드러나서 성적 성숙의 상징이 되는 것이 2차 성징이다. 여아의 경우는 초경(menarche)이 사춘기를 알리는 가장 대표적인 신호로 알려져 있는데, 실제 초경은 사춘기 말에 나타나고 대부분 성장 급등과 유방 발육으로 사춘기가 시작된다. 성장 급등기 후에 초경을 하고, 다음으로 유방의 발육 및 음모 성장이 완료되며, 마지막으로 겨드랑이에 털이 난다. 대체로 이 과정은 약 3년 정도 소요되고, 1년 정도 더 빠르기도 하고 늦기도 하다.

남아의 경우, 정자를 생산하는 고환의 비대가 사춘기의 첫 번째 신호다. 동시에 음낭의 조직과 색깔이 달라지고 곧이어 음모가 나기 시작하며 음경의 크기가 커진다. 여아들과는 달리 남아의 성장 급등기는 사춘기 이후에 나타나는데, 이때 음모가 다 자라고 겨드랑이에 털이 나기 시작한다. 얼굴과 몸의 털도 성장 급등기 이후 나기 시작하고 사춘기 이후에도 계속 자란다. 목소리의 변화는 남아에게서 두드러지게 나타나는데, 성장 급등기에 나타나 사춘기가 끝날 때까지 지속된다. 정액을 만드는 기관의 발달로 13세경이 되면 최초의 사정(spermarche)을 함으로써 생식기능을 획득한다.

3) 심리적 영향

사춘기는 개인의 정서적 상태와 사회적 행동에 영향을 미친다. 사춘기는 Rousseau와 Hall이 일컫듯이 "질풍과 노도의 시기"로 알려져 있다. 그러나 청소년들을 대상으로 한 최근의 여러 연구들에서는 이런 결론이 지나치게 과장된 것이라고 주장하고 있다(Berk, 2003).

청소년의 적응이 사회적 요인과 문화적 요인에 따라 상당히 달라질 수 있다는 것을 처음으로 지적한 학자는 인류학자인 Margaret Mead다. 1926년에 태평양의 외딴 섬 사모아를 여행하고 돌아온 Mead는 사모아 청소년들은 복잡한 사회의 청소년들이 겪는 적응의 어려움을 겪지 않는다는 놀라운 발표를 하였다. 청소년 시기의 어려움은 생물학적 원인보다는 사회적이고 문화적인 요인에 기인한다는 지평을 우리에게 열어 준 것이다.

현대 사회의 청소년들은 앞으로의 진로를 준비하기 위해 부모에게 의존하여 교육을 받아야 한다. 이 기간 동안 성적 만족감을 지연시켜야 하고, 아동에서 성인으로 넘어가는 청소년기도 길어진다. 그동안 여러 가지 심리적 어려움에 봉착하게 되어 사춘기 동안 자아상, 기분, 부모나 또래와의 관계에서 중요한 변화를 겪는다.

(1) 기분변화

사춘기 시기(9~14세)의 호르몬 과다분비는 남아에게는 분노와 불안, 여아에게는 분노와 우울을 일으킨다(Brooks-Gunn & Warren, 1989; Nottelmann et al., 1990). 그러나 그 상관이 아주 강한 것은 아니어서 반드시 뇌하수체 호르몬의 상승이 청소년의 기분변화를 가져오는 것이라고 보기는 어렵다. Larson은 아동, 청소년, 성인을 대상으로 무작위로 기분을 확인해 본 결과 청소년들의 기분이 상대적으로 더 가라앉아 있다는 것을 확인할 수 있었는데, 이것은 청소년들이 일상생활에서 부모와 다투거나, 학교에서 벌을 받거나, 이성과 헤어지거나 하는 등의 부정적인 일을 더 많이 겪는 것과 연관되어 있었다. 부정적인 일이 아동기에서 청소년기로 넘어가면서 점점 많아지고, 여기에 대해 청소년들이 아동들보다 좀 더 정서적으로 강한 반응을 보이는 것일 수 있다(Larson & Ham, 1993).

청소년들은 기분이 좋았다가도 금방 기분이 나빠지는 등 성인에 비해 정서가 불안정하다. 뿐만 아니라 청소년들은 여러 상황을 잘 옮겨 다니는데, 기분이 좋을 때는 친구와 함께 있을 때나 취미 활동을 할 때이고, 기분이 좋지 않을 때는 교실, 일, 도서관, 교회 등 구조적인 환경에 있을 때다(Csikszentmihalyi & Larson, 1984). 이러한 상황적 요인과 호르몬의 작용이 함께 청소년의 기분변화를 초래한다.

(2) 부모-자녀 관계

자기 방의 문을 닫고, 가족과 함께 있기를 싫어하고, 반항하기 시작하면 부모들은 자녀의 사춘기가 시작되었다는 것을 알게 된다. 사춘기에는 부모-자녀 간 갈등이 증가하는데, 성장 급등의 최고조에 다가가면서 여아의 경우는 초경 직후 말다툼과 냉전이 가속된다. 이 시기에는 서로에 대한 친밀감도 낮아진다. 이러한 갈등에 대한 하나의 설명은 사춘기는 생리적으로 가족을 떠나야 할 시기인데 그렇지 못하기 때문이라는 것이다. 동물세계나 보다 원시적 사회에서는 사춘기를 지나면서 원가족을 떠나 자신의 가족을 이루지만, 현대 사회에서는 청소년이 계속 부모에게 의존하여 살아야 한다. 그러나 부모-자녀 관계에서 사춘기와 청소년기에 별다른 혼란 없이 성장하는 경우도 절반 정도 된다고 한다(Jurkovid & Ulrici, 1985).

(3) 성숙의 개인차

사춘기의 급격한 성장과 성숙은 누구에게나 일어나는 일이지만, 반드시 정해진 연령에 나타나는 것은 아니다. 중학교에 입학하기도 전에 가슴이 커지고 첫 월경을 경험하는 여아가 있는가 하면, 중학교를 졸업할 때까지도 유선이 발달하지 않고 월경을 경험하지 않는 여아도 있다. 각 개인이 사람으로서 공통된 점이 있지만 서로 구분되는 차이도 존재하듯, 사춘기의 성장 급등과 성적 성숙도 누구에게나 일어나지만 일어나는 시기에 차이가 있는 것은 자연스러운 일이다.

사춘기는 삶의 규준을 찾는 집단이 가족에서 또래로 변하는 시기이므로 또래집단 안에서 자신이 다르게 보일 때, 마치 자신이 정상에서 벗어난 것처럼 생각할 수 있다. 따라서 신체적 변화와 사춘기의 도래 시기는 청소년의 심리적 적응에 영향을 미친다. 사춘기가 다른 사람보다 빨리 시작되는 경우와 늦게 시작되는 경우가 남아와 여아에게 미치는 영향은 정반대다. 남아의 경우 조숙한 청소년에게 보다 많은 사회적 책임과 권리를 부여함으로써, 조숙한 남자 청소년은 다른 남자 청소년에 비해 보다 긍정적인 정체감을 발달시킨다. 발달한 자신의 신체에 대해 만족하며 더 많은 집단 활동에 주도적으로 참여할 기회를 갖는다. 이에 비해 성장이 늦은 남자 청소년은 자신의 연령에 걸맞은 사회적 대우를 받지 못하는 경험을 함으로써 부정적 자아상을 형성하고 때로 사회적으로 고립되기도 한다.

여아의 경우, 일찍 성적 성숙이 시작되는 경우 자신의 변화에 대해 또래 가운데서는 비교할 상대도 의논할 상대도 없는 경우가 많다. 특히 유방의 성장이 조숙한 여아는 또래에게, 심지어 부모에게조차도 놀림의 대상이 된다. 따라서 종종 조숙한 여자 청소년들은 자신의 신체적 변화를 감추려 노력한다(김동일 외, 2002). 개인적으로나 사회적으로 준비되지 않은 성적 성숙은 조숙한 여아를 고립시킬 수 있다. 한편, 성장이 늦은 여아는 이와 반대로 자신의 성적 매력에 대해 의심하고 외모에 불만을 갖기도 한다.

요점 정리

1. 신체발달의 특징적인 면은 유아기의 변화와 청소년기 초에 일어나는 성장 급등(growth spurt) 현상이다.
2. 성장 급등기는 여아들의 경우 10세 6개월에 시작하여 12세에 최고점에 이르며13세에서 13세 6개월 정도에 성장 속도가 느려지고, 남아들의 경우 여아들에 비해 2~3년 정도 늦다.
3. 운동기능은 특정 운동에 사용되는 근육의 크기와 신체 부위에 따라 대근육 운동기능(largr-muscle motor skill)과 소근육 운동기능(small-muscle motor skill or fine motor skill)으로 분류된다.
4. 초등학교에 입학할 무렵이면 대근육과 소근육의 기본적 운동기능이 거의 발달하며, 이후에는 기존의 운동능력이 더 빠르고 정교하게 발달한다.
5. 운동기능 발달에는 개인차와 성차가 나타난다.

6. 운동기능 발달의 개인차는 아동의 자아개념에 영향을 미친다.
7. 뇌의 성장은 뉴런과 뉴런 사이의 정보전달체계를 형성해 가는 과정이다.
8. 뉴런은 세포생성, 세포이동, 세포분화의 세 단계를 거쳐 발달한다.
9. 시냅스의 연결은 자주 사용하면 강해지고 사용하지 않으면 약해지는 특성을 지니고 있기 때문에 환경적인 영향을 많이 받는다고 할 수 있다.
10. 뇌의 85%를 차지하면서 뇌 전체를 감싸고 있는 대뇌피질(cerebral cortex)은 인간의 고유한 인지적 기능을 담당하는 곳으로, 지속적으로 발달하는 뇌 부위다.
11. 대뇌피질은 후두엽(occipital lobe), 측두엽(temporal lobe), 두정엽(parietal lobe), 전두엽(frontal lobe)으로 구성되어 있다.
12. 대뇌피질은 좌우가 유사한 모양을 하고 있지만 그 기능은 서로 다른데, 좌뇌와 우뇌의 기능 분화(lateralization, 편측성)는 뇌발달의 중요한 과정이다.
13. 호르몬의 변화로 신체적 · 성적 성숙이 급격하게 이루어지는 시기를 사춘기라고 한다.
14. 사춘기에는 부신피질촉진 호르몬과 생식선촉진 호르몬을 통해 남성호르몬인 안드로겐(androgen)과 여성호르몬인 에스트로겐(estrogen)의 분비가 증가한다.
15. 사춘기의 변화는 호르몬과 사회 · 문화적 요인이 상호작용하여 여러 가지 적응의 문제를 초래한다.
16. 신체적 변화와 사춘기의 도래 시기는 청소년의 심리적 적응에 영향을 미친다.

생각해 볼 문제

1. 성장 급등기에 대해 예를 들어 설명해 보시오.
2. 뇌의 분화와 성장이 초등학교 교육현장에 주는 시사점은 무엇인지 토론해 보시오.
3. 자신이 겪은 사춘기에 대해 회상해 보고, 사춘기의 일반적 변화에 대한 이 책의 내용과 비교해 보시오.

참고문헌

김동일, 김지현, 황매향, 유정이(2002). 청소년 발달문제와 상담. 서울: 한국청소년상담원.

김지현(2003). 초등학교 아동의 자각적 운동기능이 자아개념에 미치는 영향. 석사학위논문, 대구대학교.

보건복지가족부(2008). 2008 아동 · 청소년 백서. 서울: 보건복지가족부 국가청소년위원회.

이성진(2005). 한국인의 성장 · 발달: 30년 종단적 연구. 서울: 교육과학사.

정옥분(2002). 아동발달의 이해. 서울: 학지사.

차귀염(2005). 초등학생의 성역할에 관한 문화기술적 연구. 석사학위논문, 부산교육대학교.

Ainsworth, M. (1979). *Patterns of attachment.* New York: Halsted.

Berk, (2003). *Child development* (6th ed.). Needham Hights, MA: Allyn & Bacon.

Bransford, J., Brown, A., & Cocking, R. (Eds.) (2000). *How people learn: Brain, mind, experience, and school.* Washington, DC: National Academic Press.

Brooks-Gunn, J., & Warren, M. P. (1989). Biological contributions to affective expression in young adolescent girls. *Child Development, 60,* 372-385.

Bruer, J. (1999). In search of brain-based education. *Phi Delta Kappan, 80*(9), 649-657.

Cratty, B. J. (1986). *Perceptual and motor development in infants and children* (3rd ed.). Englewood Cliffs, NJ: Prentice Hall.

Csikszentmihalyi, M., & Larson, R. (1984). *Being adolescent.* New York: Basic Books.

Fischer, K. W., & Rose, S. P. (1995, Fall). Concurrent cycles in the dynamic development of the brain and behavior. *SRCD Newsletter,* 3-4.

Fox, N. A., Rubin, K. H., Calkins, S. D., Marshall, T. R., Coplan, R. J., Porges S. W., Long, J. M., & Stewart, S. (1995). Frontal activation asymmetry and social competence at four year of age. *Child Development, 66,* 1770-1784.

Giedd, J. N., Blumenthal, J., Jeffries, N. O., Castellanos, F. X., Lui, H., Zijdenbos, A., Paus, T., Evans, A. C., & Rapoport, J. L. (1999). Brain deveopment during childhood and adolescence: A longitudinal MRI study. *Nature Neuroscience, 2*(10), 861-863.

Grattan, M. P., De Vos, E., Levey, J., & McClintock, M. K. (1992). Asymmetric action in the human newborn: Sex differences in patterns of organization. *Child Development, 63*, 273-289.

Greenough, W. T., Black, J. E., & Wallace, C. S. (1987). Experience and brain development. *Child Development, 58*, 539-559.

Jurkovid, G. J., & Ulrici, D. (1985). Empirical perspectives on adolescents and their families. In L. L'Abate (Ed.), *The handbook of family psychology and therapy*. Homewood, IL: Dorsey.

Kail, R. (1991). Processing time declines exponentially during childhood and adolescence. *Developental Psychology, 27*, 259-266.

Kinsbourne, M. (1989). Mechanisms and development of hemisphere specialization in children. In C. R. Reynolds & E. Fletcher-Janzen (Eds.), *Handbook of clinical child neuropsychology*. New York: Plenum.

Larson, R., & Ham, M. (1993). Stress and "Storm and Stress" in early adolescence: The relationship of negative events with dysphoric affect. *Developmental Psychology, 29*, 130-140.

Lenneberg, E. H. (1967). *Biological foundations of language*. New York: Wiley.

Nottelmann, E. D., Inoff-Germain, G., Susman, E. J., & Chrousos, G. P. (1990). Hormones and behavior at puberty. In J. Bancroft & J. M. Reinisch (Eds.), *Adolescence and puberty* (pp. 88-123). New York: Oxford University Press.

Nowakowski, R. S. (1987). Basic concepts of CNS development. *Child Development, 58*, 568-595.

Paus, T., Zijdenbos, A., Worsley, K., Collons, D. L., Blumenthal, J., Giedd, J. N., Rapoport, J. L., & Evans, A. C. (1999). Structural maturation of neural pathways in children and adolescents: In vivo study. *Science, 283*(5409), 1908-1908.

Seidal, R. W. & Reppucci, N. D. (1995). Organized youth sports and the psychological development of nine-year-old males. *Journal of Child and Family Studies, 2*(3), 229-248.

Shaffer, D. R. (2002). *Developmental psychology* (6th ed.). Belmont, CA: Wadsworth/Thomson Learning.

Spreen, O., Tupper, D., Risser, A., Tuokko, H., & Edgell, D. (1984). *Human developmental neuropsychology*. New York: Oxford University Press.

Tanner, J. M. (1978). *Education and physical growth* (2nd ed.). London: Hodder & Stroghton.

Tanner, J. M. (1990). *Fetus into man: Physical growth from conception to maturity* (2nd ed.). Cambridge, MA: Harvard University Press.

Whipp, B. J., & Ward, S. A. (1992). Will women soon outrun men? *Nature, 355,* 25.

Witelson, S. F., & Kigar, D. L. (1988). Anatomical development of the corpus callosum in humans: A review with reference to sex and cognition. In D. L. Molfese & S. J. Segalowitz (Eds.), *Brain lateralization in children* (pp. 35-37). New York: Guilford.

제4장
인지발달

학습목표

- Piaget 인지발달이론의 기본 개념과 단계별 발달 특징을 이해한다.
- Piaget 인지발달이론의 교육적 적용을 위한 구체적 방안을 모색한다.
- Piaget 인지발달이론의 한계를 인식하고 대안적인 견해를 탐구한다.
- 인지발달에 대한 Vygotsky의 기본 가정과 사회적 상호작용의 원리를 이해한다.
- 인지발달에 대한 사회문화이론의 교육적 적용을 위한 구체적 방안을 모색한다.
- 언어발달의 주요 이론을 고찰하고 아동의 언어 사용을 촉진하는 교수전략을 탐구한다.

이 장의 내용

1. Piaget의 인지발달이론
   기본 개념 / 인지발달 구조와 단계별 특징 / 교육적 적용 및 평가
2. 인지발달에 대한 정보처리적 접근과 신피아제이론
   Siegler의 책략선택 모형 / Case의 신피아제이론
3. 인지발달에 대한 사회문화적 접근
   Vygotsky의 기본 가정 / 사회적 상호작용과 인지발달 / 교육적 적용 및 평가
4. 언어발달
   언어발달의 요소 / 어휘력 및 의사소통능력의 발달 / 언어발달의 이론

주요 개념 및 용어

· 가설연역적 추론 · 가역성 · 감각운동기 · 개인적 우화 · 과잉축소 · 과잉확장
· 구성주의 · 구체적 조작기 · 근접발달영역 · 대상영속성 · 도식 · 동화 · 명제적 사고
· 모방학습 · 물활론적 사고 · 반성적 추상화 · 보존개념 · 분류 · 비계설정 · 사적 언어
· 사회문화이론 · 상상적 청중 · 수평적 격차 · 상호교수 · 상호주관성 · 언어발달
· 역동적 평가 · 이행적 추론 · 인지발달 · 일어문기 · 옹알이 · 유도된 참여 · 자아중심성
· 적응 · 전보어 · 전조작기 · 정신적 표상 · 조망수용 · 조작 · 조절 · 조직화 · 중심개념구조
· 중심화 · 지연모방 · 책략선택 모형 · 탈중심화 · 평형화 · 협력학습 · 형식적 조작기

제4장 인지발달

만일 여러분이 교사가 되기 위하여 훈련을 받고 있다면, 그리고 다양한 연령의 학생들이 어떻게 학습하는지를 이해하고자 한다면, 인지발달에 대한 핵심 개념을 알아야 한다. 이 장에서는 아동의 인지발달에 대해 가장 영향력 있는 학자인 Piaget와 Vygotsky의 이론을 고찰한다. Piaget의 인지발달이론은 아동의 연령 증가에 따른 사고의 질적 변화를 체계적으로 기술한 단계이론이며, 학생들이 무엇을 배울 수 있으며 언제 배울 준비가 되어 있는지에 대해 교사들에게 많은 시사점을 제시한다. 여기서는 그의 이론에 대한 주요 비판과 대안적인 이론들도 함께 고찰한다. 오늘날 실제적인 영향력을 더해가고 있는 Vygotsky는 인간의 활동이 사회문화 환경 속에서 일어난다고 믿고 있다. 그의 이론은 아동의 사고에는 그가 속한 문화의 기대와 활동이 반영되어 있다고 가정하고 아동의 인지발달에서 교사와 부모가 담당하는 중요한 역할을 강조한다. 끝으로 아동의 언어발달에 대한 주요 이론을 고찰한다.

1. Piaget의 인지발달이론

스위스 태생인 Piaget(1896~1984)는 어렸을 때부터 생물학에 관심이 많았으며, 21세 때 연체동물에 관한 논문으로 동물학 박사학위를 받았다. 그 후 그는 아동심리학 분야에서 연구하면서 지식의 근원에 대한 철학적 인식론의 문제를 해결하고자 하였는데, 이것이 곧 그가 주장한 발생학적 인식론이다. Piaget는 유기체에 구조가 있듯이 인간의 정신에도 심리적 구조가 있다고 보았다. 그에 따르면, 인간들은 처음부터 인지적 존재로 인생을 시작하는 것이 아니라 감각과 운동기능을 통하여 환경에 효율적으로 적응하게 해 주는 심리적 구조를 구성하고 발달시킨다. 심리적 구조란 경험을 이해하는 조직화된 방식을 말한다. 아동들은 이러한 구조를 발달시키는 데 매우 능동적이며, 현재의 구조를 사용해서 경험을 선택하고 해석하며 때로는 실체의 미묘한 측면을 이해하기 위하여 현재의 구조를 수정한다. Piaget는 아동을 어린 과학자로 보았는데, 어린 아동의 과학적 탐구는 미숙한 인지능력으로 제한되지만 그들은 모든 단계에서 세상을 적극적으로 탐구하고 그것에 이름을 붙이려고 한다. 그는 또한 영아의 탐색적인 행동들이 청소년기와 성인기의 추상적이고 논리적인 지능으로 변화된다고 보았으며, 이러한 인지발달의 과정을 감각운동기, 전조작기, 구체적 조작기, 형식적 조작기의 네 단계로 나누어 설명하고 있다.

1) 기본 개념

(1) 도식

도식(schema)이란 대상 또는 경험을 표상하고 조직하고 해석하기 위해 고안한 모델 또는 정신적 구조를 말하며 인지구조라고도 한다. Piaget(1952)는 이러한 정신적 구조를 행동도식, 상징도식, 조작도식의 세 가지로 구분하고 있다. 행동도식(behavioral scheme)은 아동이 대상 또는 경험을 표상하거나 이에 반응하기 위해 사용하는 체계적인 행동 양식을 말한다. 이것은 생후 최초로 출현하는 지적 구조이며, 감각운동도식이라고도 한다.

생후 2년째가 되면, 아동은 대상과 사건에 대한 경험 없이도 문제를 해결하고 생각할 수 있게 된다. 즉, 그들은 경험을 심상이나 언어적 부호와 같은 정신적인 상징으로 표상할 수 있고, 목적을 달성하기 위해 이러한 상징도식(symbolic scheme)을 이용할 수 있다. 또한 Piaget에 따르면 7세 이상 된 아동의 사고는 조작도식으로 설명될 수 있다. 인지적 조작(cognitive operation)

이란 논리적인 결론에 도달하기 위해 수행하는 내적인 정신활동을 말한다. 가장 흔한 인지적 조작은 수학에서 사칙연산과 부등호로 이루어지는 정신활동이다. Piaget에 따르면, 학령기 아동과 청소년은 이러한 유연한 조작적 능력을 통해 좀 더 정교한 지적 도식을 생성한다. 처음에는 실제적인 경험에 대해서만 논리적이고 체계적으로 사고하지만 결국에는 추상적이거나 가상적인 사건에 대해서도 논리적이고 체계적으로 사고할 수 있게 된다.

(2) 평형화

Piaget의 인지발달이론에서 인지발달의 핵심 기제는 평형화다. 평형화(equilibration)는 환경의 요구에 대해 인지구조가 균형을 맞추려는 경향성을 말한다. Piaget(1950)는 지능이란 평형의 한 형태이며 모든 인지구조는 평형상태를 지향한다고 주장하였다. 인간에게는 질서와 체계를 유지하려는 본능적이고도 선천적인 욕구가 있다. 이러한 욕구를 평형에 대한 욕구라고 하는데, 인간의 인지구조가 변화하는 것은 유기체가 자기조절을 통한 평형화를 유지하고자 하는 경향이 있기 때문이다. 아동이 세상과 상호작용할 때, 자신의 머릿속에 있는 세상과 일치하지 않는 상황과 마주치게 된다.

Piaget(1952, 1970)는 또한 외부 세계의 상태와 아동의 정신세계에 있는 선행개념 간의 불일치를 불평형화(disequilibrium)라고 하였다. 가령, 아동이 '개'라고 생각하는 동물에 대해 어른들은 '고양이'라는 단어를 사용할 수 있다. 아동들에게 불평형화는 발달의 촉진제가 된다. 아동에게 불평형화를 초래하는 주요 발달적 요인은 생물학적 성숙과 물리적 경험 그리고 사회적 상호작용의 세 가지를 들 수 있다.

(3) 적응과 조직화

Piaget(1952, 1970)의 인지발달이론에서는 아동이 평형화를 유지하기 위해서 수행하는 정신적 과정을 적응과 조직화라는 두 가지 과정으로 설명한다. 이것은 또한 아동이 감각운동기의 도식에서 표상적 도식으로 어떻게 변화하며, 아동기에서 성인기까지 어떻게 더 큰 변화를 이루는가를 설명한다.

① 적응(adaptation): 적응이란 환경과의 직접적인 상호작용을 통해 도식을 형성하는 것을 말한다. 그것은 동화와 조절이라는 두 가지 상호보완적인 활동으로 이루어진다. 동화(assimilation)는 아동이 새로운 정보를 자신이 이미 형성한 도식에 맞추려고 시도하는 정신적 과정을 말한다. 가령, 어떤 아동이 개에 대한 도식을 가지고 있으므로 '불독'을 처음 본 후 '개'라는 도식으로 통합한다. 반면에 조절(accomodation)은 아동이 기존의 도식에 동화할 수 없는 정보를 조직하기 위하여 새로운 도식을 만드는 것을 말한다. 아동은 전적으로 새로운 도식을 창조할 필요가 있다. 가령, 한 아동이 늑대나 너구리를 보았을 때 4개의 다리로 걷고 있는 개와 비슷한 동물이라는 것을 깨닫지만 야성적이고 야행성 동물이라는 점은 개와 같지 않다는 것을 지각하고, 이러한 정보를 동화시킬 수 있는 새로운 도식을 만들게 된다.

② 조직화(organization): 도식은 환경과의 직접적인 접촉 이외에 내적인 과정을 통해서도 이루어진다. 아동들은 일단 새로운 도식을 형성하면 상호 간에 밀접하게 연결된 하나의 인지체계를 만들어 내기 위해 기존의 도식과 연관시켜 재배열한다. 가령, 영아들은 '떨어뜨리기'를 '던지기' '멀리' '가까이' 등과 관련시킬 것이다. Piaget(1952)는 도식들이 주변 환경에 적응될 수 있는 폭넓은 네트워크의 일부로 조직화될 때 진정한 평형 상태에 도달한다고 하였다.

2) 인지발달의 구조와 단계별 특징

Piaget는 그의 세 자녀를 출생 때부터 자세히 관찰하였으며, 이를 토대로 아동의 지적 발달에 대한 이론을 체계화하였다. Piaget 이론의 특징은 인지발달에서 특정 단계를 거쳐서 발달한다는 것이다. 즉, 구분되는 사고에 따라 각 단계가 나누어지고, 각 단계는 이전 단계에 근거하여 새로운 사고능력과 통합된다. 그에 따르면, 각 단계가 성취되는 연령은 대략의 범위이지만 아동의 지적 성장은 불변적인 순서에 따라 진행된다. 그는 지적 발달의 네 단계를 제시하였다(Flavell, 1963, 1999; Flavell, Miller, & Miller, 1993; Inhelder & Piaget, 1958).

(1) 감각운동기(출생~2세)

Piaget는 출생에서 약 2세까지의 기간을 감각운동기(sensorimotor stage)라고 하였다. 영아는 신생아기의 기본적인 반사활동에서부터 시작하여 생후 2년에 걸쳐 물체와 사건에 직접 반응함으로써 그것들에 대해 알고 또 이해한다. 이 시기 영아의 사고는 매우 단순하고 움직임을 통해 표현된다. 1차, 2차, 3차의 순환반응을 거치는 동안 운동기능의 발달이 점차 분명해지고 유목적적으로 되면서, 영아는 자신의 환경을 조금씩 통제할 수 있게 된다. 영아는 이와 같은 행동을 통해서 세상에 대해 배우기 시작하는데, 결국 이러한 행동도식은 내적 실험과 같은 성취를 하게끔 도와주는 정신적 상징을 형성하기 위해 내면화된다. Piaget(1951, 1954)는 신생아기의 반사활동에서부터 정신적 상징을 형성하기까지의 과정을 6개의 하위단계로 나누어 기술하였다.

① 신생아기(출생~1개월): 반사도식(예: 빨기, 삼키기, 잡기 등)
② 1차 순환반응(1~4개월): 신체 중심의 단순한 운동 습관이나 한정된 사건에 대한 기대(예: 손가락 빨기)
③ 2차 순환반응(4~8개월): 주변 환경에서 재미있는 결과를 반복하고 친숙한 행동을 모방함(예: 고무로 만든 오리를 눌러 '꽥!' 소리를 나게 하기)
④ 2차 순환반응의 협응(8~12개월): 의도적 행동을 하고 처음 숨긴 장소에서 사물을 탐색함(예: 커튼을 걷어내고 숨겨진 물건을 찾기)
⑤ 3차 순환반응(12~18개월): 새로운 방식으로 사물을 탐구하고 새로운 행동을 모방함(예: 고무로 만든 오리를 점점 더 세게 혹은 느리게 던지기)

⑥ 내적 표상(18~24개월): 사물과 사건을 내적으로 표상하고 존재하지 않는 모델의 행동을 기억하며 모방함

감각운동기 동안 영아들의 가장 두드러진 발달 특징은 대상영속성 개념의 습득이다. 대상영속성(object permanence)이란 대상이 보이지 않더라도 존재한다는 것을 아는 것을 말한다. 가령, 영아에게 장난감을 보여 주고 나무판자 뒤에 숨긴다면, 5개월 된 영아는 장난감이 보일 때는 응시하다가도 장난감이 안 보이면 장난감이 마치 없었던 것처럼 행동하지만 11개월 된 영아는 장난감을 찾는다. 이처럼 이전에는 숨겨진 물체가 더 이상 존재하지 않는다고 생각하던 영아들도 대상영속성 개념을 습득하면 담요나 소파에 가려진 물체나 장난감을 능동적으로 찾기 시작한다. 따라서 대상영속성 개념은 우리 자신과 이 세상에 있는 대상을 믿게 하는 근본이 된다. 만일 어린 영아처럼 눈에 보이지 않는다고 해서 존재하지 않는다고 믿는다면 우리의 삶은 매우 비합리적이고 비현실적인 것이 될 수 있다.

18~24개월이 되면 영아들은 좀 더 세련된 대상영속성 개념을 습득하는데, 이는 이 시기의 영아들이 사물에 대한 표상적 사고를 갖고 있기 때문이다. 표상적 사고(representational thought)는 외적 자극에 대해 잘 형성된 정신적 표상 혹은 개념을 의미한다. 가령, 표상을 갖고 있는 영아는 자기가 좋아하는 장난감에 대해 잘 형성화된 이미지를 갖고 있어서 장난감이 보이든, 보이지 않든 마음속에 그려볼 수 있고 생각할 수 있다. 이와 같이 표상적 사고의 형성으로 말미암아 이 시기의 아동은 보다 진전된 형태의 대상영속성 과제를 해결할 수 있어 어떤 장난감이 옮겨지는 것을 직접 보지 않고도 그 장난감이 옮겨진 곳을 찾을 수 있게 된다. 또한 표상적 사고는 영아에게 존재하지 않는 모델의 행동을 기억하여 모방하는 지연모방(deferred imitation)을 가능하게 하며, 전조작기 동안에는 가장놀이(make believe play)를 통해 아동이 매일 소꿉놀이와 같은 연기를 하고 상상 활동을 가능하게 하는 중요한 원전이 된다.

(2) 전조작기(대략 2~7세)

전조작기(preoperational stage)는 약 2세에서 7세까지로, 이 시기의 유아는 정신적 표상(representation)을 사용하여 세상에 관해 사고하기 시작한다. 즉, 유아는 언어, 그림, 행동이나 몸짓, 또는 정신적 이미지가 대상과 사건을 나타낸다고 이해한다(Flavell, Miller, & Miller, 1993). 전조작기의 아동은 상징적 기능에 의존하고 표상적 통찰을 할 수 있게 됨에 따라 상징적 추론능력이 극적으로 증가된다. 아동은 이 중 표상 능력을 습득함에 따라 상징은 더욱 정교화된다. 그러나 유아의 사고는 지각의 영향을 많이 받는다. Piaget는 2~7세 아동의 사고가 물활론적이고 자기중심적이며 비가역성과 중심화의 특징을 갖고 있다고 보았다.

① **물활론적 사고와 자아중심성**: 전조작기 아동의 사고는 물활론적(animistic)이다. 그들은 무생물을 마치 살아 있는 생명체처럼 생각하여 그것들도 원하거나 느낄 수 있으며 의도를 가지고 있다고 믿는다. 가령, 3세 된 유아는 구름이 와서 햇님을 가리자 화가 난 햇님이 구름을 쫓아버리려고 한다고 설명하기도 한다. Piaget(1926)는 이 시기의 아동들에게서 나타나는 마법과 같은 사고가 그들의 자아중심성에서 비롯된다고 보았다. 자아중심성(egocentrism)이란 자신의 관점과 다른 사람의 관점을 분리하여 생각하지 못하는 경향성을 말한다. 전조작기 아동은 대상이나 사건을 자신의 경험과 관련짓는 경향이 강하다. 그들은 다른 사람들도 자신과 같은 방식으로 인식하고 생각하고 느낀다고 가정한다. 비록 다른 사람의 느낌이나 관점을 이해할 수 있을지라도, 이 단계의 유아는 보통 자신의 활동이나 행동을 설명할 때 다른 사람의 느낌이나 관점을 충분히 반영하지는 못한다. 어린 아동의 자아중심성은 소위 세 산 모형의 실험 과제에서 4세 유아가 자신이 보고 있는 모습과 반대편의 인형이 보고 있는 모습을 동일한 것으로 지각한다는 사실에서 잘 드러나고 있다([그림 4-1] 참조). 또한 2명의 어린 아동이 주고받는 집단적 독백은 이러

한 자아중심성의 특성이 반영된 것이라고 볼 수 있다([그림 4-2] 참조).

② **지각적 중심화와 비가역성**: 전조작기 아동은 사물의 겉모양이 변하더라도 어떤 물리적 특성은 그대로 남아 있다는 사실을 잘 이해하지 못한다. 이처럼 전조작기 아동의 제한된 이해력은 중심화의 특성을 반영하고 있다. 중심화(concenturalization)란 사물을 바르게 이해하기 위해서 두 가지 이상의 측면을 지각해야 하는 경우에도 한 가지 측면에만 주의를 기울이려는 경향을 말한다. 가령, 2개의 비커에 담긴 주스의 양을 비교하려면 높이와 밑면을 동시에 고려해야 하지만, 이 시기의 아동은 흔히 높이만을 비교하여 판단하려는 경향이 강하다. 이 시기의 아동은 지각적으로 우세한 사물의 몇몇 특징에 따라 사고가 많이 좌우되며 덜 우세한 특징은 무시하는 경향이 강하다. 전조작기 아동의 사고는 또한 비가역적이다. 비가역성(irreversibility)이란 이전에 자신이 행했던 조작을 회상하여 되돌아갈 수 없음을 의미한다. 어린 아동의 사고는 밖으로 나타나 보이는 것에 국한된다. 만일 같은 양의 주스를 가지고 한 유아에게는 얕고 넓은 컵에 부어 주고 다른 유아에게는 길고 가느다란 컵에 부어 준다면, 앞의 유아는 친구의 주스가 더 많다고 생각한다. 하지만 주스를 같은 형태의 컵에 부어서 보여 주면 그 유아는 만족스러운 표정을 지을 것이다.

[그림 4-1] 세 산 모형 과제

[그림 4-2] 집단적 독백

(3) 구체적 조작기(7～11, 12세)

구체적 조작기(concrete operational stage)는 대략 7세에서 11, 12세까지의 시기로 학령기에 해당한다. 학령기 아동은 조작이 가능하다. 조작(operation)이란 논리적 사고에 깔려 있는 내적 정신행동 체계를 말하며, 조망수용 능력과 분류 및 서열 조작, 그리고 여러 가지 형태의 보존개념을 포함한다. 이러한 조작을 성공적으로 수행하려면 탈중심화와 가역적 사고를 할 수 있어야 한다.

① 탈중심화(deconcenturalization): 구체적 조작기의 아동은 중심화에서 벗어나서 사물이나 사건을 여러 측면에서 비교할 수 있다. 앞에서 제시한 주스 컵에 관한 실험에서 유아는 주스 컵의 높이에만 집중하여 자신의 주스가 친구의 주스보다 적다고 불평하였으나, 학령기 아동은 주스 컵의 높이와 넓이를 함께 고려하여 자신의 컵에 있는 주스는 넓지만 얕고 친구의 컵에 있는 주스는 가늘지만 길다는 것을 인식할 수 있다.

② 가역적 사고(reversible thinking): 구체적 조작기의 아동은 가역적 사고가 가능하다. 그들은 작동이 역으로 될 수 있거나 다시 돌이킬 수 있음을 이해한다. 앞의 주스 컵에 관한 실험에서 아동들은 주스의 양이 같은 모양의 컵에 부으면 원래의 모양으로 돌아갈 수 있음을 이해한다.

③ 조망수용(perspective-taking): 구체적 조작기의 아동은 사람마다 서로의 입장이 다를 수 있다는 것을 이해하고 인정할 뿐만 아니라 다른 사람의 입장을 고려할 수 있는 능력을 획득한다. 따라서 7세의 아동은 세 산 모형의 실험 과제를 성공적으로 수행할 수 있다.

④ 보존(conservation): 보존개념에 대한 고전적인 실험은 크기가 같은 2개의 공 모양 점토를 아이들에게 제시한 것이다. Piaget(1952)는 먼저 아이들에게 2개의 점토의 크기가 같다는 것을 확인시킨 다음, 그들이 보는 앞에서 1개를 길게 늘어뜨려서 소시지 모양으로 만들었다. 그리고 어느 것이 더 크냐고 물었다. 전조작기 아이들은 눈에 보이는 것에 의존하기 때

문에 소시지 모양의 점토가 더 크다고 말하는 경향이 있지만, 구체적 조작기의 아이들은 어른의 질문이 너무 바보 같아 보인다면서 놀라는 반응을 보였다. 구체적 조작기의 아동은 각기 다른 연령에서 다양한 형태의 보존개념을 획득한다([그림 4-3] 참조). 예를 들면, 수와 길이(5~6세), 액체량과 질량(6~7세), 면적(7~8세), 무게(9~10세), 부피(10~11세)의 순으로 보존개념을 획득한다. Piaget는 이러한 현상을 설명하기 위해서 수평적 격차(horizontal decalage)라는 개념을 사용하였다. 이는 구체적 조작기의 아동이 사물을 추상화하는 데 겪는 어려움을 반영한다.

⑤ 분류와 서열화: 구체적 조작기의 아동은 대상을 전체와 부분의 관계로 지각하고 공통성과 차이점 및 관계성을 이해할 수 있다. 따라서 이 시기의 아동은 대상을 길이, 무게 등 일정한 기준에 따라 서열화하거나 공통된 속성에 근거하여 분류할 수 있으며 여러 차원에서 비교할 수도 있다. 가령, 7세 된 학령기 아동은 4개의 검은색 바둑알과 8개의 흰색 바둑알이 있을 때 검은색 바둑알이 흰색 바둑알보다 더 많다고 추론한다([그림 4-4] 참조). 또한 이 시기의 아동은 서열화 과제를 성공적으로 수행할 수 있을 뿐만 아니라 가정된 전제로부터 결론을 추론하는 이행적 추론(transitive reasoning)도 가능하게 된다([그림 4-5] 참조). 만일 막대 A가 막대 B보다 길고 막대 B가 막대 C보다 길다면, 8세 된 학령기 아동은 막대 A가 막대 C보다 길다고 추론한다.

요컨대, 구체적 조작기 아동은 탈중심화와 가역적 사고 같은 인지적 조작을 습득함으로써 자신의 입장과 다른 사람의 입장이 다를 수 있음을 인정하고 그들의 입장을 채택할 수 있을 뿐만 아니라 구체적인 형태의 물체, 사건 및 경험에 대해 논리적이고 체계적으로 사고할 수 있다. 그들은 조작적 사고가 가능해짐에 따라 보존 과제는 물론 분류 및 서열 조작을 할 수 있게 되고 이행개념도 습득한다. 그러나 구체적 조작기 아동은 실제로 만질 수 있는 물체에 대해서만 논리적으로 사고할 수 있으며 아직 추상적 추론은 불가능하다.

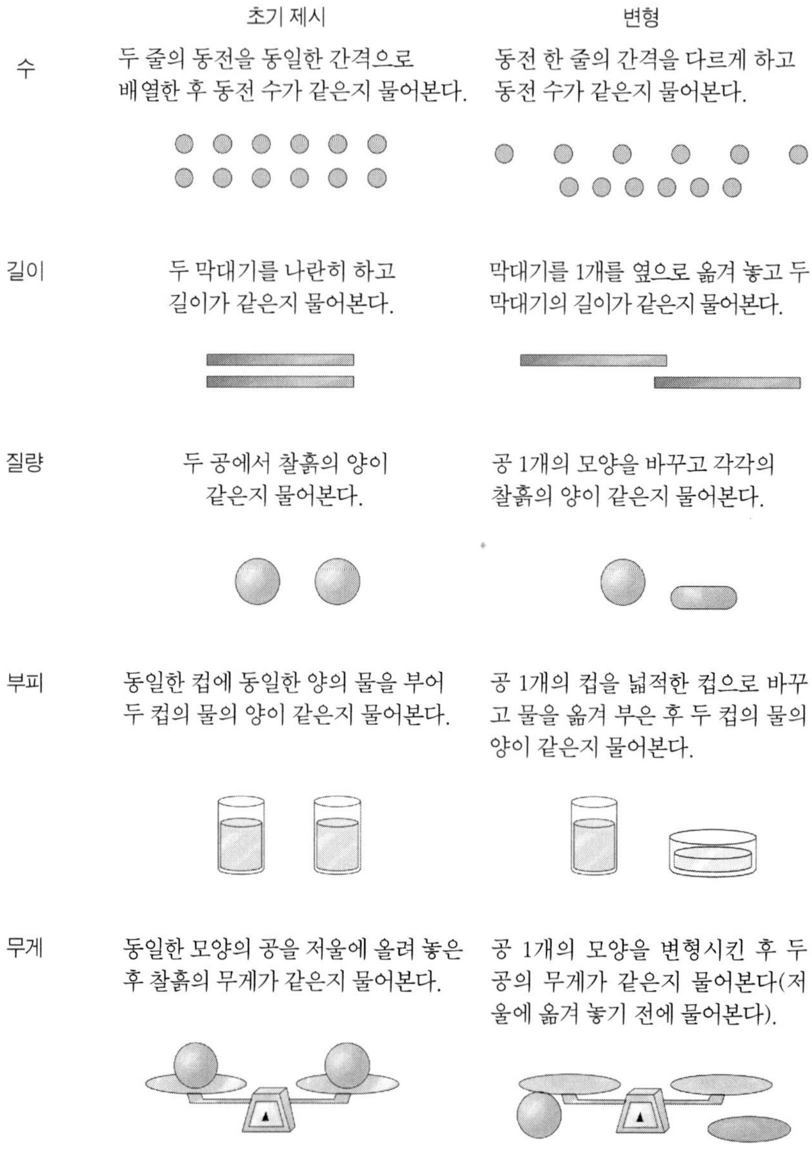

[그림 4-3] 보존 과제(Berk, 2006)

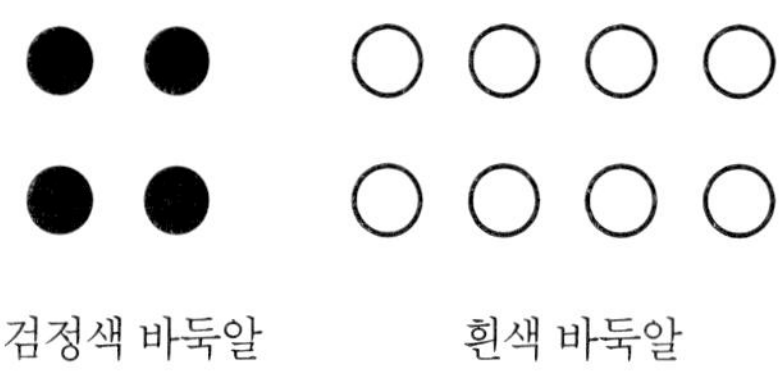

[그림 4-4] 분류 과제

[그림 4-5] 서열화 과제

(4) 형식적 조작기(11, 12세 이후)

Piaget가 제시한 인지발달의 마지막 단계인 형식적 조작기(formal operational stage)는 대략 11세에서 15세를 말한다. 이 시기의 청소년은 추상적으로 생각하는 능력을 획득한다. 형식적 조작기에 도달한 청소년의 추론은 이성적이고 추상적이며 가능성의 측면에서 사고하기 시작한다. 그들은 마치 과학자와 같이 가설을 만들고 연역적으로 사고하며 구체적인 대상이 없어도 추론을 하고 해석적인 사고를 할 수 있다. 이 시기 청소년들이 행하는 정신적 조작은 가설연역적 추론, 명제적 사고, 반성적 추상화의 세 가지 특징을 갖는다.

① 가설연역적 추론(hypothetic-deductive reasoning): 형식적 조작기의 청소년들은 문제에 직면할 때 결과에 영향을 미칠 수 있는 모든 가능한 요인들의 일반적 이론에서 시작하여 앞으로 일어날 일에 대한 특정한 예측(또는 가설)을 추론하며, 그런 다음에는 실제 상황에서 순차적으로 가설을 검증하여 어떤 것이 성공하는지를 확인한다. Inhelder와 Piaget(1958)는 진자운동 과제를 통해 이러한 사고과정을 예증하였다. 그들은 일정한 수평막대에 길이가 다른 몇 개의 실을 묶고 각각의 실에 무게가 다른 물체를 매달아 흔든다고 가정하고, 학령기 아동과 청소년에게 이 과제에서 호를 따라서 진자가 흔들리는 속도에 영향을 주는 것이 무엇

인지 물었다. 형식적 조작기의 청소년은 줄의 길이, 물체의 무게, 줄의 높이, 줄을 당기는 힘 등 네 가지 가능성을 생각한 다음, 진동의 속도에 영향을 줄 수 있는 요인을 찾기 위해 단계적이고 체계적인 실험을 설계하였다. 그들은 한 번에 한 요인만을 다르게 하고 나머지 요인은 모두 같게 하여 각각의 가능성을 시험해 보고, 결국 줄의 길이만이 진자의 속도에 영향을 미친다는 것을 발견하였다.

② 명제적 사고(propositional thought): 형식적 조작기의 청소년들은 현실 세계의 상황을 고려하지 않고도 언어적 진술에 따른 명제의 논리를 평가할 수 있다. 한 연구(Osherson & Markman, 1975)에서 실험자는 학령기 아동과 청소년에게 포커 칩을 보여 주고 "㉠ 내 손의 칩 중 하나는 초록색이거나 초록색이 아니다." 또는 "㉡ 내 손에 있는 칩은 초록색이면서 초록색이 아니다."와 같은 진술이 참인지 거짓인지, 아니면 불확실한지를 판단하도록 요구하였다. 한 조건에서는 실험자가 칩을 손에 숨긴 채 명제를 제시한 반면, 다른 조건에서는 실험자가 붉은색 혹은 푸른색의 칩을 손에 잡고 같은 명제를 제시하였다. 학령기 아동은 포커 칩의 구체적 속성에 집중하여 명제를 다르게 평가한 반면에, 청소년은 진술문의 논리성을 분석하여 포커 칩의 색에 상관없이 ㉠은 항상 진실이고 ㉡은 항상 거짓임을 이해하였다.

③ 반성적 추상화(reflective abstraction): 과학적 사고와 논리적 사고는 모두 반성적 추상화를 포함한다. 반성적 추상화는 구체적인 경험과 관찰의 한계에서 벗어나서 제시된 유용한 정보에 근거해서 내적으로 추리하는 과정으로, 새로운 지식을 창조하는 일에 깊이 관여한다. 반성적 추상화의 한 예는 대상들 간의 관계를 유추하는 사고과정이다. 강아지, 새, 털, 깃털과 같이 경험을 통해 잘 알고 있는 일반적 대상을 '강아지 : 털 = 새 : 깃털' 의 관계로 설명하는 것은 단순히 관찰할 수 있는 것이 아니며 반성적 추상화를 통해 이루어진다.

그러나 형식적 조작은 때때로 혼란을 불러일으키기도 하고 이상향을 설정하기도 한다. Inhelder와 Piaget(1958)는 이 단계에서 자신과 타인에 대한 추상적인 관점을 구분하지 못하는 새로운 형태의 자아중심성이 나타난다고 보았으며, 그 때문에 추종자들을 통해 청소년의 대인관계에서의 두 가지 왜곡된 현상이 밝혀졌다(Elkind & Brown, 1979). 하나는 청소년 자신의 외모나 행동이 다른 모든 사람의 주의와 관심을 받고 있다고 믿는 상상적 청중(imagery audience)이고, 다른 하나는 자신의 생각, 느낌, 경험을 특별하거나 유일한 것으로 여기는 개인적 우화(personal fable)다. 이러한 형식적 조작기의 자아중심성은 현실 세계와 추상적 · 논리적 사고의 세계를 구분할 만큼 경험이 충분하지 못하기 때문에 나타나는 현상으로, 자신들의 이상에 대한 현실적 검증 과정에서 점진적으로 감소한다.

3) 교육적 적용 및 평가

(1) 교육적 적용

Piaget의 인지발달이론은 아동들이 어떻게 생각하는지에 대해 셀 수 없이 많은 놀라운 관찰을 포함하고 있으며 발달의 여러 시점에서 나타나는 아동들의 사고에 대한 통찰력 있는 발견을 이루어 냈다. 그는 하위사고가 좀 더 복잡한 상위사고의 발달에 기여하고 특정 개념의 발달에는 일정한 시간이 걸리며 또 개인이 이해 과정에서 적극적인 역할을 한다는 점을 강조하였다. 이러한 발견은 교육의 이론과 실제에 매우 중요한 영향을 미쳤다.

첫째, Piaget의 이론은 교사들에게 발달적으로 적절한 교육(developmentally appropriate education)의 문제를 제기하고 있다. 이는 단순히 아동의 나이에만 의존되는 것이 아니라 아동의 현재 발달 상태에서 적응할 수 있으리라고 여겨지는 교육을 말한다(Slavin, 2003). 다시 말해서, 학생들의 신체적 · 인지적 능력과 사회적 · 정서적 요구라는 관점에서 적합한 교육환경, 교육과정,

자료, 수업 등을 고려한 교육인 것이다. 교사는 아동의 발달 상태에 따라서 때로는 아동의 개념적 이해 수준에 적합한 자료와 교수전략을 사용해야 하고 때로는 아동의 불평형화 상태를 적극적으로 조장하여 새로운 개념적 이해를 촉진해야 한다. 교사들은 6세 아동에게는 '1학년다운' 무엇이 있고 초기 청소년에게는 '중학생다운' 무엇이 있다고 말한다. 그들은 발달단계가 다른 아동들을 어떻게 이해하고 도움을 주어야 하는지에 대해 구체적인 도움을 필요로 한다. Piaget의 이론은 교육의 각 단계에서 교육과정을 구성하는 데 교사들에게 많은 도움을 제공한다. 특히 그의 이론은 교사가 아동들에게 어떤 개념을 어떤 순서로 어떻게 가르쳐야 할 것인가를 판단하는 데 커다란 시사점을 던져 주고 있다.

둘째, Piaget 이론의 핵심은 아동이 환경과 그 환경에 대한 행동을 통해서 지식을 구성한다는 것이다. 그는 아동들이 세계를 이해하는 나름대로의 틀을 가지고 있으며 세계에 대해 적극적으로 사고하고 자발적으로 탐구하려는 존재라는 점을 부각시켰다. 우리가 지적으로 행동할 때 우리의 사고는 조직화되어 새로운 정보에 대한 동화와 조절을 한다. Piaget(1981)는 아동과 청소년을 지적인 세계에서 일련의 적응을 요하는 사고 실험을 하는 과학자로 보았다. 이런 유형의 지적 활동을 교육에서는 구성주의(constructionism)라고 한다(Jordan & Parath, 2006). 구성주의 관점에서는 수업을 계획할 때 아동의 사고와 학습 방식을 고려한다. 아동들은 인지발달단계에 따라 세계에 대한 해석을 달리 한다. 따라서 구성주의 접근에서는 아동의 이해 수준을 교육의 출발점으로 삼는다. 또한 구성주의 관점에서는 수업은 학습자의 능동적인 참여를 필요로 한다. 이 접근은 학습자가 수업 장면에 지식과 경험을 가지고 온다고 보기 때문에 수업을 설계하고 운영할 때 학습자의 관점을 참작한다. 이와 같이 Piaget의 이론은 구성주의 교육의 원리에 대한 기초를 제공함으로써 교수전략을 개발하는 데 공헌한다. 학습자는 지식을 암기하여 저장하는 용기가 아니라 교사와 함께 지식을 쌓는 일에 적극적으로 참여한다.

(2) 평가 : 한계와 대안

Piaget의 인지발달이론이 오랜 기간 동안 인기를 누릴 수 있었던 것은 영아기부터 청소년기에 이르기까지 폭넓은 연령층에 걸쳐서 아동 사고의 다양한 측면에 대해 오랜 세월 부모, 교사, 철학자, 과학자들을 궁금하게 만들었던 문제를 다루었기 때문이다. 그의 이론은 아동들이 어떻게 생각하는지에 대해 셀 수 없이 많은 놀라운 관찰을 포함하고 있으며 발달의 여러 시점에서 나타나는 아동들의 사고에 대한 통찰력 있는 발견을 이루어냈다. Piaget는 인지발달 분야를 확립시켰으며, 아동 사고의 발달에 대하여 수많은 중요한 원리를 발견하였을 뿐만 아니라, 심리학 및 관련 분야에 있는 수천 명의 연구자들에게 아동발달에 관한 많은 관심을 촉구하고 안내하였다. 그 결과 많은 학자들은 Piaget의 이론이 지니고 있는 문제점과 한계점을 지적하고 때로는 대안적인 견해를 제시하였다.

첫째, Piaget는 아동의 지적 수행 능력으로부터 기본적인 능력들을 추론하려 했기 때문에 아동의 인지능력을 과소평가한 측면이 있다. 그는 과제수행과 능력을 동일시하여 자신이 고안해 낸 문제를 풀지 못하면 그가 검증하려는 기본 개념이나 사고 구조가 결여된 것으로 단정하였으며, 또한 동기 혹은 과제 친숙성 등 수행에 영향을 미치는 여타의 모든 요소를 무시하였다. 좀 더 세련된 연구설계를 적용한 몇몇 연구자들(Baillargeon, 1987, 1993; Wynn, 1992)은 지연모방이나 대상영속성과 같은 기본 능력이 그가 생각했던 것보다 일찍 습득된다는 사실을 입증하였다. 또한 전조작기 아동들이 친숙한 주제(가령, 세 산 모형 과제 대신 시각조망 과제)에 대해 사고하거나 Piaget식 검사를 단순화시킨 과제(가령, 액체량 보존 과제 대신 수 보존 과제)를 제시받으면 좀 더 논리적이고 덜 자아중심적으로 사고한다는 사실이 밝혀졌다(Flavell et al., 1981; Newcombe & Huttenlocher, 1992). 더욱이 전조작기 아동은 동일성 훈련과 같은 절차를 통해 보존 과제를 해결할 수 있다. 따라서 학령전 아동은 Piaget가 간과하였던 논리적 추론능력을 초기부터 보유하고 있다고 볼 수 있다.

둘째, Piaget의 이론은 인지발달에 대한 설명이 미흡하다. 그것은 아동의 지능이 한 '단계' 에서 다음 '단계' 로 어떻게 이동하는지에 대해 구체적으로 설명하지 못하고 있다. Piaget의 상호작용론적 관점에 따르면, 아동은 계속 성숙하고 좀 더 복잡한 정보를 동화시킴으로써 자신의 정신적 도식을 수정하여 재조직화하게 되고 결국에는 친숙한 물체와 사건을 새로운 방식으로 보며 지능의 한 단계에서 다음 단계로 이동한다(Shaffer & Kipp, 2007). 그러나 한 '단계' 로부터 다음 '단계' 로 발달이 이루어지기 위해서는 어떠한 성숙적 변화가 요구되며 정신적 표상을 구성하거나 인지적 조작을 사용하려면 어떠한 경험을 거쳐야 하는가와 같이, 아동이 보다 높은 지능의 단계로 이동하기 위해 필요한 발달기제에 대해 Piaget는 명확한 설명을 제시하지 못하였다. 이런 이유로 Piaget의 인지발달단계를 수용하는 연구자들조차도 단계의 이동에 대한 그의 설명에는 쉽게 동의하지 않는다.

셋째, Piaget의 이론에서는 발달단계에 대한 객관적 증거가 불확실하다. 일부 연구자들은 발달이 단계적으로 이루어진다는 Piaget의 가정에 대해 의문을 제기해 왔다. Piaget의 이론과 같은 단계이론에 따르면, 아동의 사고는 한 단계에서 다음 단계로 이동하면서 질적으로 변하고, 일정한 발달단계에 있는 아동은 여러 가지 문제 영역에서 비슷하게 사고하며, 또 아동은 다음 단계에 도달하거나 가까이 갈 때까지는 다음 단계의 방식으로 사고하는 것을 배울 수 없다(Brainerd, 1978; Flavell, 1971). 그러나 많은 연구자들은 모든 형태의 인지적 과제에 영향을 미치는 광범위한 발달단계가 있다는 주장에 의심을 갖고, 그 대신 아동들이 다양한 과제에서 다양한 방법으로 지적 발달이 이루어지며 경험과 훈련이 발달 속도에 강력한 영향을 미친다고 주장한다(Byrnes, 1988). 또한 조망 과제나 보존 과제를 좀 더 단순하고 친숙한 형태로 제시하면 더 어린 연령에서 해결할 수 있고, 좀 더 복잡하고 추상적인 형태로 제시하면 표준 연령보다 늦게 해결한다(Newcomb & Huttenlocher, 1992). 결국 인지발달은 단계적으로 진행되기보다는 점진적으로 진행된다. Siegler (1996, 2000)는 책략이 단계적으로 발달하는 것이 아니며 중복되는 일련의 파동 형태를 나타낸다고 보았다.

넷째, Piaget의 인지발달이론은 인지발달에서 사회문화적인 맥락이 지니는 영향력을 간과하였다. 아동들은 주변 세계를 구성하는 방식에 영향을 미치는 다양한 사회문화적 맥락에서 살고 있다. Piaget 역시 또래집단과의 갈등이 인지적 불평형화와 지각적 조망능력이나 도덕적 추론능력과 같은 지적 성장에 기여한다고 생각했지만, 인지발달의 자기주도적 경향(self-directed tendency)을 더 강조하여 아동의 정신이 좀 더 성숙한 타인과의 상호작용을 통해 발달된다는 것을 거의 고려하지 않았다. 오늘날 발달학자들은 문화가 아동의 사고방식에 큰 영향을 미친다는 사실을 밝히고 있다(Rogoff, 1990, 1998). 나아가 아동은 부모나 교사는 물론 좀 더 유능한 또래와의 상호작용을 통해 대부분의 기본적 능력은 물론 좀 더 복잡한 능력을 발달시킨다. 이처럼 사회적 상호작용이 아동의 사고 발달에 중요한 기여를 한다는 주장은 Piaget와 같은 시대에 살았던 Vygotsky의 생각으로 인지발달에 대한 사회문화적 접근의 토대를 이루고 있다.

2. 인지발달에 대한 정보처리적 접근과 신피아제이론

Piaget의 인지발달이론에 대한 하나의 대안적인 설명은 사람들이 컴퓨터와 유사한 방법으로 정보를 처리한다고 보는 정보처리접근을 포함한다. 정보처리이론가들은 아동의 인지발달에 대한 Piaget의 설명에 부분적으로 동의하지만 그들은 아동의 사고기술을 직접 가르칠 수 있다고 믿는다. 이 가운데 Siegler(1996, 2000)의 적응적 책략선택 모형은 변화와 선택이라는 진화론적 개념을 도입하여 아동 인지의 다양성과 계속적으로 변화하는 본질적 특성을 설명하고 있다. 또한 신피아제이론가들은 이론의 한계를 극복하고 비판점을 해결하기 위해 인지발달에 대한 Piaget의 견해를 수정하였다. 그들은 Piaget의 단계이론을 수용하지만 특별한 단계에서 작용하는 능력이 단계와 관련된 구체적인 과제에 의존하며, 사회적 상호작용과 같은 훈련과 경험이 아동의 발달을 촉진시킬 수 있다고 믿는다(DeVries, 1997; Flavell, Miller, & Miller, 1993; Rogoff & Chavajay, 1995). 신피아제이론의 대표적인 학자인 Case(1998)가 제안한 중심개념구조 모형은 Piaget의 이론을 시발점으로 하여 인지발달에 대한 포괄적 견해를 구성하려는 여러 시도 중에서 가장 영향력 있는 접근이다.

1) Siegler의 책략선택 모형

Siegler(1996, 2000)의 책략선택 모형은 아동의 인지발달에 대한 진화론적 관점을 적용하려는 최근 노력 중의 하나다. 해결해야 할 문제가 주어지면, 아동들은 다양한 책략을 생성한다. 그들은 경험을 통하여 몇 가지 책략을 선택하는데, 빈번하게 선택된 책략은 유지되고 선택되지 않은 책략은 소멸된다. 이와 같이 선택과 변화는 아동이 적응적 문제해결 기술을 산출하는 정신적 책략의 주된 특성을 이룬다.

(1) 기본 개념

Siegler(1996)는 미시발생적 연구설계를 사용하여 아동들이 점차적으로 문제를 해결하기 위한 강력한 규칙이나 절차를 더 많이 획득하며, 자신의 논리에서 결함을 발견하고 새로운 논리적 원리를 적용할 수 있도록 자극될 수 있다는 것을 관찰하였다. Siegler와 그의 동료들은 산수 셈하기, 시간 말하기, 철자법 알기, 기억과제, 문제해결 등 다양한 주제에서 이러한 진화론적 접근을 연구해 왔다(Chen & Siegler, 2000; Crowley & Siegler, 1993; McGilly & Siegler, 1990; Rittle-Johnson & Siegler, 1999; Siegler, 1996; Siegler & Stern, 1998; Siegler & Svetina, 2002). 예를 들면, 어린 아동들은 셈하기(가령, 5+3=?)를 할 때 모두세기 책략("1, 2, 3, 4, 5, … 6, 7, 8"), 최소세기 책략("5, … 6, 7, 8"), 사실인출 책략("8")과 같은 다양한 형태의 책략을 사용한다. 얼핏 보면 아동들은 처음에는 모두세기 책략을 사용하다가 점차적으로 최소세기 책략과 사실인출 책략으로 옮겨 가는 것처럼 보이지만, 자세히 보면 아동들은 일정한 연령에서도 다양한 책략을 사용하며 연령 및 경험의 증가와 더불어 각 책략을 사용하는 빈도가 증가 또는 감소한다.

Siegler와 동료들(Siegler, 1996; Shrager & Siegler, 1998)은 적응적 책략선택 모형(adaptive strategy choice model)을 제안하여 아동들이 문제를 해결하는 데 다중의 책략을 사용하는 현상과 연령의 증가와 함께 책략 사용이 변화하는 양상을 설명하고 있다([그림 4-6] 참조). 그는 기본적으로 모든 연령의 아동에게는 해결해야 하는 문제와 유관한 다양한 책략이 존재한다고 믿는다. 때로는 최소세기와 같은 어떤 책략이 선택되고 때로는 사실인출과 같은 다른 책략이 선택된다. 아동은 연령이나 경험이 증가하고 정보처리능력이 향상됨에 따라 더 세련된 책략이 경쟁에서 이겨 덜 효율적인 책략을 대치한다. 그러나 아동이 새로운 문제나 덜 친숙한 과제에 부딪히면 과거의 책략이 경쟁에서 더 자주 선택된다. 따라서 책략의 발달이란 단순히 초기의 책략이 새롭고 더 강력한 책략으로 대치되는 것이 아니라, 아동의 정신적 구조 안에는

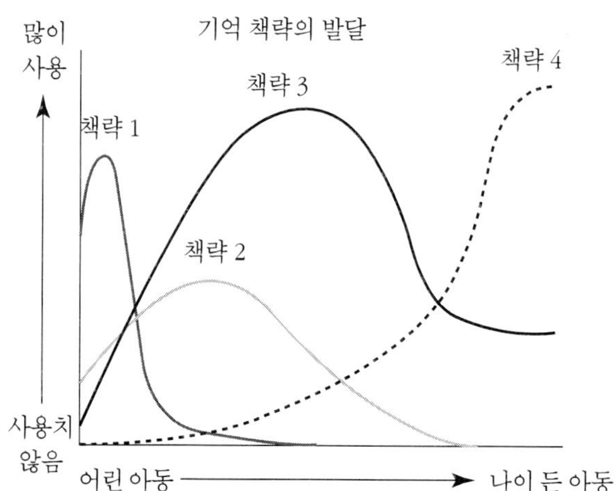

[그림 4-6] 다양한 책략의 중복된 파형(Siegler, 1996)

다중의 책략이 자리를 잡고 있어서 문제를 해결할 때 하나의 책략이 실패하면 또 다른 책략이 선택될 수 있다. 이처럼 Siegler는 책략이 단계적으로 발달하는 것이 아니며 중복되는 일련의 파동 형태를 나타낸다고 보았다.

(2) 교육적 적용 및 평가

Siegler의 책략선택 모형은 아동들이 동일한 과제에서조차 다양한 방법으로 사고한다는 것을 밝혀 주었다. 한 아동에게 서로 다른 상황에서 동일한 문제를 제시할 때도 자주 다른 접근을 사용한다. 이처럼 책략의 다양성은 아동들에게 문제해결에 대한 폭넓은 경험을 통해 점진적으로 새롭고 적응적인 사고 방법을 고안하는 데 핵심적인 요인이 된다.

Siegler의 책략선택 모형은 나름대로 아동 사고과정의 다양성을 부각시켰으며 인지 구조의 지속적인 변화를 설명하는 단계적 접근의 결함을 극복함으로써 인지발달에 대한 강력한 심상을 제공한다. 그럼에도 Siegler의 책략선택 모형은 책략이 정확하게 정의되지 않은 영역에 대한 적용 가능성을 연구과제로 남겨 놓고 있으며, 다른 정보처리 관점과 마찬가지로 사회적 세계가 인지발달에 어떤 영향을 미치는가에 대해 별다른 언급이 없다. 또한 정보처리 관점은 아동의 지적 발달에 대한 광범위하고 통합적인 이론을 제공하지 못했으며, 인간 인지활동의 다양함과 풍요로움을 과소평가하였다는 비판을 받고 있다.

2) Case의 신피아제이론

Case(1992, 1998)는 Piaget의 발달단계이론을 일부 수용하여 아동의 발달이 일정한 단계를 거쳐서 이루어진다고 믿었으나, 이와 같은 단계들은 아동이 형성할 수 있는 다양한 정신적 표상과 정보를 처리하는 방식을 반영한다고 보았다. Case의 이론은 발달단계와 단계 간의 이동을 일으키는 변화 과정으로 구성된다. 그는 아동 사고의 대부분이 중심개념구조로 조직화된다고 주장하였으며, 아동이 정보를 처리하고 기억하는 능력에 기초해서 발달적 변화가 이루어진다고 믿었다. 그가 가장 강조하는 점은 작업기억의 생물학적 증가와 정보처리 과정의 자동화로 아동들이 어떻게 정보처리의 한계를 극복하는가 하는 것이다.

(1) 중심개념구조

Case(1998)는 아동들이 사고의 대부분을 중심개념구조로 조직화한다고 주장한다. 중심개념구조(central conceptual structure)란 아동들이 다양한 상황에 대해 새로운 인식론적 수준에서 생각할 수 있게 하는 데 중요한 역할을 하는 개념과 개념적 관계들 사이의 내적 연결망으로 정의된다(Case & Griffin, 1990). Case와 동료들(Case, 1998; Case & Mueller, 2001; Case & Okamoto, 1996)은 수, 공간, 이야기의 세 가지 중요한 중심개념구조에 관심을 두었다. 인지체계의 구조적 유사성 때문에 세 영역 모두에서 각 연령에 일반적 유사성이 나타나지만 각 영역 나름대로의 특수성도 있다. Case와 Okamoto(1996)는 6세경에는 중심개념구조가 한 차원에만 주의를 기울이지만 8세경이 되면 두 차원을 통합하는 중심개념구조가 형성된다고 하였다. 그 결과 아동들은 수 영역에서는 십자릿수와 한자릿수를 통합하여 10진법을 이해할 수 있고, 이야기 영역에서는 2개의 스토리 라인을 하나의 플롯으로 통합할 수 있으며, 또한 공간 영역에서는 물체의 모양과 위치를 동시에 표상할 수 있다.

(2) 발달기제

Case(1992, 1998)는 작업기억 용량을 인지발달의 결정적 요인으로 간주한다. 즉, 한 단계에서 다음 단계로의 이동을 포함하는 단계 내의 변화는 작업기억의 증가 때문이라고 설명한다. 그러나 그는 작업기억의 절대 용량이 증가하는 것이 아니라 작업기억이 점점 더 효율적으로 기능하면서 더 많은 정보를 처리할 수 있다고 주장한다. 그는 또한 작업기억의 효율성이 생물학적 성숙과 자동화를 통해서 증가된다고 믿었다.

생물학적 성숙은 인지발달 체계 내의 최대 발달 범위를 부여한다. Case (1992)는 다른 단계로의 이동은 문제의 해결과 추론을 담당하는 전두엽의 전기적 활동이 변화하기 때문에 생긴다고 제안하였다. 시냅스의 성장과 가지치기 그리고 수초화(myelination)와 같은 뇌의 신경학적 변화들이 각 단계의 준비기를 이끄는 사고의 효율성을 향상시킨다. 아동들은 일정한 시간에 주어지는 처리 용량의 최대 한계를 넘어설 수 없다.

자동화(automatization)는 기존 도식의 연합과 새로운 도식의 생성을 위해 작동기억을 자유롭게 만든다. 아동들이 도식을 반복적으로 사용하면 도식이 좀 더 자동화된다. 연습을 많이 함에 따라 이전에는 작업기억의 모든 용량을 소모했던 인지적 조작이 더 효율적으로 실행되고, 그에 따라 작업기억 용량의 일부가 다른 정보처리에 이용될 수 있다. 이처럼 도식의 연습은 자동화를 이끌어 다른 활동에 사용되는 작업기억을 자유롭게 하고 도식의 연합과 구성을 가능하게 한다.

일단 Piaget의 단계 도식이 충분히 자동화되면, 충분한 작동기억 용량은 표상 도식이 좀 더 진보된 표상 형태로 통합되는 것을 허용한다. 그 결과 아동은 좀 더 진보된 방식을 통해 넓은 범위의 상황에 대해 사고를 가능하게 하는 중심개념구조와 관계의 연결망을 갖게 되고, 결과적으로 처리 용량은 좀 더 확장된다. 중심개념구조는 목표를 조직화하고 그 목표를 달성하는 데 필요한 절차를 제공하므로 아동들은 작업기억 용량의 한계를 극복하게 된다. 새로운 중심개념구조를 형성하면 아동은 다음의 발달단계로 이동한다.

(3) 발달단계

Piaget와 마찬가지로 Case(1985)는 아동이 네 단계를 거쳐 발달한다고 가정하고, 각 단계에서 아동들이 형성하는 정신적 표상과 조작의 종류로 발달단계를 기술하였다. 첫 번째, 감각운동적 조작기 아동들의 표상은 감각적 입력으로 구성되고 신체를 움직여서 표상에 대한 반응을 나타낸다. 두 번째, 표상적 조작기에서 아동들의 표상은 구체적인 내적 심상들로 구성되고 아동들의 활동으로 내적 표상이 증가된다. 세 번째, 논리적 조작기의 아동들은 자극을 추상적으로 표상할 뿐만 아니라 표상에 단순한 변형을 할 수 있다. 마지막으로, 형식적 조작기의 아동들은 자극을 추상적으로 표상할 뿐만 아니라 좀 더 복잡한 변형을 할 수 있다. 또한 각 단계의 아동들은 이전 단계에서 산출했던 표상과 활동을 산출할 수 있다.

(4) 교육적 적용 및 평가

Case 이론의 가장 큰 강점은 효과적인 교수기법을 고안하는 데 유용하다는 것이다. Case와 동료들은 문제해결의 여러 접근들을 작업기억 용량과 중심개념구조로 분석하고 이에 기초하여 교육과정과 교수기법을 고안하였다. 예를 들면, Case(1978, 1985)는 변형된 덧셈 문제(가령, 4+?=7)를 푸는 데 많이 사용되는 정확한 책략과 부정확한 책략을 분석하였다. 그 결과 대부분의 정확한 책략이 6, 7세 아동들의 작업기억 용량보다 더 큰 용량을 요구하며 가장 간단한 정확한 책략(4에서부터 7까지 몇 번을 세어야 하는가를 추적하는 것)과 가장 힘든 부정확한 책략(먼저 4까지 세고 다음에 7을 더 세어서 빠진 숫자가 11이라고 답하는 것)이 요구하는 기억 용량이 비슷하다는 사실을 밝혀냈다. Case는 6세 아동들이 틀린 책략을 사용할 수 있다면, 동일한 기억 용량을 요구하는 정확한 책략도 배울 수 있을 것이라고 생각하였다. Case(1978)는 이와 같이 변형된 덧셈 문제를 가르치기 위해 얼굴을 이용하였다([그림 4-7] 참조). 첫 단계에서는 = 부호의 양쪽이 서로 같음을 의미한다는 사실을 보여주고, 다음 단계에서는 +가 부호의 양쪽에 있는 것들을 서로 더하는 것임을 보여 주었다. 실험자는 아동이 얼굴을 가지고 작업하고 나면 숫자로 문제를 바꾸었다. 이렇게 하여 실험자는 아동들이 사용한 책략이 잘못되었음을 보여 준 다음, 변형된 덧셈 문제를 가장 간단하고 정확하게 해결하는 절차를 한 단계씩 소개하였다.

Case와 같은 신피아제이론가들은 Piaget 접근의 강점을 그대로 유지한 채

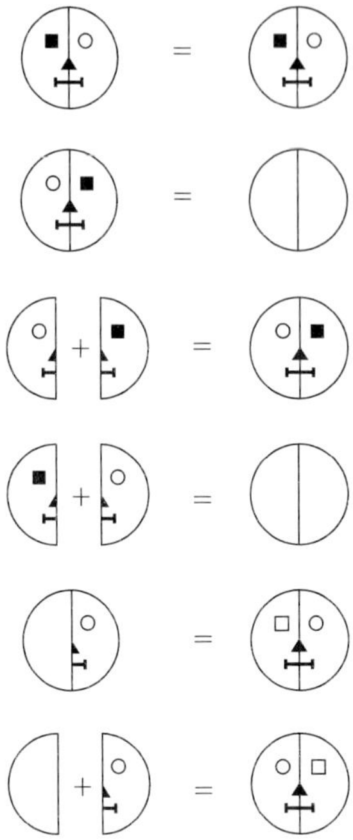

[그림 4-7] 변형된 덧셈 문제를 가르치기 위해 사용한 얼굴들(Case, 1978)

정보처리 접근의 강점을 보강함으로써 인지발달에 대한 Piaget의 이론을 발전적으로 계승하고 있다. 그러나 일부 학자들은 Case가 각 절차에서 요구되는 작업기억의 용량을 결정하는 원칙을 밝히지 않았기 때문에 여러 과제에 대한 측정치를 서로 비교하기가 어렵다고 비판한다(Flavell, 1984). 또 다른 학자들은 생물학적 변화가 단계 간의 이동에서 어떤 역할을 하는가에 대한 Case의 생각은 여전히 추측 수준이고 확실한 증거가 없다고 지적하고 있다(Siegler & Alibali, 2005). 그럼에도 Case의 접근은 많은 과제에서 발달이 어떻게 진행되는지를 분석하였을 뿐만 아니라 현실적으로 유용함이 밝혀졌다. 또한 많은 연구자들은 인간의 기억 한계를 극복하는 능력의 발달이 대부분 인지발달의 기저가 된다고 믿고 있다. 따라서 Case와 동료들이 지향하는 방향은 바람직하며 그들의 노력이 성공한다면 매우 큰 업적을 이룰 수 있을 것으로 기대된다.

3. 인지발달에 대한 사회문화적 접근

Vygotsky(1896~1934)는 Piaget와 같은 해에 태어났으나 39세에 결핵으로 요절하였다. 모스크바대학교에서 법학을 전공하고 일선 학교에서 문학을 강의하였으나, 1924년 신경심리학회에서 논문을 발표한 후 모스크바대학교 심리학연구소에서 심리학을 강의하기 시작하였다. 그는 Marx의 사상을 받아들여 유기체의 인지적 발달은 지식의 근원인 사회와의 접촉을 통하여 이루어진다고 생각하였다. Marx는 행동이 생각을 결정하고 발달은 변증법적 교류에 따라 이루어진다고 보았으며, 또한 사회의 발달이란 문화적인 맥락 안에서 일어나는 역사적 과정이자 진화 과정이라고 주장하고 인간의 정신적 특성도 마찬가지라고 보았다. Vygotsky는 정신의 창조성과 고등정신기능에 대한 이해를 가져오는 연구방법론을 활성화시켰으며, 자신의 연구 활동이 모든 아동의 잠재가능성을 최대한 발달시킬 수 있는 중재프로그램을 개발하여 교육적 발달을 이루고 무지를 제거하는 데 높은 가치를 둔 사회를 실현해야 한다고 주장하였다.

Vygotsky의 주장은 최근 Piaget의 인지발달이론에 대한 비판이 제기되면서 새롭게 관심을 끌게 되었다. Piaget는 환경과 상호작용하는 개인에게 초점을 둔 반면에, Vygotsky는 지적 발달에서 사회적 맥락의 중요성을 강조한다. 특히 그는 고등정신기능의 발달에서 사적 언어와 사회적 상호작용을 통한 내면화 과정에 관심을 두었다. 오늘날 사회문화적 접근을 옹호하는 연구자들은 학교교육에서 정신적 도구를 가지고 어린 아동과 의사소통함에서 부모나 교사 등 성인은 물론 더 유능한 또래 아동의 역할을 탐구하고, 근접발달영역 내에서 비계설정과 문화적 학습활동으로서 유도된 참여를 강조한다.

1) Vygotsky의 기본 가정

20세기 초반 Vygotsky는 지적 발달에 대한 사회문화이론의 기초가 되는 두 가지 중요한 주제를 제안하였다. 한 가지는 인간의 정신기능이 문화적 도구로 매개된다는 것이고, 다른 한 가지는 인지발달이 사회적 상호작용을 통해 일어난다는 것이다.

(1) 심리적 도구로서의 언어

하나의 중요한 주제는 인간의 정신기능이 문화적 도구로 매개된다는 것이다. 문화적 도구에는 열쇠, 망치 등과 같이 환경에 작용하기 위한 기계적 도구와 언어, 수체계, 도표와 지도 등과 같이 사고를 위한 심리적 도구가 포함된다. 언어는 계획하기, 기억하기, 개념 형성하기, 문제해결하기, 행동 조질하기 등을 위한 수단으로 사용된다는 점에서 심리적 도구의 중요한 예다. Vygotsky는 언어를 가장 중요한 심리적 도구로 보았다.

모든 문화에서 언어는 사회적 상호작용뿐만 아니라 사고와 행동을 조직화하기 위한 도구로서 없어서는 안 될 중요한 심리적 도구다(Siegler & Alibali, 2005). 그것은 대부분의 사회적 상호작용에서 통합적인 요소이며 사회적 상호작용은 언어를 통해 학습을 일으킨다. 또한 사람들은 행동을 조정하고 계획을 세우며 문제를 해결하는 수단으로 언어를 사용한다. 그리고 공식적으로 언어를 포함하지 않는 과제나 상황에서도 언어 구조가 습관적인 사고의 형태에 영향을 미치는데, 이는 사적 언어에서 쉽게 발견된다.

어린 아동은 놀이를 하거나 환경을 탐색하는 동안 자신에게 큰 소리로 말하는 것을 자주 볼 수 있다. Piaget(1926)는 이런 말을 자아중심적 언어라고 불렀는데, 이는 어린 아동이 다른 사람의 관점을 이해하기 어렵다고 보는 그의 생각을 반영한다. 그는 인지발달과 함께 자아중심적 언어는 감소하고 듣는 사람 편에서 말하는 것에 적응하는 사회적 언어로 대체된다고 하였다. Vygotsky(1962)는 이러한 견해에 강하게 반대하고 아동들이 자기지도(selfguidance)를 위해 스스로에게 말한다고 추론하였다. 이러한 자기지향적인 언어를 사적 언어(private speech)라고 부르는데([그림 4-8] 참조), 아동은 과제가 어렵거나 실수를 한 후에 이러한 사적 언어를 더 많이 사용한다(Diaz & Berk, 1992). 아동들이 연령이 많아지고 다 쉽게 과제를 찾을 수 있게 되면 사적 언어는 조용하고 내적인 언어로 내면화된다. Vygotsky는 사적 언어란 개인적 지식이 공유된 지식으로 전환되는 데 필요한 기제라고 보았다. 연구들은 사적 언어를 광범위하게 사용하는 아동들이 다른 아동들에 비해서 복잡한 과제를 더욱 효과적으로 배울 수 있다고 보고하였다(Berk & Spuhl, 1995; Bivens & Berk, 1990).

[그림 4-8] 사적 언어
(Kail & Cavanaugh, 2000)

(2) 인지발달의 사회적 기원

Vygotsky 이론의 또 다른 중심 주제는 인지발달이 사회적 상호작용을 통해 일어난다는 것이다. 사회적 상호작용은 개인 내부의 변화를 일으키는 외적 힘이 아니라 발달적 변화의 기제를 말한다. Vygotsky는 발달적 변화가 사회적으로 공유된 과정이 내면화되면서 일어난다고 주장하였다. 그는 아동의 발달 과정에서 주의집중, 논리적 사고, 개념형성 등 모든 심리적 기능은 두 단계로 나타난다고 하였다(Siegler & Alibali, 2005). 처음에는 사회적 수준, 즉 사회적 상호작용에 관여하는 사람들 사이에서 일어나고, 다음에는 개인 내 정신 수준에서 일어난다. 아동은 처음에는 사회적 파트너의 도움을 받아서 인지적 과제를 수행하지만 시간이 지남에 따라 이러한 사회적 상호작용은 점차 내면화되어 마침내 아동 스스로의 힘으로 과제를 수행할 수 있게 된다. 이처럼 개인의 정신 과정은 사회적 상호작용에서 시작되고 유래된다.

Vygotsky의 이론은 인지발달과 자신의 행동을 조절하기 위하여 사고를 이용하는 능력이 먼저 문화적 의사소통체계를 숙달하고 그 후에 우리 자신의 사고과정을 조절하기 위하여 이러한 체계를 이용하는 것을 배워야 한다는 것을 시사한다. Vygotsky(1978)는 아동들이 근접발달영역 내에서 활동할 때 학습이 일어나는 것이라고 믿었다. 근접발달영역(Zone of Proximal Development: ZPD)이란 독자적으로 문제해결을 할 수 있는 실제적 발달 수준과 어른의 지도나 유능한 또래의 도움으로 문제해결을 할 수 있는 잠재적 발달 수준 간의 거리를 말한다. 즉, 근접발달영역은 아동들이 아직은 학습하지 못한 것이지만 시간이 주어지면 학습이 가능한 것을 의미한다. 근접발달영역 내에서 아동은 주어진 과제를 혼자서는 해결할 수 없지만 성인이나 뛰어난 동료의 도움을 받으면 성공적으로 해결할 수 있다([그림 4-9] 참조).

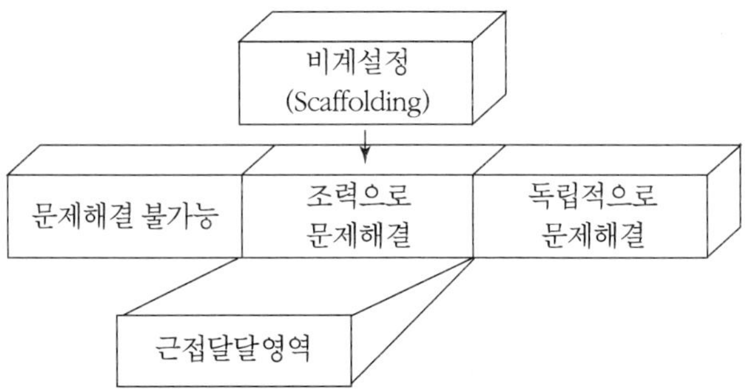

[그림 4-9] 근접발달영역과 비계설정(Eggen & Kauchak, 1992)

2) 사회적 상호작용과 인지발달

오늘날 인지발달에 대한 사회문화이론은 Vygotsky가 제안한 두 가지 중심 주제에 기초하여 다양한 방식으로 구성되었다. 그것은 인지발달을 촉진하기 위하여 사회적 상호작용이 어떤 특징을 지녀야 하는가에 초점을 맞추고 있다.

(1) 상호주관성

첫 번째 중요한 관심은 사회문화적 학습에 필요한 인지능력의 성질에 관한 것이다. 그 가운데 하나는 상호주관성을 형성하는 능력이다(Newson & Newson, 1975). 상호주관성(intersubjectivity)이란 사람들이 서로 주의를 기울이고 의사소통하는 과정에서 이해를 공유하는 것을 말한다. 상호주관성이 높은 사회적 상호작용은 그렇지 못한 상호작용보다 학습을 더 잘 일으킨다(Tudge, 1992). 상호주관성의 기초는 영아기 초기부터 나타나지만 그것을 형성하고 유지하는 능력은 아동기 초기에 계속 발달하여 점점 더 다른 사람의 입장을 취할 수 있게 된다.

사회적 상호작용을 통해 학습하는 데 가장 중요한 것은 다른 사람을 자신과 같은 사람으로 이해하는 능력, 특히 자신과 마찬가지로 의도와 마음 상태를 가진 존재로 이해하는 것이다. Tomasello, Kruger와 Ratner(1993)는 이러한 이해를 통해서 다음 세 가지 유형의 문화적 학습이 나타난다고 하였다. 첫 번째 유형은 같은 목표를 성취하기 위하여 다른 사람의 행동을 반복하는 모방학습(imitative learning)이고, 두 번째 유형은 어떤 정보가 한 개인으로부터 다른 개인으로 직접적이고 의도적으로 전달되는 교수학습(instructive learning)이다. 그리고 세 번째 유형은 여러 사람이 협동적이고 목표지향적인 문제해결에 참여할 때 일어나는 협동학습(cooperative learning)으로, 사람들이 공동의 목표를 만들고 활동에 대해 공동의 책임을 지며 이런 활동을 협동적으로 수행하여 새로운 지식을 구성하는 과정이 포함된다.

(2) 비계설정과 유도된 참여

현대 사회문화이론의 또 다른 중요한 관심은 아동이 학습을 위해 가질 수 있는 기회와 활동에 참여하는 기회다. 이런 기회는 문화적 규준과 사회적 관습에 따라 달라진다. 사회문화적 맥락은 아동이 참여하는 활동에 영향을 미친다. 사회와 문화가 제공하는 틀 안에서 양육자들은 아동에게 적합하다고 생각하는 활동과 사회적 상호작용을 선택하고 조직화한다.

아동은 근접발달영역 내에서 과제를 수행하기 위하여 지도자의 가르침을 내면화함에 따라 보다 능숙한 파트너와의 협동적 대화를 통해 문화적 신념, 가치 및 문제해결 책략을 습득한다. 인지발달을 촉진하는 사회적 상호작용의 중요한 특징은 비계설정(scaffolding)이다. 그것은 능숙한 참여자가 어린 학습자에게 문제를 좀 더 잘 이해할 수 있도록 그 학습자의 현재 상황에 대해 어떤 도움을 주는 것이 적절할지를 신중하게 결정하는 것을 말한다(Wood, Bruner, & Ross, 1976). 아동이 어떻게 해야 할지 잘 알지 못할 때 성인은 그 아동이 과제를 다룰 수 있는 단위로 쪼개거나 전략을 제시하고 그것들을 사용하기 위한 당위성을 제공하는 등의 직접적인 교수법을 사용한다([그림 4-10] 참조). 아동의 능력이 향상되면 성인은 민감하게 도와주는 일을 중단하고 점차적으로 아동에게 책임을 맡긴다. 그러면 아동은 교수적 대화의 언어를 취하여 사적 언어로 만들고 자신의 독립적인 노력을 조직하기 위하여 그 언어를 사용한다. 따라서 비계설정은 좀 더 유능한 사람이 아동들의 현재 능력 수준에 맞추어 가르치는 동안에 제공되는 지원을 조정하는 모든 상황에서 이루어진다.

학습은 근접발달영역 내에서 더 능숙한 협력자가 적절하게 비계를 제공할 때 가장 효과적으로 이루어질 수 있다. 비계설정은 퍼즐이나 그림 짝짓기 또는 여타의 학업과제를 수행할 때 일어나는 교수적 상호작용의 형태를 취하지만, 성인이 계획적인 교수를 제공하지 않고 주로 아동의 노력을 지원하는 놀이나 일상적인 활동에는 적용되지 않을 수 있다. Rogoff(1998, 2003)는 아동들이 다른 사람의 참여를 통하여 배우는 다양한 기회를 설명하기 위하여 유도된 참여(guided participation)라는 용어를 제시하였다. 유도된 참여란 필수적인 도움과 격려를 제공해 주는 더 능숙한 협력자와 함께 각 문화에서 중요하게 여겨지는 활동에 능동적으로 참여하는 것을 말한다. 그것은 또한 아동이 어른이나 더 능숙한 협력자들과 함께 일상적인 경험에 참여하면서 인지를 형성시키는 비공식적인 '사고의 견습' 이다. 그것은 비계설정보다 더 넓은 개념으로, 의사소통이라는 정확한 특징을 명시하지 않고 능숙하거나 덜 능숙한 참여자 간에 공유된 노력을 의미한다. 유도된 참여는 고도의 맥락-독립적인 학습(서양 문화권)을 포함하거나 일상적인 활동의 맥락(전통 문화권에서 가장 빈번함)에서 발생되는 과정이다. 따라서 이것은 상황과 문화에 따라 차이가 있다.

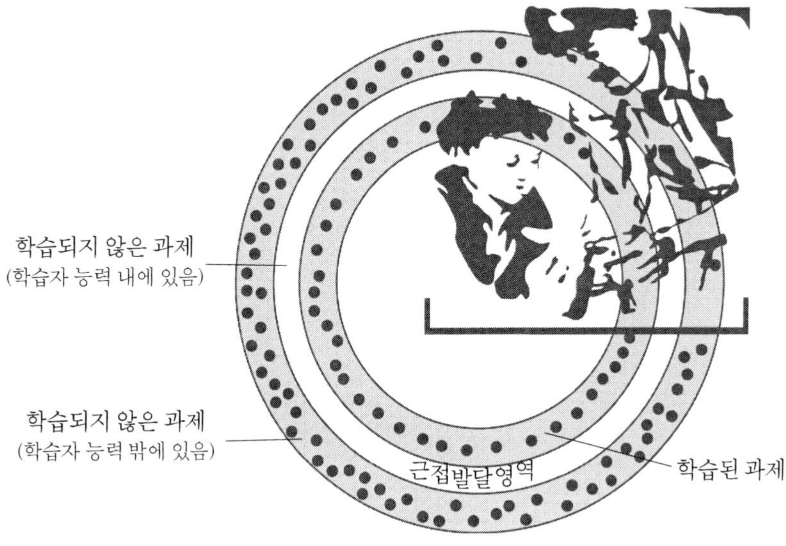

[그림 4-10] Vygotsky 이론에 기초한 교수 지원(Slavin, 1994, 2003)

3) 교육적 적용 및 평가

(1) 교육적 적용

지적 발달에 대한 사회문화적 이론은 교육적 실제에 많은 것을 시사해 준다. 그것은 아동의 능력에 대한 개념과 평가를 새롭게 생각하게 해 주었고, 학급 중재 프로그램을 새롭게 고안하게 하는 원천이 되었으며, 학급이나 소집단 협동학습에서 행해지는 것을 이해하기 위한 개념적 틀을 제공해 주었다(Berk, 2006; Shaffer & Kipp, 2007; Siegler & Alibali, 2005).

첫째, 사회문화이론은 아동의 지식이 지지적 · 사회적 상호작용을 할 때 과제를 수행하는 능력으로 개념화되어야 하고 독자적 수행보다는 사회적 상호작용에서 학습하는 능력으로 평가되어야 한다고 제안한다. 이와 같이 독자적인 수행보다는 아동이 도움을 받을 때 학습할 수 있는 잠재력을 평가하는 것을 역동적 평가(dynamic assessment)라고 부른다. 역동적 평가는 아동의 학습잠재력에 대한 중요한 정보를 제공하며 표준화 검사보다 언어문제나 학습장애를 가진 아동들을 더 정확하게 발견하고 평가할 수 있게 한다. Vygotsky(1987)는 교육자들이 아동의 역동적 발달 상태, 즉 아동의 근접발달영역 안에 있는 과정과 기술에 관심을 두어야 한다고 주장하였다.

둘째, 사회문화이론은 근접발달영역 안에서 제공되는 비계설정이나 유도된 참여와 같은 특정한 형태의 사회적 상호작용이 학생들의 학습에 특히 유익하다는 것을 시사한다. 교사는 근접발달영역 안에서 비계설정과 유도된 참여를 통해 아동의 학습활동을 적극적으로 지원하고 그에게 자신의 학습에 더욱 책임 있는 학습자가 되도록 점진적으로 안내해야 한다. 또한 학교 수업이나 다른 유형의 교육적 활동이 이러한 사회적 상황을 촉진할 수 있도록 설계되어야 한다. 특히 상호교수(reciprocal teaching)와 협력학습(cooperative learning)은 이러한 관점에 잘 부합하는 대표적인 교육적 혁신 사례다. 가급적 능력 수준이 다양한 학생들로 집단을 구성하여 협력적인 학습 상황을 마련하는 것이 바람직하다. 좀 더 최근에 Brown과 Campione(1994, 1996)이 개발한 학습자 공동체 조성하기(Fostering Communities of Learners: FCL) 프로그램은 이러한 사회문화적 원리에 기초하여 고안된 것이다.

셋째, 사회문화이론은 사회적 상호작용을 관찰하고 이해하는 렌즈를 제공한다. 이 이론은 학급 상황에서 지식의 변화를 일으키는 과정을 해석하고 설명하는 데 적용되어 왔다. Strom과 동료들(Strom et al., 2001)은 각각 1cm×12cm, 2cm×6cm, 3cm×4cm인 3개의 사각형 면적이 같은지를 결정하기 위해 2학년 학생들이 학급에서 나눈 이야기를 분석하였다. 교사는 학생들이 사각형의 수학적 특성에 대해 다양한 방식으로 생각하도록 비계를 설정하였다. 그들은 학급에서 일어나는 모든 대화를 분석하여 교사가 학생들의 대화 및 사고방식에 어떻게 영향을 미치는가를 검토하였다. 그 결과 학생들이 토론에 참여하는 방식이 점점 더 수학적으로 정교해졌으며, 점점 더 책임감을 갖게 하고 수학적 논쟁을 심화시켰다는 것을 밝혀냈다. 이처럼 사회문화이론은 교육 상황에서 일어나는 사회적 상호작용을 어떻게 해석하고 또 그런 해석이 어떻게 지식의 변화를 일으키는지를 설명하는 데 유용하다.

(2) 평가

Vygotsky의 이론은 Piaget가 제시한 대부분의 기본 가정에 의문을 던졌으며 최근 서양의 발달학자들로부터 상당한 관심과 지지를 받았다. 그는 인간 행동이 문화적 도구로 매개된다고 주장하였으며 사회적 상호작용을 인지발달의 기원으로 가정하였다. 그러나 그의 이론은 아직 Piaget의 이론만큼 정밀하게 검증되지 않았는데, 그럼에도 불구하고 그의 일부 주장은 이미 도전을 받고 있는 상태다.

첫째, Vygotsky는 고등정신과정의 발달에서 다양한 상징체계의 역할을 강조하고 있으나 그중에서도 언어를 가장 중요한 것으로 보았다. 그러나 Rogoff(1990, 1998, 2003)는 언어적 지시에 크게 의존하는 유도된 참여가 일부 문화권에서는 덜 적응적일 수 있고, 또 일부 학습 유형에서는 덜 유용하다고 주장하였다. 서구 부모들과는 달리 학업과 문해를 덜 강조하는 문화권의 부모들은 아동들이 예리한 관찰과 지역사회 활동의 참여를 통하여 새로운 기술을 습득하기를 기대한다는 것이다.

둘째, 또 다른 연구자들은 또래집단 내에서의 협동적인 문제해결 방식이 그 집단 내의 참여자들에게 항상 유익한 것은 아니라고 지적한다(Levin & Druyan, 1993; Tudge, 1992). 그들은 좀 더 유능한 참여자가 자신의 지식에 대해 확신을 갖지 못하거나 자신의 가르침을 또래 아동의 이해 수준에 맞추지 못하는 경우는 실제로 과제수행능력이 손상될 수도 있다는 사실을 발견하였다.

셋째, Vygotsky는 사회문화적 영향력을 강조한 것과 달리 아동의 인지에 미치는 생물학적 영향을 거의 언급하지 않았다. 일부 학자들은 그의 이론이 기초적인 운동, 감각, 기억, 문제해결능력이 아동의 사회적 경험의 변화를 어떻게 야기하는지를 다루지 않았으며, 또한 아동들이 정신적 기능을 발달시키기 위하여 사회적 경험을 어떻게 내면화하는지도 알려 주지 않는다고 비판한다(Berk & Winsler, 1995; Moll, 1994).

4. 언어발달

1) 언어발달의 요소

언어는 음운론, 형태론, 의미론, 통사론, 화용론 등 다섯 가지 요소로 구성되어 있다(Berk, 2006; Shaffer & Kipp, 2007). 음운론은 언어의 소리체계에 관한 지식을 말하고, 형태론은 소리들이 결합하여 단어를 구성하는 규칙을 말한다. 의미론은 한정 형태소, 자유 형태소(단어), 그리고 문자의 의미에 대한 이해를 말하고, 통사론은 단어가 결합하여 문장을 이루는 데 적용되는 규칙을 말한다. 마지막으로 화용론은 언어가 서로 다른 상황에서 어떻게 사용되는가를 지배하는 원리를 말한다. 아동이 모국어로 효과적인 의사소통을 하기 위해서는 이러한 언어의 다섯 가지 요소를 습득해야 한다.

2) 어휘력 및 의사소통능력의 발달

초기의 언어획득은 보통 한 마디 말을 사용할 수 있는 시기를 시작으로 언어 이전 시기, 일어문기, 전보어기로 나누어진다(Berk, 2006; Shaffer & Kipp, 2007).

(1) 초기의 언어발달: 언어이전 시기

영아는 언어 학습을 위해 잘 준비되어 있다. 언어이전 시기 동안에 그들은 말소리 같은 소리들을 변별하며 성인보다 더 다양한 종류의 소리들에 민감하다. 그들은 처음부터 억양단서에 민감하며 7~10개월경에는 타인의 언어를 구절과 단어 비슷한 단위로 나눌 수 있다.

영아는 2개월경에 꾸르륵 소리를 내며 4~6개월경에 옹알이를 시작한다. 6개월 이후에는 이미 자신이 듣는 언어의 음조 특색에 맞추어 옹알이의 억양을 달리 한다. 또한 의미가 있는 단어 소리를 산출하기도 한다. 1세 미만의 영아들이 이해하는 단어는 그리 많지 않다. 그러나 그들은 발성할 때 교대로 차례를 지키고 주변 사람들에게 의미를 전달하기 위해 의사소통할 때 몸짓을 이용할 수 있다는 것을 배운다. 아동이 개별 단어를 이해하기 시작하면 그들의 수용언어는 산출언어를 앞선다.

(2) 일어문기와 어휘력의 발달

보통 생후 9개월 정도가 되면 유아는 한 마디 말을 사용하기 시작하며, 그 후 수개월 동안 한 번에 한 단어씩 어휘를 확장한다. 이 시기를 보통 일어문기(holophrastic period: 전체 문장이나 구를 하나의 단어로 표현하는 시기)라고 한다. 옹알이 시기 동안 정확한 발음을 내지 못하던 유아들도 이 시기가 되면 몇 가지 단어를 분명히 발음할 수 있다. 이때 유아들이 말할 수 있는 단어는 '엄마' '아빠' '마마' '까까' '멍멍' 등 자신과 함께 지내는 가족의 명칭이나 동물이나 사물의 소리를 나타내는 의성어가 대부분이다. 그들은 주로 움직이거나 자신들이 조작할 수 있는 흥미로운 대상에 대해 이야기한다. 많은 언어심리학자들이 한 단어 발화를 '일어문' 이라고 부르는데, 이는 이 발화들이 단어라기보다는 문장 전체의 의미를 가지는 것으로 보이기 때문이다.

걸음마기 유아는 18~24개월경 어휘급등 혹은 명명폭발이 일어난다 (Reznick & Goldfield, 1992). 그들은 대상, 행위, 속성들에 빠른 대응으로 단어를 습득하기 위해 사회적인 단서와 맥락적인 단서를 매우 잘 사용한다. 그들은 대상범위 제약, 상호배타성, 어휘대조, 통사적 자동처리 등 다양한 책략을 사용하는데, 이는 새로운 단어의 의미 이해를 돕거나 언어 처리를 제약하기도 한다. 그럼에도 걸음마기 유아들은 과잉확장(overextension)이나 과잉축소(underextension)와 같은 의미적 오류를 범하기도 한다. Anglin (1986)은 큰딸 에이미의 말에서 두 가지의 의미적 오류가 동시에 나타나는 현상을 발견하였다.

(3) 전보어기와 간단한 문장의 사용

18~24개월경에 유아들은 전보어(telegraphic speech)라고 알려진 두 단어와 세 단어 문장을 산출하기 시작한다. 유아가 15개월이 되면 두 단어를 결합하여 말을 하는데, '엄마 까까' '아빠 빠방' 등과 같이 상황에 따라 비교적 구체적으로 표현할 수 있다. 이것을 '전보어' 라고 부르는 이유는 이 문장들이 문법적인 표지와 작고 덜 중요한 단어들을 생략하기 때문이다. 성인의 기준에서는 전보어가 비문법적이지만 무선적인 단어의 결합은 아니다. 단어를 결합할 때 아동들은 규칙을 따르고 있을 뿐 아니라 동일한 범주의 의미(의미관계)를 초기 문장에서 표현한다.

전보어를 말하는 유아들은 청자가 화자와 동일한 지식을 공유하고 있지 않을 때는 더욱 정교하고 직접적으로 이야기해야 한다는 것과 같은 화용론적인 제약에 매우 민감해진다. 또한 어린 아동은 요청을 할 때는 공손하게 표현해야 한다는 것과 같은 사회언어적 규칙을 학습한다.

(4) 의사소통능력과 문법의 발달: 학령전기 및 학령기의 언어 학습

학령전기(2.5~5세) 동안 아동의 언어는 성인의 언어와 유사해진다. 아동마다 문법적 형태소를 학습하고 과잉규칙화하여 사용하는 속도에는 차이가 있지만 형태소가 나타나는 순서는 놀랄 만큼 일정하다. 학령전기는 또한 아동들이 변형문법을 배워서 진술문을 의문문, 부정문, 상대절, 중문으로 변형시킬 수 있다. 학교에 입학할 즈음에는 대부분의 통사규칙을 습득하여 성인과 마찬가지로 다양하고 세련된 메시지를 만들 수 있다. 학령전기 동안 언어가 매우 복잡해지는 또 다른 이유는 아동들이 크다/작다, 넓다/좁다, 더/덜, 전/후와 같은 대조어를 사용하기 시작하기 때문이다.

학령전 아동들은 메시지를 잘 이해시키려면 청자의 이해 수준에 자신의 메시지를 맞추어야 한다는 것을 알기 시작한다. 그들은 자신들이 들은 비정보적인 메시지의 일부에 대해서는 애매모호함을 알고 명료화를 요구하기 시작하기는 하지만 아동들의 참조적 의사소통 기술이 잘 발달된 것은 아니다.

학령기(6세 이후)는 언어적 진보의 시기다. 아동들은 문법적 규칙이 적용되지 않는 미묘한 예외사항을 배우고 모국어의 가장 복잡한 동사적 구조를 이해한다. 형태론적 지식과 함께 언어와 언어의 속성에 대해 생각하는 능력과 읽기 성취를 가장 잘 예언하는 변인인 상위언어적 인식이 증가하고, 더불어서 어휘력도 급속도로 증가한다. 학령기 아동은 또한 더 나은 참조적 의사소통 기술을 습득하여 애매모호한 문장의 문어적 의미에 조심스럽게 주의를 기울이며 그들이 주고받는 메시지의 비정보성을 더욱 잘 명료화한다. 인지발달, 사회언어적 지식의 성숙, 언어적으로 미성숙한 동생 혹은 또래들과의 대화 기회는 모두 의사소통 기술의 발달에 기여한다.

3) 언어발달의 이론

언어발달에 대한 초기 관점은 아동이 긍정적인 결과를 초래하는 행동을 반복함으로써 언어를 학습한다고 가정한다. 가령, 아동이 우유 앞에서 우연히 "우……."라고 말하면 부모는 "그래, 우유야, 우유."라고 말하면서 아동에게 마실 것을 주는데, 아동은 그러한 행동이 부모를 기쁘게 하고 우유를 마실 수 있게 하므로 '우유'라고 말하는 것을 배운다. 아동은 자신이 들은 소리를 모방함으로써 새로운 단어들을 추가하며, 주변 어른들의 교정을 받아 언어 사용을 향상시킨다고 본다. 이 이론의 문제점은 아동의 초기 발화들이 대부분 모방이 아니고 독창적으로 만들어진 것이라는 데 있다. 부모는 언어

발달의 초기 단계 동안 발음과 문법을 거의 교정해 주지 않고, 아동이 하는 말의 내용에 반응할 가능성이 훨씬 더 크다고 본다. 오늘날 언어 습득에 관한 주요 이론은 학습론적 관점, 생득론적 관점 그리고 상호작용적 관점의 세 가지로 나눌 수 있다.

(1) 학습론적 관점

행동주의와 같은 학습론적 관점을 취하는 학자들(Skinner, 1957; Whitehurst & Vasta, 1975)은 아동이 타인의 언어를 모방하고 문법적으로 정확한 발화에 대해 강화를 받으면서 언어를 습득한다고 주장한다. 즉, 아동들은 부모가 문법적 문장을 형성하거나 자신이 들은 문장을 모방하여 언어를 습득한다는 것이다. 그러나 이러한 주장을 지지하는 증거를 찾아보기는 쉽지 않다. 성인들은 어린 아동들에게 모성어로 말하고 비발날된 문장을 확장과 개작으로 재형성한다. 그러나 아동이 대화할 상대가 있는 한 아동은 이러한 환경적인 지지가 없어도 언어를 습득한다.

(2) 생득론적 관점

생득론적 관점을 지지하는 학자들(Chomsky, 1959, 1968; Slobin, 1985)에 따르면, 인간에게는 사춘기 이전에 가장 효과적으로 기능하는 선천적으로 주어진 언어적 처리능력(즉, 언어습득기제 혹은 언어생성능력)이 있다. 아마도 아동이 언어를 습득하기 위해서는 그 언어에 노출되기만 하면 되는 것 같다. 언어적 보편성의 확인과 언어 기능이 뇌의 브로카 영역(Broca' s area)이나 베르니케 영역(Wernicke' s area)에서 처리된다는 신경학적 발견이나, 정상적인 부모를 둔 시각장애아동들과 비문법적인 피전어에 노출된 아동들이 언어를 습득하는 현상들은 선천론자의 견해와 일치한다. 더욱이 모국어와 제2언어가 모두 사춘기 이전 민감기 동안에 가장 잘 처리된다. 그러나 최근에는 이러한 결과는 많은 도전을 받기 시작했으며, 불행하게도 선천론자들은 아동이 언어적 자극을 어떻게 선별하여 언어적 능력을 쌓아 가는지를 분명하게 설명하지 못한다는 비판으로부터 자유롭지 못하다.

(3) 상호작용적 관점

상호작용적 관점을 지지하는 연구자들(Bates et al., 1989, 1998; Elman, 2001; Tomasello, 1995)은 아동이 생물학적으로 언어를 습득할 수 있도록 미리 프로그램되어 있다고 주장한다. 그러나 선천적인 것은 언어 특수한 처리자가 아니고 오히려 점진적으로 성숙하여 아동이 비슷한 시기에 비슷한 생각을 하고 그들의 동료들과 공유하게끔 동기화하는 신경계다. 이러한 생물학적 성숙은 인지발달에 영향을 주고 이는 다시 언어발달에 영향을 미친다. 그러나 상호작용론자들은 언어 학습에서 환경이 중요한 역할을 한다는 점을 강조한다. 주변 사람들은 아동이 쉽게 알아들을 수 있는 대화를 통해 지속적으로 새로운 언어 규칙과 개념을 소개하기 때문이다.

요점 정리

1. 개인은 삶에서의 경험을 구조화시켜 조직(인지구조, 도식)하려는 경향이 있다.
2. 평형화(equilibrium)는 동화와 조절 기능이 서로 균형을 유지하는 상태를 말하는 것으로, 인지발달의 핵심 기제다.
3. 동화(assimilation)는 개인이 환경에 작용하여 환경을 자기의 개념체제로 해석하는 과정이며, 조절(accomodation)은 환경이 개인의 기존 인지구조에 도전하여 그 변화를 요구하는 과정이다.
4. 인지발달은 모순 없는 새로운 지식은 동화시키고, 기존에 적절하지 않은 지식에 대해서는 도식을 변경하면서 끊임없이 도식을 확장시키는 과정이다.
5. 인지발달은 감각운동기(sensorimotor stage: 출생~2세), 전조작기(preoperation stage: 2~7세), 구체적 조작기(concerete operation: 7~11, 12세), 형식적 조작기

(formal operation stage: 12세 이후)의 네 단계를 거쳐 이루어진다.

6. 교사는 정보의 구체성과 추상성에 따라 그리고 아동의 발달 수준에 따라 교수방법에 차이를 두되, 처음에는 구체적이고 단순한 경험들, 다음에는 보다 상세하고추상적인 경험들의 순으로 구성한다.

7. 정보처리이론가들은 아동의 인지발달에 대한 Piaget의 설명에 부분적으로 동의하지만 그들은 아동의 사고기술을 직접 가르칠 수 있다고 믿는다.

8. Siegler의 적응적 책략선택 모형은 변화와 선택이라는 진화론적 개념을 도입하여 아동 인지의 다양성과 계속적으로 변화하는 본질적 특성을 설명하고 있다.

9. 신피아제학파인 Case의 중심개념구조 모형은 Piaget의 이론을 시발점으로 하여 인지발달에 대한 포괄적 견해를 구성하려는 여러 시도 중에서 가장 영향력 있는 접근이다.

10. Vygotsky에 따르면 아동은 스스로의 세계를 구조화하고 이해하는 존재로서 타인들과의 관계 속에서 영향을 받으며 성장하는 사회적 존재다.

11. 아동의 지적 발달은 사적 언어(혼잣말)와 사회적 대화 모두에 영향을 받으며, 사적 대화의 사용빈도는 과제의 난이도와 정적 상관을 갖는다.

12. 사적 언어(private speech)는 과제를 수행하는 동안 아동이 소리내어 자신에게 말하는 것으로 정신적 조작을 내면화하는 중심 기제다.

13. 근접발달영역(zone of proximal development: ZPD)은 실제적 발달 수준과 잠재적 발달 수준 간의 거리를 말하며, 특정 과제에 대해 아동이 혼자서는 해결할 수 없지만 성인이나 뛰어난 동료의 도움으로 성공할 수 있는 영역이다.

14. 교사는 학생이 혼자서도 풀 수 있는 문제와 도움을 받아 풀 수 있는 문제 수준을 모두 평가하여 지적 발달의 전체적인 윤곽을 파악한다.

15. 학생의 능력을 평가한 후, 학생들에게 문제해결능력이 없다면 그들을 근접발달영역 내에 존재하도록 조절하며, 근접발달영역 안에서는 구조화를 형성할 수 있는 세부사항과 단계를 기억할 수 있도록 조력(비계설정: scaffolding)하고, 아동이 스스로 문제를 해결할 수 있도록 한다.

16. 언어는 음운론, 형태론, 의미론, 통사론, 화용론 등 다섯 가지 요소로 구성되어 있다.

17. 아동은 자신이 들은 소리를 모방함으로써 새로운 단어들을 추가하며, 주변 어른들의 교정을 받아 언어 사용을 향상시킨다.

18. 유아의 언어발달은 일어문기, 두 단어를 사용하는 전보어기, 문장완성기의 순으로 진행되며, 걸음마기를 전후해서 갑작스러운 어휘폭발을 경험한다.

19. 아동은 학령전기 동안에 의사소통능력과 문법을 발달시켜 성인의 언어와 유사해지며, 학령기 동안에는 문법적 규칙이 적용되지 않는 미묘한 예외사항을 배우고 모국어의 가장 복잡한 동사적 구조를 이해한다.

20. 언어발달의 초기 관점은 아동이 긍정적인 결과를 초래하는 행동을 반복함으로써 언어를 학습한다는 것이다. 행동주의 입장에서는 아동의 언어발달이 강화의 원리에 따라 후천적으로 습득하게 되며, 천성주의 입장에서는 인간은 태어날 때 언어를 배울 수 있는 독특한 선천적 구조를 갖고 태어나므로 단기간에 습득한다고 본다. 상호작용론자들은 생물학적 성숙과 학습 환경이 모두 언어 습득에 중요하다고 주장한다.

21. 부모와 교사는 자신의 언어가 아동의 현재 발달 수준보다 약간 앞선 상태를 유지함으로써 불평형 상태를 만들어 내고 그 결과로 발달을 촉진시킬 수 있다.

생각해 볼 문제

1. 유치원 및 초등학교 아동을 대상으로 Paiget의 인지발달이론에서 제시하는 발달단계의 특징을 확인하여 보고 그의 이론이 지니는 보편성과 특수성을 설명하시오.

2. Piaget의 인지발달이론에서 제시하고 있는 각 발달단계의 특징을 고려하여 유치원 및 초등학교 저학년 아동과 고학년 아동에 대한 차별적인 교수전략을 설명하시오.

3. Case의 신피아제이론에 근거하여 수학적 과제를 수행하는 데 발달적 지체 현상을 나타내는 학습장애아동을 지도할 수 있는 구체적인 교수전략을 설명하시오.

4. 인지발달에 대한 사회문화적 접근에 기초할 때, 아동의 인지발달을 촉진하기 위해서 교사가 수행할 수 있는 구체적인 교수전략을 설명하시오.

5. 학령기 전후의 아동들이 자신의 언어 사용 및 이해를 증진시킬 수 있도록 돕기 위해서 교사가 수행할 수 있는 구체적인 교수전략을 설명하시오.

참고문헌

Anglin, J. M. (1986). Semantic and conceptual knowledge underlying the child' s words. In S. A. Kuczaj & M. D. Barrett (Eds.), The development of word meaning. New York: Springer-Verlag.

Baillargeon, R. (1987). Object permanence in 3 1 - and 4 1 -month old infants. *Developmental Psychology, 23,* 655-664.

Baillargeon, R. (1993). The object concept revisited: New directions in the investigation of infants' physical knowledge. In C. E. Ganrud (Ed.), *Visual perception and cognition in infancy.* Hillsdale, NJ: Erlbaum.

Bates, E., Thal, D., Whitsell, K., Fenson, L., & Oakes, L. (1989). Integrating language and gesture in infancy. *Developmental Psychology, 25,* 1004-1019.

Bates, E., Pettit, G. S., Dodge, K. A., & Ridge, B. (1998). Interaction of temperamental resistance to control and restrictive parenting in the development of externalizing behavior. *Developmental Psychology, 34,* 982-995.

Berk, L. E. (2006). *Child Development* (7th ed.). New York: Allyn & Bacon.

Berk, L. E., & Spuhl, S. T. (1995). Maternal intervention, private speech, and task performance in preschool children. *Early Childhood Research Quarterly, 10,* 145-169.

Berk, L. E., & Winsler, A. (1995). *Scaffolding children's learning: Vygotsky and early childhood education.* Washington, DC: National Association for the Education of Young Children.

Bivens, J. A., & Berk, L. E. (1990). A longitudinal study of the development of elementary school children's private speech. *Merrill-Palmer Quarterly, 36,* 443-463.

Brainerd, C. J. (1978). The stage question in cognitive developmental theory. *Behavioral and Brain Science, 1,* 173-213.

Brown, A. L., & Campione, J. C. (1994). Guided discovery in a community of learners. In K. McGilly (Ed.), *Classroom lessons: Integrating cognitive theory and classroom practice.* Cambridge, MA: MIT Press.

Brown, A. L., & Campione, J. C. (1996). Psychological learning theories and the design of innovative learning environments: On procedures, principles, and systems. In R. Glaser (Ed.), *Contributions of instructional innovation to understanding learning.* Hillsdale, NJ: Erlbaum.

Byrnes, J. P. (1988). Formal operations: A systematic reformulation. *Developmental Review, 8,* 66–87.

Case, R. (1978). Intellectual development from birth to adulthood: A neo-Piagetian approach. In R. S. Siegler (Ed.), *Children's thinking: What develops?* Hillsdale, NJ: Erlbaum.

Case, R. (1985). *Intellectual development: A systematic reinterpretation.* New York: Academic Press.

Case, R. (1992). *The mind's staircase: Exploring the conceptual underpinnings of children's thought and knowledge.* Hillsdale, NJ: Erlbaum.

Case, R. (1998). The development of conceptual structures. In D. Kuhn & R. S. Siegler (Eds.), *Handbook of child psychology* (Vol. 2): *Cognition, perception, and language* (5th ed.). New York: Wiley & Sons.

Case, R., & Griffin, S. (1990). Child cognitive development: The role of central conceptual structures in the development of scientific and social thought. In C. A. Hauert (Ed.), *Developmental psychology: Cognitive, perceptuo-motor and neuropsychological growth.* Mawhwa, NJ: Erlbaum.

Case, R., & Mueller, M. P. (2001). Differentiation, integration, and covariance mapping as fundamental processes in Cognitive and neurological growth. In J. L. McClelland & R. S. Siegler (Eds.), *Mechanisms of cognitive development: Behavioral and neural perspecives.* Mawhwa, NJ: Erlbaum.

Case, R., & Okamoto, Y. (1996). The role of central conceptual structures in the development of children's thought. *Monographs of the Society for Research in Child Development, 61* (1–2, Serial No. 246).

Chen, Z., & Siegler, R. S. (2000). Across the great divide: Bridging the gap between understanding of toddlers and older children's thinking. *Monographs of the Society for Research in Child Development, 65* (2, Serial No. 261).

Chomsky, N. (1959). A Review of B. F. Skinner's verbal behavior. *Language, 35*, 26–129.

Chomsky, N. (1968). Language and mind. San Diego, CA: Harcourt Brace Jovanovich.

Crowley, K., & Siegler, R. S. (1993). Flexible strategy use in young children's tic-tac-toe. *Cognitive Science, 17*, 531–561.

DeVries, R. (1997). Piaget's social theory. *Educational Researcher, 26*(2), 4–17.

Diaz, R. M., & Berk, L. E. (1992). Private speech: From social interaction to self-regulation. Hillsdale, NJ: Erlbaum.

Eggen, P. D., & Kauchak, D.(1992). Educational psychology: Classroom connections. New York: MacMillan Publishing Co.

Elkind, D., & Brown, R. (1979). Imagery audience behavior in children and adolescents. *Developmental Psychology, 15*, 38–44.

Elman, J. L. (2001). Connectionism and language acquisition. In M. Tomasello & E. Bates (Eds.), *Language development*. Oxford, UK: Blackwell.

Flavell, J. H. (1963). *The developmental psychology of Jean Piaget*. New York: Van Nostrand Reinhold.

Flavell, J. H. (1971). Stage-related properties of cognitive development. *Cognitive Psychology, 2*, 421–453.

Flavell, J. H. (1984). Discussion. In R. J. Sternberg (Ed.), *Mechanisms of cognitive development*. New York: Freeman.

Flavell, J. H. (1999). Cognitive development: Children's knowledge about the mind. In J. T. Spence, J. M. Darley, & D. J. Foss (Eds.), *Annual review of psychology* (pp. 21–45). Palo Alto, CA: Annual Reviews.

Flavell, J. H., Everett, B. H., & Croft, K., & Flavell, E. R. (1981). Young children's knowledge about visual perception: Further evidence for the level 1? level 2 distinction. *Developmental Psychology, 17*, 99–103.

Flavell, J. H., Miller, P. H., & Miller, S. A. (1993). *Cognitive development*. Englewood Clifs, NJ: Prentice-Hall.

Gelman, R., & Meck, E. (1986). The notion of principle: The case of counting. In J. Hiebert (Ed.), *Conceptual and procedural knowledge: The case of mathematics*. Hillsdale, NJ: Erlbaum.

Inhelder, B., & Piaget, J. (1958). *The growth of logical thinking from childhood to adolescence.* New York: Basic Books.

Jordan, E. A., & Parath, M. J. (2006). *Educational psychology: A problem-based approach.* New York: Allyn & Bacon.

Kail, R. V., & Cavanaugh, J. C, (2000). *Human development: A lifespan view* (2nd ed.). Belmont, CA: Wadsworth.

Levin, I., & Druyan, S. (1993). When sociocognitive trasaction among peers fails: The case of misconceptions in science. *Child Development, 64,* 1571-1591.

McGilly, K., & Siegler, R. S. (1990). The influence of encoding and strategic knowledge on children's choices among serial recall strategies. *Child Development, 60,* 172-182.

Moll, I. (1994). Reclaiming the natural line in Vygotsky's theory of cognitive development. *Human Development, 37,* 333-342.

Newcomb, N., & Huttenlocher, J. (1992). Children's early ability to solve perceptive-taking problems. *Developmental Psychology, 28,* 635-643.

Newson, J., & Newson, E. (1975). Inter-subjectivity and the transmission of culture: On the social origins of symbolic functioning. Bulletin of the British Psychological Society, 28, 437-446.

Osherson, D., & Markman, E. (1975). Language and the ability to evaluate contradictions and tautologies. *Cognition, 3,* 213-226.

Piaget, J. (1926). *The language and thought of the child.* New York: Harcourt, Bruce & World.

Piaget, J. (1950). *The psychology of intelligence.* San Diego, CA: Harcourt Brace Jovanovich.

Piaget, J. (1951). *Play, dreams, and imitation in Childhood.* New York: Norton.

Piaget, J. (1952). *The origins of intelligence in children.* New York: International Universities Press.

Piaget, J. (1954). *The construction of reality in the child.* New York: Basic Books.

Piaget, J. (1970). Piaget's theory. In P. H. Mussen (Ed.), *Carmichael's manual of child psychology* (Vol. 1) New York: Wiley.

Piaget, J. (1971). *Science of education and the psychology of child.* New York:

Viking Press.

Piaget, J. (1976). *To understand is to invent: The future of education.* New York: Penguin.

Piaget, J. (1981). *The psychology of intelligence.* Totowa, NJ: Littlefield, Adams.

Piaget, J., & Inhelder, B. (1969). *The psychology of child.* New York: Basic Books.

Reznick, J. S., & Goldfield, B. A. (1992). Rapid change in lexical development in comprehension and production. *Developmental Psychology, 28*, 406–423.

Rittle-Johnson, B., & Siegler, R. S. (1999). Learning to spell: Variability, choice, and change in children's strategy use. *Child Development, 70*, 332–348.

Rogoff, B. (1990). *Apprenticeship in thinking.* New York: Oxford University Press.

Rogoff, B. (1998). Cognition as the collaborative process. In D. Kuhn & R. S. Siegler (Eds.), *Handbook of child psychology* (Vol. 2): *Cognition, perception, and language* (5th ed.). New York: Wiley & Sons.

Rogoff, B. (2003). *The cultural nature of human development.* New York: Oxford University Press.

Rogoff, B., & Chavajay, P. (1995). What's become of the research on the cultural basis of cognitive development? *American Psychologist, 50*, 859–877.

Shaffer, D. R., & Kipp, K. (2007). *Developmental psychology: Childhood and adolescence* (7th ed.). Belmont, CA: Thomson Wadsworth.

Shrager, J., & Siegler, R. S. (1998). SCADS: A model of children's strategi choices and strategy discoveries. *Psychological Science, 9*, 405–410.

Siegler, R. S. (1996). *Emerging minds: The process change in children's thinking.* New York: Oxford University Press.

Siegler, R. S. (2000). The rebirth of learning. *Child Development, 71*, 26–35.

Siegler, R. S., & Alibali, M. W. (2005). *Children's thinking* (4th ed.). Upper Saddle River, NJ: Prentice-Hall.

Siegler, R. S., & Stern, E. (1998). Conscious and unconscious strategy discoveries: A microgenetic analysis. *Journal of Experimental Psychology: General, 127*, 377–397.

Siegler, R. S., & Svetina, M. (2002). A microgenetic/cross-sectional study of matrix completion: Comparing short-term and long-term change. *Child Development, 73*, 793-809.

Skinner, B. F. (1957). *Verbal behavior*. East Norwalk, CT: Appleton-Century-Crofts.

Slobin, D. I. (1985). Crosslinguistic evidence for the language making capacity. In D. I. Slabin (Ed.), The crosslinguistic study of language acquisition(Vol. 2): Theoretical issues. Hillsdale, NJ: Erlbaum.

Slavin, R. E. (2003). *Educational psychology* (7th ed.). New York: Allyn & Bacon.

Strom, D., Kemeny, V., Lehrer, R., & Forman, E. (2001). Visualizing the emergent structure of children's mathematical argument. *Cognitive Science, 25*, 733-773.

Tomasello, M. (1995). Language is not an instinct. *Cognitive Development, 10*, 131-156.

Tomasello, M., Kruger, A. C., & Ratner, H. H. (1993). Cultural learning. *Behavioral and Brain Sciences, 16*, 495-552.

Tudge, J. R. H. (1992). Processes and consequences of peer collaboration: A Vygotskian analysis. *Child Development, 63*, 1364-1379.

Vygotsky, L. (1962). *Thought and language*. (E. Hanfmann & G. Vakar, Trans.) Cambridge, MA: MIT Press. (Original work published 1934).

Vygotsky, L. (1978). *Mind in society: The development of higher psychological processes*. (M. Cole, V. John-Steiner, S. Scribner, & E. Souberman, Trans.) Cambridge, MA: Harvard University Press.

Vygotsky, L. (1987). Thinking and speech. In R. W. Rieber, A. S. Carton (Eds.), & N. Minick (Trans.), *The collected works of L. S. Vygotsky* (Vol. 1): *Problems of general psychology*. New York: Plenum.

Whitehurst, G. J., & Vasta, R. (1975). Is language acquired through imitation. Journal of Psycholinguistic Research, 4, 37-59.

Wood, D., Bruner, J. S., & Ross, G. (1976). The role of tutoring in problem solving. *Journal of Child Psychology and Psychiatry, 17*, 89-100.

Wynn, K. (1992). Addition and substraction by human infants. *Nature, 358*, 749-750.

제5장

지능과 창의성

학습목표

- 여러 가지 지능의 개념을 이해한다.
- 지능검사와 지능 측정 방법을 고찰한다.
- 지능발달에서 유전과 환경의 영향력에 대한 논쟁을 고찰한다.
- 창의성의 특징을 이해한다.
- 창의성을 향상시킬 수 있는 여러 방법들을 이해한다.

이 장의 내용

1. 지능과 지능검사
   지능의 의미와 구조 / 지능검사와 지능지수
2. 최근의 지능이론
   다중지능이론 / 삼원지능이론
3. 지능발달에 대한 유전과 환경의 영향
   지능발달에 대한 유전의 영향 / 지능발달에 대한 환경의 영향
4. 창의성
   창의성의 의미 / 창의성의 구성요소 / 창의성의 개발

주요 개념 및 용어

· 지능 · 비율IQ와 편차IQ · 다중지능이론 · 삼원지능이론
· 창의성 · 창의성의 지적 특징 · 창의성의 정의적 특징
· 브레인스토밍 · 여섯 가지 사고모자

제5장 지능과 창의성

교육과 가장 밀접한 관계가 있는 아동의 특성은 그의 지적 능력이라고 해도 과언이 아니다. 같은 학급에서 같은 교사가 가르쳤는데도 어떤 아동은 잘 학습하고 다른 아동은 학습에 곤란을 겪는 것은 아동의 지적 능력의 차이에 기인하기도 한다. 이 장에서는 아동 개개인의 인지적 발달 특성을 이해하는 데 중심이 되는 개념일 뿐 아니라 아동의 학습효과를 극대화시키기 위해서 교사가 고려하여 적절히 대처해야 하는 지능과 창의성에 대해서 살펴보고자 한다.

1. 지능과 지능검사

아동들이 학습을 할 때 학습성과에서 차이를 내는 대표적인 요인 중의 하나가 지능이다. 흔히 머리가 좋다 또는 나쁘다는 말이 시사하는 지능이 학교학습의 개인차의 원천이라는 가정이다. 이 가정의 타당성에 관해서 알아보기 전에 먼저 지능의 의미를 비롯하여 다양한 지능이론과 지능의 측정방법에 대해 살펴보도록 하겠다.

1) 지능의 의미와 구조

(1) 지능의 의미

지능은 학자에 따라 다르게 정의되고 있다. 추상적 사고를 수행하는 능력으로 정의하기도 하고, 진실 혹은 사실이라는 관점에서 보아 좋은 반응을 하는 힘으로 정의하기도 한다. 혹자는 자기 자신을 환경에 적응하도록 학습하는 능력으로 보기도 하고, 능력을 획득하는 능력으로 보기도 한다(황정규, 1989). Wechsler(1944)는 "지능이란 목적을 향해 행동하고, 합리적으로 사고하며, 환경을 효과적으로 다루는 개인의 종합적 능력"이라고 정의하고 있다. 이 같은 지능의 정의를 나열해 보면 지능의 개념은 더 명확해지기보다는 오히려 더 모호해진다. 다양한 지능의 정의들은 대체로 다음과 같이 크게 네 가지로 분류할 수 있다(황정규, 1989).

첫째, 추상적인 능력과 구체적 · 실제적 능력과의 관련 및 응용을 강조하려는 정의 방법이다. 둘째, 지능을 학습하는 능력과 같은 개념으로 보려는 정의인데, 이 중에서도 추상적 사고를 강조하려는 관점이 지배적이다. 셋째, 지능의 적응적 성질을 강조하여 지능을 전체 환경에 대한 적응능력, 생활의 새로운 문제 및 새로운 상황에 대한 일반적인 정신적 적응능력으로 정의하려는 것이다. 넷째, 종합적, 포괄적, 집합적으로 정의하려는 입장이다.

(2) 지능의 구조

지능의 구조에 관심을 두는 학자들은 요인분석(factor analysis) 방법을 사용하여 지능이 단일차원적 인지능력인가, 아니면 상이한 능력의 조합인가를 규명하고자 한다. 영국의 심리학자 Spearman(1927)은 인간의 능력을 요인분석이라는 측정학적 관점에서 접근한 최초의 인물로, 지능의 일반요인론(이요인론)을 제안한 것으로 알려져 있다. 그는 모든 지능검사의 문항들이 서로 관련되어 있다는 것을 발견하고 그것을 일반요인(general factor: g 요인)이라고 하였고, 그 외에 설명되지 않는 특수변량은 각 검사가 독특하게 측정하는 특수요인(specific factor: s 요인)이라고 하였다. 이를 그림으로 표현하면 [그림 5-1]과 같다.

Spearman과 동시대에 활동했던 미국의 심리학자 Thurstone(1938)은 역시 요인분석방법을 사용하여 서로 독립적인 7개의 기본정신능력(primary

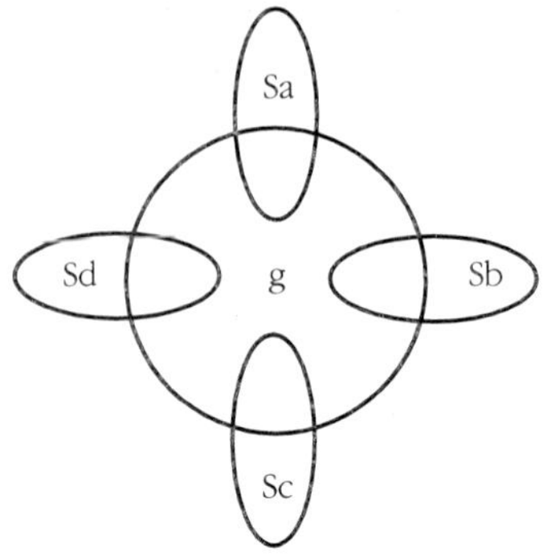

[그림 5-1] 지능의 일반요인과 특수요인 간의 관계

mental abilities: PMA)을 확인하였다. 7개의 요인은 언어이해, 수, 공간지각, 지각속도, 기억, 추리 그리고 단어유창성으로 구성되어 있는데, 이는 지능의 다요인설을 정립하는 데 획기적인 전환점을 마련하였다.

한편, Cattell(1971)은 Thurstone이 제작한 기본정신능력검사 등을 분석한 결과 2개의 일반요인인 유동적 지능(fluid intelligence: gf)과 결정적 지능(crystallized intelligence: gc)을 추출하였다. 유동적 지능은 생리적, 유전적으로 결정될 가능성이 높은 요인임에 반해, 결정적 지능은 환경, 즉 경험에 따라 결정될 가능성이 크다. 따라서 유동적 지능은 신체적 성장곡선과 비슷한 발달 경향을 보이고 결정적 지능은 성인기뿐 아니라 노인기까지도 감퇴율이 적은 특징이 있다. 유동적 지능은 문화에 덜 영향을 받는 행렬검사 및 분류검사에서 높게 나타나는 반면, 결정적 지능은 문화에 영향을 많이 받는 검사인 어휘력, 산수검사 등에서 잘 나타난다.

한편, Guilford(1988)는 Thurstone의 기본정신능력이론을 확장하고 발전시켜 지능을 180개의 구별되는 정신능력으로 정의하였다. 지능의 구조 모형(structure of intellect model: SOI)으로 불리는 Guilford의 모형은 무엇에 대해 생각하는가의 다섯 종류의 내용(content) 차원과 사고과정으로서의 여섯 종류의 조작(operation) 차원 그리고 사고의 결과인 여섯 종류의 산출(product) 차원으로 구성된다. 따라서 내용, 조작 그리고 산출 차원의 가능한 조합은 5×

6×6=180개 요인이 추출된다([그림 5-2] 참조). Guilford가 제안한 180개 요인이 서로 상관되어 있어 서로 독립적인 것으로 볼 수 없다는 비판이 제기되기도 하지만(Brody, 1992), 조작 차원의 확산적 사고는 창의성을 부각시켰다는 점에서 주목을 끈다.

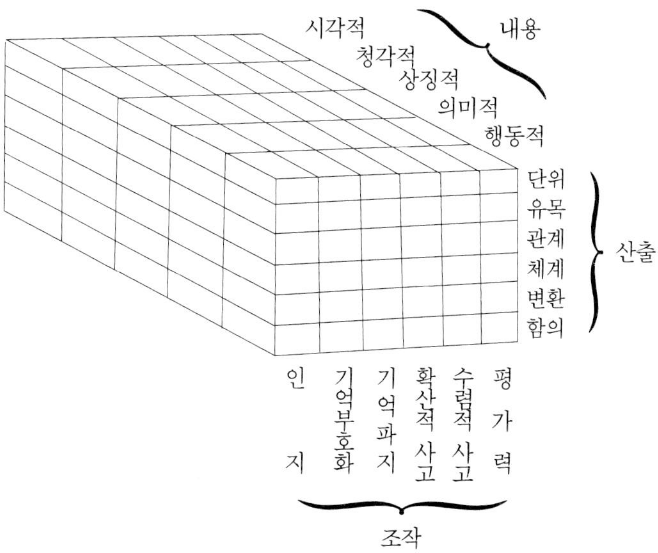

[그림 5-2] Guilford의 지능의 구조 모형

2) 지능검사와 지능지수

(1) 지능검사

지능의 측정 또는 지능검사 개발은 교육적 필요에서 출발하고 있다. 1904년 프랑스 정부는 학교에서 계속적인 교육적 지체를 보이는 아동을 가려내어 그들에게 특별한 교육을 시킬 필요성을 절감하고, 이 같은 정신지체아, 학습부진아를 변별하고 측정할 수 있는 방법을 Binet에게 개발하도록 의뢰하였다. Binet는 동료인 Simon과 함께 1905년에 처음으로 아동의 지능을 측정할 수 있는 Binet-Simon 척도를 제작하였다. Binet-Simon 척도는 1908년도에 개정했는데, 검사의 제작방법 등이 여러 나라에 보급되어 지능검사의 발달에 선도적인 역할을 하였다.

1916년 Stanford 대학교의 Terman 교수가 Binet-Simon 척도를 미국 문화권에 맞게 개정하여 표준화한 것이 Stanford-Binet 지능검사다. 특기할 만한 것은 1916년판에서 처음으로 지능지수의 개념을 실제 사용했다는 것이다. 이 검사는 우리나라 초기의 지능검사 제작에 많은 영향을 주었다(황정규, 1989).

이 밖에 개인지능검사로 개발되어 널리 사용되고 있는 것으로는 Wechsler가 개발한 성인용, 아동용 그리고 유아용 개인지능검사가 있다. Stanford-Binet 지능검사가 거의 언어적 검사로 되어 있는 반면, Wechsler 검사는 언어적 검사와 비언어적(또는 동작성) 검사를 결합해서 지능을 진단하도록 되어 있다. 그리고 11~12개의 서로 다른 하위 검사로 부분 점수를 이루고 이것을 합해서 전체 IQ를 나타내도록 되어 있다. 따라서 Stanford-Binet 지능검사보다 아동의 지능에 대한 더 많은 정보를 제공해 준다.

학교에서 주로 사용하는 지능검사는 개인지능검사와는 다른 집단지능검사다. 집단지능검사는 제1차 세계대전 때 미국 군인들 중 어떤 과제에서의 적격자와 부적격자를 빠른 시간에 한꺼번에 선별해야 할 필요에 따라 개발된 육군알파검사(Army α Test)로부터 시작된 것이다. 알파검사는 언어로 된 것이며, 바로 이어 비언어적인 육군베타검사(Army β Test)도 개발되었다. 이 중 알파검사는 아주 성공적인 것이어서 이것이 기초가 되어 여러 집단에 실시할 수 있는 여러 가지 형태의 집단지능검사가 개발되었고, 그 이후 학교, 기업체, 정부기관 등에서 널리 사용되었다.

개인 검사와 집단 검사는 지능을 측정한다는 점에서는 본질적으로 같은 검사이지만 그 용도가 다소 다르다. 개인 검사는 실시하는 데 1~2시간이 걸리며, 학생에게 어떤 교육적 · 정서적 문제가 예상되어 그 원인을 확인해 보고자 할 때 주로 사용하게 된다. 그러므로 특수한 경우에 전문가가 실시하는 것이 상례다. 이에 반하여 집단지능검사는 다수의 학생을 동시에 검사할 수 있다는 장점이 있지만, 개인 검사보다는 그 정확도가 떨어진다. 모든 학생들이 검사의 지시를 잘 이해했는지, 문항을 푸는 데 충분한 시간이 주어졌는지, 또 외부의 방해를 받지 않고 주의집중을 했는지를 알 수 없기 때문이다.

우리나라의 최초의 지능검사는 1954년 서울대학교 사범대학 교육심리 연구실에서 정범모가 제작한 간편 지능검사다. 이 검사는 당시 우리나라 교육이 아직 정상적인 궤도에 오르지 못하고 있을 때, 학습자의 학습능력을 객관적으로 예측하기 위한 도구로 널리 사용되었다.

간편 지능검사 이후 우리나라에는 다수의 집단 지능검사가 출현하였고, 이어서 인성검사, 적성검사, 흥미검사 등이 속속 제작, 발표되었다. 측정 · 평가의 이론이 괄목할 만큼 발전되어 나감에 따라 심리검사의 저작기술도 크게 발전하였다(이성진, 1996; 황정규, 1989).

(2) 지능지수

Binet는 학습부진아를 선별하기 위하여 만든 문항들이 다른 학생들의 지적 능력을 비교하는 데도 유용하다는 것을 알게 되었다. 나이가 많은 학생들은 나이가 적은 학생보다 높은 점수를 받는 경향이 있고, 또 영리한 5세 아동이 7세의 평균 아동과 같은 점수를 받는 것도 발견하였다. 학생이 얼마나 잘하는가를 하나의 지수로 표현하는 방식은 Binet 검사를 근거로 하여 미국에서 지능검사를 표준화한 Terman 교수가 고안하였다. 그는 학생의 지능능력을 정신연령(mental age: MA)이라 하고 이 정신연령을 학생의 생활연령(chronological age: CA)과 대비시켜 그 비율을 지능지수(intelligence quotient: IQ)라고 명명하였다. 따라서 IQ＝MA/CA×100이라는 공식을 고안하여 계산할 수 있었다. 예컨대, 8세 아동의 MA가 6세라면 IQ는 75가 되고, 10세 아동의 MA가 12년 6개월이라면, 그의 IQ는 125가 된다. 다시 말해서, IQ는 아동의 정신적인 성숙 속도를 그 나이에 기대되는 성장 속도(평균 성장)에 대한 비율로 나타낸 것이다. 따라서 이 IQ를 비율 IQ라고 한다. IQ가 75라면 그 아동은 평균 속도보다 느린 정신적 성숙도를 보임을 나타내며, 반면 IQ가 125인 아동은 평균보다 더 빨리 성장함을 보여 준다.

그런데 정신연령과 생활연령의 비율로 나타내는 IQ는 문제가 있음이 곧 밝혀졌다. 즉, 연령이 다른 사람끼리 비율 IQ를 비교할 때나, 자신과 연령이 동일한 사람과 상호 비교할 때 어느 위치에 서는지를 알고 싶을 경우 문제가 생기는 것이다. 예컨대, 7세 학생의 MA 7세가 12세 학생의 MA 7세와 비교가 될 수 있는 것인가 하는 문제와 한 학생의 IQ를 같은 연령집단의 다른 아동과의 상대적 위치를 비교할 때 문제가 생길 수 있다.

Wechsler는 이 문제를 해결하기 위하여 편차 IQ(deviation IQ)라는 개념을 제안하였다. 편차 IQ란 한 사람의 지능을 그와 동연령집단 내에서의 그의 상대적 위치로 규정한 IQ다. 한 7세 아동의 점수가 평균 7세 아동보다 20점 높다면 그의 IQ는 120이 되는 것이다.

이 편차 IQ의 어느 범위 안에서 득점하는 인원수의 백분율은 연령에 관계없이 일정하다. [그림 5-3]이 이 사실을 나타내고 있다. 이 그림은 정상분포

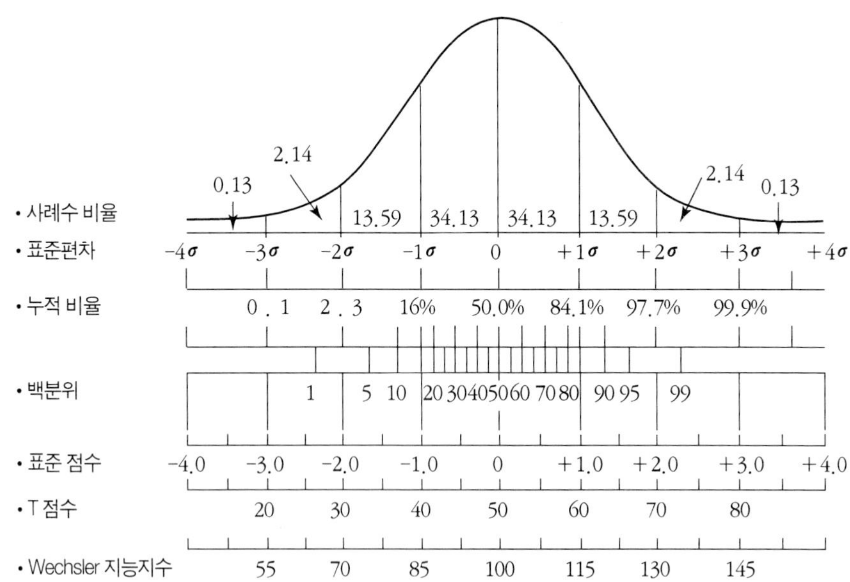

[그림 5-3] 지능의 정상분포곡선과 관련 점수

곡선으로서 여러 점수들을 평균으로부터의 표준편차로 나타내고 있다. 정상분포곡선을 보면 표준편차와 표준편차 간에 속하는 인원수의 비율을 보이고 있다. 예컨대, 평균에서 위로 1 표준편차 사이에 약 34%, 평균에서 아래로 1표준편차 사이에 약 34%를 포함하고 있다. IQ 점수는 표준편차 단위와 관련해서 표시되어 있다. 즉, 평균이 100이고 표준편차가 15인 Wechsler의 지능검사에서 동연령집단 인원의 약 68%가 85에서 115의 IQ를 가지고 있다는 말이 된다.

(3) 지능지수 해석상의 유의점

지능검사가 지능 이외의 다른 어떤 것, 예컨대 정서적 적응, 사회경제적 지위, 경험, 흥미, 경쟁심 등도 간접적으로 재고 있는가 하는 문제가 가끔 제기된다. 지능이 이러한 모든 요인들을 모두 포함하는 것인지, 아니면 이러한 요인들을 모두 제외한 나머지가 순수한 지능인지 하는 것이 교육심리학의 논쟁 중의 하나다.

지능검사가 재는 것을 알 수 있는 한 가지 방법은 그 점수가 무엇과 상관관계를 맺고 있는가를 밝혀내는 일이다. 일반적으로 IQ와 학교성적 간에는 높은 상관관계($r=0.60$)가 있는데, 이것은 곧 지능검사가 학업적성이라고 할 수 있는 어떤 것을 재고 있다는 것을 의미한다. 또한 운동이나 문학, 예술, 지도력 등에서 뛰어난 학생들도 일반적으로 IQ가 높은 경향이 있다. 따라서 지능검사가 재는 것이 무엇이든, 이것은 광범위한 영역에서의 성공과 적응에 정적인 상관관계를 맺고 있는 것으로 보인다.

그러나 그 IQ가 각 학생들의 능력과 판에 박힌 듯이 관련이 있어야 한다는 것을 의미하지는 않는다. IQ가 높은 학생이 다른 학생들보다 더 뛰어난 경향이 있기는 하지만, IQ가 높은 학생들이 모두 이러한 특성을 가진다는 것이 아니며, 또한 IQ가 낮은 학생들 모두 이런 특성을 갖지 못하고 있다는 것도 결코 아니다. IQ가 높은 학생들이 학급에서 평균 이하의 성적을 올리는 것을 볼 때 의아해 하는 교사들을 볼 수 있는데, 단일 검사 점수가 그 학생에 관한 모든 것을 말해 주지 않는다는 것을 감안한다면 전혀 의아해 할 문제가 아니다. 검사 점수가 무엇을 말해 주든 학생과 그의 행동들을 보다 잘 이해하기 위해서는 검사 점수를 항상 다른 자료들과 함께 고려해야 한다.

이처럼 지능검사는 어떤 측면에서도 절대적인 척도라고 할 수 없기 때문에 사용할 때 상당히 주의를 기울여야 한다. 지능을 측정하는 검사를 사용할 때 유의해야 할 점 몇 가지를 간략히 나열해 보면 다음과 같다(이성진, 1996).

첫째, IQ를 개인의 지적 기능의 한 가지 지표로 생각한다. 영수가 수리력 하위 검사에서 X점을 땄다면 그가 그 정도의 수리력을 가지고 있다는 것일 뿐, 그가 그러한 수준을 가지고 있는 이유는 알 수 없다. 평소에 수에 대한 관심이 높거나, 숫자를 다루는 경험을 많이 했거나, 타고난 재질이 있었거나, 또는 단순히 운이 좋아서일 수도 있다. 교사로서는 학생이 수리력 검사에서 높은 점수를 땄다면 격려해 줄 것이고, 낮은 점수를 땄다면 특별한 지도를 해 주면 될 것이다.

둘째, 과잉 해석을 피한다. IQ 125라면 높은 IQ 점수이지만, 이 학생이 모든 교과목이나 학교 활동에서 우수하리라는 기대는 할 수 없다. IQ 점수는 유용하지만 완벽하지 않다는 것을 명심해야 한다.

셋째, 지능검사의 하위 요인의 변산에 특별히 유의한다. 하위 검사는 항상 오차가 크고 신뢰도와 타당도가 낮기 때문에 그 해석에 상당한 주의가 필요하다.

넷째, IQ 점수를 점수대(띠)로 생각한다. IQ 점수가 고정된 것이 아니고 또 정밀하지도 않기 때문에 IQ 점수는 하나의 '띠' 또는 점수 범위로 생각할 필요가 있다. 영수의 IQ를 115라고 하기보다는 111~119 정도라고 하고, 창수의 IQ를 113이라고 하기보다는 109~117이라고 한다면, 결국 영수와 창수는 같은 수준의 IQ를 가졌다고 말할 수 있다. 영수의 IQ는 115, 창수의 IQ는 113이라고 한다면, 영수가 창수보다 2점만큼 머리가 좋다는 과잉 해석이 나온다.

다섯째, 합리적이되 융통성을 갖는다. 1시간 남짓 걸리는 지능검사가 학생에 관한 모든 것을 알려 주리라는 생각은 비현실적이고 경직된 사고방식이다. 지능검사와 같은 심리검사에서 완벽한 신뢰성과 타당성이란 기대하기 어렵다. 지능검사는 무수한 이유로 부정확할 수 있다는 '건전한 회의' 를 가져야 한다.

여섯째, IQ를 다른 예측 요소와 함께 사용한다. IQ 점수가 학교 성적의 유일한 예측자가 되리라는 기대를 절대로 해서는 안 된다. 과거의 성적, 정서적 성숙 정도, 적응 정도, 흥미, 건강 등 학생에 관한 다양한 정보를 함께 사용했을 때 사실에 가장 가까운 예측을 할 수 있다.

일곱째, IQ 점수를 근거로 하여 한 아이에게 저능아나, 천재라는 꼬리표를 붙인다는 것은 지능지수의 측정의 오차가 크다는 사실로 미루어 보아 대단히 위험하므로 절대로 피해야 한다.

이 밖에도 IQ 점수만으로 학급 편성을 한다든가, 부모에게 자녀의 IQ를 상세한 해설(IQ 점수의 취약점과 의미) 없이 알려 주는 일 등은 삼가해야 할 것이다.

2. 최근의 지능이론

1980년대 중반에 출현하여 '탈IQ' 를 시도하는 이론들은 기존의 지능이론에 근거한 지능검사들이 몇 가지 문제점을 가지고 있다고 보고 있다.

첫째, 기존의 지능검사는 한정된 학업적 지능을 진단하는 데 그칠 뿐이므로, 아동의 학교학습능력을 예언하는 지표는 되지만 성인이 실제 사회생활에서 활용할 수 있는 보다 포괄적인 지적 능력을 보여 주지 못한다는 지적이다. 둘째, 기존의 지능검사는 이미 경험하거나 학습된 지적 수준을 진단함으로써 아동이 발휘해 낼 수 있는 지적 잠재력을 보여 주지 못한다는 지적이다. 이러한 점에서 지능지수(IQ)는 학업성취도 검사 점수와 크게 다를 것이 없다는 비판도 제기되고 있다(이성진, 1996).

새롭게 등장한 이론은 Gardner의 다중지능이론과 Sternberg의 삼원지능이론 등이다. 이 두 이론은 지능의 다양한 근원과 전통 또는 다양한 문헌의 증거를 종합하여 지능의 본질 혹은 내용을 정의하고 있다는 점에서 기존의 지능이론과 차별된 종합적이고 체계적인 집근이라고 볼 수 있다(Sternberg & Detterman, 1998).

1) 다중지능이론

Gardner(2001)는 정상인의 지적 발달 과정은 물론 문학가나 뇌상해자에게서 나타나는 신경학적인 증거, 연령별 발달단계, 자폐증 환자와 학습장애 아동 및 특수 천재(idiot savant) 같은 비정상인에게서 나타나는 특수 재능, 정보의 종류에 따라 그 처리가 명확히 구별되는 현상, 지능의 심리측정적 관점에서 지능의 하위영역을 구분한 자료 등 여덟 가지 근거를 종합하여 지능을 분류하였다. 여기서 정보의 종류에 따라 그 처리가 구별되는 현상이란 가령 감각기능은 손상되었어도 음악에서, 또는 다른 재능은 없어도 암산, 운동, 과학, 미술 등에서 서로 다른 정보처리 체계를 통해 각자 탁월한 재능을 발휘하는 것을 말한다. 바꾸어 말하면, 사람은 학교에서 중시하는 언어와 논리-수리 분야의 정보처리 체계로 모든 정보를 처리한다기보다 각각 다른 분야(운동, 음악, 글쓰기 등)의 정보를 처리하는 독립된(domain-specific) 정보처리 체계를 갖고 있다.

이러한 근거에 따라 인간의 지적 활동을 서로 독립적인 8개의 분야로 나누어 각 분야에 대응하는 여덟 가지 지능을 다음과 같이 구분하였다(Gardner, 2001).

(1) 논리수학지능(logical-mathematical intelligence)

수학, 과학, 논리 분야의 천재들에게서 발견되는 능력으로 수리적 · 논리적 사고와 관련된 재능이다.

(2) 언어지능(linguistic intelligence)

문학가나 언론인에게서 나타나는 재능으로 기존의 지능검사의 언어요인(verbal intelligence)에 해당된다. 어휘의 소리, 리듬, 의미 그리고 언어의 서로 다른 기능을 민감하게 파악하는 능력을 말한다.

(3) 음악지능(musical intelligence)

작곡가, 연주가, 성악가, 지휘자 등 음악가에게서 발견되는 음악적 재능을 말한다.

(4) 공간지능(spatial intelligence)

건축가, 기술자, 조각가, 미술가에게서 발견되는 재능으로 시각, 공간적 세계를 정확히 지각하고 그 지각한 내용을 머릿속에서 변형, 회전시켜 볼 수 있는 재능이다.

(5) 신체운동지능(bodily-kinesthetic intelligence)

운동선수, 무용가, 마술사에게서 나타나는 재능으로 자신의 신체적 동작을 완벽하게 통제하고 물체를 솜씨 있게 다루는 재능이다.

(6) 대인지능(interpersonal intelligence)

카운슬러, 판매원, 석가나 간디, 소크라테스와 같은 종교인, 사상가 등에게서 발견되는 능력으로 Thorndike가 말한 사회지능(social intelligence)과 유사한 것이다. 가정이나 집단 등에서 다른 사람들의 기분, 기질, 동기, 의도를 잘 파악하고 적절히 대하는 능력이다.

(7) 자성지능(intrapersonal intelligence)

자신의 감정을 잘 알고 다스리는 사람, 신체적 컨디션과 행동을 잘 조절하는 사람, 종교인에게서 발견되는 능력으로 자신의 느낌(feeling), 장단점, 특기, 희망, 지능, 관심 등을 잘 파악하는 재능을 의미한다.

(8) 자연지능(naturalist intelligence)

동식물이나 주변 사물(가령, 머리 스타일, 자동차, 운동화 등)을 자세히 관찰하여 차이점이나 공통점을 찾고 분석하는 능력이다. 사냥꾼, 진화론을 세운 Darwin과 같은 사람이 대표적인 인물이다.

Gardner는 8개의 지능 이외에도 실존지능과 도덕지능의 가능성에 대해서도 밝히고 있다.

2) 삼원지능이론

Sternberg(1985)는 종래 대부분의 지능이론들이 지능의 근원을 오로지 개인, 행동 혹은 행동의 상황 중의 일부로부터 구하려 했기 때문에 불완전한 이론이 되었다고 가정하고, 지능이론이 보다 더 완전한 이론이 되려면 이 세 가지를 모두 고려하여야 한다고 주장한다. 삼원이론(triarchic theory of intelligence)은 그 명칭이 암시하듯 이 세 근원을 각기 고려한 세 가지 하위이론들인 요소적(componential), 경험적(experiential) 그리고 맥락적(contextual) 하위이론으로 구성된 종합적인 지능이론이다.

(1) 요소적 하위이론

모든 지적 행동에 기저되어 있는 정신 과정과 전략을 명시하는 이론으로 세 가지 정보처리요소, 즉 메타요소, 수행요소, 지식습득요소를 가정한다.

① 메타요소(meta components): 이것은 인간이 문제를 해결하거나 어떤 과제를 완수할 때 정신적 · 신체적으로 우리가 행하는 모든 것을 조정하는 고등제어과정이다. 어떤 과제해결에 착수할 때나 과제해결 과정에

서 피드백을 해석할 때 사용하는 전반적 전략이 이에 해당한다.

② 수행요소(performance components): 이것은 어떤 과제를 수행할 때 사용하는 정신 과정이다. 여기에는 과제를 입력시키고, 관계를 추리하고, 가능한 해결 전략을 비교하는 것 등이 포함된다.

③ 지식습득요소(knowledge acquisition components): 이것은 새로운 것을 학습하는 정신 과정이다. 적절한 정보와 무관한 정보를 가려내는 것, 새로운 정보를 기존의 정보에 관련시키는 것 등이 이에 포함된다.

(2) 경험적 하위이론

지능의 둘째 측면은 경험적 하위이론이다. 경험을 통하여 생소한 과제를 다룰 줄 알게 되고 정보처리가 자동적으로 된다. 즉, 새로운 문제에 당면했을 때 낡고 부적절한 사고방식을 버리고 새로운 개념 체계를 필요로 하게 된다. 이는 통찰력이 필요함을 의미한다.

통찰력은 선택적 부호화, 선택적 결합, 선택적 비교 능력으로 구성된다. 선택적 부호화는 사고나 문제해결 과정에서 중요하고 적절한 정보에 주의를 기울이는 능력이다. 선택적 결합은 최초에 서로 관련 없는 요소들을 연관시켜 다소 다르거나 새로운 것을 창출해 내는 능력이다. 선택적 비교는 이미 있는 것들을 새로운 각도에서 보고 이로부터 새로운 것을 유추해 낼 수 있는 능력을 뜻한다. Sternberg의 지능이론에서 경험적 능력은 대단히 중요한 위치를 차지한다. 창의적인 과학자나 예술가, 새로운 이론을 개발해 내는 통찰력 있는 학자, 전문적 경영인 등 많은 분야에서 탁월한 능력을 보이는 사람들은 경험적 능력이 우수한 사람이라 할 수 있다.

(3) 맥락적 하위이론

마지막으로 맥락적 하위이론은 외부 환경에 대응하는 능력, 즉 현실 상황에의 적응력을 강조한다. 지능의 맥락적 요소는 전통적인 지능검사가 측정한 IQ나 학업성적과는 무관한 능력으로 보고 있다. 이 능력은 학교교육을 통해 길러지는 능력이 아니라 일상의 경험을 통해 획득하고 발달시키는 능력이다. 맥락적 능력은 최근에 실용적 지능의 개념으로 지능발달 분야에서 크게 각광받고 있다. Sternberg는 실제적 지능은 일상의 문제해결능력, 실제적인 적응능력 및 사회적 유능성을 포괄하는 것으로 보고 있다. 여기서 적응은 세 가지 의미를 가지고 있다. ① 기존 환경에 잘 적응하는 것, ② 기존 환경의 형성, 즉 자신의 필요에 맞게 현재의 환경을 변화시키는 것, ③ 새로운 환경의 선택, 즉 현재의 환경을 평가하고, 새롭고 보다 나은 환경을 선택하는 것 등이다(Sternberg & Detterman, 1998).

여기서 Sternberg의 삼원지능이론을 현실적 예에 적용한다면 다음과 같이 될 것이다. 분석적 사고력이 뛰어난 아동은 전통적 지능검사에서 높은 점수를 얻을 것이다. 이 아동은 요소 하위요인이 지배적이고, 창의력이 높은 아동은 경험적 하위요인이 지배적일 것이며, 어떤 사태에서든 잘 적응하는 아동은 맥락적 하위요인이 강할 것이다(이성진, 1996).

다중지능이론과 삼원지능이론은 한 문화에서 '지능적인' 것으로 가치 있게 여기는 모든 행동 영역을 지능의 개념 안에 포함시킴으로써 지능에 대한 폭넓은 관점을 취하며, 또한 지적 행동에 대한 상황(환경)의 역할을 중요시한다는 공통점이 있다(Sternberg & Detterman, 1998). 이들이 넓힌 지능의 개념은 '개인의 삶을 성공적으로 이끌어 줄 수 있는 능력으로 자신과 타인의 정서를 정확히 지각하고 평가하며 표현할 줄 아는 능력' 인 정서지능(EQ)과 '사회적 관계 혹은 인간관계에서 타인을 이해하고 동시에 그 관계 속에서 적절하게 대처하고 행동하는 능력' 인 사회지능(SQ)을 출현시키는 배경이 되었다.

3. 지능발달에 대한 유전과 환경의 영향

인간의 행동 특성 중에서 지능 혹은 정신능력의 결정변수가 무엇인가에 대한 논쟁만큼 오래되고, 지속적이며, 격심한 갈등을 야기하는 분야도 드물다. 인간의 지능과 관련하여 역사적으로 2개의 시각이 언제나 상반된 갈등과 마찰을 야기시켜 왔다. 인간의 지능이란 환경적 영향에 따라 변화, 변경될 수 있다는 신념과 주장도 있고, 한편으로는 인간의 지능은 이미 태어날 때부터 대부분이 고정되어 있고 불변하며 비교적 안정되어 있다는 불변관도 존재한다.

1) 지능발달에 대한 유전의 영향

유전론에 따르면, 생물체는 그 개체가 가지고 있는 생득적 유전인자가 정해 준 청사진에 따라 발달하는 것이며, 외부 환경의 영향을 받지 않는다는 것이다. 한걸음 더 나아가서 개체의 신체적 · 해부학적 특징뿐 아니라 개인의 심리적 특징도 유전인자에 따라서 결정된다고 보았다.

그런데 인간의 지능은 단일 유전자에 따라 결정되는 것이 아니라 다인자에 따라 결정되기 때문에 단순한 방법을 통해서 지능발달에 대한 유전의 영향력을 알아보는 것은 불가능하다고 볼 수 있다. 일반적으로 통계적인 방법을 이용해 유전적 기여도를 알아보는 경우가 많은데, 일반적으로 쌍생아 연구, 가계연구, 양자연구 그리고 유전이나 환경을 통제하는 연구설계를 사용한다.

Galton의 천재 가계연구, Goddard의 정신지체 가계연구에서 대대로 지능이 유전된다는 증거를 찾을 수 있고, 양자로 간 아동의 지능과 양부모의 지능 및 실부모의 지능을 비교하는 Burks의 연구 등에서 양자의 지능과 양부모의 능력과의 상관의 중앙치가 0.23인 반면, 양자와 실부모와의 지능의 상관의 중앙치는 0.30보다 높아 유전의 영향이 좀 더 우세한 것을 보여 준다(황정규, 1989).

여러 가지 통계적 방법으로 추정한 내용에 따르면, 유전적 차이가 IQ의 75~80%를 결정하고, 환경적 차이가 20~25%를 결정한다는 결론에 도달한다. 이러한 증거는 순수한 유전론이나 순수한 환경론 어느 하나를 지지하는 것은 아니지만, 단일종족과 단일문화권 내에서의 지능의 개인차에 미치는 유전요인의 영향도는 환경요인보다 3~4배나 더 강하다는 결론에 이른다(이성진, 1996).

1960년대 말 Jensen(1969)의 연구결과는 지능발달에서 유전과 환경 논쟁에 불을 당겼다. Jensen은 이 분야의 문헌들을 분석한 결과 다음과 같은 세 가지 결론을 내렸다. 첫째, 학습 부진아들을 위한 대규모 보상교육 프로그램이 실시되어 왔지만, 몇몇 소규모 프로그램을 제외하고는 IQ나 학업성적을 올리는 데 뚜렷한 효과를 얻지 못했다. 둘째, 지능검사로 측정한 개인차는 80% 정도가 유전적인 것으로서 유전에 따른 차이가 우세하다. 셋째, 미국 흑인들은 미국 백인이나 동양인에 비해서 IQ가 낮다는 사실을 통해 유전요인을 설명할 수 있다.

이상의 연구들은 유전이 환경보다 IQ에 더 많은 영향을 미친다는 것을 시사하는 동시에 IQ가 유전이나 환경 중 어느 한 변인에 따라 결정되지 않는다는 것을 시사해 준다(김동일 외, 2003).

2) 지능발달에 대한 환경의 영향

지능에 영향을 미치는 환경 중에는 아동을 둘러싸고 있는 가정환경뿐만 아니라 태아기, 분만기, 그 이후의 시기에 관련된 생물적, 물리적 환경도 있을 수 있다. IQ는 분만 시 손상의 정도, 쌍생아로 태어나는 경우의 영향, 조산인 경우, 산모와 아동의 영양 조건, 출생순위나 형제 수 등으로부터도 영향을 받는다.

가정환경은 흔히 사회계층에 기초한 지위환경(status environment)과 아동과 부모 사이에 이루어지는 상호작용에 기초한 과정환경(process environment)으로 개념화해서 볼 수 있다. 부모의 사회경제적 지위와 아동의 지능 사이에는 대체로 +.30～.35 수준의 상관이 있으며, 부모의 직업에 따라 아동의 지능에 차이가 있는 것으로 나타난다. Wolf(1964)와 Bloom(1964)에 따르면, 자녀와 부모 사이에 이루어지는 상호작용의 질인 과정환경에는 성취동기에 대한 부모의 격려(아동에 대한 지적 기대, 아동에 대한 지적 포부, 아동의 지적 발달에 관한 지식의 정도, 지적 발달에 대한 보상의 성질), 언어발달을 위한 격려(다양한 장면에서의 언어사용에 대한 강조, 어휘를 늘리기 위한 기회의 제공, 언어사용의 잘못을 교정하는 것에 대한 강조, 활용하는 언어 모델의 질), 그리고 일반학습을 위한 준비(가정에서 학습할 수 있는 기회의 제공, 가정 밖에서 학습할 수 있는 기회의 제공, 학용품 및 학습에 필요한 물건을 사용하도록 하는 기회와 격려, 도서, 정기간행물, 도서관 시설을 이용할 기회와 격려, 다양한 장면에서 학습을 촉진시키기 위해 제공하는 도움의 성질과 정도) 등이 포함된다. 가정의 과정환경변인과 지능과의 중다상관은 약 .76에 이르러, 지위환경과 지능과의 상관에 비해 훨씬 더 높은 것으로 나타났다(황정규, 1989).

환경론자들의 주장을 지지해 주는 연구로 우리의 주목을 끄는 것은 Herber와 그의 동료들이 수행하였다(Herber, 1972; Herber & Garber, 1970). Herber는 미국 중북부 미네소타 주 밀워키 시의 낙후된 환경에서 살고 있는 IQ 75 이하의 흑인 여성들을 분류하고, 이들의 자녀들을 무작위로 실험집단과 통제집단으로 나누었다. 통제집단의 아동들에게는 아무런 처치를 하지 않았으며, 실험집단의 아동들에게는 1주일에 5일간 7～8시간 집중적으로 언어 자극과 지적 자극을 주었다. 이것을 아동들이 학교에 들어갈 때까지 계속하였다. 3개월부터 1세까지는 같은 환경에서 자란 교사 한 사람이 한 아이씩 맡았으며, 1세 이후에는 2～5명씩 집단으로 지도하였다. 그 결과, 2세 때 실험집단은 통제집단에 비해 IQ가 25점이나 높아졌다. 이러한 IQ 점수 상승은 5세 반이 될 때까지 계속적으로 조금씩 더 커졌다([그림 5-4] 참조). 실험집단의 아동들은 자

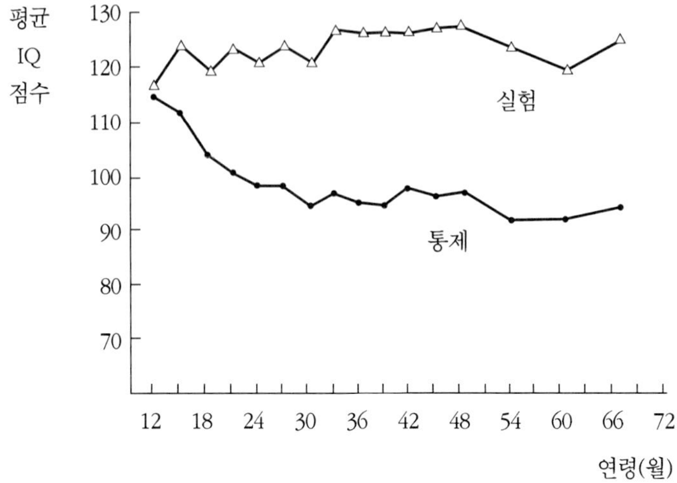

[그림 5-4] 실험집단과 통제집단의 평균 IQ의 비교(1～5.5세)

신의 어머니보다도 IQ가 약 50 정도 더 높아졌다. 실험집단이 통제집단보다 두드러지게 높은 IQ 점수를 나타내는 것은 환경주의자들의 주장을 상당히 지지해 주는 것이라고 할 수 있다.

이상의 연구결과들을 종합해 보면, 지능이나 지능검사 점수에 유전요인과 환경요인이 함께 영향을 미친다는 점은 분명하다. 그러나 유전요인은 부모나 교사가 좌우할 수 있는 것이 아닌 반면, 환경요인은 어느 정도까지는 부모나 교사가 통제할 수 있다. 부모나 교사가 아동들에게 적절히 높은 기대를 가지고, 모든 아동들에게 각자 적절한 강화 또는 환경적인 조력을 줌으로써 학습과 발달을 촉진시킬 수 있도록 한다면 지적 성장은 어느 정도 촉진될 수 있을 것이다(이성진, 1996).

환경이 지능발달에 대단히 중요하다는 것은 명백하다. 특히 발달 초기의 환경의 질이 개인의 발달에 심각한 긍정적 또는 부정적 영향을 미친다. Bloom(1964)은 그의 인간특성의 안정성과 변화성의 연구에 관한 방대한 문헌 분석에서 어릴 때의 문화적 결손이 성장 후의 결손보다 지능발달에 훨씬 큰 악영향을 미친다는 것을 밝히는 증거를 제시하였다.

〈표 5-1〉 세 연령 단계에서 환경차가 지능발달에 미치는 가설적 영향

지능 단계	지능 성숙 백분율	결손	평균	풍요	풍요-결손
출생~4세	50	−5	0	5	10
4~8세	30	−3	0	3	6
8~17세	20	−2	0	2	4
계	100	−10	0	10	20

〈표 5-1〉은 Bloom이 세 연령 단계에서 환경의 차이가 지능발달에 미치는 가설적 효과가 어느 정도인가를 정리한 것이다. 이 표에서 지능발달의 절반이 출생 후 4년 동안에 발달한다는 것을 알 수 있다. 그러므로 초기의 환경 결손은 8~17세의 10년 동안의 결손보다 심각하다는 것을 알 수 있다.

4. 창의성

급변하는 사회를 살아가는 현대인들에게는 개인적 가치와 다양성을 최대한 존중하고, 양적인 성장보다는 인간다운 창조적 정신을 중시하는 것이 요구된다. 창의성은 현대와 미래 사회에서 중요한 인간의 능력으로 이해되면서 교육과 산업 분야에서 많은 관심이 집중되고 있다. 여기서는 창의성의 의미와 접근방법을 비롯하여 그 구성요인에 대해 살펴보기로 한다.

1) 창의성의 의미와 접근방법

Isaksen, Torrance, Leboef, Weisberg 등에 따르면, 사람들이 창의성에 대해 일반적으로 잘못 알고 있는 신화와 그것의 실제가 있다. 이를 정리하면 〈표 5-2〉와 같다(전경원, 2005). 창의성의 8대 신화와 현실을 보면 창의성이란 쉽게 접근할 수 있는 개념처럼 보인다. 그렇다고 해서 창의성이 누구든지

〈표 5-2〉 창의성에 대한 신화와 현실

신화(오해)	현실(이해)
창의성은 소수의 영재들에게만 나타난다.	정도의 차이는 있지만, 창의성은 모든 사람에게 나타난다.
창의성은 배울 수 없는 것이다.	창의성은 배울 수 있는 것이다.
발산적인 사고를 의미한다.	발산적 사고를 포함한 복합적 사고를 의미한다.
정신이 이상한 것을 의미한다.	정신적으로 건강한 것을 의미한다.
완전히 새로운 것이다.	완전히 새로운 것만을 의미하는 것은 아니다.
노력을 하지 않아도 창의적인 생각이 떠오른다.	창의성은 노력을 해야만 떠오르는 생각이다.
창의적인 사람은 대작을 남긴다.	창의적인 사람은 실패작도 남긴다.
전문가만이 창의성을 발휘한다.	아마추어가 창의성을 발휘하기도 한다.

쉽게 단시간 내에 접근하여 완성되는 간단한 개념은 아니다.

창의성은 학자들마다 다르게 정의한다고 해도 과언이 아니다. Thurstone은 창의성이라는 개념 안에는 필연적으로 새로움이라는 개념이 내포되어 있으며, 이것은 평범 이상의 발명이나 천재적 사고만을 일컫는 것이 아니라 개인의 자아실현, 자기표현의 욕구에서 근원된 상상적 활동이라고 하였다. Osborn은 창의성이란 인간 모두가 가지고 있는 보편적 능력이며 특성으로 넓게 해석되어 있고, 일상생활에서 당면한 제반사태나 문젯거리를 개인 나름의 새롭고 특유한 방법으로 해결해 나가는 활동이라 하였다. Torrance는 창의성이란 새롭고 독특한 아이디어, 다른 관점, 문제를 새로운 시각으로 보는 것이라 하였다. Guilford는 창의성이란 새롭고 신기한 것을 낳는 힘이라고 하였다(전경원, 2005). Taylor(1988)는 창의성이란 생산적 사고와 창조적 사고를 표현하는 복잡한 심리적 과정으로, 인내성과 성취, 변화, 개선을 구하는 태도 그리고 아주 큰 소신을 가지게 하는 정열 같은 것이라고 정의하였다.

국내 학자의 정의를 보면, 김재은(1995)은 창의성이란 새로운 것, 남이 잘 하지 않는 자기만의 생각이나 가치 있는 것을 만들어 내는 능력과 그런 능력을 뒷받침해 주는 성격상의 특성이 합쳐진 것이라고 하였다. 이성진(1996)은 자기 나름대로 아이디어나 작품을 독창적으로 생각해 내고 추리의 규칙에 얽매이지 않고, 때로는 엉뚱한 생각을 하며, 상궤(常軌)라고 판단되는 관습적 사고과정에서 벗어나서 유용한 아이디어를 생산하는 능력이며 태도라고 정의하였다.

한편, Rhodes(1961)는 다양한 창의성의 정의를 비교 분석하여 네 가지로 구분하였다. 바로 창의성의 고전적인 4P(Process, Product, Person, Press)다(임선하, 1995; 전경원, 2005). 첫째, 창의성을 성취 또는 산출물로 파악하는 것이다. 이는 학교에서 아동의 작품이 독창적이고 기발할 때 창의적이라고 생각하는 것이다. 둘째, 창의적인 사고의 과정에 중점을 두는 것으로 학교에서 이야기 나누기 시간, 탐구활동, 또는 관찰을 하면서 독특하게 사고하여 표현하는 경우가 이에 속한다. 셋째, 창의적인 사람을 연구하여 이들의 특성을 파악하고자 하는 것이다. 모든 면에 기발하게 생각하고 다양하게 표현하는 사람의 공통된 특성이 무엇인가를 밝히고자 하는 것이다. 넷째, 창의적인 사고나 성취를 가능하게 해 주는 주변의 분위기나 압력에 관심을 두는 것으로, 이는 문제를 해결해야만 하는 절박한 상황에서 창의적인 사고가 발휘되기 시작한다는 것이다.

이렇게 다양하게 표현되는 창의성은 지적 능력으로 볼 것인가, 혹은 문제해결의 과정으로 볼 것인가, 하나의 성향으로 볼 것인가에 따라 다르게 설명되기 때문에 한 가지로 정의하기는 어렵지만, 이러한 내용들을 종합해 볼 때 대체로 창의성이란 자신과 타인의 행복을 위하여 사회와 문화에서 가치를 부여할 수 있는 물건이나 아이디어를 만들어 내는 것뿐만 아니라 문제를 해결하기 위해 새로운 의견을 내는 능력 또는 그것을 기초화하는 인격적 특성으로 정의할 수 있다(전경원, 2005).

2) 창의성의 구성요소

창의성의 개념에 대해서는 학자들마다 조금씩 다르게 정의하고 있으나, 창의성을 구성하는 요소를 사고의 측면과 성향적 측면으로 구분하여 살펴보면 다음과 같다.

(1) 창의적인 사고를 가진 사람의 특징

창의적인 사고를 가진 사람은 민감성, 유창성, 융통성, 독창성, 정교성이라는 요소를 가지고 있다고 볼 수 있다(임선하, 1995; 전경원, 2005; Guliford, 1967; Torrance, 2005).

첫째, 창의적인 사람은 문제사태에 대한 민감성이 높다. 이 사람은 문제가 있다는 것을 인식하는 능력과 이 인식을 문제로 진술할 수 있는 능력을 가지고 있다. 탐구심에 불타고, 소극적 수용이 아닌 건전한 회의심을 가지며, '경험에의 개방성' 을 가지고 다른 사람들이 놓치기 쉬운 문제들을 인식한다. 그는 문제를 인식할 때 과거에 자기가 해 본 방식에 집착하지 않고 시야를 넓혀 자유분방하게 탐색할 줄 안다.

둘째, 창의적인 사람은 사고활동의 유창성을 지니고 있다. 단위시간에 더 많은 아이디어를 생각해 내고 아이디어는 폭이 넓다. 사고가 유창한 것은 자기가 형성하고 있는 참신한 조합에 대한 판단을 일정시간 동안 보류할 수 있는 능력이 있기 때문이다. 아무런 제약 없이 아이디어가 흘러나오도록 한다. 그것은 아이디어가 많이 떠오르면 그것이 필요할 때 가서 평가하고 판단할 시간이 충분히 있다는 것을 알기 때문이다.

셋째, 창의적인 사람은 사고의 융통성이 높다. 고정적인 사고방식이나 시각 자체를 변환시켜 다양한 해결책을 찾아내는 능력을 가지고 있다. 또한 자신의 창조 과정을 관찰하는 능력을 가지고 있는 듯하다. 그것은 마치 가끔 가다 언덕 위에 올라서서 자신이 하는 행동을 바라보면서 자기가 상습적인 양식에 빠져들지 않는지를 지켜보는 것과 같다. 자신의 문제를 큰 체제 속의 작은 체제로 볼 줄 알고, 이런 체제 속의 입력과 출력의 처리를 관찰할 줄 알며, 입력과 출력 간의 상호관계와 상호작용을 명백히 볼 줄 안다.

넷째, 창의적인 사람은 사고와 행동의 독창성을 가지고 있다. 이것은 기존의 것에서 탈피하여 참신하고 독특한 아이디어를 산출하는 능력이다. 창의적인 사람은 보기에는 서로 무관한 아이디어들로부터 새로운 것을 창조해 내는 능력이 있다. 창조의 초기 단계에는 각 요소들이 서로 양립할 수 없는 것처럼 보여도, 2개 이상의 요소를 조합하여 참신한 개념, 발명품, 이론, 해결방식을 찾아낼 줄 안다. 그렇다고 해서 모든 요소(개념, 이론 등)에 대한 풍부한 지식이 있어야 한다는 뜻은 아니다. 다만, 독창적인 것을 찾아내기 위해서 다른 사람들보다 깊이 파고 들어간다는 뜻이다.

다섯째, 창의적인 사람은 사고의 정교성을 가지고 있다. 이것은 다듬어지지 않은 아이디어를 보다 치밀하게 발전시키는 능력이다. 이는 사물을 정교하게 관찰함으로써 남들이 보지 못하는 면을 파악하는 능력으로, 한 가지 아이디어를 설명하기 위해 상세한 내용을 채워 넣거나, 심층적인 아이디어를 만들어 내며, 기존의 생각이나 산물을 보다 치밀하게 구성하고, 일상 중의 평이한 생각을 보다 구체화하는 능력이다.

(2) 창의적인 사람의 정의적 특징

창의적인 사람의 성격, 감정, 태도 등은 그의 내적 인지과정(지적 특성)과 밀접하게 상호작용한다. 사고의 융통성이나 유창성은 바로 그의 성격이 융통성이 있다는 것을 반영하는 한 보기다. 창의적인 사람은 문제 상황에서 아이디어를 자발적으로 산출하려는 자발성을 지니고, 자신이 생각해 낸 아이디어에 대한 가치를 인정하고 다른 사람의 평가로부터 구애받지 않으려는 독자성을 가지고, 문제를 해결하기 위해 가능한 한 다양한 정보를 수집하며, 문제가 해결될 때까지 끈질지게 물고 늘어지는 집착성을 보이고, 항상 생동감 있게 주변의 사물에 대해 의문을 갖고 끊임없이 질문을 제기하려는 호기심을 갖는다(임선하, 1995). 이 외에도 창의적인 사람은 다음과 같은 정의적 특징을 가진다(이성진, 1996).

첫째, 창의적인 사람은 새롭고, 복잡하고, 어려운 문제를 선호하는 경향이 있다. 통상적이고 흔한 문제, 쉽고 단순하고 명백한 사태 등에서는 도전의식을 잃어버리고 짜증을 내는 경향이 있다. 보다 중요한 것은 해답이 명백하고 쉽고 단순한 문제사태에서 희귀하고 참신한 해답을 구하려는 경향성이 있다는 점이다. 아인슈타인이 명백한 것을 이해하지 못했다고 하는데, 그것은 명백한 것에서 새로운 것을 찾으려 했기 때문이라고 생각된다.

둘째, 창의적인 사람은 모호성을 참는 역량이 있다. 지각하고 느끼는 것을 금방 이해하지 못해도 잘 참아낼 줄 알며 좌절하지 않는다. 그러면서도 주어진 문제를 해결하기 위하여 계속 노력한다. 보통 사람들은 문제 상황이 모호할 때 참지 못한 나머지 문제해결 노력을 포기하고 그 상황을 회피하거나 충동적으로 행동하는 경향이 있다.

셋째, 창의적인 사람은 실패에 대한 불안이 적으며, 약간의 위험 부담을 즐기는 경향이 있다. 관습의 틀에서 벗어난다는 것은 불안을 일으키지만, 예사롭게 엉뚱한 생각과 행동을 하면서도 불안스러워하지 않는 것이 이들의 특징이다. 성공과 실패를 자기 자신에게 귀속시키는 내적 통제의 경향도 있다.

넷째, 창의적인 사람은 관행에 동조하기를 거부하는 경향이 있다. 표준적 패턴에서 과감히 이탈하며 독립적이기 때문에 때로는 비사교적이고 고립된 사람으로 인식되기도 한다.

다섯째, 창의적인 사람은 자신의 경험에 대하여 개방적이다. 어떤 자극이 자신 안에서 오든, 밖에서 오든 그 경험을 왜곡하거나 그에 방어하지 않고 진실하게 받아들이고 있는 그대로 인식한다. 그의 경험에의 개방성이 자유분방한 창의적 사고를 가능하게 하는 것으로 보인다.

3) 창의성의 개발

1950년대 이래로 창의성 개발은 많은 연구자의 연구주제가 되어 왔다. 연구결과 창의성은 교육과 훈련을 통해 발전될 수 있는 것으로 나타났다. 창의성 훈련의 기법 혹은 프로그램을 몇 가지 소개하면 다음과 같다(임선하, 1993; 전경원, 2005; 정종진, 2002).

(1) 브레인스토밍(brainstorming)

Osborn이 창안한 브레인스토밍이란 뇌에 폭풍을 일으킨다는 뜻으로, 어떤 구체적인 문제에 대한 해결방안을 생각할 때 비판이나 판단을 일단 중지하고 질을 고려함이 없이 머릿속에 떠오르는 대로 아이디어를 내게 하는 방법이다. Osborn은 브레인스토밍을 창의적인 아이디어나 해결책의 산출을 위한 자유로운 집단토의 방법이라고 하였다.

효과적인 브레인스토밍을 위하여 많은 아이디어가 창출될 때까지 판단을 중지하는 비판 금지의 원칙, 과거의 지식과 경험 및 규칙에 얽매지 않는 자유로운 사고 적용의 원칙, 아이디어의 질에 관계 없이 가능한 한 많은 아이디어를 추구하는 아이디어 양의 추구 원칙, 아이디어의 결합과 종합을 통한 개선의 원칙들이 적용되고 있다. 집단구성원들은 이러한 원칙들을 준수함으로써 보다 새롭고 적절한 아이디어나 해결책을 양산할 수 있다.

(2) 속성열거법(attribute listing)

문제의 대상이나 아이디어의 다양한 속성을 목록으로 작성하여 세분된 각각의 속성에 주의를 돌리는 기법으로 Crawford가 창안한 것이다. 대상물의 주요 속성을 열거하기, 속성을 변경시킬 수 있는 방법을 열거하기, 한 대상물의 속성을 다른 대상물의 속성 변경에 이용하기 등을 훈련시키는데, 각각의 속성을 분석하면서 그 속성에 대한 집중적인 생각을 통하여 개선, 수정, 발전의 탐색 과정을 거친다. 예를 들면, 오늘 저녁 누구도 만들어 본 적 없는 세계 최고의 과일주스를 만들고 싶다고 해 보자. 어떻게 그것을 만들 수 있을까? 이때 속성열거법을 사용할 수 있다.

먼저 여러 가지 과일이 가지고 있는 몇 가지의 속성들, 즉 모양, 색깔, 향을 어떤 식으로 조합하면 된다. 예컨대, 은은하고 서늘하고 새콤한 맛을 조합했으면 이제 그렇게 과일들을 배합하면 될 것이다. 각 속성에 관한 아이디어를 산출할 때는 브레인스토밍 방법이 적용된다.

(3) PMI 기법

PMI는 좋은 점-나쁜 점-흥미로운 점 찾기인데, Plus(좋은 점, 좋아하는 이유, 긍정적 측면), Minus(나쁜 점, 싫어하는 이유, 부정적 측면), Interesting(흥미로운 점)의 약자로서 de Bono가 개발한 CoRT(Cognitive Research Trust) 프로그램 속의 사고 기법이다. 이는 어떤 아이디어나 제안(예컨대, 버스 안에 있는 좌석을 모두 치워버린다면? 아파트 3층이 아닌 1층에 산다면? 여름보다 겨울에 휴가를 갖는다면? 도서관에서 자원봉사를 한다면?)을 다룰 때, 열린 마음의 태도로 다루게 하기 위하여 의도적으로 사용하는 방법이다. 이는 결정을 막으려는 것이 아니라 긍정적 측면, 부정적 측면, 재미있는 측면 등으로 대안의 모든 측면들을 고려해 본 다음에 결정하게 하는 것으로서, 어떤 문제 장면에 대하여 충동적 아이디어를 내거나 정서적으로 반응하는 것을 막고 시야를 넓혀주는 데 큰 도움이 된다.

(4) 여섯 가지 사고모자(six hat)

de Bono가 창의적 사고력 기법으로 제안한 것으로서 여섯 가지 색깔, 즉 백색모(사고의 특징: 중립적이고 객관적 사실, 자료, 정보), 적색모(감정, 느낌, 육감과 직관), 흑색모(부정적 판단, 어떤 것이 실패한 이유), 황색모(낙관적, 긍정적, 건설적 기회), 녹색모(창의적, 측면적 사고, 여러 가지 해결 방안), 청색모(요약, 개관, 결론, 규율의 강조, 사고에 대한 사고)의 모자를 바꾸어 쓰면서 자신의 모자 색깔이 표상하는 유형의 각각 다른 사고자의 역할을 해 보는 방법이다. 이런 방법을 통하면 사람들이 대체로 한 가지 방식의 사고에 얽매여 있거나 자기방어 때문에 할 수 없는 말이나 사고가 가능해지며, 반사적 사고가 아니라 여섯 가지의 다른 측면에 주의를 기울일 수 있다. 이 사고방법은 여섯 가지의 다른 색깔의 모자를 쓰면서 스스로 또는 다른 사람들에게 어떤 특정한 양식의 사고를 하도록 요구할 수 있는 형식과 편리성을 갖는다.

(5) 시네틱스법(synectics)

Gordon이 어원상 서로 관련이 없는 요소들 간의 결합을 의미하는 희랍어의 synecicos에서 유래한 synectics라고 이름하여 개발한 방법이다. 이 방법은 개인이 당연한 것으로 받아들이던 대상이나 요소를 이상한 것으로 파악하거나, 이상한 것으로 받아들이던 것을 친밀한 것으로 받아들이는 경험을 통해 사고에의 민감성을 증진시키는 기법이다. 이는 문제에 대한 광범위한 접근에서 시작하여 얻어진 해결책을 직접 문제에 관련지어 구체적인 해결방안을 강구하도록 하는 방법, 즉 유추(analogy)와 비유(metaphor)를 통해 문제를 창의적으로 해결하도록 가르치는 방법이다.

그리하여 시네틱스법을 흔히 결부법, 유추법, 비유법이라고 하며, 발견적 문제해결법이라고도 일컫는다. 사과가 떨어지는 현상을 보고 만유인력의 기본 원리를 좀 더 분명하게 설명할 수 있는 공식을 발견한다든지, 목욕탕에 들어갈 때 넘치는 물을 보고 질량 불변의 법칙의 골격을 발견한다는지 하는 것 등은 모두 시네틱스법과 관련이 깊다.

(6) 강제 관련법(forced relationship)

서로 관련이 없는 2개 이상의 사항을 인위적으로 관련시키는 방법이다. 예를 들면, 세로축 1번에 자신이 좋아하는 물건의 이름을 쓰고, 2번에는 아침에 등굣길에 보았던 인상 깊은 것들을 쓰고, 3번에는 자기가 좋아하는 음식을 써서 1, 2, 3항을 수평으로 또는 주사위를 던져서 임의의 번호를 맞춰 서로 관련짓고, 그것을 연결해서 단문을 짓거나 그럴듯한 이야기를 꾸미게 하는 것이다.

(7) SCAMPER법

어떤 기존의 형태나 아이디어를 다양하게 변형시키는 방법으로 SCAMPER라는 방법이 있다(Eberle, 1971). 다른 것으로 대치하면(substitute), 다른 것을 결합하거나 혼합하면(combine), 다른 상황이나 분야에 적용하면(adapt), 수정(modify) · 확대(magnify) · 축소(minify)하면, 다른 용도로 사용하면(put to other use), 제거(eliminate) · 전도(reverse) · 재배열(rearrange) 하면 등과 같은 항목을 제시하고 여러 가지로 발상하게 하는 방법으로 아이디어 체크리스트법(idea checklist)이라고도 부른다.

그러나 이상의 창의성 개발 방법은 인지적 기술중심으로 창의성의 성격적 특성을 무시하고, 수업의 맥락성과 사고 교육의 통합성을 간과하고 있으며, 창의성의 전이력을 엄격하지 못한 검증에 의거하여 용인하고 있다는 비판을 받고 있다(최석민, 2006). 이의 대안으로 창의적 산물이 세 하위체제, 즉 분야, 개인, 영역의 상호작용의 결과로 이루어진다고 봄으로써 창의성을 포괄적으로 이해하고자 한 Csikszentmihalyi(1988, 1989)의 개념에 근거한 창의성 개발을 생각해 볼 수 있다. Csikszentmihalyi(1996)는 미국 내에서 창의적인 사람으로 일컬어지는 인물들을 수년간 심도 있게 연구한 결과, 창의성이 자신의 일을 즐기며 그 일에 몰두하는 사람들에게 나타나는 특성이라는 점을 밝히고 있는데, 이는 곧 학생의 자기 의미 추구의 목적 지향적 활동을 통한 몰입(flow)이 곧 실질적 창의성의 교육을 가능하게 한다는 점을 지적한 것이다.

요점 정리

1. 지능의 구조에 대한 이론들로는 Spearman의 일반요인론, Thurstone의 다요인설, Guilford의 지능의 구조모형 등이 있다.

2. 주요 지능검사로는 Binet-Simon 척도, Stanford-Binet 지능검사, Wechsler 검사 등이 있고, 육군알파검사(Army a Test)가 집단지능검사의 효시가 되었다.
3. 지능지수는 아동의 정신연령(MA)과 학생의 생활연령(CA)과 대비시켜, IQ = MA/CA×100이라는 공식으로 산출하는 비율 IQ와, 한 사람의 지능을 그와 동연령 집단 내에서의 그의 상대적 위치로 규정한 IQ인 편차 IQ가 있다.
4. 기존의 지능검사가 한정된 학업적 지능을 진단하는 데 그칠 뿐이고, 아동의 지적 잠재력을 보여 주지 못한다는 비판과 함께 새로 등장한 이론에는 Gardner의 다중지능이론과 Sternberg의 삼원지능이론이 있다.
5. 유전이 환경보다 IQ에 더 많은 영향을 미친다는 연구결과들이 있지만 이 연구들은 동시에 IQ가 유전이나 환경 중 어느 한 변인에 따라 결정되지 않는다는 것을 보여주고 있다.
6. 환경이 지능발달에 대단히 중요하며, 특히 발달 초기 환경의 질이 개인의 발달에 심각한 긍정적 또는 부정적 영향을 미친다.
7. 창의성이란 자신과 타인의 행복을 위하여 사회와 문화에서 가치를 부여할 수 있는 물건이나 아이디어를 만들어 내는 것뿐만 아니라, 문제를 해결하기 위해 새로운 의견을 내는 능력 또는 그것을 기초화하는 인격적 특성으로 정의할 수 있다.
8. 창의적인 사고를 가진 사람은 민감성, 유창성, 융통성, 독창성, 정교성이라는 요소를 가지고 있다고 볼 수 있다
9. 창의적인 사람은 자발성, 독자성, 집착성, 호기심 등의 정의적 특징을 보인다.
10. 창의성 개발 프로그램들로는 브레인스토밍, 속성열거법, PMI 기법, 여섯 가지 사고모자, 시네틱스법, 강제 관련법, SCAMPER법 등이 있다.

생각해 볼 문제

1. 지능발달에 대한 유전과 환경의 영향에 대한 연구결과들을 찾아보고, 자신의 생각을 정리해 보시오.

2. IQ, EQ, SQ 외에 어떤 지능들이 있는지 찾아보고 그 지능의 의미에 대해 적어 보시오.

3. 여러 창의성 개념에 비춰 자기 나름대로 창의성을 정의해 보고, 창의성의 구성요소에 대해서도 정리해 보시오.

참고문헌

김동일, 김신호, 이근재, 정일호, 정종진(2003). 아동발달과 학습. 서울: 교육출판사.

김재은(1995). 한국인의 의식과 행동양식. 서울: 이화여자대학교 출판부.

이성진(1996). 교육심리학서설. 서울: 교육과학사.

임선하(1993). 창의성에의 초대. 서울: 교보문고.

임선하(1995). 창의성의 이론적 기초: 창의성 교육 문을 열다. 서울특별시 교육청.

전경원(2005). 동 · 서양의 하모니를 위한 창의학. 서울: 학문사.

정종진(2002). 창의성 신장/계발을 위한 교수 · 학습의 방향. 대구광역시교육청, 창의력 신장을 위한 교수 · 학습방법 개선 연수 자료.

최석민(2006). 초등학교 창의성 교육 접근 방식에 대한 비판적 검토. 초등교육연구, 제19권 제2호, 1-21.

황정규(1989). 인간의 지능. 서울: 민음사.

Bloom, B. S. (1964). *Stability and change in human characteristics.* New York : Loilex.

Brody, N. (1992). *Intelligence* (2nd ed.). San Diego: Academic Press.

Cattell, R. B. (1971). *Abilities: Their structure, growth, and action.* Boston: Houghton Mitflin.

Csikszentmihalyi, M. (1988). Society, culture, and person: A system view of creativity. In R. J. Sternberg (Ed.), *The nature of creativity contemporary psychological perspectives.* NY: Cambridge University Press. 325-339.

Csikszentmihalyi, M. (1989). Optimal experience in work and leisure. *Journal of Personality and Social Psychology, 56,* 815-822.

Csikszentmihalyi, M. (1996). *Creativity: Flow and the psychology of discovery and invention.* Harper Collins.

Eberle, B. (1971). *Scamper.* Buffalo, N.Y.: D.O.K. Publisher, Inc.

Gardner, H. (2001). 다중지능, 인간 지능의 새로운 이해(문용린 역). 서울: 김영사.

Guilford, J. P. (1967). *The nature of human intelligence.* New York: McGraw-Hill.

Guilford, J. P. (1988). Some changes in the structure-of-intellect model. *Educational and Psychological Measurement, 48,* 1-4.

Heber, R. (1972). *Rehabilitation of families at risk for mental retardation progress report.* Madison, Wisconsin: University of Wisconsin.

Herber, R. & Garber, H. (1970). An experiment in the prevention of cultural familial mental retardation. *Proceeding of Second Congress of the International Association for the Scientific Study of Mental Deficiency.* August 25~September 2.

Jensen, A. R. (1969). How much can we boost IQ and scholastic achievement? *Harvard Educational Review, 39,* 1-123.

Rhodes, M. (1961). An analysis of creativity. *Phi Delta Kappan, 42,* 305-310.

Spearman, C. (1927). *The abilities of man.* New York: Macmillan.

Sternberg, R. J. (1985). *Beyond IQ: A triarchic theory of human intelligence.* New York: Cambridge University Press.

Sternberg, R. J. & Detterman, D. K. (Ed.). (1998). 지능이란 무엇인가? (하대현, 배미란, 윤미선 편역). 서울: 상조사.

Taylor, C. W. (1988). Various approaches and definitions of creativity. In R. J. Sternberg (Ed.), *The nature of creativity.* New York: Cambridge University Press.

Torrance, E. P. (2005). 토랜스의 창의성과 교육(이종연 역). 서울: 학지사.

Thurstone, L. L. (1938). *Primary mental abilities.* Chicago: University of Chicago Press.

Wechsler, D. (1944). *The measurement of adult intelligence.* Baltimore: Williams & Wilkins.

Wolf, B. S. (1964). *The identification and measurement of environmental process variables related to intelligence.* Unpublished doctoral dissertation University of Chicago.

제6장
도덕성 발달

학습목표

- 도덕성이 무엇인지를 이해한다.
- 도덕적 인지, 정서, 행동의 발달에 관한 다양한 이론들을 학습한다.
- 아동의 도덕성 발달에 영향을 주는 요인들을 파악한다.
- 도덕성의 이론과 연구의 결과들을 바탕으로 아동의 도덕성 발달을 촉진하기 위한 전략들을 익힌다.

이 장의 내용

1. 도덕성의 정의
2. 도덕성 발달에 관한 이론들
   도덕적 사고의 발달 / 도덕적 정서의 발달 / 도덕적 행동의 발달
3. 도덕적 인지, 정서, 행동의 관계
4. 도덕성 발달에 영향을 주는 요인들

주요 개념 및 용어

· 도덕성 · 도덕성 발달 · 도덕적 판단 · 도덕적 추론 · 도덕적 행동

제6장 도덕성 발달

1. 도덕성의 정의

도덕성은 옳고 그름을 판단할 수 있는 인지적 능력, 자신의 행동에 대한 죄책감이나 타인에 대한 공감능력과 같은 정서적 능력, 자신의 판단과 감정에 따라 행동할 수 있는 능력과 관련된다. 도덕성에 대한 정의는 인지, 정서, 행동의 어느 한 부분을 강조하여 이루어지기도 하지만, 이 세 가지 측면이 종합적으로 적용되는 것이 유용하다. 이에 따르면 도덕성은 '선악을 구분하고, 옳고 그름을 바르게 판단하며, 인간관계에서 지켜야 할 규범을 준수하는 능력' (정옥분, 2003)으로 정의할 수 있다. 도덕성이 높은 사람이란 타인을 이해하고 따뜻하게 보살피며, 주어진 상황에서 객관적으로 바르게 판단할 수 있고, 자신의 판단에 따라 행동할 수 있는 사람이다.

2. 도덕성 발달에 관한 이론들

도덕성 발달에 대한 이론들은 크게 도덕적 사고의 발달, 도덕적 정서의 발달, 도덕적 행동의 발달에 관한 이론으로 나눌 수 있다.

1) 도덕적 사고의 발달

도덕적 사고는 옳고 그름을 판단할 수 있는 능력을 뜻한다. 도덕적 사고의 발달에 대해 연구한 학자들 중 대표적인 이론가로 Piaget, Kohlberg, Gilligan

을 들 수 있다. 그들의 이론에 관해 살펴본다.

(1) Piaget의 도덕적 판단 이론

Piaget는 아동의 도덕적 판단이 타율적 도덕성의 단계와 자율적 도덕성의 단계의 두 단계를 거쳐 발달한다고 보았는데, 이 단계는 Piaget의 인지발달단계에서 전조작적 단계와 조작적 단계의 두 단계와 일치한다. 타율적 도덕성의 단계는 10~11세 이하의 아동들에 해당하는데, 이 시기의 아동은 도덕적 판단을 할 때 행동의 동기보다는 결과에 바탕을 두고 판단한다. 이 경우 행동의 동기가 좋다고 하더라도 결과가 나쁘면 그 행동은 비도덕적인 행동으로 여겨진다. 예를 들어, 어머니를 도우려다 15개의 컵을 깬 아이와, 찬장에 들어 있는 쿠키를 몰래 꺼내 먹으려다 컵 하나를 깬 아이 중에 어느 아이가 더 나쁘냐고 물어보면 이 시기의 아동은 15개의 컵을 깬 아이가 더 나쁘다고 답할 가능성이 많다(Piaget, 1932; Crain, 2000 재인용). 또한 이 시기의 아동들은 규칙이 어른들이나 신이 만들어 전해진 것이어서, 규칙은 고정되어 있고 절대적이며 변화할 수 없는 것으로 여긴다. 규칙을 어겼을 경우 엄격한 벌을 받아야 한다고 여기며, 행동이 얼마나 나쁜지의 여부는 처벌의 강도에 따라 판단한다. 즉, 더 강한 벌을 받은 행동을 더 나쁘다고 여긴다.

자율적 도덕성의 단계(12세 이상)에 있는 아동들은 관련된 사람들이 동의하면 규칙을 변화 시킬 수 있다고 여기며 이런 면에서 규칙에 대한 상대적인 입장을 취한다고 볼 수 있다. 이 시기의 아동들은 규칙이란 사람들이 조화롭게 지내기 위해 고안한 것이라는 점을 이해한다. 규칙을 어긴 경우 엄격한 처벌보다는 죄를 지은 사람이 그 행동이 잘못된 이유를 깨닫도록 하는 처벌 방식을 선호한다. 또한 도덕적 판단을 할 때 행동의 결과보다는 동기를 중시하기 때문에, 앞의 컵을 깬 아동의 예에서 이 시기의 아동은 쿠키를 훔치려다 1개의 컵을 깬 아동의 행동이 더 나쁘다는 판단을 할 가능성이 큰 것이다. 도덕적 판단의 두 단계에서 드러나는 주요 특징은 〈표 6-1〉에 제시하였다.

〈표 6-1〉 Piaget의 도덕적 판단의 발달단계

도덕적 판단의 단계	주요 특징
타율적 도덕성의 단계 (10~11세 이하)	• 도덕적 판단에서 행동의 동기보다 결과 중시 • 규칙은 권위자가 만들며 절대적이라고 여김 • 규칙 위반에 대한 엄격한 벌 적용을 선호함 • 처벌의 강도에 따라 행동의 나쁜 정도를 판단함
자율적 도덕성의 단계 (12세 이상)	• 도덕적 판단에서 행동의 동기 고려 • 규칙은 사람이 만든 것이며 상대적임을 이해 • 규칙 위반에 대해 엄격한 벌보다는 설명하는 방식을 선호

(2) Kohlberg의 도덕성 발달이론

Kohlberg(1983)는 미국 중서부지역의 도시인 시카고에 거주하는 남학생들을 대상으로 도덕성 발달이론을 발전시켰는데 그 방식은 다음과 같다. 우선 남학생들에게 다음에 제시된 Heinz의 이야기를 들려주고, 이야기 속 주인공의 행동에 대해 옳은지 그른지 도덕적 판단을 하게 한 후 그 도덕적 판단의 근거가 무엇인지를 질문하였다. 이 과정에서 Kohlberg는 주인공의 행동이 옳은 행동이거나 그른 행동이라는 도덕적 판단 자체보다는 판단의 근거가 무엇인지에 관심을 가졌으며, 판단의 근거가 되는 이유들을 분석함으로써 개인의 도덕성 발달단계를 구분할 수 있다고 보았다. Kohlberg가 이 과정에서 사용한 이야기는 다음과 같다.

약을 훔친 하인츠(Heinz)

유럽의 한 도시에서 한 여자가 특수한 암의 일종으로 거의 죽어가고 있었다. 의사들은 어떤 약이 여자를 살릴 수도 있다고 생각했는데, 이 약은 그 도시에 사는 약사가 최근에 개발한 라튬(radium)의 일종이었다. 약의 제조가가 비싸기도 했지만, 약사는 약 제조가의 10배를 약값으로 매겼다. 약사는 그 약을 만드는 데 200달러를 썼는데, 적은 분량의 약에 대해 2,000달러를 요구했다.

여자의 남편인 Heinz는 자신이 아는 모든 사람에게서 돈을 빌렸지만, 약값의 반인 1,000달러밖에 구할 수 없었다. Heinz는 약사에게 가서 아내가 죽어가고 있으니 약을 싸게 팔거나, 혹은 먼저 약을 팔고 이후에 모자라는 돈을 갚게 해 줄 수 있는지 물어보았다. 하지만 약사는 "안 됩니다. 그 약은 내가 만들었고, 나는 그 약으로 돈을 벌 겁니다."라고 말했다. Heinz는 결국 약국에 몰래 들어가 약을 훔쳤다. Heinz는 그렇게 했어야만 하는가?

이 이야기에서 Heinz의 행동에 대한 도덕적 판단의 근거인 도덕적 추론과정을 분석하여, Kohlberg는 도덕적 추론의 발달단계를 전인습적 수준, 인습적 수준, 후인습적 수준으로 구분하고, 각 수준에 두 단계씩을 두어 모두 여섯 단계의 도덕성 발달단계를 제시하였다. Kohlberg가 제시한 도덕성 발달의 여섯 단계는 〈표 6-2〉와 같다.

〈표 6-2〉 Kohlberg의 도덕적 추론의 발달단계

도덕적 추론의 수준	수준별 특성	도덕적 추론의 단계	단계별 특성
전인습적 수준	• 규칙 준수는 외부로부터의 벌과 보상에 따름	복종과 벌 지향	• 규칙은 권위적 인물이 만들었고, 복종해야 한다고 여김 • 규칙이 불변이라는 생각 • 행동의 결과에 따라 옳고 그름 판단
		개인주의와 상호교환 지향	• 다양한 규칙과 관점의 존재를 인정하고 상대적으로 파악 • 상호교환과 공정성에 대한 배려
인습적 수준	• 주어진 사회적 기준에 따라 행동의 옳고 그름 판별 • 도덕적 행동이란 사회적 기대나 관습에 맞는 행동임	좋은 관계 지향	• 행동의 동기를 고려해 옳고 그름을 판단 • 개인이 가족, 지역사회의 기대에 어느 정도 맞추어 살아야 한다는 생각
		사회질서 유지 지향	• 사회 전체에 미치는 영향을 고려해 도덕적 행동을 판단 • 법을 지켜야 하는 이유는 사회 전체의 질서 유지를 위해서임

(계속)

도덕적 추론의 수준	수준별 특성	도덕적 추론의 단계	단계별 특성
후인습적 수준	• 한 사회 내의 규범과 가치들이 충돌할 수 있다는 것을 인정 • 좀 더 나은 사회를 만들기 위한 가치와 원리에 관심	사회계약과 개인의 권리 지향	• 무엇이 좋은 사회를 만드는지에 대해 생각 • 다양한 집단의 충돌하는 가치, 의견이 있다는 것을 알지만 사람들이 합리적이라면 합의에 이를 수 있다고 여김
		보편적 원리 지향	• 주어진 사회의 규칙이나 법보다 보편적 원리를 추구 • 보편적 원리는 인간의 존엄, 평등, 정의와 같은 것임

전인습적 수준의 도덕성(preconventional morality)

전인습적 수준에서는 외부에서 주어지는 벌을 피하거나 보상을 받기 위해 규칙을 따라야 한다고 여긴다.

① 1단계: 복종과 벌 지향의 도덕성(obedience and punishment orientation)

1단계에서 규칙은 권위적 인물이 만들었으므로 복종해야만 하는 것으로 여겨진다. 1단계의 아동은 Heinz의 행동에 대해 전형적으로 나쁜 행동으로 판단하는데, '법에 어긋난다' 거나 '훔치는 것이 나쁘기 때문' 이 그 이유가 된다. 이 말에 대해 좀 더 설명해 보라고 하면 '그렇게 하면 벌을 받기 때문' 이라고 대답한다. 이와 같은 대답은 규칙이 불변이며 변화할 수 없고, 행동의 결과에 따라 원래 행동의 옳고 그름을 판단한다는 면에서 Piaget의 타율적 도덕성의 단계에서 아동이 드러내는 특성과 유사하다. 이러한 사고는 아동이 자신을 한 사회의 구성원으로 보지 않고, 도덕성이 외부에서 자신에게 주어진 것으로 본다는 점에서 전인습적이다(Colby, Kohlberg, & Kaufman, 1987).

② 2단계: 개인주의와 상호교환 지향의 도덕성(individualism and exchange)

이 단계의 아동은 세상에는 옳은 한 가지만의 규칙이 있는 것이 아니라, 다양한 규칙과 관점이 존재할 수 있다는 점을 이해한다. 다양한 관점은 모두 상대적인 것으로 평가되는데, 옳고 그름에 대한 판단은 개인의 이익에 부합되는지에 따라 결정된다. 즉, 약사의 관점에서 본다면 약사가 돈을 벌기를 원했는데 Heinz가 이를 위반하고 약을 훔쳤으므로 이는 잘못된 행동이 된다. Heinz의 이익 면에서 본다면 아내를 살리기를 원했으므로 약을 훔치는 것이 옳은 행동이 된다. 이 단계에서는 개인적 이익에 따라 약을 훔치는 것이 옳다고 했을 때도 '이후에 약값을 갚으면 되기 때문에' 등의 상호교환과 공정성에 대한 배려를 하는 것이 특징으로 나타난다(Colby, Kohlberg, & Kaufman, 1987).

인습적 수준의 도덕성(conventional morality)

인습적 수준에서는 개인을 사회의 구성원으로 인식하기 시작하므로 주어진 사회의 기준에 따라 행동의 옳고 그름을 판단한다. 따라서 사회적 기대나 관습에 맞는 행동이 도덕적 행동으로 여겨진다.

③ 3단계: 좋은 관계 지향의 도덕성(good interpersonal relationships)

이 단계에서는 행동의 옳고 그름을 판단하는 데 행위자의 동기를 고려하기 시작한다. 인간이 고립되어 살아가는 것이 아니라 한 사회의 구성원이므로 개인은 가족이나 지역사회의 기대에 어느 정도 맞추어 살 필요가 있다고 여긴다. 도덕적 행동을 판단하는 데 사랑, 공감, 신뢰, 타인에 대한 배려와 같은 행동의 동기적 측면이 고려되고, 동기가 좋을 때 옳은 행동으로 여겨진다. 3단계의 전형적인 대답은 'Heinz는 남편이 해야 할 당연한 일을 한 것이다. 아내에 대한 사랑 때문에 한 일로 그를 비난하거나 벌을 줄 수는 없다'와 같다(Papalia, Olds, & Feldman, 2003). 이 단계에서는 행위자의 동기를 고려해 도덕적 판단을 한다는 면에서 Piaget 도덕성 발달의 자율적 도덕성 발달의 단계와 유사하다. 보통 십대가 되면 3단계의 사고를 나타내기 시작하며(Crain,

2000), 대부분의 여성이 이 단계에 머문다는 연구결과가 있다.

④ 4단계: 사회질서 유지의 도덕성(maintaining the social order)

4단계에서는 주어진 행동이 사회 전체에 미치는 영향을 고려하여 도덕적 행동을 판단하기 시작한다. Heinz가 아내를 생각해서 약을 훔친 것은 이해하지만, 모든 개인이 이유가 있을 때마다 법을 어기면 사회의 질서가 유지되기 어렵기 때문에 이유가 있더라도 약을 훔치는 것은 잘못이라고 여긴다. 이 단계에서 법은 지켜져야 한다는 주장은 1단계와 유사하지만, 1단계의 아동이 법과 그에 따른 처벌이 외부의 절대적인 기준에 따라 지켜야 한다고 본다면, 4단계의 개인은 개인의 동기를 고려하면서도 사회 전체의 질서 유지 측면에서 법을 지켜야 한다고 여긴다. 미국의 경우 많은 성인 남성이 이 단계의 도덕적 사고를 드러낸다.

후인습적 수준의 도덕성(postconventional morality)

후인습적 수준에서는 한 사회 내의 다양한 규범과 가치들이 충돌할 수 있다는 것을 인정하고, 옳고 그름에 대한 판단을 개인의 가치 체계에 따라서 하게 된다. 후인습적 수준에 있는 개인은 기존의 사회체제를 단순히 유지하는 것을 넘어, 좀 더 나은 사회를 만들기 위한 가치와 원리들은 무엇일지에 관심을 가진다.

⑤ 5단계: 사회계약과 개인의 권리 지향의 도덕성(social contract and individual rights)

5단계에서 사람들은 단순히 법과 규칙을 준수하는 것을 넘어 무엇이 좋은 사회를 만드는지에 대해서 생각한다. 한 사회의 다양한 집단이 서로 충돌하는 가치와 다른 의견들을 가지고 있다는 것을 인정하지만 사람들이 합리적이라면 기본적으로, 첫째, 인간의 기본적 권리와, 둘째, 사람들 간의 합의에 이르는 민주적 과정의 필요성의 두 가지 사항에 합의할 것이라고 가정한다.

5단계의 개인은 Heinz의 사례를 두 개인 간의 가치관의 충돌, 혹은 법과 도덕의 충돌로 이해하며, 그렇더라도 재산과 개인의 생명의 두 가치 중 사람을 살리는 것이 더 우선이므로 Heinz의 행동에 동의할 수 있다.

⑥ 6단계: 보편적 원리 지향의 도덕성(universal principles)

6단계에서는 인간의 존엄과 평등, 정의와 같이 보편적으로 어느 사회, 어느 시간에도 적용할 수 있는 보편적인 원리가 있다고 여기며, 주어진 사회의 규칙이나 법보다도 누구에게나 적용될 수 있는 보편적인 원리를 추구한다. 누구나 동등하게 대접하고 존중하는 것이 정의의 원리라고 본다. 이 단계는 성인들과 같은 매우 소수의 사람들에게서만 관찰되며, 따라서 Kohlberg는 6단계를 현실에서는 거의 나타나지 않는 '이론적 단계'로 규정하였다.

Kohlberg는 이와 같은 도덕성의 발달단계는 보편적이어서 어느 사회나 시대를 막론하고 같은 순서로 순차적으로 발달한다고 보았다. 도덕성의 발달은 성숙이나 사회화에 따라 이루어지기보다는 도덕적 갈등 상황에 대해 직접 생각해 봄으로써 촉진된다고 보았다. 사회적 경험이 도덕성 발달을 돕기는 하지만 경험이 도움이 되는 것은 우리가 그 경험에 대해 생각해 볼 때만 그렇다고 하였다. 따라서 도덕성 발달에서 중요한 것은 도덕적 갈등 상황에 대한 토론이나 논쟁이며, 우리가 신념에 대해 도전받을 때 새로운 생각을 할 수 있고 그다음 단계의 도덕적 사고로 발달해 나가는 것이 가능하다는 것이다. 우리나라의 초·중·고·대학생을 대상으로 도덕적 판단 능력을 조사한 결과를 보면(문용린, 김민강, 이지혜, 원현주, 2008), 초등학교에서 대학교까지 교육기간이 늘어날수록 도덕적 판단의 수준이 높아지는 것으로 나타난다.

(3) Gilligan의 도덕성 발달이론

Gilligan은 도덕성 발달에 대한 Kohlberg의 이론을 연구하던 과정에서 이 이론이 남성을 대상으로 연구해 그 결과를 일반화한 것이어서 여성의 도덕성 발달을 잘 설명하지 못한다고 판단하였다. Gilligan(1982)에 따르면 여성과 남성의 도덕성은 서로 다른 가치를 중심으로 발달하므로 동일한 도덕성 발달단계를 적용해 이들의 도덕성을 판단하는 것은 적절하지 못하다. 예를 들어, Kohlberg의 도덕성 발달단계에서는 정의와 개인의 권리에 대한 고려가 도덕성의 발달에 중요한 요소가 되지만 이는 남성의 경우이고, 여성의 경우는 타인에 대한 배려를 포함하는 관계의 문제가 도덕성 발달에 중요한 역할을 한다고 보았다. Kohlberg의 이론에서 정의와 공정성이 도덕성 발달의 핵심적인 문제이고 권리와 규칙의 이해가 중요시되는 것과 마찬가지로, 여성의 경우는 보살핌이 도덕성 발달에 핵심적인 활동이 되며 책임과 관계에 대한 이해가 중시된다(Gilligan, 1982).

도덕성이 무엇인지에 대해 여성은 전형적으로 '자신이 타인의 삶에 영향을 줄 수 있다는 것에 대한 민감성' 으로 지각한다. 여성이 보살핌을 중심으로 도덕적 판단을 한다고 볼 때, Heinz의 이야기에 대한 여성의 전형적인 대답은 Kohlberg 도덕성 발달단계의 3단계인 좋은 관계 지향의 단계에 해당하는 특성을 드러낸다. 이 단계에서 선(goodness)은 다른 사람을 돕고 기쁘게 하는 것과 동일하게 여겨진다. Kohlberg는 도덕성에 대한 이와 같은 생각은 집에서 가사 노동을 하는 성인 여성의 경우는 괜찮지만, 여성이 사회활동을

[그림 6-1] Carol Gilligan(왼쪽)과 도덕성 발달에 관한 Gilligan의 책(오른쪽)

하는 경우는 관계보다는 규칙이, 규칙보다는 정의의 보편적 원리가 더 중요하다는 것을 알게 될 것이라고 보았다. Gilligan은 인간의 권리와 규칙의 이해를 중시하는 Kohlberg의 도덕성 발달단계 내에서 여성이 상위의 발달단계를 나타내기는 어렵다고 비판하였다.

Gilligan이 제시한 문제, 즉 남성을 대상으로 관찰하고 분석한 결과 발전된 이론이 여성의 발달을 적절하게 기술하고 있지 못하다는 점은 이후 많은 이론가들의 관심과 관련 연구를 낳았다. 다수의 연구결과, 도덕적 판단에서 남성이 정의 지향의 도덕성을, 여성이 관계 지향의 도덕성을 발달시킨다기보다는 남성과 여성 모두 배려와 정의 두 가지 주제를 포함하는 도덕적 판단을 하는 것으로 나타난다. 다만 여성은 배려와 관계적 주제를 더 많이 표현하며, 남성은 정의와 공정함에 대한 주제를 더 많이 표현하는 경향이 있다 (Muuss, 1999).

2) 도덕적 정서의 발달

인간이 도덕적인 행동을 하도록 하는 데 영향을 주는 정서는 죄책감(guilt), 수치심(shame), 공감(empathy) 등이 있다. 죄책감과 수치심은 함께 드러나는 경우가 많아서 유사한 감정으로 여겨지기도 했으나, 최근에는 죄책감과 수치심을 서로 다른 감정으로 정의하고 그 특성을 구분하고 있다.

죄책감은 개인이 스스로의 기준을 위반했을 때 개인적인 반성에서 느끼는 긴장, 후회, 양심의 가책 등을 가리킨다. 개인은 자신의 내적 기준을 위반하거나 다른 사람에게 불편감을 준 행동을 해서 죄책감을 느낄 때 이를 보상하려고 하거나 자신을 벌하려고 하는 경향이 있다. 수치심은 자신의 행동이 기준을 위반하거나 실패했을 때 타인의 기준으로 이를 평가하는 것으로 흔히 스스로를 폄하하는 것으로 드러난다. 죄책감은 불편한 경험인 데 반해 수치심은 매우 고통스러운 경험으로 여겨진다. 수치심과 죄책감 중 죄책감이 보다 더 도덕성과 관련된 정서로 여겨지는데, 그 이유는 수치심은 도덕성과 관계가 없는 상황에서도 흔히 발생하기 때문이다. 예를 들어, 무엇을 원하는 만큼 잘해내지 못했다든가 사회적으로 부적절한 행동을 했을 때 흔히 수치심을 느끼는데, 이때의 수치심은 도덕성과는 무관하다. 공감은 다른 사람의 감정에 대한 염려 혹은 이해에서 비롯되는 정서적 반응으로, 이때의 정서는 다른 사람이 느끼거나 느낄 것으로 여겨지는 감정과 유사하다. 공감은 친사회적 행동과 관련되는 것으로 가정된다.

Erikson(1968)의 심리사회적 발달단계에 따르면 개인은 2~3세경 항문기를 거치면서 수치심을 발달시킨다. 항문기에 아이들은 스스로 설 수 있고, 세상을 개척하고, 혼자서 먹으려고 하고, 언어를 사용하기 시작한다. 이 시기에 부모들은 아이가 사회적으로 바람직한 방식으로 행동하도록 훈련시키기 시작하는데 대표적인 것이 배변훈련이다. 이 시기의 아이는 자신이 스스로 원하는 것을 하는 자율성 대 사회적인 제약 사이에서 갈등한다. 이 시기의 수치심—내가 다른 사람의 눈에 좋게 보이지 않는다는 느낌—이나 의심은 이러한 사회적인 기대와 압력을 익히는 것으로부터 온다.

죄책감의 발달을 설명하는 대표적인 이론은 Freud의 정신분석이론이다. Freud의 심리성적 발달단계에 따르면, 오이디푸스기에 남아는 오이디푸스 콤플렉스를 겪으며 사회에는 자신이 원하는 대로 할 수 없는, 따라야만 하는 금기가 있다는 것을 알게 되고 이에 따라 사회적 규준 및 금기에 관한 성격 요소인 '초자아'를 발달시킨다. 초자아는 부모가 가지고 있는 사회적 규준 및 금기를 내면화함으로써 부모와 자신을 동일시하고, 부모가 없는 경우도 스스로 내면화한 부모의 규준들을 적용하여 자기통제가 이루어지도록 한다.

초자아는 양심과 자아이상의 두 가지 요소로 이루어진다. 양심은 사회적 기준에 어긋나는 행동을 할 수 있는 갈등 상황에서 느끼는 죄책감과 불안을 통해 개인의 행동을 통제한다. 즉, 유혹에 직면했을 때 죄책감을 강하게 느끼는 개인은 유혹에 저항하고 규칙을 위반하는 행동을 억제할 가능성이 커진다. 자아이상은 개인이 내면화된 기준과 일치하는 행동을 할 때 스스로 만족과 자부심을 느끼도록 한다. 양심이 사회에서 지켜야 할 도덕성의 최저 선을 나타낸다면, 자아이상은 가장 도덕적으로 바람직한 자신의 모습을 나타낸다.

죄책감의 발달에 관한 연구들을 살펴보면, Freud와 Erikson이 오이디푸스기(즉, 유아기)에 죄책감이 발달한다고 한 데 반해서, Lewis(1998)는 수치심과 죄책감은 3세 정도가 되면 나타나기 시작한다고 보았다. Lewis는 아동들은 3세경이면 타인과 구분되는 자기 개념을 발달시키고, 자신의 행동에 대한 몇 가지 기준들을 가지며, 이러한 기준들을 이용해 자신의 행동을 평가할 수 있다고 보았다. 우리나라의 초등학생, 중학생, 고등학생을 대상으로 죄책감의 발달상 특징을 살펴본 연구(김경희, 2002)에 따르면, 학생들이 경험하는 죄책감은 학년이 올라감에 따라 외적이고 벌 지향적인 죄책감에서 내적 규준에 따른 죄책감으로 변화하였다. 또한 죄책감은 규칙을 위반하거나 약속을 지키지 못하는 상황, 타인에 대한 배려를 하지 못할 때 주로 경험하는 것으로 나타났다.

우리나라의 중 · 고등학생을 대상으로 죄책감, 도덕적 인지, 일탈 행동과의 관계를 살펴본 연구(김경연, 하영희, 2003)에서는, 중학생이 고등학생에 비해 죄책감 수준이 높았으며, 인지적인 도덕적 일탈 정도가 낮은 것으로 나타났다. 또한 중 · 고등학생 모두에서 여학생이 남학생보다 죄책감의 정도가 높게 나타났다. 김경연과 하영희(2003)는 연령이 증가할수록 인지발달과 함께 자기합리화 등의 인지적으로 왜곡된 전략을 잘 사용할 수 있게 되며, 이와 같은 인지발달이 죄책감을 덜 느끼게 하는 데 기여한다고 보았다. 청소년기에 학년이 올라갈수록 남성이 여성보다 죄책감의 수준이 낮다는 것은 김경희(2002)의 연구에서도 보고되고 있다. 이는 부분적으로 도덕적 행동에 대해 남성보다 여성에게 더 엄격한 기준을 적용하는 한국의 자녀양육 특성과, 내적 통제보다는 외적 통제 유무에 따라 도덕적 행동을 통제하는 남자 청소년들의 특성에 따른 것으로 설명된다.

3) 도덕적 행동의 발달

도덕성의 요소 중 도덕적 행동의 발달은 학습 이론으로 설명되는데, 학습 이론에서는 강화와 모델링이 중요한 역할을 하는 것으로 여긴다. 강화(reinforcement)는 아동이 하는 행동을 유지하거나 늘리기 위해서 주는 모든 자극을 뜻한다. 아동이 자신의 도덕적 행동에 대해 강화받을 때 그 행동은 유지되거나 더 증가한다. 또한 아동은 다른 사람의 도덕적 행동을 관찰함으로써 도덕적 행동을 배울 수 있고, 도덕적 행동이 강화받는 것을 관찰할 때 자신도 그렇게 행동해야겠다는 동기부여가 된다. 관찰을 통해 도덕적 행동의 강화를 배우는 것을 대리강화(vicarious reinforcement)라고 한다. 예를 들어, 타인을 돕는 성인 모델을 관찰한 아동들은 비교집단에 비해 어려운 상황에 처해 있는 사람을 돕는 행동, 타인의 감정에 대한 염려, 자신이 가진 것을 나누어 쓰는 행동을 더 많이 하는 것이 관찰된다. 성인이 말로만 아동에게 도덕적으로 행동하라고 하는 경우보다 직접 행동으로 보여 주는 것이 아동의 도덕적 행동을 촉진하는 데 효과적이다.

어린 시절 도덕적 행동에 대한 직접적인 강화, 혹은 대리강화로 유지되던 도덕적 행동은 점차로 아동의 내적 기준이 되는데, 내적 기준이 생긴 이후에는 외적 강화가 없더라도 자신이 도덕적 행동을 했을 때 스스로 강화하고 자신의 기준을 따르지 못했을 때 처벌하게 된다. 이와 같이 개인이 스스로의 행동을 내면화한 기준에 따라 통제할 수 있는 것을 자기조절기제(self-regulatory mechanism)라고 한다. 아동이 점차로 획득하게 되는 내적 기준은 직접적인 강화를 통해서도 생성되지만, Bandura에 따르면 많은 부분 다른 사람이 강화받는 것을 관찰한 결과에 따라 형성된다.

Bandura는 도덕적 행동뿐만 아니라 도덕적 추론 또한 모델링에 따라 영향받을 수 있다고 여겼는데, 예를 들어 도덕적 딜레마 상황에서 한 종류의 대답이 강화받는 것을 관찰한 경우에 아동은 이후에 비슷한 도덕적 딜레마 상황에서 자신이 관찰한 대로 도덕적 판단을 내린다는 것이다. 이에 따르면, 특정한 도덕성 발달단계에 있는 아동이라고 하더라도 모델링과 강화를 통해 다음 단계의 도덕성 발달단계에서 나타나는 대답을 할 수 있는데, 다만 대리강화가 아동의 도덕적 추론에 미치는 영향은 약하고 그 영향 기간도 짧은 것으로 나타난다(Bandura, 1986).

3. 도덕적 인지, 정서, 행동의 관계

이론적으로 보면 양심이 발달하여 죄책감을 느낄수록 유혹에 저항하는 행동을 많이 나타내야 하지만, 죄책감과 유혹에 저항하는 행동의 관계에 대한 연구결과 이 둘의 관계는 명백하지는 않다. 많은 연구들에서 아동들이 죄책감을 느끼면서도 유혹에 넘어가거나 사회적 규준을 위반하고 거짓말을 한다는 것이 보고되었다.

죄책감이나 수치심과는 별도로 도덕성과는 무관한 감정들도 도덕적 행동과 관련된다는 연구결과들이 있다(Eisenberg, 2000). 예를 들어, 일반적인 긍정적 정서는 도덕적 행동과 관련된다고 여겨지는데, 사람들이 기분이 좋을 때는 다른 사람의 감정에 대한 공감능력이 높아지고 따라서 친사회적 행동을 할 가능성이 높아진다는 것이다. 또한 사람들이 기분이 좋을 때는 좋은 기분을 유지하기 위해서 다른 사람을 돕는 등의 친사회적 행동을 할 가능성도 있다. 이와 대조적으로 분노, 공포, 불안과 같은 강한 부정적인 정서를 경험하는 아동들은 친사회적 행동의 수준이 낮은 것으로 알려져 있다.

정서와 도덕적 행동과의 관련성에서 최근의 중요한 연구주제 중 하나는 정서조절의 문제와 도덕적 행동의 관련성이다. 유아기와 초기 아동기에 자신의 행동을 조절하는 능력은 양심의 발달과 관련되는데, 자기조절능력이 있는 아동들이 주어진 지시를 따르거나 유혹에 저항하는 행동을 더 잘할 수 있는 것으로 나타났다(Stifter, Spinrad, & Braungart-Reiker, 1999). 대체로 부정적 정서성이 강하면서 자기조절능력이 떨어질 때 규칙을 어기는 행동과 같은 외현적 문제가 가장 빈번하게 드러나는 것으로 보인다(Eisenberg, 2000).

도덕적 추론과 도덕적 행동의 관계에서는 도덕적 추론의 수준이 높으면 도덕적 행동을 할 가능성이 많은 것으로 가정된다. 이 가정은 많은 연구들을 통해 탐색되었는데, Blasi(1980)는 여러 연구의 결과를 종합하여 두 요소 간에는 유의미한 관련성이 있으나 그 상관은 그리 크지 않은 것으로 결론지었다. 우리나라의 만 5세 유아를 대상으로 도덕적 판단과 도덕적 행동과의 관계를 살펴본 연구에 따르면(김진아, 엄정애, 2006), 맥락에 상관없이 여러 상황에서 규칙위반행동이 나쁜 것으로 판단할수록 도덕적 판단과 도덕적 행동의 상관관계가 높아졌다. 유아의 도덕적 감정과 도덕적 행동의 관계에서는 공감이나 동정과 같은 긍정적 감정은 도덕적 행동과 상관되었으나, 수치심과 죄책감과 같은 부정적 감정은 도덕적 행동과의 상관이 발견되지 않았다. 이 연구에서는 이를 유아가 규칙에 부합한 행동을 했을 때의 긍정적인 감정을 기억하고 이러한 감정기억들이 규칙을 준수하는 태도를 갖게 하는 데 역할을 할 것으로 해석하였다. 우리나라 중 · 고등학생의 경우는 높은 수준의 죄책감은 낮은 도덕적 일탈 수준, 낮은 수준의 규칙 위반 행동과 관련되었다. 또한 인지적인 판단보다는 죄책감이 청소년의 도덕적 일탈행동을 더 잘 설명하는 것으로 나타났다(김경연, 하영희, 2003).

4. 도덕성 발달에 영향을 주는 요인들

도덕성 발달에 영향을 주는 환경은 크게 미시체계, 중간체계, 외체계, 거시체계로 나누어 살펴볼 수 있다. 미시체계는 아동들에게 직접적인 영향을 미치는 환경으로 가정환경, 학교, 어린이집 등 아동이 직접 상호작용을 하고 영향을 받는 환경을 가리킨다. 미시체계는 다른 체계에 비해 아동의 도덕성 발달에 미치는 영향이 직접적이고 그 영향이 상대적으로 큰 것으로 가정된다. 이 중 가정환경은 다시 물리적 환경과 심리적 환경으로 구분된다. 물리적 환경은 가족의 사회경제적 계층이나 부모의 학력과 같은 가족의 구조적인 특성을 말하며, 심리적인 환경은 부모의 양육태도, 부모와 자녀의 의사소통 방식과 같은 가족 구성원 간의 관계적 특성을 포함한다. Kohlberg(1983)는 아동의 도덕성 발달이 부모의 따뜻한 태도로부터 영향을 받으며, 부모의 처벌 및 적개심과 부적으로 상관된다고 하였다. 아동이 부모의 말을 따르지 않을 때 부모의 사회경제적 계층이 낮을수록 부모가 이를 비판적이고 징벌적으로 다루는 것으로 나타나는데, 이러한 결과는 경제적으로 어려울 때 부모가 심리적인 스트레스를 겪으면서 지지적이고 따뜻한 부모가 되는 능력이 감소함을 나타낸다.

가족의 심리적 환경이 아동의 도덕성 발달에 미치는 영향을 살펴본 연구들은 다양한 주제를 다루고 있는데, 아동의 도덕적 정서에 미치는 가족의 영향에 대해 Eisenberg(2000)는 다음과 같이 정리하였다. 어머니-자녀 간의 상호적인 긍정적 정서 혹은 안정된 애착, 아동의 욕구에 대한 어머니의 반응성 등은 아동의 양심이나 죄책감, 공감능력의 발달과 관련되었다. 이에 반해서 부모가 분노가 많거나 적절한 훈육이 주어지지 않을 때(예를 들어, 부모가 감정에 대한 적절한 설명을 해 주지 않거나, 애정을 철회하거나, 부모의 권위만 주장하는 등), 혹은 아동이 한 적절한 행동에 대해 반응해 주지 않을 때 이는 아동의 과도한 수치심의 발달과 관련되었다.

우리나라의 경우를 보면 가족의 심리적 환경 중 부모의 도덕성, 부모의 좋은 관계, 가족 응집력, 부모-자녀 간 의사소통의 정도가 4~6학년 아동의 도덕성 발달과 유의미한 상관을 보였는데, 특히 가족 응집력과 부모-자녀 간 의사소통의 정도가 도덕성 발달에 중요한 영향을 미치는 것으로 나타났다(송순, 1994). 학습에 대한 자극, 언어 자극, 온정과 수용, 모델링, 경험의 다양성 등을 포함하는 가정환경의 질은 6~7세 아동의 도덕성 발달과 상관되었다(황혜원, 2003).

부모가 아동의 도덕적 행동을 어떻게 통제하는지를 살펴본 연구(우혁기, 2003)에서는, 부모가 명령적 통제나 지위적 통제를 사용한 경우에 비해서 인

성적 통제를 사용했을 때 6~7세 아동의 도덕성 발달 수준이 더 높게 나타났다. 명령적 통제(imperative control)는 아동의 입장을 전혀 고려하지 않은 통제 방법으로 명령이나 신체적, 언어적인 벌, 위협 등을 사용하는 방법이고, 지위적 통제(position-oriented control)는 규칙을 강조하는 태도로 아동의 성별, 나이 등에 중점을 두고 행동을 통제하는 것을 말한다. 인성적 통제(person-oriented control)는 아동이 행동의 결과를 스스로 알고 행동에 대한 판단과 책임을 지게 하는 방법으로 타인의 입장과 정서적인 측면을 강조하는 방식을 뜻한다.

부모가 아동을 양육하는 방식에서 부모가 옳고 그름의 이유를 설명해 줄 때 아동이 부모의 도덕적 가치를 내면화하는 데 도움이 되는 반면, 신체적 처벌이나 위협을 사용하는 강압적-물리적 방법과 애정을 철회하는 방식은 아동의 도덕적 정서의 발달을 저해하고 일탈행동과 관련된다는 연구결과들이 있다(Kochanska, Aksan, & Nichols, 2003). 그런데 부모의 아동 행동에 대한 통제 방식과 청소년의 일탈행동과의 관련성을 살펴본 우리나라의 연구(김경희, 2006)에서는 일반청소년과 비행청소년 모두 부모가 가장 많이 사용한 훈육 방식이 강압적-물리적 방법이었다고 보고하여 미국의 경우와는 다른 것으로 나타났다. 특히 물건을 훔치거나 거짓말을 한 경우 일반청소년의 어머니가 비행청소년의 어머니에 비해 강압적-물리적 방법을 더 많이 사용한 것으로 나타났다. 이 연구결과는 부모의 훈육 방식이 아동의 도덕적 정서의 발달 및 일탈행동에 미치는 영향이 문화에 따라 달라질 수 있음을 나타낸다.

아동들이 가정을 떠나 접하는 학교, 또래집단, 교사, 교회와 같은 가족 외의 환경들은 가정환경에 비해서는 아동의 도덕성 발달에 영향을 미치는 정도가 적을 것으로 가정된다(송순, 1994). 연구들에 따르면, 또래와의 상호작용이 많고 사회적 지명도가 높은 아동들이 소외된 아동들에 비해 도덕성 발달의 수준이 높은 것으로 나타난다. 친구관계, 교사의 학생에 대한 친밀도, 학교환경 등이 아동의 도덕성과 관련되었는데(송순, 1994), 학교나 또래집단, 교회 등은 가족이 아동의 도덕성 발달에 미친 영향을 강화하거나, 적절한 모델을 제시하는 방식으로 아동의 도덕성 발달에 영향을 미친다.

중간체계는 미시체계들 간의 관계를 뜻하는데, 대체로 미시체계들 간의 관계가 원활할 때 아동의 전반적인 발달을 촉진하게 된다. 거시체계에는 미시체계 · 중간체계 · 외체계의 모든 요소와 그 사회의 정치, 사회, 문화적인 환경이 포함된다. 아동들은 자신이 노출되는 정치, 사회, 문화적 환경에 비슷하게 노출되며 이러한 거시적 환경은 그 사회의 구성원에게 비슷한 정도로 영향을 미칠 것이 가정된다. 한편, 아동들은 거시체계의 자극들을 선택적으로 취하는데, 이 과정에서 거시체계의 개인에 대한 영향력이 차별화된다.

요점 정리

1. 도덕성 발달에 관한 이론들은 도덕적 인지, 도덕적 정서, 도덕적 행동을 구분하여 다루고 있다.
2. 도덕적 인지의 발달에 관한 대표적인 이론으로는 Piaget의 도덕성 발달이론과 Kohlberg의 도덕적 추론의 발달에 관한 이론이 있다.
3. Piaget의 도덕성 발달이론에 따르면, 도덕적 판단은 타율적 도덕성의 단계와 자율적 도덕성의 단계를 거쳐 발달한다.
4. Kohlberg의 도덕적 추론의 발달이론에 따르면, 도덕적 추론은 전인습적 수준, 인습적 수준, 후인습적 수준의 세 수준으로 구분되고, 더 구체적인 6단계로 나누어진다.
5. Gilligan의 도덕성 발달이론에서는 타인에 대한 보살핌이 도덕성 발달의 기준이 되는데, 이는 도덕성 발달의 기준을 정의와 공정성으로 보는 Kohlberg의 이론과는 대비된다.
6. 대표적인 도덕적 정서로는 수치심과 죄책감이 있다. 수치심과 죄책감은 도덕적인 행동을 하는 데 영향을 주는 것으로 알려져 있다.
7. 도덕적 행동의 발달에는 강화와 모델링이 영향을 준다. 다른 사람이 착한 행동을 하

고 상을 받는 것을 관찰하는 대리강화와 같은 경험은 관찰자가 이후에 도덕적인 행동을 하는 데 영향을 준다.

8. 환경을 미시체계, 중간체계, 외체계, 거시체계로 나누어 볼 때 각각의 환경은 아동의 도덕성 발달에 고유한 영향을 준다.

9. 미시체계 중 특히 아동에 대한 부모의 양육태도나 의사소통 방식, 부모와 아동 간의 상호 긍정적 정서, 아동의 욕구에 대한 부모의 반응성, 도덕적 행동에 대한 모델링 등과 같은 가정의 심리적 환경이 아동의 도덕성 발달에 중요한 영향을 주는 것으로 나타난다.

10. 학교, 또래집단, 교사, 종교집단 등은 가정이 아동의 도덕성 발달에 미친 영향을 강화하거나 적절한 도덕성의 모델을 제시하는 방식으로 아동에게 영향을 준다.

11. 아동은 그 사회의 정치, 경제, 문화와 같은 거시 환경들에 비슷하게 노출되지만 개인은 거시체계의 자극들을 차별적으로 선택하므로, 거시체계가 각 개인에 미치는 영향은 차별화된다.

생각해 볼 문제

1. 아동의 도덕적 추론 수준을 높이기 위해 학교가 취할 수 있는 전략들은 무엇인지 이야기해 보시오.

2. 아동의 죄책감과 수치심, 공감 등은 도덕적 행동과 관련성이 높은 것으로 알려져 있다. 그렇다면 아동의 도덕적 행동을 촉진하기 위해 교사가 이러한 정서적인 부분과 관련해서 취할 수 있는 교육적인 역할은 무엇인지 설명해 보시오.

참고문헌

김경연, 하영희(2003). 죄책감, 도덕적 이탈 및 친구의 규칙위반성향과 청소년의 규칙위반행동. 한국심리학회지: 발달, 16(2), 39-52.

김경희(2002). 한국 아동과 청소년의 도덕적 정서-죄책감을 중심으로-. 한국심리학회지: 발달, 15(1), 35-55.

김경희(2006). 일반청소년과 비행청소년의 도덕적 정서: 긍정적 정서를 중심으로. 한국심리학회지: 발달, 19(1), 29-46.

김진아, 엄정애(2006). 유아의 도덕적 판단력, 도덕적 감정과 도덕적 행동의 관계. 아동학회지, 27(2), 85-100.

문용린, 김민강, 이지혜, 원현주(2008). 한국인의 도덕판단력 발달에 관한 비교연구. 교육심리연구, 22(1), 281-299.

송순(1994). 아동의 도덕성 발달에 영향을 미치는 요인들에 대한 연구. 한국가정관리학회지 12(1). 49-61.

우혁기(2003). 언어적 통제유형에서 부모간 일치여부가 유아의 도덕성 발달에 미치는 영향. 유아교육, 12(1), 77-93.

정옥분(2003). 아동발달의 이론. 서울: 학지사.

황혜원(2003). 유아의 도덕성 발달과 가족요인들과의 관계에 대한 연구. 유아학회지, 24(2), 35-49.

Bandura, A. (1986). *Social foundations of thought and action: A social cognitive theory.* Englewood Cliffs, NJ: Prentice Hall.

Bandura, A., & Walters, R. H. (1963). *Social learning and personality development.* New York: Holt, Rinehart & Winston.

Blasi, A. (1980). Bridging moral cognition and moral action: A critical review of the literature. *Psychological Bulletin, 88,* 1-45.

Colby, A. Kohlberg, L., & Kauffman, K. (1987). Theoretical introduction to the measurement of moral judgment. In A. Colby and L. Kohlberg, *The measurement of moral judgment* (Vol. 1). Cambridge, England: Cambridge University Press.

Crain, W. (2000). *The theories of development: Concepts and applications* (4th ed.). Upper Saddle River, NJ: Prentice Hall.

Eisenberg, N. (2000). Emotion, regulation, and moral development. *Annual Review of Psychology, 51,* 665-697.

Erikson, E. H. (1968). *Identity, youth, and crisis.* New York: Norton.

Gilligan, C. (1982). *In a different voice: Psychological theory and women' s development.* Cambridge, MA; Harvard University Press.

Kochanska, G., Aksan, N., & Nichols, K. E.(2003). Maternal power assertion in discipline and moral discourse contexts: Commonalities, differences, and implications for children' s moral conduct and cognition. *Developmental Psychology, 39,* 949-963.

Kohlberg, L. (1983). *Essays in moral development, Vol. II: The psychology of moral development.* New York: Harper & Row.

Lewis, M. (1998). Emotional competence and development. In D. Pushkar, W. M. Bukowski, A. E. Schwartzman, E. M., Stack, & D. R. White (Eds.). *Improving competence across the life-span* (pp. 27-36). New York: Plenum.

Muuss, R. E. (1999). 청년발달의 이론(정옥분, 윤종희, 도현심 역). 서울: 양서원.

Papalia, D. E., Olds, S. W. Feldman, R. D. (2003). *Human development* (9th ed.). McGraw-Hill.

Piaget, J. (1932). *The moral judgment of the child.* New York: Free Press.

Stifter, C. A., Spinrad, T. L., & Braungart-Reiker, J. M. (1999). Toward a developmental model of child compliance: The role of emotion regulation in infancy. *Child Development, 70,* 21-32.

제7장

성격발달

학습목표

- 정의적 영역의 발달로서 성격발달을 이해한다.
- 정서의 발달을 이해하고 그 교육적 의의를 자각한다.
- 초기 정의적 특성이 후기 성격발달과 가지는 관련성을 이해한다.

이 장의 내용

1. 심리성적 성격발달
   성격의 위상 / 성격의 구조 / 성격의 역동성 / 방어기제 / 성격발달단계
2. 정서 발달
   최초의 정서 발달 / 각종 정서의 발달
3. 기질과 발달
4. 애착의 발달
   안정애착 / 회피애착 / 저항애착 / 혼미애착
5. 정서지능의 발달
   감정의 인식 / 감정의 조절과 통제 / 잠재능력의 개발 / 타인과의 감정이입 / 사회적 관계의 형성

주요 개념 및 용어

· 초자아 · 리비도 · 애착 · 애착유형 · 기질 · 정서지능 · 공감능력

제7장 성격발달

1. 심리성적 성격발달

성격에 대한 여러 이론 중 발달적 측면이 체계적으로 제시된 이론으로 대표적인 것이 Freud의 이론이라 할 수 있다(홍숙기, 2006). Freud는 여러 임상 경험을 통해 인간의 정신세계를 구성하는 여러 가지 요소를 가정하였고 이를 바탕으로 성인기 성격의 근원이 어린 시절의 경험과 관련됨을 발견하고 이를 체계화시켜 성격발달이론을 제시하기에 이르렀다. Freud가 이론화 작업을 진행하던 중 공동으로 연구하던 동료가 사회적 압력을 견디지 못해 결별하는 등 당시로서는 매우 금기시되던 논리로 이론을 정립하였다(Stafford-Clark, 1997). 흔히 Freud의 이론이 검증이 불가능하다는 이유로 정상과학의 범위를 벗어난다고 비판하지만 실제로는 수많은 임상사례를 바탕으로 Freud가 자신의 이론을 구성했다는 점을 유념해야 할 것이다.

1) 성격의 위상

성격이란 여러 가지로 정의되는데, Freud의 경우 성격을 위상(topology)과 구조로 나누어 설명하고 있다. 위상이란 성격의 차원으로 무의식, 전의식, 의식으로 구분되고 있다.

(1) 의식

자신과 환경에 대해서 인식하는 정신 영역으로 스스로의 의식세계를 자각할 수 있다. 자기점검이 가능한 영역이라고 볼 수 있다.

(2) 전의식

주의를 집중하고 노력하면 의식이 될 수 있는 정신 영역의 일부라고 간주된다. 평소에 자각하지는 않지만 의도적으로 의식화하고자 하면 의식이 되는 것이다.

(3) 무의식

의식 밖에 있기 때문에 자각할 수 없는 정신 영역으로 자연적으로는 내용을 영원히 자각하지 못할 수도 있다. 그럼에도 무의식은 의식적 행동과 사고를 좌우한다고 정의된다.

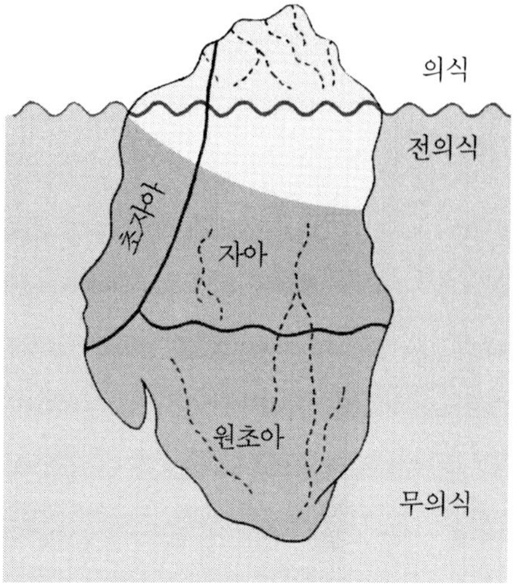

[그림 7-1] Freud의 성격 위상과 성격 구조

2) 성격의 구조

Freud는 성격을 구성하는 요소라기보다 성격의 주체로서 세 가지 개념을 동원하였다. 마음에 작용하는 의지의 주체가 세 가지 존재한다는 것이다. Freud에 따르면 우리의 행동은 이 세 가지 주체의 역동적 상호작용의 결과다. Freud 이론이 정신역동적 접근이라고 불리는 이유는 이 때문이다(Mischel, 1994).

(1) 원초아(id: 이드)

이후 소개될 선천적으로 존재하는 정신 에너지인 리비도의 저장고로, 원욕으로도 불리며 성격의 핵심이다. 주로 본능의 지배를 받는 것으로서 의식으로 떠오르지 않는다. 쾌락 원칙에 따라 본능적 욕구를 충족시키기 위해 현실을 무시하며, 즉각적 만족을 추구한다.

(2) 자아(ego: 에고)

성격에는 원초아(id)의 욕구충족을 조절하고 현실적으로 조정하는 요소가 있는데 이를 자아(ego)라 한다. 자아는 원초아의 본능과 외부 현실세계를 중재 또는 통제하는 역할을 한다. 자아는 현실 원리에 따라서 현실적이고 논리적 사고를 하며 환경에 적응한다. 원초아가 맹목적으로 욕구의 충족을 꾀하는데 반해, 자아는 현실 검증 과정을 거쳐서 주관적 욕구와 외부의 현실을 구별한다.

(3) 초자아(superego: 슈퍼에고)

부모나 주위 사람들로부터 물려받은 사회의 가치와 도덕이 내면화된 상태를 말한다. 자신의 행동이 옳은지 그른지를 가늠하면서 완벽한 선을 추구한다. 인간 행동의 도덕적 규제를 담당하는 곳으로 쾌락보다 완전을 추구하고 현실보다는 도덕적이고 이상적인 것을 추구한다.

정신분석이론에 따르면 자아가 원초아와 초자아의 요구를 적절히 조절해야 하며, 그러지 못하면 이 세 체제 간에 갈등이 생겨 성격장애가 발생한다.

3) 성격의 역동성

(1) 리비도(libido)

성욕으로 지칭되기도 하지만 일상적 의미의 성욕만을 의미하는 것은 아니다. 정신분석학에서는 리비도를 성본능의 에너지라고 하면서 사랑과 쾌감의 모든 표현을 포함시킨다. Freud는 후에 삶과 죽음의 본능도 포함시켰다(Lacan, 1964).

(2) 유아성욕(infantile sexuality)

Freud 성욕론의 중요 개념으로 Freud 이전 성적인 구분에 대한 개념은 유아기에는 없으며 사춘기에 처음 나타난다고 생각하였으나, Freud는 유아에서도 출생 직후부터 3~4세까지의 사이에 성욕의 활동을 볼 수 있다고 주장하면서 이것을 유아성욕이라 하였다(Olsen, 2004). 이 유아성욕은 오이디푸스 콤플렉스(oedipus complex)의 억압과 더불어 함께 억압당하여 잠복기에 들어가면 유아의 의식 깊숙한 곳으로 밀려난다고 한다. 생물학적 원천에서 발생하는 성욕동, 즉 리비도에 유래하여 신체의 각 점막 부위에 그 자극 감각 구역, 즉 성감대(erotogenic zones)를 가지게 된다(Freud, 2003).

각 성감대에 따라 구순애(orality), 항문애(anality), 남근애(phallic erotism)의 단계로 분류된다. 이들 성감대는 성감대로서의 기능을 하기 전에는 각각 개체보존본능의 충족을 위한 기능을 수행하며, 유아성욕의 각 부분의 욕구는 각 기관의 이러한 개체보존본능 활동과 관련되면서 발전되어 나온다는 특징을 갖고 있다. 예를 들어, 구순기(oral stage)는 배고픔에 젖을 빠는 개체보존본능 활동을 하는 가운데 젖꼭지를 빠는 입술은 쾌감을 얻을 수 있는 성감대의 기능을 발전시켜 나간다. 유아성욕은 외부 대상을 향하는 것이 아니라 자기 내부 대상을 향하는 자기성애(auto erotocism)라 할 수 있다. 유아성욕은 남근기, 즉 3~5세 경에는 성적 호기심을 불러일으킨다.

잠복기에서 사춘기로 이행하면 성인으로서의 정상적인 성생활이 시작되고 단일성감대, 즉 성기의 지배하에 놓이게 되며 자기 외의 성적 대상, 특히 이성을 대상으로 하는 성기기적 체제가 형성된다. Freud는 유아성욕의 각 발달단계에서의 고착(fixation)과 퇴행(regression) 그리고 억압과의 갈등과 타협 형성이 신경증과 상관관계가 있다는 신경증적 이론을 발전시켰다.

(3) 고착(fixation)

각 발달단계에서 리비도의 만족이 곤란해지면 욕구좌절(frustration)이 생겨 퇴행이 일어난다. 이 퇴행이 그때까지의 발달단계의 어디까지 되돌아갈 것인가를 결정하는 요인이 고착(固着)이다. 생각, 충동, 목표에 대한 강박적인 집착을 포함하는데 발달 도중 특정한 단계에 리비도가 과도하게 부여되어 그 이후의 발달에 영향을 준다. 그 결과 특정한 단계에서 본능적 충동과 자아 발달이 부분적으로 정지함으로써 그 단계에서 특정적인 본능적 충동이 욕구충족방법 또는 방어기제 속에 계속 남아 있게 된다. 이런 특정 단계를 고착점(fixation point)이라고 한다. 정신분석학에서는 각각의 정신장애가 그에 해당하는 고착점을 가지고 있으며 그 고착점의 위치에 따라 퇴행의 정신 수준이 결정된다고 한다. 고착이 일어나는 요인으로는 체질적 · 환경적 · 심리적 요인(과도한 충족 혹은 충족 결함)이 있다(이창재, 2004).

(4) 본능(instincts)

Freud는 인간 유기체를 복잡한 에너지 체계로 생각하고 정신 에너지와 신체 에너지는 서로 전환될 수 있다고 보았다. 본능은 정신 에너지와 신체 에너지의 교량 역할을 하며, 유기체를 움직이는 원천적인 힘의 생리적 · 심리적 표현이다. 삶의 본능(life instinct: Eros)은 개체의 생존과 종족의 번식에 관여한다. 삶의 본능과 관련된 정신 에너지를 리비도(libido)라 한다. 그리고 죽음의 본능(death instinct: Thanatos)은 모든 유기체가 생성되어 나온, 즉 무생물의 상태로 되돌아가려는 충동을 의미한다. 모든 생명은 죽음에 대한 소망을 가지고 있다. 죽음의 본능에서 공격욕구가 파생된다. 즉, 공격이란 죽음의 본능에 내포된 자기파괴의 욕구가 외부의 다른 대상물로 돌려진 것이다(Marcuse, 1996).

(5) 불안(anxiety)

에고가 통제할 수 없는 초과된 자극에 따라서 발생한다. 이드의 욕구는 수단과 방법을 가리지 않고 표출되고 해소되어야 하는 강력한 힘이기 때문에 에고가 이드의 힘을 억제하거나 유보시키는 힘이 약하면 에고는 자칫 처벌받을 짓을 할 것 같은 위협과 그러한 방향으로 내닫고 싶은 충동으로 불안에 빠지게 된다. 불안의 기능은 기존의 방식으로 계속해서 사고하고 행동하면 위험해진다는 것을 경고하는 것이다. 불안은 즐거운 것이 아니기 때문에 감소하는 데 필요한 행동을 하게 된다(Freud, 1997).

① 현실적 불안(reality anxiety): 외부로부터의 실제적 위협과 위험에 대한 현실적 반응이다. 자아를 보존하는 데 도움을 준다. 예를 들어, 번지점프를 할 때, 과속을 할 때 등의 경우다.

② 신경증적 불안(neurotic anxiety): 실제 불안을 느껴야 할 현실적인 이유가 없는데도 에고가 본능적 충동을 통제하지 못함으로써 어떤 좋지 않은 일이 일어날 것 같은 위협을 느껴 불안에 사로잡히는 경우다. 즉, 본능적인 욕구를 충족시킨 후에 올 것으로 예상되는 처벌에 대한 두려움이다.

③ 도덕적 불안(moral anxiety): 어떤 행동을 하는 것이 초자아의 기준에 어긋나는 것이 아닐까 하는 경계심과 공포에서 오는 불안이다. 양심에 대한 공포다.

4) 방어기제

에고가 정상적이고 합리적인 방법으로 불안을 줄이거나 제거하지 못하면 자신이 의식하지 못하는 가운데 비현실적이고 비합리적인 방법으로 불안감을 제거하려고 하는데, 이러한 무의식적인 심리적 기제를 방어기제(defense mechanism)라 한다(김정일, 1996). 방어기제에는 두 가지 특징이 있다. 첫째, 무의식 수준에서 행해지기 때문에 우리가 실제로 의식하지 못한다. 둘째, 불안을 덜 느끼게 하기 위해서 현실을 부정하거나 왜곡하는 경향이 있다.

대표적인 방어기제는 다음과 같다.

(1) 억압(repression)

의식하기에는 현실이 너무나 고통스럽고 충격적이어서 무의식 속으로 억눌러 버리는 것을 말한다. 억압은 다른 방어기제나 신경증적 증상의 기초가 되며, 의식적으로 생각과 느낌을 의식 밖으로 밀어내려고 하는 억제(supression)와는 구분된다.

(2) 합리화(rationalization)

현실에 욕구좌절을 느끼지 않으려고 논리적인 이유나 근거를 만들어 내는 것을 말한다. 대표적으로 이솝우화인 〈여우와 신 포도〉에서 먹고는 싶은데 능력이 되지 않아 먹을 수 없는 포도를 보고 '저 포도는 신 포도라서 어차피 먹을 수 없을 거야.' 라고 생각하는 여우의 심리적 무의식 상태를 합리화라고 할 수 있다.

(3) 반동형성(reaction formation)

"미운 놈에게 떡 하나 더 준다."라는 속담처럼 무의식적 소망이 좌절되면 오히려 그 반대의 행동을 하는 경우를 지칭한다.

(4) 투사(projection)

자신의 심리적인 속성이 다른 사람에게도 있는 것으로 생각하고 행동하는 것이다. 자기가 화가 나 있는 것은 의식하지 못하고 상대방이 자신에게 화를 냈다고 생각하는 경우가 그 예다.

(5) 고착(fixation)

현재 단계의 욕구충족이 너무 만족스러워 다음 단계로 발달해 가는 것이 불안해서 현 단계에 그냥 머물러 버리는 것을 말한다. 성인으로서 행동하고 사고해야 할 대학생이 되었는데도 여전히 고등학교 수준의 행동과 사고방식에 머물러 있는 것이 그 예다.

(6) 퇴행(regression)

비교적 단순한 초기의 발달단계로 후퇴하는 행동이다. 자기보다 어린 동생이 태어난 이후 나이에 어울리지 않게 응석을 부린다거나 대소변을 갑자기 가리지 못하게 되는 아동의 경우를 예로 들 수 있다.

(7) 치환(displacement)

전혀 다른 대상에게 자신의 감정을 발산하는 것을 말한다. "종로에서 뺨 맞고 한강에서 눈 흘긴다."는 식으로 욕구충족의 대상을 자아에 덜 위협적이거나 용이한 존재로 바꾸어 충족시키는 것이다.

(8) 승화(sublimation)

사회적으로 인정되는 형태와 방법을 통해 충동과 갈등을 발산하는 것이다. 예를 들어, 외과의사 등의 직업을 선택하는 경우를 공격적 충동의 승화현상으로 해석하기도 한다.

5) 성격발달단계

앞서 살펴본 대로 성적 본능의 에너지를 리비도라 하는데 이 리비도는 일생을 통해 정해진 일정한 순서에 따라서 상이한 신체부위에 집중된다. 이 리비도가 집중적으로 모이는 신체 부위를 성감대라고 한 Freud는 이러한 성감대의 연령적 변화에 따라 발달단계를 다음과 같이 구분하였다.

(1) 구강기(oral stage)

0~1세 시기로 입과 입술을 통해 만족을 얻는 시기다. 이 시기에 적절한 만족을 얻지 못하면 자신과 타인, 그리고 주변 세계에 대해 불신감을 갖는다. 결국 남과 접촉하는 것을 두려워하게 되고, 외부세계로부터 고립된 나머지 타인과 깊은 인간관계를 형성할 수 없게 된다. 구강기 고착성격으로 과식, 과음, 과도한 흡연, 수다, 비평, 빈정거림이 있다고 한다.

(2) 항문기(anal stage)

1~3세 시기로 배변훈련과 관련된 시기다. 배변을 지연시키는 것에도 쾌감을 느낄 수 있고, 배설을 통해 긴장과 불편함이 해소되는 쾌감을 느끼기도

한다. 이 시기는 배변훈련이 일어나는 시기이므로 배변훈련에 주의해야 하는데, 유아가 화장실에 가서 배설하는 것에 실패하는 이유는 괄약근의 미발달과 쾌감을 지속시키려고 하다가 실패하는 경우가 있다. 이런 배변훈련을 시킬 때 부모가 보이는 감정이나 태도 · 반응은 유아의 성격형성에 큰 영향을 미친다. 적절한 배변훈련을 통해 이 시기에 아동은 분노 · 적대감 등의 부정적 감정을 수용하는 것을 배우며, 실수를 해 보고 실수해도 괜찮다는 것을 알게 됨으로써 자신을 독립적이고 개별적인 존재로 여기게 된다. 반면에, 지나치게 엄격한 배변훈련은 아동을 강박적이고 의존적 성격으로 만든다고 본다.

항문기 고착성격으로 배설을 참는 쾌감에 고착하면 항문기 강박형 성격으로 청결이나 질서에 대한 강박적 욕구를 보이거나 인색한 수전노가 된다고 한다. 배설을 한 후의 이완 쾌감에 고착하면 항문기 폭발형 성격으로 지저분하고 낭비벽이 심한 사람이 된다고 한다.

(3) 남근기(phallic stage)

3~5세 시기로 성기가 주요 관심의 대상이 되는 시기다. 이 나이의 아동들은 자신의 신체에 호기심을 갖는다. 이성 부모에 대해 성적인 감정을 가지게 되는 오이디푸스 콤플렉스가 형성되는 시기다. 아들의 경우 어머니에 대한 감정 때문에 아버지로부터의 처벌을 두려워하고, 이 두려움을 덜기 위해 아버지를 동일시하는 현상이 생긴다고 한다. 그리고 이러한 동성 부모에 대한 동일시의 기제를 통해 남성이나 여성으로서의 역할을 학습하게 되고, 부모의 가치를 내면화함으로써 초자아가 발달한다고 보는 것이다.

남근기 고착성격은 남성의 경우 남성성과 힘에 대한 지나친 과시와 강조로 나타나고, 여성의 경우 히스테릭한 성격, 여성성의 지나친 강조, 깔끔, 애교, 교태 등의 특징과 관련된다고 한다.

(4) 잠재기(latency stage)

6~11세 시기로 특별한 관심의 대상이나 성적 욕구가 잘 나타나지 않는

시기다. 약 6세가 되면 성적인 본능 또는 욕망이 줄어들어 보이는 잠잠한 기간이 몇 년간 지속된다. 이 기간에 아동은 학교에 들어가며 새로운 학습 환경에 부딪힌다. 비록 성적인 본능은 억압되지만, 이전 단계의 성적인 기억들은 그대로 남아 있어 이후 성격 형성에 영향을 미치는 것으로 간주된다.

부모와의 동일시가 점차 강력해지고 그로 인해 초자아가 발달되는 시기라고 할 수 있다. 이 시기에 공격적인 행동, 성적 본능, 리비도는 잠복 상태에 있다. 이 시기에 아동은 사회적 · 도덕적 가치를 습득하고, 기본적인 사회적 기술을 습득한다.

(5) 성기기(genital stage)

12세 이후 시기로 사춘기가 시작되는 기간이다. 이 기간은 이성과의 성욕 충족을 지향하는 것이 특징이며, 처음에는 자애적 행동으로 출발하여 점차 사회화한다. 즉, 이성에 대해 매력을 느끼며 입맞춤 · 포옹 및 성교 행위 등을 통해 성기기 이전부터 있었던 성적 충동을 만족시킨다. Freud는 이 기간을 사춘기로부터 노인기까지 이어지는 것으로 보았다. 오이디푸스적 상황이 재현되어 사춘기 소년의 첫사랑의 대상이 어머니와 닮았거나, 사춘기 소녀가 선생님이나 영화배우 등 연예인에 열중하거나, 또래 남학생보다 나이 많은 남자와 사랑에 빠지기도 한다.

이상의 다섯 발달단계 중에서 처음의 세 단계가 특히 개인의 기본 성격을 결정하는 바탕이 된다고 해석하였다.

2. 정서 발달

James는 정서에 대한 이론을 체계화시킨 최초의 생리학자로 사건을 지각하여 생긴 신체적 변화에 대한 느낌 혹은 지각을 정서로 정의한다(Lange & James, 1922; 정명화 외, 2005 재인용). Plutchik(1980)은 정서를 강도, 유사성 및 양극성의 특징을 갖는 원추형과 같은 3차원적 구조로 설명하면서 공포, 분노, 슬픔, 수용, 혐오, 기대, 놀람의 기본 정서를 제시한다. Izard(1992)는 정서란 신경생리학적인 면과 운동 표현, 그리고 현상학적 면을 포함하는 복잡한 과정이라고 하였다. 즉, 정서란 일반적으로 어떤 자극이나 상황에 직면하여 발생하거나 자극에 수반되어 나타나는 여러 가지 생리적 변화(예, 혈압, 심장박동, 맥박 등)나 행동(예, 미소, 울음) 등의 반응이라고 정의할 수 있다(정옥분, 2006).

정서란 개인 내면에 일어나고 있는 정서적 상태를 의미할 수도 있고 개인 외적으로 발현되고 있는 정서적 표현을 의미할 수도 있으며 정서경험도 포함한다. 정서적 상태는 정서적 표현을 통해 알 수 있지만 정서적 표현이 반드시 정서적 상태를 의미하는 것은 아니다. 그리고 정서상태(emotional states)는 정서의 수용 기관이 활성화됨으로써 신체적 또는 신경생리학적 활동에서 일어나는 변화들의 집합체라 할 수 있는(정명화 외, 2005) 반면, 정서경험은 정서상태와 정서표현에 대한 개인의 해석과 평가를 의미한다.

1) 최초의 정서 발달

신생아에게도 정서표현이 존재한다. 신생아들에게 어른들이 유쾌하거나 불쾌한 것으로 받아들이는 물질을 맛보게 하거나 냄새 맡도록 하면 뚜렷한 안면 상태의 변화를 보인다(Steiner, 1979). 흥미, 고통, 싫증과 같은 감정들이 신생아에게서도 관찰될 수 있는 것으로 여겨진다(Malatesta et al., 1987).

미소는 유아의 첫 정서적, 사회적 행동들 중의 하나로 이후 발달에 중요한 역할을 한다. 유아들의 첫 미소는 촉각과 청각기관의 자극에 대한 반응으로 나타난다. 출생 직후의 첫 미소를 내인성 미소(endogenous smiles)라고 부르는데(Emde & Harmon, 1972), 그 이유는 이들의 대부분이 외부의 자극이 없는 가운데 발생하기 때문이다.

외인성 미소는 생후 첫 주와 둘째 주 동안에 나타나는 외부자극으로 일어난다. 셋째 주까지 아기들은 걷기 단계에서 피부를 가볍게 건드리거나, 슬쩍 흔들고, 부드럽고 높은 목소리로 자극을 주는 데 대한 반응으로 웃기 시작한다. 넷째 주까지 아기가 미소짓는 데 가장 효과적인 것은 어머니의 목소리다. 다섯째 주경에 아기들은 시각의 발달범위가 갑작스레 확대되어 시각적 자극에 반응하여 웃게 된다.

2) 각종 정서의 발달

웃음은 미소보다 명확하고 강렬하게 정서를 표현하고, 더 신속하게 긴장을 방출시킨다. 5~9주 정도의 초기에 관찰되는 경우도 있지만 일반적으로 12~16주 이후에 나타난다. 미소와 마찬가지로 유아들의 첫 웃음은 신체적이고 청각적인 자극에 대한 반응으로 나타난다. 그 후 몇 개월 동안 아기들은 점차 '까꿍놀이' 나 엄마가 얼굴을 가리고 접근하는 것과 같은 미묘한 자극에 반응하여 웃기 시작한다. 1세경이 되면 엄마가 자기 젖병을 빨거나 펭귄처럼 걷는 것과 같은 의외의 행동들을 보이면 웃는다.

첫 2개월 동안 유아들은 팔을 꽉 조이는 것과 같은 신체적 구속이나 고통스러운 자극에 대해 분노를 표한다. 7개월 이후 분노에서 야기되는 신경질적 반응은 고통스러운 자극이나 방해물을 인지하는 능력의 발달 때문일 수도 있다. 생후 1년이 경과하여 이가 나는 시기에 아기 입에서 음식물을 빼앗거나 혹은 아기가 어머니에게서 잠깐 떨어질 때 분노가 일어난다. 좀 더 나이가 들면 아기들은 분노로 유발된 동기를 방어나 장애 제거행위에 적용하는 것이 가능해진다.

슬픔도 고통스러운 자극과 단기간의 분리에 기인하는 수가 많은데, 분노보다는 훨씬 발생빈도가 적다고 한다. 그러나 장기간 어머니로부터 분리된 유아들이나 어머니의 자상한 보살핌을 경험하지 못한 유아들은 심각한 우울에 이를 수 있을 정도로 슬픔의 빈도가 급격히 증가한다.

공포반응은 유아기 초에는 드물게 나타나며, 분노와 마찬가지로 생후

7~9개월에 빈발한다. 이 시기의 공포는 낯가림(stranger anxiety)으로 설명될 수 있다. 낯가림은 낯선 성인이 다가와 아기를 자극할 때 나타난다. 그러나 상황에 따라 크게 달라지는데, 만일 낯선 사람이 마음을 끄는 장난감을 선물하고 친밀한 놀이를 시작하거나 서서히 접근한다면 공포는 감소될 수 있다. 그리고 어머니가 옆에 있다면 공포반응이 가라앉을 수 있다.

부끄러움, 당황, 죄의식, 부러움, 자부심 등 자의식에 영향을 끼치는 정서는 영아기 말기에 나타난다. 이런 정서의 특징은 그것들이 자아의식에 정적으로도 작용할 수 있고 부적으로도 작용할 수 있다는 점이다. 부끄러움이나 당황은 자아개념에 부적으로 작용하고, 죄의식은 자신의 도덕적 기준에 따라 행동하는 데 실패한 것을 의미한다. 부러움은 자신의 능력에 대한 부정적 감정인 반면, 자부심은 성취의 즐거움을 반영한다. 죄의식은 책임이나 도덕적 의식의 형성에 중요한 역할을 할 수 있고, 이 모든 감정들은 사회적으로 수락될 수 있는 행동, 목표를 추구하는 동기를 부여한다.

생후 초기 유아들은 감정조절 능력을 가지고 있지만 그것은 아주 제한적이다. 취학전 기간 동안 표현력과 언어력의 신장은 정서조절의 강력한 수단이 된다. 18개월 이후에 정서와 관련된 어휘 수가 급격히 증가한다. 3세까지 아이들은 자신의 내적 상태에 대해 빈번히 언급하고, 그것을 이해하고 조절하기 위한 적극적 노력을 한다. 모든 아이들이 효율적인 정서적 자아조절 기술을 획득하는 것은 아니다. 가정의 정서적 풍토가 이러한 기술 획득의 결정적 요소가 된다(Gottman & Katz, 2003).

Izard(1992)는 자신의 정서분화이론에서 신생아들에게는 독특한 신경회로를 갖는 기본 정서가 존재하고, 이 기본 정서로부터 다른 정서들이 분화, 발달되는 것으로 보았다. 또한 신생아들은 얼굴표정을 통해 자신의 정서상태를 표현하지만 이는 시간이 지나면서 문화적 표현양식과 경험에 따라 약화되는 것으로 보고 있다(정명화 외, 2005).

따라서 아동들은 그들의 문화 안에서 표현되는 정서들을 때와 장소에 맞게 표현하는 것을 배워야 하고, 또한 내적인 감정 상태를 조절하는 것을 배워야 한다. 3세까지의 아동은 느끼지 못하는 것은 표정으로 나타내지 못한다. 이 시기의 표정은 주로 행복이나 놀라움과 같은 긍정적 느낌에 한정된다. 초등학교 이상에서 아이들은 특히 부정적인 감정을 참는 데 익숙해진다. 이와

〈표 7-1〉 시기별 정서 발달

나 이	정서적 표현	정서적 이해
출생~6개월	• 거의 모든 정서적 표현의 징후가 나타난다. • 사회적 미소가 나타난다. • 처음으로 웃는다. • 친숙한 사람과 있을 때 더 큰 행복감을 표시한다.	• 타인의 정서상태에 동조를 나타내기 시작한다.
7~12개월	• 분노와 공포가 증가한다. • 보호자를 안전지대로 이용한다. • 기기, 걷기를 시작함으로써 자극에 가까이 다가가거나 물러날 수 있기 때문에 정서적 자기통제가 발달한다.	• 타인이 표하는 정서적 신호들의 의미를 구별할 수 있다. • 타인의 반응을 참조하기 시작한다.
1~2세	• 정서자각이 나타나나 다른 사람의 존재 여부에 영향을 받는다.	• 감정을 표현하는 어휘력이 발달한다. • 공감적 반응이 나타난다.
3~6세	• 상징과 언어능력이 향상됨에 따라 정서적 자기통제를 수행하기 위한 적극적 행동과 인지 전략이 발달한다.	• 정서에 대한 원인, 결과, 행위의 의미를 복합적이고 정확하게 이해하는 능력이 발달한다. • 언어능력이 향상됨에 따라 공감적 반응이 더 세련되게 변한다.
7~11세	• 정서자각과 옳은 행위에 대한 내적인 기준이 통합된다. • 정서적 자기통제를 수행하기 위한 전략이 다양해지고 그러한 행동을 더 많이 보이며, 상황에 맞게 그것을 잘 적용한다. • 정서표현 규칙에 대한 순응과 의식적 인식능력이 향상된다.	• 타인의 정서를 설명할 때 복합적인 요인들을 고려할 줄 안다. • 일시에 한 가지 이상의 정서적인 경험을 할 수 있다는 것을 깨닫는다. • 정서적 이해력이 향상됨에 따라 공감적 반응이 발달한다.

출처: 정옥분, 2006.

반대로 긍정적 정서상태를 감추도록 강요받았을 경우 참지 못하고 표출하는 경향이 많다.

3. 기질과 발달

정서가 개별적인 요소라면 기질은 아동의 전체적인 정서적 특징을 나타낸다. 이러한 기질은 아동기에는 크게 세 가지로 나누어 볼 수 있다. 먼저 쉬운 아동(easy child)이 있는데, 이들은 규칙적인 생활을 하며 일반적으로 쾌활하고 새로운 환경에 잘 적응한다. 다음으로 어려운 아동(difficult child)은 불규칙적인 생활을 하고 매사에 부정적이며 환경적응력이 떨어진다. 마지막으로 느린 아동(slow to warm up child)은 비활동적이고 자극에 대한 반응이 더디며 환경에 적응하는 속도가 느리다(Thomas & Chess, 1977). 나머지 아동들은 독특한 기질을 보인다고 한다.

기질은 부모 등 아기와 가까운 사람과의 인터뷰를 통해 이루어지는 행동평가로 측정될 수 있는데 주관적 요소가 개입될 가능성이 있다. 이를 배제하기 위해 생리적 반응 평가를 한다.

유아기의 기질, 사회성, 활동성들은 대체적으로 아동기, 청년기, 성년까지 이어져 고정되는 경향이 있다(Caspi, Elder, & Bem, 1987). 쌍둥이 사이의 유사성의 정도는 다른 타고난 기질과 개성적 특징을 뛰어넘어 상당히 유사하다고 한다. 양부모-아동 상관관계와 생물학적 부모-아동 간의 상관관계에 대한 비교연구들은 약 20% 정도의 유전가능성을 시사한다.

그런데 이런 아동의 기질적 특징은 인지적 행동과 관계가 있다. 즉, 기질과 성취수준, 그리고 IQ 간에 상호관련성이 보고되기도 한다(Petrill & Thompson, 1993). 또한 사회적 행동과 연관되어 활동적인 아이는 활동적이기는 하지만 타인과의 갈등도 그만큼 잦으며, 감수성이 강하고 부끄러움이 많은 아이는 말도 적고 자신이 직접 참여하기보다는 친구들이 노는 것을 지켜보는 경향이 있다.

4. 애착의 발달

아동의 정의적 영역 발달은 자신(I)이 자신(me)을 느끼는 경우의 감정 등 정서적 발달 외에도 타인과의 관계에서 느끼는 정서적 경험을 포함한다. 타인과의 관계에서 형성되는 최초의 정서는 애착이다. 애착에 관한 초기이론으로 행동주의적 관점에서는 유아의 애착은 학습된 반응이라고 보았다. 즉, 유아는 엄마가 없을 때 울고, 엄마와 항상 가까이 있기를 원하는데 이것은 학습된 반응이라고 생각되었다. 욕구감소 모델에서는 아기가 배고플 때 엄마가 음식을 주는 것은 유아의 엄마에 대한 애정형성의 기반이 된다고 보았으며, 작동조건화 모델에서는 엄마를 자주 보거나 엄마를 향해 자주 웃는 것은 엄마가 계속적으로 유아를 바라보고 웃고 안아 주기 때문이라고 본다.

정신분석학적 입장에서는 애착에서 가장 중요한 요소는 유아가 먹을 때 엄마가 돌보아 주는 것이라고 본다. 왜냐하면 Freud의 성격발달에서 제시되었듯이 적어도 생후 1년까지는 입이 가장 본능적인 욕구를 만족시켜 주는 장소이기 때문이다(이성진, 2006). 이러한 초기 연구에서 Bowlby(1969, 1973, 1980)는 동물행동학적 접근으로 애착의 본질을 밝히려 하였다. 즉, 애착에서의 가장 중요한 요소는 음식 주기가 아니라 생물학적 결합이다. 유아와 엄마의 결합은 생존을 위해 진화된 반응이다. 원숭이를 이용한 실험은 유명하다.

낯선 상황은 12～24개월 정도 된 유아의 애착실험에 자주 사용된다. Ainsworth와 동료들(Ainsworth et al., 1978)은 만약, 애착의 발달이 잘 이루어졌다면 유아가 부모를 피난처로 여기고, 반대로 낯선 사람은 불편하게 생각해야 할 것이라는 가정하에 여덟 가지 상황을 설정하여 실험해 보았다. 그 결과 네 가지 종류의 애착을 발견할 수 있었다(정옥분, 정순화, 황현주, 2009).

1) 안정애착

어머니와 함께 있을 때 주위를 탐색하기 위해 어머니에게서 쉽게 떨어지고 낯선 사람과도 비교적 잘 지낸다. 낯선 사람보다 어머니에 대한 두드러진 편애를 보인다. 어머니가 없으면 우는데, 어머니가 돌아왔을 때 아이는 어머니에게 안기려 하고 울음을 멈춘다. 볼티모어 종단 연구결과, 미국 중산층 약 66%의 아기들이 안정애착(secure attachment) 유형으로 나타났다고 한다.

2) 회피애착

어머니와 함께 있을 때도 어머니에게 별로 관심을 나타내지 않는다. 대부분의 경우 어머니와 낯선 사람에 대해 같은 식으로 반응한다. 일반적으로 어머니와 분리된 동안 울거나 하는 저항행동도 하지 않는다. 다시 만났을 때 어머니를 피하거나 머뭇머뭇 반긴다. 신체적 접촉을 거부하지 않지만 매달리지도 않는다. 미국 중산층의 약 20%의 유아들이 회피애착(avoidant attachment) 유형이라고 한다.

3) 저항애착

어머니와 함께 있을 때도 불안해 하며 어머니 옆에 계속 붙어 있으려 하고 놀이에 몰두하지도 못한다. 떨어지기 전에는 어머니에 가까이 있으려 하지만, 어머니가 돌아온 후에는 눈에 띄게 분노와 저항하는 행동을 보인다. 때때로 때리고 미는 행동을 보이고, 일정시간 울기를 계속하며, 어머니가 쉽게 안정시킬 수 없다. 12%의 유아들이 저항애착(resistant attachment)에 해당하였다.

4) 혼미애착

Main과 Solomon이 추가한 유형으로, 격리 후 다시 만났을 때의 반응에서 혼란스러운 행동을 보이는 경우를 지칭한다. 반항적 행동이 나타나기도 하고, 혼미와 불안을 느끼는 듯한 얼굴표정을 짓는다. 몇몇은 진정한 후에도 돌연 울부짖고 차가운 태도를 보이기도 한다. 약 5~10%가 혼미애착(disorganized/disorientated attachment)에 해당한다(Main & Solomon, 1990).

이 외에도 영아가 아닌 유아를 대상으로 한 애착실험에서는 불안정-기타 애착(insecure-other: I) 유형이 새로 발견되었다(Cassidy & Marvin, 1987). 우리나라의 경우도 안정애착 유형이 가장 많이 나타났다(정옥분 외, 2009).

모성의 박탈에 관한 조사 결과, 소수의 양육자에 대한 안정애착 관계가 형성되지 않은 경험이 유아발달을 심각하게 해치는 것으로 밝혀졌다. Spitz(1946)는 3개월~1년 사이에 어머니로부터 버려져 공공시설에 수용된 아기들의 박탈을 관찰하였다. 최소한 7명이 한 유모의 보살핌을 받고 있었는데, 격리된 시간부터 발달지연이 나타났을 뿐만 아니라 전염병에 대해 매우 취약하였다. 더욱이 생후 첫해 중반 동안에 오랫동안 모성의 격리를 경험한 유아들은 심한 우울과 혼란을 보였다. 만약 어머니가 되돌아오지 않거나 어떤 적당한 육아관계가 제공되지 않는다면 우울은 급속도로 심화될 것이다. 이러한 우울은 따뜻하고 친밀한 양육자로부터 격리되고 다른 대안이 제공되지 않는 환경에서 발생한다.

5. 정서지능의 발달

1990년대 초 Salovey와 Mayer(1990)는 '정서지능(emotional intelligence)'이라는 개념을 제안하였다. 이들이 말하는 정서지능은 자신의 감정에 대한 이해능력, 다른 사람에 대한 감정이입 능력, 스스로의 감정을 조절할 수 있는 능력 등을 포함하고 있다. 그들의 가장 중요한 공로는 정서지능의 본질을 엄밀하게 규정한 것이다. 그들이 규정한 정서지능의 본질은 다음과 같은 다섯 가지 특징으로 표현할 수 있다.

1) 감정의 인식

자신의 감정상태를 인식할 수 있는 능력으로 대부분의 다른 감성능력들은 여기에 바탕을 두고 있다. 왜 느끼고, 어떻게 느끼는지를 아는 사람만이 의식적으로 자신의 감정을 다룰 수 있고 억제할 수 있으며 또한 정돈할 수 있다.

2) 감정의 조절과 통제

불안, 분노 혹은 슬픔과 같은 감정은 생존의 메커니즘과 관련되어 있으며, 우리가 이러한 감정들 자체를 완전히 중단시키거나 저지시킬 수는 없다. 그러나 우리의 감정 반응을 적절히 조절하고, 즐거움이나 분노와 같은 일차적인 감정상태로부터 유발되기 쉬운 직설적인 행동을 유머나 반어법과 같은 후천적으로 습득된, 교양 있는 행동양식을 통해 보충하거나 대체하는 것은 가능하다. 감정에 대해 어떤 반응을 보일 것인가, 얼마나 교양 있게 감정을 다룰 수 있는가 하는 것은 그런 면에서 정서지능의 문제다.

3) 잠재능력의 개발

'10%의 영감과 90%의 노력' 이라는 표어는 감성지능에 대한 맥락을 잘 설명해 준다. 지능지수가 높다고 해서 누구나 학교에서 최우수상을 받고 노벨상 수상자가 될 수 있는 것은 아니다. 진정한 성공은 변함없는 끈기, 낙관적 인식, 자신감 그리고 패배를 씻어 버릴 수 있는 능력 등이 그 바탕에 깔려 있다.

4) 타인과의 감정이입

의사소통에 대한 연구결과, 감성적 소통의 약 90% 정도는 언어와 거의 무관하게 이루어진다는 사실이 밝혀졌다. 다른 사람에 대한 감정이입은 상대에게 집중하여 경청하려는 자세, 말로 표현되지 않은 생각과 감정까지도 평가하려는 노력으로부터 비롯된다.

5) 사회적 관계의 형성

고객과의 거래, 직장에서의 단체생활, 학교 친구들과의 교제, 영화관 앞에서의 짧은 대화 등 여러 사람과의 갖가지 만남에서 사회적 능력이 요구된다. 이와 같이 우리가 다른 사람과 더불어 얼마나 잘 지낼 수 있는가 하는 문제, 다시 말해서 타인과의 관계를 어떻게 형성하고, 갈등이 생겼을 때 이를 얼마나 잘 인식하고 해결할 수 있는가 하는 것은 거의 전적으로 감성적 능력과 관계된다.

Salovey와 Mayer(1990)는 여기서 한 걸음 더 나아가 자신들이 서술한 이런 감성적 능력들이 후천적으로 습득되고 발전될 수 있다고 주장한다. 이런 능력의 발달은 자신의 감정과 다른 사람의 감정을 보다 잘 인지하려는 노력을 통하여 이루어진다고 주장한다. 집중력은 자신의 감정을 좀 더 잘 다루고, 다른 사람과의 교제를 보다 잘해 나가기 위한 토대가 된다. 이러한 노력은 충분히 가치가 있다. 감성적 능력은 삶의 모든 중요한 부분에 영향을 미치기 때문이다.

요점 정리

1. 성격에 대한 여러 이론 중 발달적 측면이 체계적으로 제시된 이론으로 대표적인 것이 Freud 이론이라 할 수 있다

2. 성격이란 여러 가지로 정의되는데, Freud의 경우 성격을 위상과 구조로 나누어 설명하고 있다. 위상이란 성격의 차원으로 무의식, 전의식, 의식으로 구분되어 있다.

3. Freud는 성격을 구성하는 요소라기보다 성격의 주체로서 원초아, 자아, 초자아라는 세 가지 개념을 동원하였다.

4. 정신분석학에서는 리비도를 성본능의 에너지라고 하는데 사랑, 쾌감의 모든 표현을 포함시킨다. 유아성욕, 고착, 불안 등의 개념이 관련된다.

5. 리비도와 관련된 충동과 초자아로부터의 도덕적 압력에 대해 자아를 보호하기 위해 방어기제를 동원한다. 억압, 합리화, 빈동형성, 투사 등이 있다.

6. 성적 본능의 에너지인 리비도는 일생을 통해서 정해진 일정한 순서에 따라서 상이한 신체부위에 집중되는데, Freud는 이러한 성감대의 연령적 변화에 따라 발달단계를 구강기, 항문기, 남근기, 잠재기, 성기기로 구분하였다.

7. 정서의 발달에 대한 이론으로 행동주의적 접근, 인지적 접근, 기능주의적 접근이 있다.

8. 유아의 첫 정서적 · 사회적 행동들 중의 하나인 미소는 아동의 전체 발달에 중요한 역할을 한다.

9. 웃음은 정서를 미소보다 명확하고 강렬하게 표현하고, 더 신속하게 긴장을 방출시킨다.

10. 이 외에도 분노, 슬픔, 공포, 부끄러움, 당황, 죄의식, 부러움, 자부심 등이 차례로 나타난다.

11. 생후 초기 유아들은 감정조절능력을 가지고 있지만 매우 제한적이다.

12. 모든 아이들이 다 효율적인 정서적 자아조절 기술을 획득하는 것은 아니다. 가정의 정서적 풍토는 이러한 기술 획득의 결정적 요소다. 아동들은 그들의 문화 안에서 표현되는 정서들을 때와 장소에 맞게 표현하는 것을 배워야 하고, 또한 내적인 감

정 상태를 조절하는 것을 배워야 한다.

13. 정서가 개별적인 요소라면 기질은 아동의 전체적인 정서적 특징을 나타낸다. 이러한 기질은 아동기에는 크게 세 가지로 나누어 볼 수 있다. 먼저 쉬운 아동(easy child)이 있는데, 이들은 규칙적인 생활을 하며 일반적으로 쾌활하고 새로운 환경에 잘 적응한다. 다음으로 어려운 아동(difficult child)은 불규칙적인 생활을 하고 매사에 부정적이며 환경적응력이 떨어진다. 마지막으로 느린 아동(slow to warm up child)는 비활동적이고 자극에 대한 반응이 더디며 환경에 적응하는 속도가 느리다. 나머지 아동들은 독특한 기질을 보인다고 한다.

14. 아동의 정의적 영역 발달은 자신(I)이 자신(me)을 느끼는 경우의 감정 등 정서적 발달 외에도 타인과의 관계에서 느끼는 정서적 경험을 포함하는데 타인과의 관계에서 형성되는 최초의 정서는 애착이다.

15. 애착의 유형으로는 안정애착, 회피애착, 저항애착, 혼미애착 등이 제안되었다.

16. 정서지능은 자신의 감정에 대한 이해 능력, 다른 사람에 대한 감정이입 능력, 스스로의 감정을 조절할 수 있는 능력 등을 포함하고 있다.

17. 정서지능은 감정의 인식, 감정의 조절과 통제, 잠재능력의 개발, 타인과의 감정이입, 사회적 관계의 형성을 포괄한다.

생각해 볼 문제

1. 성격발달에 포함될 요소가 무엇이며 왜 그러한 요소가 포함될 수 있는지를 정당화해 보시오.

2. Freud의 성격이론의 전제를 정리하고 비판해 보시오.

3. 성격형성의 선천적 요소와 후천적 요소를 구분하고 그 관련성을 설명해 보시오.

4. 우리의 행동을 결정하는 요소 중 정서가 차지하는 비중을 생각해 보고 기존의 관점을 비판하시오.

참고문헌

김정일(1996). 아하 프로이트. 서울: 푸른숲.

이성진(2006). 교육심리학서설. 서울: 교육과학사.

이창재(2004). Freud의 신경증 원인론; 외상, 환상, 상호작용. 라깡과 현대정신분석, Vol. 6, No. 2.

정명화, 강승희, 김윤옥, 박성미, 신경숙, 신경일 외(2005). 정서와 교육. 서울: 학지사.

정옥분(2006). 사회정서발달. 서울: 학지사.

정옥분, 정순화, 임정하(2007). 정서발달과 정서지능. 서울: 학지사.

정옥분, 정순화, 황현주(2009). 애착과 발달. 서울: 학지사.

홍숙기(2006). 성격심리(상). 서울: 박영사.

Bowlby, J. (1969). *Attachment and loss: Vol. 1. Attachment.* New York: Basic Books.

Bowlby, J. (1973). *Attachment and loss: Vol. 2. Separation, anxiety and anger.* New York: Basic Books.

Bowlby, J. (1980). *Attachment and loss: Vol. III: Loss.* New York: Basic Books.

Caspi, A., Elder, G. H., Jr., & Bem, D. J. (1987). Moving against the world: Life-course-patterns of explosive children. *Developmental Psychology, 23,* 308-313.

Cassidy, J., & Marvin. R. S. (1987). *Attachment organizations at three-years of age: A classification system.* umpublished manuscript. MacArthur Working Group on Attachment, Seattle, WA.

Emde, R. N., & Harmon, R. J. (1972). Endogenous and exogenous smiling systems in early infancy. *Journal of the American Academy of Child Psychiatry, 11,* 177-200.

Freud, S. (1997). 억압, 증후 그리고 불안(황보석 역). 서울: 열린책들.

Freud, S. (2003). 성욕에 관한 세 편의 에세이(김정일 역). 서울: 열린책들.

Gottman, J. M., & Katz, L. F. (2003). Children' s emotional reactions to stressful parent-child interactions: The link between emotion regulation and vagal tone. *Marriage and Family Review, 34,* 265-283.

Izard, C. E. (1992). Basic emotions, relations among emotions, and emotion-cognition relations. *Psychological Review, Vol. 99*(3), 561-565.

Kohnstamm, G. A. (1986). *Temperament discussed: temperament and development in infancy and childhood.* Lisse: Swets & Zeitlinger.

Lacan, J. (1964). From love to the libido. *In The four fundamental concepts in psychoanalysis* (A. Sheridan, Trans.). New York: Norton, 1978.

Lunnerberg, R. W. (1964). Relations among social desirability, achievement and anxiety measure in children. *Child Development, 35,* 169-182.

Main, M., & Solomon, J. (1990). Procedures for identifying infants as disorganized/disoriented during the Ainsworth Strange Situation. In M. Greenberg, D. Cicchetti & E. Cummings (Eds.), *Attachment in the preschool years: Theory, research and intervention* (pp. 121-160). Chicago: University of Chicago Press.

Malatesta, C. Z., Izard, C. E., Culver, C., & Nicolich, M. (1987). Emotion communications skills in young, middle-aged, and older women. *Psychology and Aging, 2,* 193-203.

Marcuse, H. (1996). 에로스와 문명(김인환 역). 서울: 나남출판.

Mischel, W. (1994). 성격심리학(손정락 역). 서울: 교육과학사.

Olsen, O. A. (2004). *Infant Sexuality, Encyclopedia of Children and Childhood in History and Society.*

Petril, S. A., & Thompson, L. A. (1993). The Phenotypic and Genetic Relationships Among Measures of Cognitive Ability, Temperament, and Scholastic Achievement. *Behavior Genetics, vol. 23,* No. 6, 511-518.

Plutchik, R. (1980). *Emotion: A Psychoevolutionary Synthesis.* New York: Harper & Row.

Salovey, P., & Mayer, J. D. (1990). Emotional intelligence. Imagination, *Cognition, and Personality, 9,* 185-211.

Spitz, R. (1946). Hospitalism: a follow-up report. *Psychoanalytic Study of the Child, 2,* 113-117.

Stafford-Clark, D. (1997). 한 권으로 읽는 Freud(최창호 역). 서울: 푸른숲.

Steiner, J. E. (1979). Human facial expressions in response to taste and smell stimulation. *Advances in Child Development and Behavior, 13*, 257-296.

Thomas, A., & Chess, S. (1977). *Temperament and Development.* New York: Brunner/Mazel.

제8장

자아 발달

학습목표

- 자아 발달의 의미를 이해한다.
- 자아개념, 자아존중감, 자아정체성의 발달에 관해 학습한다.
- 자아 발달이 이루어지는 데 영향을 주는 요인들을 안다.
- 긍정적인 자아개념, 자아존중감, 자아정체성의 발달을 위한 전략을 학습한다.

이 장의 내용

1. 자아개념
   자아의 인식과 자아개념의 발달 / 자아개념의 영역 / 자아개념의 발달에 영향을 주는 요인들
2. 자아존중감
   자아존중감의 발달 / 자아존중감에 영향을 주는 요인들
3. 자아정체성의 발달
   Erikson의 심리사회 발달이론 / Marcia의 자아정체성의 구분

주요 개념 및 용어

· 자아개념 · 자아존중감 · 자아정체성 · Erikson의 심리사회 발달이론

제8장 자아 발달

1. 자아개념

자아(self)는 우리가 일상적으로 말하는 '나'에 대한 심리학적 용어다. 자아 발달이란 '나는 누구인가'에 대한 전반적인 인식의 발달을 뜻한다. 우리는 다양한 상황에서 서로 다른 사람들을 만나면서 상황에 따라 다르게 행동하는데, 자아는 이러한 다양성에 대해 조직성과 통일성을 부여하는 역할을 한다(민경환, 2002). 자아 발달과 관련해서 여기에서는 특히 자아개념의 발달, 자아존중감의 발달, 자아정체성의 발달을 중심으로 살펴볼 것이다.

1) 자아의 인식과 자아개념의 발달

자아개념(self-concept)이란 개인이 자신을 타인과 구분되는 독립적인 존재로 인식하면서, 자신에 대해 갖게 되는 생각, 감정, 태도를 종합적으로 일컫는 말이다. 흔히 전반적인 자아개념은 자신의 능력, 신분, 역할과 관련되어 있다. 자아개념은 한 번 형성되면 쉽게 변화하지 않는 비교적 안정적인 속성이라고 여겨진다.

인간은 출생과 함께 신체적으로 어머니와 분리되어 태어나지만 스스로 자신을 독립적인 존재로 인식하는 것, 즉 자아의 인식과 자아개념의 발달은 서서히 이루어진다. 아이가 자신을 타인에게 반응하고 영향을 줄 수 있는 독립적인 존재로 인식하는 것은 1~2세경으로 여겨진다. 영아들의 코에 연지를 묻히고 거울을 보게 하면(Lewis & Brooks-Gunn, 1979), 9~12개월 된 아이들은 거울을 보면서 재미있어 하기는 하지만 자신의 얼굴을 만지지는 않는다. 거울에 비친 자신의 모습을 보고 자기 코를 만지는 행동은 15~18개월에 나타나기 시작해 21~24개월 정도가 되면 뚜렷하게 나타나는데, 이러한 행동은 자아에 대한 인식이 발달하고 있다는 단서가 된다. 생후 2~3년의 아이들은 자부심, 수치심, 죄책감 등을 드러내는데 이러한 정서의 출현은 이들이 자신을 독립된 존재로 인식하고 이에 기반한 정서를 경험하고 있음을 나타낸다.

3~5세가 되면 아동은 자신의 신체적 특징, 나이, 성별, 외모, 유능성 등을 기준으로 자신이 어떤 집단에 소속되었는지를 판단해 자신을 인식하기 시작한다. 이에 따라 나이가 5세인 집단, 착한 아이, 키가 큰 아이 등으로 자신을 분류하여 스스로를 인식한다. 이 시기의 자아개념은 구체적이고 관찰 가능한 행동을 토대로 이루어지는데, 예를 들어 '나는 매일 유치원에 간다' 거나 '나는 친구들과 자전거 타는 것을 좋아한다' 는 등의 구체적인 행동으로 자신을 기술한다. 또한 자아개념이 전형적인 자신의 기분이나 자신이 좋아하는 것, 싫어하는 것을 기술하는 데 집중되는 특징이 나타난다.

초등학교 저학년 시기가 되면 자아개념은 점차로 구체적인 것에서 추상적인 것으로 발달해 가며, 어휘력의 증가와 경험의 증가로 더 다양한 범주를 이용해 자신을 묘사하기 시작한다. 초등학교 고학년 시기에는 심리적 특성을 사용해서 자신을 묘사하는 것이 가능해진다. Berk(2006)는 8~11세경 아동이 자신을 보기 시작하는 방식이 좀 더 현실적이 되고 추상적인 특성을 사용해서 자신을 기술할 수 있게 된다고 보았다. 예를 들어, 11세 정도의 아동은 '나는 다른 사람을 잘 돕는 사람' 이라거나 '바이올린을 잘 연주하는 사람' 과 같은 구체적인 행동과 추상적인 특성의 묘사를 함께 사용해서 자신을 기술할 수 있다. 초등학교 시기 아동의 자아개념의 다른 특징은 사회적 비교(social comparison)를 사용해 자신을 묘사한다는 것이다. 아동은 학교와 학원에 다니면서 자신의 외모, 인기도, 성적, 운동능력 등이 또래들과 비교해 어느 정도인지를 파악하게 되고 이러한 비교를 통해 자아개념을 형성해 나간다.

청소년기가 되면 주로 추상적인 특질(trait)을 이용해 자신을 기술하는데, '외향적' 이라거나, '이타적' '능력 있고 유능한' 등의 성격 특질에 대한 기술을 통해 자신을 이해할 수 있다. 청년기에는 인간관계의 특징이나 자신의 신념, 자신에게 중요한 가치 등을 이용해 자아개념을 형성한다.

2) 자아개념의 영역

자아개념은 일반 자아개념과 일반 자아개념을 구성하는 하위요인으로 구분할 수 있는데, 하위요인은 흔히 비학문적 자아개념, 언어학문 자아개념, 수학학문 자아개념 등으로 나뉜다(송인섭, 1999). 비학문적 자아개념은 신체능력, 외모, 사회적 관계 등과 관련된 자아개념이고 언어학문 자아개념은 읽기, 학교, 외국어 등과 관련된다. 수학학문 자아개념은 수학, 자연과학, 학교 등과 관련된 자아개념을 뜻한다.

자아는 현실적 자아(real self)와 이상적 자아(ideal self)로 구분되기도 하는데, 현실적인 자아개념은 현재 자신의 능력, 신분, 역할에 관한 자아에 대한 인식이고 이상적인 자아개념은 자신이 꿈꾸는 미래의 모습에 관한 것이다. 아동은 6~7세 이후가 되면 현실적인 자아와 이상적인 자아를 구분할 수 있다(Papalia, Olds, & Feldman, 1991). 이상적인 자아와 현실적인 자아가 차이가 많이 나면 괴리감이 생기고 현실의 모습에 불만족하여 스스로를 괴롭힐 수 있지만, 이상적인 자아가 현실적 자아와 약간 차이가 나면서 바람직할 때 개인은 이상적인 모습에 가까워지기 위해 노력하면서 현실적인 자아를 발전시킬 수 있다.

3) 자아개념의 발달에 영향을 주는 요인들

자아개념의 발달에 영향을 주는 요인으로는 크게 자신의 관찰 및 타인의 피드백을 들 수 있다. 우리는 다른 사람이 밖에서 관찰하기 어려운 자신만의 생각이나 감정을 스스로 관찰하고, 자신의 행동을 객관적으로 관찰해서 이에 기반해 스스로 자아개념을 형성해 나갈 수 있다.

자아개념에 영향을 주는 다른 요소로 환경적 요인을 들 수 있다. 개인이 스스로에 대해 생각하는 방식은 기본적으로 타인의 피드백으로부터 영향을 받는다. Sullivan(1968)은 극단적으로 자아개념은 삶에서 가장 중요한 사람들이 자신을 바라보는 방식에 따라서 결정된다고 말하였다. 삶에서 가장 중요한 사람에는 대표적으로 부모가 있다. 만약 부모가 아동에게 반복적으로 '너는 아무데도 쓸모없는 아이야.' '너만 없었으면 엄마가 이렇게 고생하진 않았을 텐데.' '너는 왜 이렇게 잘하는 게 아무것도 없니?' 와 같이 부정적인 피드백을 반복적으로 준다면 이는 곧 아동이 자신을 바라보는 방식이 된다. 이에 반해서 부모가 아이에게 '너는 참 사랑스러운 아이야.' '너는 사람들을 잘 도와주는구나.' '너는 기계를 잘 다루는구나.' 와 같은 긍정적인 피드백을 준다면 아동의 자아개념이 긍정적으로 형성될 가능성이 높아진다. 자아개념이 형성되면 이는 자신이 타인을 보는 방식에도 영향을 주게 된다.

자아개념의 발달에 영향을 주는 환경적 요소로 주로 연구되어 온 변인들은 부모, 또래, 학교 변인이 있다. 이 변인들은 아동의 발달단계에 따라 그 영향이 달라지는데, 발달상 초기인 아동기까지는 부모의 영향이 크다가 나이가 들면서 점차로 또래와 교사의 영향이 커지는 것으로 생각된다. 특히 아동의 자아개념의 발달에 미치는 여러 변인 중 부모의 양육태도는 많은 관심을 받아 왔다. 부모가 아동에 대해 애정을 갖고 대하고 합리적으로 의사소통하며 자율성을 부과하려고 노력할 때 아동의 자아개념이 긍정적으로 형성되는 것으로 나타난다. 이에 반해 부모가 아동의 행동을 과도하게 통제하려 하거나 아동에게 거부적일 때 아동의 자아개념이 낮게 나타난다(김희경, 1990).

아동의 발달단계에 따라 부모와 또래가 자아개념에 미치는 영향이 달라지는지를 검토해 보면(이사라, 박성연, 2001), 초등학교 1학년 때는 부모에 비해 또래의 영향이 크고, 초등학교 4학년은 부모와 또래의 영향이 비슷하며, 고등학교 1학년이 되면 부모가 여전히 자아개념 형성에 영향을 주지만 또래의 영향력이 다시 커지는 것으로 나타난다. 이러한 연구결과는 아동기에 부모의 영향이 크고 청소년기가 되면서 자아개념에 미치는 또래의 영향이 커질 것이라는 일반적인 가정과는 다른데, 초등학교 1학년 시기와 같이 아동의 환경이 크게 변하고 학교 생활을 새로 시작하는 등 변화가 큰 시기에는 새로운 환경에 적응하는 과정에서 또래의 영향이 커지는 것으로 보인다.

학교에서 교사가 자신을 지지해 준다고 느끼고 또래와 친밀한 관계를 유지할 때 이는 아동이 자아개념을 긍정적으로 갖도록 하는 데 도움이 되는 것으로 나타났다(박혜원, 이사라, 2005). 아동의 자아개념이 중요한 타인의 영향을 받아 형성된다고 할 때 교사의 역할이 중요해진다. 교사의 아동에 대한 긍정적이거나 부정적인 언어적 반응, 긍정적이거나 부정적인 기대와 태도 등은 아동의 자아개념에 영향을 주는 것으로 나타났다. 교사의 말과 태도가 긍정적일 때 아동은 긍정적인 자아개념을 갖고, 교사가 부정적인 말과 태도를 견지할 때 아동은 자신에 대한 부정적인 자아개념을 갖는다(송인섭, 2001). 한편, 학교에서 특수한 프로그램이나 상담을 이용해 자아개념을 변화시키려고 한 연구들에서는, 성공경험을 통해 자아개념을 긍정적으로 변화시키려는 노력보다는 인지적으로 자신을 돌아보고 통합하도록 하는 전략이 자아개념을 변화시키는 데 효과적인 것으로 나타난다(송인섭, 1999).

자아개념의 형성에 영향을 주는 변인으로 최근 관심을 받고 있는 것은 문화적 영향이다. 대만과 미국의 중산층 가정에서 어머니와 유아의 상호작용을 분석한 연구(Miller, Fung, & Mintz, 1996)를 보면, 두 문화에서 부모-자녀 간 대화의 내용에 분명한 차이가 나타난다. 대만의 어머니는 아이가 벽에 낙서한 일이나 공손하지 못한 말 등 아이가 잘못한 일과 이런 행동이 다른 사람에게 미치는 영향 등을 아이에게 이야기해 주고 바른 행동이 무엇인지 직접 알려 주는 것이 자주 관찰되었다. 이에 반해 미국의 어머니는 아이의 같은 행동을 혈기왕성하다거나 자기주장이 강하다거나 하는 긍정적인 속성으로 귀인하였다. 부모-자녀 간 상호작용에서 나타나는 이와 같은 문화적 차이는 아동의 자아개념 형성에 영향을 미칠 것이다. 일부 학자들(Markus & Kitayama,

1991)은 서양 문화권에서 자아의 개념이 타인과 구분되는 나로서의 독립적이고 개별적인 자아(independent self)라면, 동양 문화권에서의 자아는 타인과의 관계 속에서 자신이 어떤 역할을 하는지를 강조하는 상호의존적 자아(interdependent self)로 구분된다고 보기도 한다.

자아개념의 형성에는 자신에게 중요한 타인이 자신을 어떤 존재로 보고 어떻게 반응하는지가 큰 영향을 준다. 중요한 타인은 부모, 또래, 교사 등을 포함한다. 아동이 자라면서 스스로를 돌아볼 수 있는 반성능력이 생김에 따라 자신의 감정과 태도, 행동을 돌아보고 평가하는 과정 또한 자아개념의 형성에 영향을 준다. 자아개념의 형성에 영향을 주는 중요한 타인의 태도와 행동방식은 그들이 속한 문화의 영향을 받는데, 그 문화에서 중요하게 여기는 것이 무엇인지에 따라 중요한 타인의 태도, 피드백의 내용과 방식 등이 달라진다.

2. 자아존중감

1) 자아존중감의 발달

자아존중감(self-esteem)은 자아에 대한 평가적인 개념으로, 우리 자신의 가치에 대한 판단과 그러한 판단과 관련된 감정들을 뜻한다. 자아존중감은 흔히 자존감으로도 불린다. 자아존중감은 우리의 감정, 행동, 적응방식, 우울이나 불안과 같은 심리적 문제에 영향을 준다는 점에서 매우 중요하다.

자아존중감은 몇 개의 하위요인으로 구분해서 살펴볼 수 있는데, 초등학교 중학년 정도의 자아존중감의 구조를 그림으로 나타내면 [그림 8-1]과 같다. 그림에서 보듯이, 초등학교 중학년 시기의 자아존중감은 학업 유능감, 사회적 유능감, 신체/운동 유능감, 외모 유능감으로 구분되고 이들이 모여 일반적인 자아존중감을 형성한다(Berk, 2006). 대체로 개별적인 자아존중감

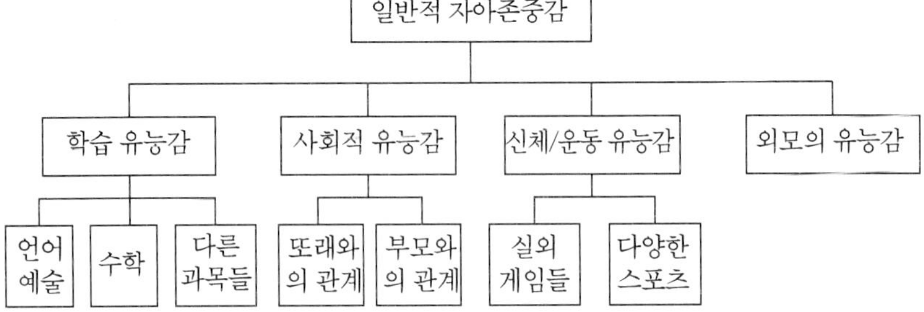

[그림 8-1] 초등학교 중학년의 자아존중감의 구조(Berk, 2006에서 인용)

이 높으면 전반적인 자아존중감도 높지만, 전반적인 자아존중감이 높더라도 개별적인 자아존중감은 차이가 있을 수 있다. 예를 들어, 전반적으로는 자신에 대해 긍정적으로 평가하고 학습이나 사회적 유능감이 높더라도 신체/운동 유능감은 떨어질 수 있다. 자아존중감이 높은 사람은 자신에 대해 분명한 생각을 가지고 있으며 타인의 피드백을 반성적으로 받아들일 수 있는 반면에, 자아존중감이 낮은 사람은 자신에 대해 잘 모르고 자신의 다양한 부분들에 대하여 혼란스러워 하며 타인의 피드백에 민감하여 쉽게 영향받는다.

자아존중감이 높은 사람과 낮은 사람 모두 성취를 바라지만, 자아존중감이 낮은 사람은 성취에 대한 기대가 낮다. 그런데 실제 성취에서는 자아존중감이 성취 수준과 관련된다는 증거는 없다(민경환, 2002). 자아존중감이 낮은 사람은 과제를 해야 할 때 불안해하며 자신이 잘해내지 못할 것이라고 생각하지만 실제로는 무난하게 성취할 수 있다는 것이다.

자아개념과 자아존중감은 한 번 형성되면 비교적 안정적으로 유지되는데, 여기에는 자아일관성(self-consistency)과 자아고양(self-enhancement)의 두 가지 상반되는 동기가 함께 작용한다(민경환, 2002). 자아일관성은 자아에 대해 갖고 있는 기존의 개념을 유지하려는 동기이고, 자아고양은 자신에 대해 더 호의적인 평가를 받고 자아개념을 더 좋은 쪽으로 가지려는 동기다. 예를 들어, 자아존중감이 높은 사람이 호의적인 피드백을 받으면 이는 일관적인 피드백이 된다. 그런데 자아존중감이 낮은 사람이 호의적인 피드백을 받으면 이는 자아고양 동기와는 맞지만 자아일관성을 유지하려는 힘과는 맞지 않는다. 자아존중감이 낮은 사람은 호의적인 피드백을 얻고 싶어 하기는 하지만, 자신에 대해 비판적인 피드백을 더 신뢰하는 것으로 나타난다.

자아존중감은 자아개념과 마찬가지로 한 번 형성되면 비교적 안정적으로 유지되지만 아동기에서 청소년기를 거치는 동안 다소 변화하는 것으로 나타난다. 초등학생, 중고생, 대학생의 자아존중감을 비교하면 자아존중감은 아동기에서 청소년기를 거치면서 다소 떨어졌다가 대학생이 되면서 회복되는 V자 모양을 나타낸다(김기정, 1995). 자아존중감은 청소년기에 다양한 삶의 역할들과 새로운 과제, 새로운 환경에 접하면서 경험하는 혼란과 함께 다소 떨어졌다가 이 시기를 거치면서 자신의 능력을 발견하고 길러 나가면서 점차로 상승하는 것으로 여겨진다.

2) 자아존중감에 영향을 주는 요인들

자아존중감에 영향을 주는 두 가지 큰 요인은 중요한 타인으로부터의 평가적 피드백과 자신의 성취경험이다. 자아존중감의 발달에 영향을 주는 환경적인 요인들로는 크게 가족, 또래, 학교 등이 연구되어 왔다. 가족이 개인의 자아존중감에 미치는 영향은 가족구조, 가족의 경제적 환경 등 구조적인 측면과 부모-자녀 관계나 부모의 양육태도와 같은 관계의 측면으로 나누어 살펴볼 수 있다. 특히 최근 우리나라도 가족의 구조가 전통적인 양부모가족에서 한부모가족, 다문화가족, 재결합가족 등으로 다양해지면서 가족의 구조가 아동에게 미치는 영향에 대해 관심이 증가하고 있다. 연구결과, 가족구조보다는 가족관계나 가족의 분위기와 같은 관계적 측면이 자아존중감에 더 영향을 주는 것으로 나타났다(Papalia, Olds, & Feldman, 2003). 가족관계의 면에서는 대체로 부모가 자녀에게 수용적이면서 애정을 가지고 대하고 자녀의 일에 관심을 가지고 있을 때 자녀의 자아존중감이 높은 것으로 나타난다

(Coopersmith, 1981).

최근 우리나라에서도 개인의 발달사, 가족, 또래, 및 학교 관련 요인들이 자아존중감에 미치는 영향에 대한 연구들(이경은, 이주리, 2008; 정익중, 2007)이 진행되었다. 그 결과, 개인요인으로는 신체적 매력이 청소년기 자아존중감과 밀접하게 관련되었으며, 성별이나 비행력 등은 자아존중감과 관련이 없었다. 가족과 관련해서 보면 가족이 한부모가족인지, 양부모가족인지의 여부나 가족의 경제적 수준은 초등학교 4학년에서 고등학교 1학년의 자아존중감에 영향을 주지 않는 것으로 나타났다. 반면에 부모-자녀 간의 애착관계가 좋을 때와 부모가 자녀의 행동을 잘 지도감독할 때 자녀의 자아존중감이 높아졌으며, 부모의 학대나 가족 갈등은 자녀의 자아존중감을 떨어뜨리고 발달을 저해하였다. 학교와 관련해서는 학교에 대한 애착이나 자신의 학업성취가 자아존중감과 관련되는 중요한 요인이었다.

부모의 양육태도와 자아존중감의 관련성을 아버지의 역할과 어머니의 역할로 나누어 보면, 아버지와 어머니는 자녀의 성별에 따라 다른 영향을 주는 것으로 보인다. 부모의 역할과 청소년의 자아존중감의 관계를 본 연구(임정하, 2006)에서, 아버지의 관심과 자녀에 대한 불신은 딸보다는 아들의 자아존중감에 더 영향을 주어 관심이 높으면 아들의 자아존중감이 높아지고, 불신이 크면 아들의 자아존중감이 낮게 나타났다. 이러한 영향은 아들의 중학교 시기보다 고등학교 시기에 더 크게 나타났다. 자녀에 대한 어머니의 관심은 아들보다는 딸의 자아존중감과 더 관련되었으며, 이러한 영향은 자녀의 발달단계에 무관하게 지속적으로 나타났다.

자아존중감의 발달과 관련한 이러한 연구들의 결과는 가족구조나 경제적 배경보다는 부모와의 안정된 애착이나 부모의 적절한 지도감독이 자녀의 자아존중감에 영향을 준다는 것을 보여 준다. 아동기에서 청소년기로 접어들면서 가족요인이 여전히 영향을 발휘하지만, 점차 학업성취와 같은 개인적 변인의 자아존중감에 대한 영향력이 커지는 것을 알 수 있다.

3. 자아정체성의 발달

1) Erikson의 심리사회 발달이론

[그림 8-2] Eric Erikson

자아정체성은 자신이 누구이고 전체 사회 속에서 자신의 위치와 역할은 무엇인지에 대한 명료한 인식을 뜻한다. 자아정체성은 한 번 형성되면 고정되는 것이 아니라 다양한 삶의 경험에 따라 일생 동안 변화하고 발전한다. 자아정체성의 형성에 관해서는 Erikson(1968)의 심리사회 발달이론(psycho-social developmental theory)에서 자세히 다루어지고 있는데, 이 이론에 따르면 발달단계 중 청소년 시기가 자아정체성이 형성되는 중요한 시기가 된다. 청소년기에 개인은 자신이 누구이고, 어떤 가치가 자신에게 중요하며, 어떤 일을 추구하는 삶을 살고 싶은지에 대해 점차로 구체화해 나가는 데 이 과정이 자아정체성 형성에 핵심적인 과정이 된다. Erikson은 기본적으로 Freud의 발달단계를 바탕으로 발달과정을 개념화하였으나, Freud가 비교적 생의 초기 단계에 발달이 이루어지고 초기 발달의 결과가 전 생애에 걸쳐 지속된다고 여긴 데 반해, Erikson은 생의 전 과정에 걸쳐 발달이 이루어진다고 보았다.

따라서 그의 발달단계는 생애 초기부터 노년기까지 전 생애에 걸쳐 기술되어 있다. Erikson의 심리사회적 발달의 8단계는 〈표 8-1〉에 제시되어 있다. 여기에서는 전체 단계별 특징을 간단하게 살펴보고 자아정체성의 형성을 자세히 살펴볼 것이다.

〈표 8-1〉 Erikson의 심리사회적 발달단계

단계(연령)	발달과업과 위기	발달과업을 성공적으로 마쳤을 때 얻게 되는 자아의 특성
1단계: 구강기(출생~1세)	신뢰감 대 불신감 (Trust vs. Mistrust)	희망(hope)
2단계: 항문기(2~3세)	자율성 대 수치심과 회의감 (Autonomy vs. Shame and Doubt)	의지(will)
3단계: 남근기(4~6세)	주도성 대 죄책감 (Initiative vs. Guilt)	목표의식(purpose)
4단계: 잠재기(7~12세)	근면성 대 열등감 (Industry vs. Inferiority)	유능감(competence)
5단계: 사춘기(13~19세)	정체성 대 역할 혼미 (Identity vs. Role Confusion)	의리(fidelity)
6단계: 청년기(20~34세)	친밀감 대 고립감 (Intimacy vs. Isolation)	사랑(love)
7단계: 성인기(35~65세)	생산성 대 침체감 (Generativity vs. Stagnation)	보살핌(care)
8단계: 노년기(65세 이후)	통합감 대 절망감 (Integrity vs. Despair)	지혜(wisdom)

발달의 1단계인 구강기(출생~1세)의 발달과제는 자신과 세상에 대한 신뢰감을 발달시키는 일이다. 신뢰감은 다른 사람들이 믿을 만하고 예측가능하다는 느낌이다. 막 출생한 영아에게 가장 중요한 것은 자신을 보살펴 주는 사람의 행동이 일관적이고, 예측가능하며, 신뢰할 수 있다는 것을 발견하는 일이다. 영아의 기저귀가 젖거나, 춥거나 더울 때, 배가 고플 때 이를 해결하기 위해 누군가(대부분의 경우 부모)에게 의지할 수 있다는 것을 알아차리고, 이에 따라 부모에 대한 기본적인 신뢰감을 발전시켜 나갈 수 있다. 부모에 대한 신뢰감이 일반화되면 아이는 세상을 신뢰할 수 있는 곳으로 지각한다. 자신을 돌봐주는 사람(주로 엄마)에 대한 신뢰감이 생기면 아이는 엄마가 눈앞에

서 사라져도 심하게 불안감을 보이는 행동을 하지 않음으로써 자신의 신뢰감을 보여 준다.

영아는 이 시기에 타인에 대한 신뢰감과 함께 자기 스스로를 신뢰할 수 있다는 것을 배워야 하는데, 엄마의 젖을 물지 않고 빨 수 있다거나 해치지 않고 쥐고 있을 수 있다는 것을 경험하면 '엄마가 젖을 물릴 때 경계할 필요가 없을 정도로 자신이 신뢰할 만하다는 것' 을 알게 된다. 신뢰감은 일부 부모의 자신감으로부터도 오는데, 부모가 자신의 행동이 자녀를 위해서 옳은 일이라는 것을 알 때 아이도 이를 알게 된다. 따라서 부모는 자신의 자녀양육방법을 신뢰할 필요가 있다. 영아가 신뢰감을 기르기 위해서는 불신에 대해서도 배워야 하는데, 불신을 앎으로써 신뢰감을 확실히 알 수 있게 된다. 불신이 무엇인지 모르고 신뢰감만 알고 크는 경우는 속기 쉬운 상태가 된다. 신뢰감과 불신감의 균형을 유지하면서 신뢰감을 키운 채로 이 시기를 마감한다면 핵심적인 자아의 장점인 '희망' 이 발달한다.

발달의 두 번째 단계인 항문기(2~3세)에는 신경계가 발달하면서 아이들은 괄약근을 조절할 수 있는 능력을 갖는다. 이때의 만족은 보유와 제거의 방식을 통해 일어나는데, 기본적으로 배변훈련을 거치면서 한꺼번에 배변할 때의 만족을 위해 배설물을 보유하거나 이를 배설할 때 느끼는 만족감이 그것이다. 이런 방식은 비슷하게 다른 행동에서도 나타나는데, 손으로 물건을 꽉 잡고 있다가 집어던지는 행동이나, 물건들을 쌓아두다가 한꺼번에 엎어버리는 행동 등이 유사하다. 이 시기에 아이들은 스스로 설 수 있고, 세상을 스스로 개척하기 시작하고, 혼자서 먹으려고 하고, 자신을 표현하는 언어를 사용하기 시작하여 '나' '내 것' '싫어' 등의 말을 사용한다. 이렇게 스스로 움직이고 자신의 마음을 표현하고 자신이 원하는 행동을 해 보는 것이 자율성의 바탕이 된다.

이 시기에 부모들은 아이가 사회적으로 바람직한 방식으로 행동하도록 훈련시키기 시작하는데, 대표적인 것이 배변훈련이다. 배변훈련 과정에서 아이들은 자율성 대 사회적인 제약 사이에서 갈등을 경험한다. 아이는 더 이상

원할 때 아무 곳에나 배변할 수 있는 것이 아니라 정해진 장소에 정해진 방식으로 배변해야 하고, 먹기 싫은 음식을 거부할 때는 부모의 통제를 받는다. 이 시기의 자율성은 아이들의 신체적 성숙으로 내부에서 오며, 내가 다른 사람의 눈에 좋게 보이지 않을 것이라는 수치심은 사회적인 기대와 압력을 익히는 과정으로 외부에서 온다. 아이의 자율적인 행동에 대한 부모의 과도한 제약이나 통제는 아이의 수치심을 지나치게 키운다. 아이들이 이 시기의 갈등을 잘 해결해서 수치심이나 의심에 비해 자율성을 더 발달시키면 자아의 '의지' 가 발달한다. 의지는 스스로의 뜻에 따라 선택하고 조절하려는 결심을 뜻한다.

3단계인 남근기(유아 성기기, 오이디푸스기: 4~6세)에는 아동이 자신과 타인의 성기에 대한 관심을 드러낸다. 이 시기의 아동은 대담해지고 호기심이 많아지면서 목표를 세우고 자신의 목표를 달성하기 위해 노력한다. 아동이 자신의 계획이 이루어질 수 없는 것임을 알 때 위기가 찾아오는데, Erikson은 기본적으로 이러한 위기를 오이디푸스적인 것으로 보았다. 즉, 한쪽 부모에 대한 사랑과 다른 쪽 부모에 대한 경쟁 의식으로 아동은 자신의 소망이 사회적인 금기를 위반한 것임을 깨닫고, 그 결과 사회적인 금기를 내면화하며 죄책감을 발달시킨다. 이 시기의 과제가 성공적으로 이루어지면 자아의 목표의식(purpose)이 발달한다.

잠재기는(7~12세) 남근기의 소망이 사회적 금기라는 깨달음으로써 성적이고 공격적인 욕구가 일시적으로 표면 아래로 잠복해 있는 시기다. Freud는 이 시기가 성격발달에 별다른 중요한 특징이 없는 시기로 간주한 데 반해, Erikson은 이 시기를 자아 발달에 중요한 시기로 보았다. 아동은 가정을 벗어나서 학교로 사회적 영역을 넓히면서 또래 및 교사와의 관계 등을 통해 중요한 인지적 · 사회적 기술을 이 시기에 배우게 된다. 아동은 읽고 쓰고 셈하기와 의사소통하는 법을 익혀 나가는 과정에서 자아의 '지속적인 관심과 근면성' 을 발달시킨다.

이 시기의 위험은 과도한 부적절감을 발달시키는 데 있다. 열등감은 학교에서 주어지는 과제를 또래들처럼 해내지 못하는 것에서 올 수도 있지만, 이전 단계의 발달과업을 제대로 수행하지 못해 그 영향으로 발달할 수도 있다. 예를 들어, 자율성이 제대로 발달하지 못한 경우 이 시기의 과업을 주도적으로 해내기는 어려울 것이다. 좋은 교사는 아동에게 적절한 과제를 부여하고 아동이 성취경험을 하도록 도와줌으로써 아동의 발달을 도울 수 있다. 이 시기의 과제를 적절히 해결하면 자아는 유능감(competence)을 발달시키며, 주어진 일을 할 때 자신의 지능과 기술을 마음껏 사용할 수 있다.

사춘기(13~19세)의 핵심 과제는 자아정체성의 발달이다. 사춘기의 2차 성징이 시작되면 개인은 본능적 욕구의 증가를 경험하고, 신체적인 변화는 정체성 혼란을 가중시킨다. 본능적 욕구의 증가로 다른 사람의 눈에 자신이 좋게 보이지 않을 것이라는 생각은 개인을 더 힘들게 할 수 있다. 한편, 자신이 사회에서 어떤 역할을 하며 살아야 하는지와 관련해 택할 수 있는 수많은 대안들, 다양한 사회적 갈등과 요구의 경험 등은 개인을 더 혼란스럽게 할 수 있다. 그 결과 자신이 누구인지 어떤 역할을 하고 살아야 하는지에 대한 혼란에서 벗어나기 위해 집단 구성원들과 자신을 동일시하려고 끊임없이 노력하면서, 한편으로는 자신과 다른 사람을 구분하려는 노력을 한다. 청소년들이 유행하는 브랜드의 옷이나 신발에 과도하게 집착하거나, 또래와 비슷한 옷 또는 머리모양을 하는 것은 내적 정체성의 혼란을 느껴 외적 정체성을 통해 자신을 드러내려는 노력의 일환으로 볼 수 있다.

정체성의 형성에 중요하게 영향을 미치는 요소로는 중요한 타인과의 동일시, 과업에서의 성취가 있다. 청소년들은 누군가를 우상화하고 그 사람과 자신을 동일시함으로써 정체성을 형성해 나가고, 한편으로는 일상생활에서의 과업에서의 성취를 통해 자신의 능력을 확인하면서 정체성을 확인해 나간다. 따라서 이 시기에 타인과 구분되는 자신의 능력을 확인해 나가는 과정은 정체성 형성에 핵심적이다. 자아정체성이 제대로 형성되지 않을 때 자신이 사회에서 어떤 역할을 하고 살아가야 할지에 대해 막연해지는 '역할 혼미' 상태에 있게 된다. 자아정체성이 잘 형성되면 자아는 자신의 결정에 대해 헌신하고 충성심을 유지하는 의리(fidelity)를 발달시킨다.

심리사회적 발달단계의 6단계인 청년기(20~34세)의 과제는 친밀감을 형성하는 것이다. 진정한 친밀감을 형성하기 어려울 때 개인은 고립감을 느낀다. Erikson이 말한 친밀감은 성적인 친밀감을 포함하는데, 진정한 친밀감은 성적 친밀감에 더해서 두 사람이 삶의 중요한 모든 측면들을 나누고 조정할 수 있을 때 생기는 것으로 여겨진다. 진정한 친밀감은 그 전 단계의 과제인 자아정체성이 잘 형성되었을 때에야 비로소 이루어질 수 있는데, 자아정체성이 잘 형성되지 않은 사람은 타인과 친밀한 관계가 될 때 자신을 잃어버릴 것 같은 두려움 때문에 진정으로 가까운 관계를 맺기 어렵기 때문이다. 개인이 진정한 상호성(mutuality)을 경험하지 못하는 정도에 따라서 그 반대인 고립감을 겪는다. 고립감에 비해서 친밀감이 클 때 자아는 '사랑' 을 발전시킬 수 있다.

심리사회적 발달단계의 7단계인 성인기(35~65세)의 발달과업과 위기는 생산성 대 침체감이다. 이 시기의 생산성은 기본적으로 아이를 낳아 사회의 한 구성원으로 키워 내는 일과 관련된다. 개인은 자식을 낳아 키움으로써 사회에 기여했다고 느낀다. 생산성의 또 다른 중요한 근원은 일을 통해 물건이나 아이디어를 생산해 내는 것이다. 아이들을 키우기 위해 성인은 흔히 자기만족의 욕구를 희생해야 하는데, 이에 잘 대응해 나가는 정도에 따라서 다음 세대를 돌봐 주는 능력인 '보살핌' 을 발달시킬 수 있다.

노년기(65세 이후)는 통합감 대 절망감의 시기다. 노년기에 나이가 들어감에 따라 사람들은 자신의 일생을 돌아보는데, 자신의 삶을 있는 그대로 받아들이고 가치 있는 것이었다고 느낄 때 '통합감' 을 얻을 수 있다. 자신의 삶을 돌아보면서 내 인생이 이만하면 괜찮은 삶이었으며, 실수도 했지만 그때의 상황으로 볼 때 실수를 불가피한 것으로 받아들일 수 있을 때 통합감을 얻었다고 볼 수 있다. 자아통합에서는 자신의 삶에서 긍정적인 측면들을 돌아보고 받아들임과 함께 부정적인 측면들도 돌아보고 받아들이는 것이 중요하다. 노인들이 자신의 삶을 돌아볼 때 절망감에 빠지기도 하는데, 예를 들어 어린아이처럼 아주 작은 일에도 극도로 싫어하는 반응을 보이는 행동 등이 자신에 대한 경멸을 나타내는 것이다. 삶에 대한 절망감을 넘어 자신의 삶에 대한 통합감을 얻을 수 있을 때 자아는 삶에 대한 '지혜'를 발달시킨다.

Erikson 이론에서 발달이 일어나게 하는 힘의 일부는 개인의 내적 성숙에 따른 것이고 일부는 사회적 기대에 따른 것이라고 여겨진다. 예를 들어, 개인이 성숙함에 따라 원하는 대로 움직일 수 있고 이러한 신체적 성숙은 자율성의 기초가 된다. 발달을 야기하는 다른 힘은 사회적 기대에서 오는데, 개인이 나이가 듦에 따라 사회에서는 그 나이에 맞는 기대를 하게 마련이고 이러한 기대도 발달을 야기하는 힘이 된다는 것이다. 발달에서 중요한 주제 중 하나는 한 단계에서 발달과업을 성공적으로 마치지 못했을 때 그다음 단계로 넘어갈 수 있는가 하는 점이다. Erikson 이론에서는 나이가 들어가면서 다음 단계로 넘어가기는 하지만, 그 전 단계의 과업이 제대로 이루어지지 못하면 현재 발달단계의 과업을 제대로 수행해 내기는 어렵다고 여긴다.

아동이 적절한 발달단계를 거쳐 나가고 발달과업을 잘 성취하도록 돕기 위해 부모나 교사는 자신들의 불안, 다른 관계에서의 무기력함이 아동에게 전달되지 않도록 주의하는 것이 좋다(Crain, 2000). 자신의 불안과 무기력함 때문에 관계에서 상대적으로 힘이 없는 아동을 지배하고 어른의 뜻대로 하는 방식은 아동에게 치명적인 부정적인 영향을 준다. 부모나 교사는 발달단계에 맞게 아동이 과업을 수행해 나가도록 지지하고 격려하는 역할을 하는 것이 좋다.

2) Marcia의 자아정체성의 구분

Erikson의 자아정체성에 관한 부분은 이후에 Marcia(1980)가 확장시켜 정체성의 상태가 더욱 세분화되어 기술되었다. Marcia는 청소년기 자아정체성의 위기 및 이에 따른 탐색의 경험과 자아정체성을 찾기 위한 과정에의 헌신을 두 축으로 하여 이에 따라 자아정체성의 상태를 네 가지로 구분하였다.

위기/탐색 (crisis/exploration)	헌신(commitment) 아니요	헌신(commitment) 예
아니요	정체성 혼미 (Identity Diffusion)	정체성 유실 (Foreclosure)
예	정체성 유예 (Moratorium)	정체성 성취 (Identity Achievement)

[그림 8-3] 위기/탐색과 헌신에 따른 네 가지 자아정체성의 상태

Marcia의 구분에 따른 자아정체성의 상태는 [그림 8-3]과 같다.

정체성 혼미(identity diffusion)는 정체성의 위기와 이에 따른 탐색을 하지 않고, 정체성을 찾기 위한 과정에 헌신하고 있지 않은 상태다. 이 상태의 개인은 직업이나 신념체계에 대한 의사결정을 하기 전으로 직업, 종교, 성적 영역 등에서 목표, 가치, 선택에 대한 개인적 기준을 갖고 있지 않다. 따라서 목적 없는 방황을 하거나 병적인 자기 몰두 등의 행동이 나타날 수 있으며, 이념체계에 목적 없이 노출되어 있으므로 타인으로부터 쉽게 영향을 받을 수도 있다.

정체성 유실(foreclosure)은 정체성의 위기나 탐색의 경험을 하지 않았지만 삶의 목표, 직업 목표, 가치, 신념에 대한 의사결정이 이루어진 상태다. 이 상태의 개인은 피상적으로 정체성을 획득한 것처럼 보이지만, 이것이 스스로의 탐색을 통해서 이룬 것이 아니라 부모를 포함한 의미 있는 타인과의 동일시를 통해서 이루어진 것이라는 점에서 문제가 된다. 청소년들은 친구들이 이미 정체성을 형성한 것처럼 보이는데 반해, 본인만 무엇을 해야 좋을지 모르는 것처럼 생각하고 이에 따라 불안감을 느끼기 쉽다. 이때 부모나 의미 있는 타인, 또래, 자기 자신이 스스로에게 가하는 압력으로 유실 상태에 빠질 수 있다. 정체성 유실의 문제는 현재 자신이 헌신하고 있는 신념, 가치, 직업 등이 스스로 위기를 겪고 탐색한 결과가 아니라는 점이다. 정체성 유실 상태에서 직업을 선택하고 삶의 방향을 결정한 사람들은 많은 노력을 한 후 그 길이 자신과 맞지 않는다는 것을 발견하고 혼란을 겪을 수 있다.

정체성 유예(moratorium) 상태의 개인은 정체성의 위기와 이에 따른 탐색을 하고 있으며, 아직 자신만의 정체성을 확립하지는 않았지만 스스로의 목표와 가치를 찾기 위해 노력하는 상태에 있다. 이 상태에서는 자신의 신념, 가치, 원하는 직업 등에 대해 미정으로 남겨 두고 다양한 신념과 역할들을 시험해 봄으로써 자신을 찾으려고 하며, 인습에 얽매이지 않는 새로운 생각과 행동을 탐색하고 변화해 나간다. 이러한 노력은 몇 년에 걸쳐 이루어질 수 있는데, 정체성을 확립하기까지 고립감, 시간이 그냥 지나가고 있다는 느낌, 모든 활동에 대한 무의미함 등을 가질 수 있다.

정체성 성취(identity achievement)는 정체성을 얻기 위한 위기와 탐색의 시간을 가졌으며 그 결과 정체성을 획득한 상태를 뜻한다. 정체성을 성취한 개인은 삶의 다양한 대안들을 평가하고 선택한 끝에 자신의 가치를 발견한 상태다. 그 결과 개인은 직업, 종교적 신념, 자신의 가치에 대해 정리하게 되며, 성에 대해서도 태도와 가치를 결정한다. 정체성 성취의 상태는 한 번 이루면 지속되는 정적인 상태가 아니라 삶의 영역에 따라 유예-성취-유예-성취의 단계를 반복하면서 자신의 정체성을 확실히 해 나간다. 정체성을 얻는 과정에서 여성과 남성은 비슷한 단계를 거치지만, 남성은 자율성을 점차로 획득하거나 개인적인 관심을 추구함으로써 정체성을 얻는데 반해, 여성은 다른 사람과의 유대관계를 발전시키면서 그 안에서 자신의 책임과 애착을 통해 정체성을 발달시켜 나가는 경향이 있는 것으로 알려져 있다.

요점 정리

1. 자아는 나에 대한 심리학적 용어로, 자아 발달이란 '나는 누구인가.' 에 대한 전반적인 인식의 발달과 관련된다.
2. 자아개념(self-concept)은 자신에 대해 갖는 생각, 감정, 태도를 종합적으로 일컫는 말이다. 자아개념은 흔히 자신의 능력, 신분, 역할과 관련되어 형성된다.
3. 자아개념은 다른 사람이 자신을 바라보는 방식으로부터 많은 영향을 받는데, 삶에서 중요한 타인들이 우리를 바라보는 모습이 우리가 자신을 바라보는 방식에 영향을 준다.
4. 자아존중감(self-esteem)은 자아개념의 일부분으로, 우리 자신의 가치에 관한 판단을 뜻한다. 자아존중감은 학습 유능감, 사회적 유능감, 신체적/운동 유능감, 외모 유능감의 하위요인으로 나뉠 수 있다.
5. 자아개념과 자아존중감은 한 번 형성되면 비교적 안정적으로 유지되는데 여기에는 자아일관성(self-consistency)과 자아고양(self-enhancement)의 동기가 함께 작용한다.
6. 가족구조보다는 가족관계나 가족의 분위기와 같은 관계적 측면이 자아존중감에 영향을 주는 것으로 나타난다.
7. Erikson의 심리사회적 발달단계에 따르면, 일생에 걸쳐 8단계의 발달과업과 위기를 거쳐 발달이 이루어진다. 발달과업과 위기는 발달 순서에 따라 신뢰감 대 불신감, 자율성 대 수치심과 회의감, 주도성 대 죄책감, 근면성 대 열등감, 정체성 대 역할 혼미, 친밀감 대 고립감, 생산성 대 침체감, 통합감 대 절망감이다.
8. 청소년기의 중요한 발달과제는 자아정체성의 발달이다. 중요한 타인과의 동일시, 과업에서의 성취는 자아정체성의 형성에 영향을 미치는 중요한 요소다.
9. Marcia에 따르면 자아정체성의 상태는 정체성 혼미(identity diffusion), 정체성 유실(foreclosure), 정체성 유예(moratorium), 정체성 성취(identity achievement)로 구분된다.

생각해 볼 문제

1. 아동의 자아개념과 자아존중감이 긍정적으로 형성될 수 있도록 하기 위해 교사는 어떤 태도를 취하고 어떤 역할을 하는 것이 중요하다고 생각하는지 설명해 보시오.

2. Erikson의 심리사회적 발달단계에 따르면, 초등학교 시기의 발달과업과 위기는 근면성 대 열등감이다. 아동이 이 시기의 발달과업을 잘 이루도록 돕기 위해 교사가 할 수 있는 역할은 무엇이라고 보는지 설명해 보시오.

참고문헌

김희경(1990). 청소년의 자아개념에 영향을 미치는 환경변인에 관한 연구. 이화여자대학교 교육대학원 석사학위논문.

민경환(2002). 성격심리학. 서울: 법문사.

박혜원, 이사라(2005). 부모, 또래 및 교사가 아동의 자아개념발달에 미치는 영향에 관한 문화적 비교연구: 한국과 중국 심양 조선족 초등학생을 중심으로. 아동학회지, 26(1), 169-182.

송인섭(1999). 자아개념의 이론, 측정, 변화. 교육심리연구, 13(4), 1-46.

송인섭(2001). 학습자의 자아개념 형성에 관련된 교사변인의 재음미. 교육심리연구, 15(4), 253-267.

이경은, 이주리(2008). 한부모 가정 자녀의 자아존중감 발달에 관한 연구-양부모 가정과의 비교를 중심으로. 인간발달연구, 15(2), 1-16.

이사라, 박성연(2001). 부모의 양육행동 및 또래관계가 아동의 자아개념 발달에 미치는 영향에 관한 종단적 연구. 아동학회지, 22(4), 17-32.

임정하(2006). 한국적 부모 양육행동과 청소년의 발달특성과의 관계-청소년의 자아존중감과 사회적 책임감을 중심으로. 인간발달연구, 13(1), 135-151.

정익중(2007). 청소년기 자아존중감의 발달궤적과 예측요인. 한국청소년연구, 18(3), 127-166.

Berk, L. E. (2006). *Chld development* (7th ed.). Boston, MA: Allyn and Bacon.

Coopersmith, S. (1981). *The antecedents of self-esteem* (2nd ed.), Palo Alto, CA: consulting Psychologists Press.

Crain, W. (2000). *Theories of development: Concepts and applications*(4th ed.). Upper Saddle River, NJ: Prentice Hall.

Erikson, E. H. (1968). *Identity, youth, and crisis.* New York: Norton.

Leahy, R. L. (Ed.) (1995). 자아의 발달(김기정 역). 서울: 문음사.

Lewis, M., & Brooks-Gunn, J. (1979). *Social cognition and the acquisition of self.* New York: Plenum.

Marcia, J. E. (1980). Identity in adolescence. In J. Adelson (Ed.). *Handbook of adolescent psychology* (pp. 159-187). New York: Wiley.

Markus, H. R., & Kitayama, S. (1991). Culture and the self: Implications for cognition, emotion, and motivation. *Psychological Review, 98,* 224-253.

Miller, P. J., Fung, H., & Mintz, J. (1996). Self-construction through narrative practices: A Chinese and American comparison of early socialization. *Ethos, 24,* 1-44.

Papalia, D. E., Olds, S. W., & Feldman, R. D. (1991). 인간발달 I: 아동발달(박성연 역). 서울: 교육과학사.

Papalia, D. E., Olds, S. W. & Feldman, R. D. (2003). *Human development* (9th ed.). McGraw-Hill.

Sullivan, H. S. (1968). *The interpersonal theory of psychiatry.* New York: Norton.

제9장
발달장애

학습목표

- 발달장애의 개념을 설명한다.
- 발달장애의 각 유형별 정의와 특징 및 원인을 설명한다.
- 학급 내에서 발달장애 학생을 효과적으로 교육할 수 있는 방법을 예를 들어 설명한다.

이 장의 내용

1. 발달장애의 개념과 유형
2. 지적장애
   정의와 판별 기준 / 분류 및 유형 / 지적장애의 원인 / 지적장애의 특성
3. 자폐성장애
   정의와 판별 기준 / 분류 및 유형 / 자폐성장애의 원인 / 자폐성장애의 특성
4. 학습장애
   정의와 판별 기준 / 분류 및 유형 / 학습장애의 원인 / 학습장애의 특성
5. 기타 발달장애
   주의력결핍 및 과잉행동장애(ADHD) / 의사소통장애 / 뇌성마비

주요 개념 및 용어

· 발달장애 · 지적장애 · 적응행동 · 자폐성장애(레트증후군, 전반적 발달장애, 아스퍼거증후군, 석학증후군) · 특정학습장애 · 주의력결핍 및 과잉행동장애(ADHD) · 의사소통장애(구어장애, 언어장애) · 뇌성마비

제9장 발달장애

1. 발달장애의 개념과 유형

발달장애란 나이에 비해 신체 및 정신적 발달이 또래에 비해 심각하게(대개 하위 25% 이하) 지체되는 상태를 통틀어 칭하는 개념이다. 발달장애는 자폐성장애는 물론 학습장애, 주의력결핍 및 과잉행동장애(ADHD), 지적장애, 의사소통장애, 선천성 지체장애(뇌성마비, 이분척추 등) 등을 포함하는 비교적 포괄적인 개념이다. 세계보건기구(WHO) 국제 질병 분류에서 정의하고 있는 발달장애란, 대인관계 형성, 언어와 의사소통 등에서 장애를 갖고 있고, 특이한 행동 반복 등의 특징을 보이는 경우를 말한다. 발달장애 여부는 주로 12세 이하의 아동을 대상으로 진단하는데, 대체로 여아에서보다 남아에게서 훨씬 높게 나타난다. 남아들의 발달장애 출현율(prevalence: 특정 기간 동안 태어난 전체 아이 중 발달장애를 가진 아이의 비율)이 더 높은 이유에 대해서는 아직 명확히 밝혀진 것이 없고, 단지 남아가 여아보다 생물학적 특성상 환경과의 상호작용 측면에서 더 취약하기 때문이라는 추측만 있을 뿐이다(정옥분, 2003). 발달장애아동들이 보이는 가장 두드러진 특징은 지적 능력과 신체적 능력의 결함, 언어적 상호작용과 의사소통상의 결함, 특이한 행동(행동의 반복, 집착, 획일성) 등이다.

발달장애의 원인은 다양하고 복합적이며 아직 알려지지 않은 것도 많다. 현재까지 밝혀진 발달장애 원인으로는 유전, 염색체 이상, 중추신경계통의 결함, 유해 환경물질의 영향, 임신 과정의 문제(조산, 난산, 감염, 영양부족 등) 등이다. 또한 산모의 음주, 약물 중독, 그리고 부모와의 격리 등과 같은 환경적인 요인들도 발달장애의 원인이 될 수 있다.

발달장애아를 제대로 이해하기 위해서는 이들이 보이는 특성의 다양성과 상대성을 고려해야 한다. 일단 동일한 장애 명칭이라 하더라도 지역과 시대에 따라 그 의미가 다르다. 예컨대, 지적장애의 경우 예전에는 평균보다 약간 낮은 지적 능력이 주요 기준이었지만 이제는 지역사회 내에서의 생활적응능력도 중요한 판단 기준이 되었다. 또한 동일한 장애 영역에 속하는 사람들이라도 이들의 특성은 매우 다르다. 무엇보다 장애 증상은 해당 개인이 가진 수많은 특징 중 하나에 불과하다는 점을 인식하는 것이 올바른 발달장애 인식의 출발점이다. 발달장애아동도 소중하고 고유한 존재다. 비록 교육이나 훈련 효과가 더디게, 알 수 없는 시기에, 짐작할 수 없는 정도로 일어나기는 하지만, 변화와 교육이 가능하며, 각자 꿈과 희망을 갖고 있다는 점을 간과하여서는 안 된다. 발달장애아들도 분야에 따라서는 상대적인 혹은 절대적인 강점을 보일 수 있다. 이들의 발달이나 성장은 평균보다 얼마나 높은가가 아니라 이전보다 얼마나 나아졌는가로 보아야 한다.

발달장애의 범주에 어떠한 장애들이 포함되어야 할 것인가에 대해서는 일치된 견해를 찾아보기 어렵다. 이 장에서는 아동발달을 이해하는 데 특히 중요한 장애 영역인 지적장애(정신지체), 자폐성장애, 학습장애, 의사소통장애 그리고 일부 정서·행동장애를 중심으로, 각각의 정의, 유형, 특성과 원인 등을 살펴보고자 한다. 이들 각 장애 영역에 대한 보다 상세하고 전문적인 내용은 국내외 특수교육개론서 혹은 장애 관련 개론서를 참조하기 바란다.

2. 지적장애

1) 정의와 판별 기준

지적장애(정신지체)란 무엇이고 그 기준이 무엇인가에 관해서는 그동안 많은 논란이 있었고 수차례 그 정의와 판별 기준이 변화해 왔다. 이는 지적장애 현상 자체가 그만큼 규정하기가 쉽지 않음을 의미한다. 더 중요한 것은 지적장애의 기준이나 의미는 절대적인 것이 아니라 사회적으로 결정되는 상대적인 것이라는 점이다. 지역이나 시대에 따라 지적장애가 무엇인가에 관한 인식과 기준이 변해 왔고, 앞으로도 그럴 것이다.

「장애인복지법」에서는 2008년 12월 개정에서 정신지체를 지적장애로 명칭을 바꾸었다. 현재 지적장애 정의 중 가장 대표적인 것은 미국지적장애협회(American Association on Intellectual and Developmental Disabilities: AAIDD, 2010)의 정의다. "지적장애란 지적 기능과 개념적, 사회적, 실제적 적응기술로 표현되는 적응행동 영역 모두에서 심각한 제한성을 가진 장애다. 이 장애는 18세 이전에 시작된다."

이 정의에서 주목할 점은 지적 기능과 적응행동 모두에서 심각한 제한을 보여야 한다는 점이다. 그러니까 누군가가 지적장애인지를 판별하려면 반드시 세 가지 요건—낮은 지적 기능, 적응행동의 문제, 이 두 가지가 18세 이전에 출현—을 모두 갖추어야 한다. 지적 기능이란 대개 표준화된 지능검사 점수로 나타내는 일반적인 지적 능력을 의미한다. 심각하게 낮은 지능이란 대개 평균보다 2 표준편차 이하 수준을 의미한다. 보통의 지능검사는 평균 100, 표준편차 15로 표준화되어 있기 때문에 지능지수(IQ) 70 이하는 일단 지적 능력 측면에서 지적장애 범위에 해당한다.

적응행동은 사람들이 일상생활 속에서 기능하기 위해 필요한 최소한의 능력을 의미하는 것으로, 언어사용, 읽기와 쓰기, 금전 개념, 자기 지시, 대인관계, 책임감, 자존감, 속기 쉬움, 순진성, 규칙 준수, 법률 준수, 희생 회피 등의 영역에서의 기본적인 생활능력을 말한다. 적응행동에 결함이 있는가 여부는 그 사람의 지적 능력, 사회적 상호작용이나 역할, 신체적 건강 상태, 그리고 기타 환경이나 맥락 등을 고려하여 판단해야 한다.

이와 같이 지적장애를 정의하는 데 단순히 낮은 지능뿐만 아니라 적응행동도 고려하는 이유는 지적장애를 복합적이고 생태학적인 현상으로 인식하는 것이 중요하기 때문이다. 미국지적장애협회에서는 2002년도에 지적장애 정의를 적용하는 데 필수적인 다섯 가지 가정을 명시하였다.

1. 개인이 현재 보이고 있는 기능상의 제한은 반드시 그 개인의 또래들이 경험하는 문화에 전형적으로 나타나는 지역사회 환경 맥락 안에서 고려되어야 한다.
2. 진단을 타당하게 하기 위해서는 당사자의 의사소통능력, 감각능력, 운동능력, 행동 등에서의 차이뿐만 아니라 문화적 · 언어적 다양성도 고려되어야 한다.
3. 기능상의 제한은 그 개인의 모든 면을 대표하는 것이 아니다. 그 개인은 다른 강점도 가지고 있을 수 있다.
4. 개인의 기능상의 제한을 기술하는 것은 그 제한 정도를 완화하는 데 필요한 지원이 무엇인지 보이기 위함이다.
5. 장기간에 걸친 개별화된 지원이 주어질 경우, 지적장애인의 기능상의 제한은 완화되거나 없어질 수 있을 것이다.

이러한 가정들이 시사하는 점은 지적장애를 이해하기 위해서는 개인과 주변 환경과의 상호작용 측면과 그 개인에게 주어지는 지원의 양과 질을 반드시 고려해야 한다는 것이다. 즉, 지적장애란 고정불변의 장애 특성이나 범주가 아니라, 특정 개인의 개인적 특성(지적 능력, 적응행동능력, 사회적 활동, 건강상태)과 환경, 그리고 지원 등을 모두 포함하는 생태학적 관점으로 이해되어야 할 장애다(박승희, 신현기, 2003).

2) 분류 및 유형

지적장애 유형은 지적 기능과 적응행동상의 제한이 심한 정도에 따라 대개 네 가지로 분류하는데, 지적 능력에 따라서는 경도 지적장애(IQ 50-55에서 70-75), 중등도 지적장애(35-40에서 50-55), 중도 지적장애(20-25에서 35-40),

최중도 지적장애(20-25 이하) 등으로 분류한다. 한편, 특수교육학계에서는 지적장애 유형을 지능지수를 중심으로 기계적으로 분류하기보다는 요구되는 지원에 정도에 따라 〈표 9-1〉과 같이 분류하는 것이 교육적으로 적절하다는 입장을 견지하고 있다.

〈표 9-1〉 요구되는 지원의 정도에 따른 지적장애의 분류 및 특성

요구되는 지원 정도별 분류	특 성	지적 기능에 따른 분류
간헐적 지원 (intermittent support)	단기간의 간헐적 지원을 요구하는 경우(예: 실직, 질병)를 말한다. 이러한 지원의 강도는 높을 수도 있다.	경도 지적장애(3급) (IQ 50-55~70-75)
제한적 지원 (limited support)	일정 시간 일관성 있는 지원이 필요한 경우를 말한다.	중등도 지적장애(2급) (IQ 35-40~50-55)
확장적 지원 (extensive support)	직장이나 가정 같은 일부 환경에서 장기간의 정규적인 지원이 필요한 경우를 말한다.	중도 지적장애(1급) (IQ 20-25~35-40)
전반적 지원 (pervasive support)	전반적인 환경에서 일관성이 있으며 강도 높은 지원이 필요한 경우를 말한다. 이러한 지원에는 많은 요원과 개입이 요구된다.	최중도 지적장애(1급) (IQ 20-25 이하)

출처: 이소현, 박은혜, 2006: 85 부분 수정.

3) 지적장애의 원인

지적장애 원인으로는 크게 염색체 이상, 유전성 대사성 질환 그리고 의학적 요인 등을 들 수 있다. 염색체 이상으로는 다운증후군(Down' s syndrome: Mongolisim), 크리드샤증후군(Criduchat syndrome), 클라인펠터증후군(Klinefelter' s syndrome), 터너증후군(Turner' s syndrome) 등을 들 수 있다. 다운증후군은 주로 21번째 염색체에 문제가 있어 나타나는 증상으로, 넓은 이마, 작은 키, 짧고 뭉툭한 손, 약한 근육, 관절 이음 부분의 지나친 무정형, 튀

어나온 혀 등의 특징을 보인다([그림 9-1] (가) 참조). 면역력이 약하고 특히 호흡기 질환에 취약하다. 다만, 다운증후군이라 해도 지적장애 정도는 다양하며, 모두가 지적장애로 판별되는 것은 아니다. 다운증후군 아동의 출현율은 산모의 출산 연령과 밀접한 관련이 있어 45세 이상의 산모에서는 1/30의 발생 확률을 보인다고 한다.

(가) 다운증후군 아동 (나) 크리드샤증후군 아동

[그림 9-1] 다양한 유형의 지적장애

크리드샤증후군(Criduchat syndrome)은 5번 염색체가 손상된 경우로, 고양이 울음소리와 심한 지적장애 및 기형적 얼굴을 보인다([그림 9-1] (나) 참조). 클라인펠터증후군(Klinefelter' s syndrome)은 23번 남성 성염색체에 X염색체가 2개여서 남성이면서 여성적인 성징을 보인다. 터너증후군(Turner' s syndrome)은 23번 여성 염색체에 하나의 X염색체만 존재하여 여성이면서도 여성적인 성징이 부족하다.

유전성 대사성 질환의 예로는 페닐케톤뇨증(Phenylketonuria: PKU)을 들 수 있는데, 이는 아미노산 대사 이상의 일종이다. 필수 아미노산의 하나인 페닐알라닌이 산화되어 티로신으로 변하는 과정에 필요한 효소 유전적 질환으로 결핍되어 부산물인 페닐 초성 포도산성 독물이 유아의 혈류 속에 누적되어 신경계의 발달에 손상을 입혀 발생한다. 1934년 노르웨이 내과의사인 Folling이 인간의 신진대사에 장애를 일으키는 생화학 기제를 알아낸 후에 조기에 발견하여 페닐알라닌을 제한하는 식이요법으로 지적장애를 예방하는 것이 가능해졌다.

이 밖에 지적장애를 유발하는 의학적인 원인으로는 태아기, 출산 시 및 출생 후 뇌손상을 들 수 있다. 태아기 뇌손상 요인으로는 뇌풍진, 매독, 거대세포봉입체증 등에 따른 뇌 감염, 약물과 알코올 및 중금속 등에 따른 뇌 중독, 뇌의 물리적 손상, 산소 결핍, 모자 형액형 부적합 등을 들 수 있다. 출산 시 뇌손상 요인으로는 출산시 기계적 손상, 미숙 출산, 출산시 산소 결핍 등을 들 수 있고, 출생 후 뇌손상 원인으로는 뇌 및 뇌막의 감염증, 뇌 외상, 뇌 중독, 영양실조, 성장호르몬 결핍 등을 들 수 있다.

4) 지적장애의 특성

인지능력 및 학업성취 측면에서 지적장애 아동들은 주의력과 기억력에 결함을 보이며 학습속도가 느리다. 모방, 우연학습능력이 부족하고 동기화의 문제가 있다. 반복되는 실패로 학습된 무기력의 모습을 보이기도 한다. 임상적으로 가장 두드러진 인지적 특징은 언어사용상의 어려움이다. 대개 지적장애의 80% 정도는 정도의 차이는 있지만 언어사용에 심각한 어려움을 보인다. 또한 특정 과제를 하기 위해 어떤 전략이 필요한지를 알고 자신이 하는 일에 대해 지속적으로 검토하며 결과와 효과성에 대해 점검하는 능력인 초인지에 어려움이 있다.

언어 및 사회성 측면에서는 대부분의 지적장애아동들은 정상적인 언어발달단계를 따르지만 비장애 아동에 비해 발달속도가 지체된다. 언어를 통해 자기표현과 주변 환경의 통제를 충분히 할 수 없을 때는 문제행동을 보이기도 한다. 상호작용기술의 부족으로 친구를 잘 사귀지 못하므로 교사의 구조적인 중재를 통해 긍정적 상호작용을 촉진할 필요가 있다.

학생주도 및 또래주도방법은 지적장애학생들의 자신감을 고양시키며 주도적으로 자신의 문제를 해결하도록 하는 데 유용하다. 여기에는 자기점검법(스스로 자기 행동을 기록하여 자기 행동에 대한 인식을 높임으로써 스스로 통제하게), 자기교수법(스스로 과제수행단계를 말하면서 과제를 수행하는 방법. 완전히 터득하지 못한 과제의 연습 과정에 효과적임), 자기강화법 등의 학생주도적 방법과 또래주도방법 등이 있다.

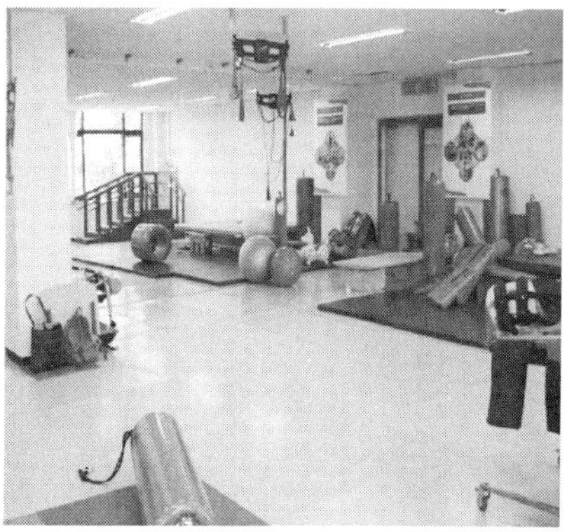

(가) 지적장애 학교 치료 시설

(나) 지적장애학생 대상 낱말 지도

[그림 9-2] 지적장애 지도 방법

지적장애아를 지도할 때는 수준별로 흥미 있는 소재를 중심으로 특성을 고려하여 지도하는 것이 중요하다.

지적장애학생을 위한 지도 방법은 장애의 정도에 따라 약간 달리 적용할 수 있는데, 경도 지적장애학생을 위해서는 미래 생활에 가장 필요하고 실생활에 적용되는 기능적 기술을 지도하는 데 중점을 둔다. 예컨대, 메뉴판, 영화시간표, 전화번호부 등을 이용한 읽기지도, 화폐 사용을 중심으로 한 수학지도 등이 이에 해당한다. 또한 학습을 하는 데 기본이 되는 준비기술, 즉 착석, 교사에 집중, 지시 따르기, 근육협응능력(연필 쥐기, 가위질하기), 자조기술(단추 잠그기, 화장실) 등을 지도한다. 중도 지적장애학생을 위해서는 생활연령에 적합한 교육과정과 교수자료를 사용하고, 기능적 활동을 중심으로 지도한다. 지하철 이용, 은행, 가게, 자판기 이용 등 지역사회 이용 기술을 실제적으로 지도하는 것도 중요하다.

3. 자폐성장애

1) 정의와 판별 기준

자폐(autism)라는 용어는 1943년 Leo Kanner가 처음 사용하기 시작했고, 최근 들어서는 전반적 발달장애(Pervasive Developmental Disorders) 혹은 자폐성장애(Autism Spectrum Disorders: ASD)라는 용어와 혼용되고 있다(Hunt & Marshall, 2005). 자폐성장애란 전통적인 의미의 자폐와 유사한 특징을 보이는 장애를 모두 통칭하는 용어다. 미국정신의학회(American Psychiatric Association: APA)의 『정신장애의 진단 및 통계 편람 제4판(DSM-IV)』에 따르면, 자폐성장애는 사회적 상호작용(눈맞춤, 얼굴 돌림, 지시 따르기 등)과 의사소통의 질적 결함, 제한적이고 반복적인 상동 행동적인 유형의 제한된 행동 그리고 사회적 상호작용, 사회적 의사소통을 위해서 사용되는 언어, 상징놀이나 상상놀이에서 한 가지 이상의 발달지체나 비정상적인 기능이 3세 이전에 나타나는 경우다.

2) 분류 및 유형

자폐성장애로 분류되는 장애에는 다음과 같은 것들이 있다(Turnbull, Turnbull, & Wehmeyer, 2007).

- 자폐증(Autistic Disorder)
- 레트증후군(Rett Syndrome)
- 전반적 발달장애(Pervasive Developmental Disorder)
- 아스퍼거증후군(Asperger' s Syndrome)
- 아동기 분리장애(Childhood Disintegrative Disorder)

(1) 자폐증(Autistic Disorder)

3세 이전에 증상이 나타나는 가장 전형적인 자폐증으로, 흔히 예전부터 자폐증이라고 알려진 것이 이에 해당한다. 주요 증상으로는 사회적 상호작용과 의사소통 기능이 심각하게 제한되어 있고, 제한적이고 반복적인 행동을 지속적으로 보이는 것이 있다. 1943년 자폐(autism)라는 개념을 처음 소개한 Kanner는 자폐의 핵심적 특징을 ① 생애초기부터 나타나는 심각한 사회적 고립, ② 특정 사물에 대한 비정상적인 애착, ③ 고립과 통일성에 대한 지나친 집착 등 세 가지를 제시하였다. 자폐를 진단하기 위해 가장 많이 사용되고 있는 것은 『정신장애의 진단 및 통계 편람 제4판(DSM-IV)』에 제시된 기준이다. DSM-IV에서 제시하고 있는 자폐증 진단 기준은 다음과 같다.

A. (1), (2), (3)에서 총 6개 (또는 그 이상)항목, 적어도 (1)에서 2개 항목, (2)와 (3)에서 각각 1개 항목이 충족되어야 한다.

1. 사회적 상호 작용의 질적 장애가 다음 항목 중 두 가지 이상에서 나타난다.
   (1) 사회적 상호작용을 조절하기 위한 눈 마주치기, 얼굴표정, 몸 자세, 몸짓과 같은 다양한 비언어적 행동을 사용함에 현저한 장해
   (2) 발달 수준에 적합한 친구관계 발달의 실패
   (3) 자발적으로 다른 사람들과 기쁨, 관심, 성공을 나누지 못한다(예, 관심의 대상을 보여 주거나, 가져오거나, 지적하지 못함)
   (4) 사회적으로나 감정적으로 서로 반응을 주고받는 상호 교류의 결여

2. 질적인 의사소통 장해는 다음 항목들 가운데 적어도 1개 항목으로 표현된다.
   (1) 구두 언어 발달의 지연 또는 완전한 발달 결여(몸짓이나 흉내 내기 같은 의사소통의 다른 방법을 통한 보상 시도가 수반되지 않는다)
   (2) 적절하게 말을 하는 경우라도, 다른 사람과 대화를 시작하거나 지속하는 능력의 현저한 장해
   (3) 발달 수준에 적합한 자발적이고 다양한 가상적 놀이나 사회적 모방 놀

이의 결여

3. 제한적이고 반복적이며 상동증적인 행동이나 관심, 활동이 다음 항목들 가운데 적어도 1개 항목으로 표현된다.
   (1) 강도나 초점에서 비정상적인, 한 가지 이상의 상동적(똑같은 것을 반복함)이고 제한적인 관심에 집착
   (2) 특이하고 비효율적인 틀에 박힌 일이나 의식에 고집스럽게 매달림
   (3) 상동적이고 반복적인 동작성 매너리즘(예, 손이나 손가락으로 딱딱 때리기나 틀기, 또는 복잡한 전신)
   (4) 대상의 부분에 지속적으로 몰두

B. 다음 영역 가운데 적어도 한 가지 영역에서 기능이 지연되거나 비정상적이며, 3세 이전에 시작된다.

1. 사회적 상호작용
2. 사회적 의사소통에서 사용되는 언어
3. 상징적 또는 상상적 놀이

C. 레트증후군 또는 아동기 분리장애로 잘 설명되지 않는 장애다.

자폐의 출현율과 관련해서는 두 가지 두드러진 경향을 주목할 필요가 있다. 하나는 대체적으로 자폐아는 신생아 1만 명당 2~5명꼴로 출현하는 것으로 알려져 왔지만, 최근에 들어서는 그 비율이 매우 높아져 자폐증상을 일정 수준 이상 보이는 아동까지 포함하면 1만 명당 60~70명까지도 보고되는 경우가 있다. 이처럼 자폐성장애의 출현율의 급격한 증가에 대해서는 몇 가지 학설이 제기되고 있다. 대표적인 학설로는 진단방법의 정교화, 인식의 저변 확대, 백신 예방접종에 따른 부작용 결과 등이 있다. 하지만 그 어느 것도 결정적인 증거가 없는 상황이다.

(2) 레트증후군(Rett Syndrome)

주로 여아에게서 많이 나타나는 일종의 신경학적 장애로서 가장 두드러진 임상적 특징은 운동기능을 잘 수행하지 못한다는 점이다. 출생 시 머리 둘레 크기 그리고 출생 후 5개월까지의 심리운동 기능은 정상적으로 발달하지만 그 이후 다음의 증상을 모두 보이는 경우가 레트증후군이다.

① 생후 5~48개월에 머리 둘레 크기의 감소
② 생후 5~30개월에 이전에 배웠던 유목적적인 손 기술을 상실하고 틀에 박힌 반복적인 손 움직임 발달
③ 발달 초기에 사회적 관계 형성 능력 상실
④ 어설픈 걸음과 몸 움직임
⑤ 심각한 심리 · 운동적 지체를 수반한 표현성 및 수용성 언어 발달의 심각한 지체

(3) 전반적 발달장애(Pervasive Developmental Disorders)

언어적 혹은 비언어적 의사소통 기술이나 상투적인 행동, 흥미, 활동 등의 손상과 관계된 사회적 상호작용능력 발달상에 심각하고도 전반적인 손상이 있는 경우다. 하지만 여타 다른 특정의 전반적 발달장애, 정신분열증, 분열적 성격장애, 회피적 성격장애는 포함하지 않는다. 단, 비교적 늦게 나타나는 자폐증상은 이 범주에 포함된다.

(4) 아스퍼거증후군(Asperger' s Syndrome)

인지능력이나 언어구사능력, 연령에 맞는 자조기술, 적응 행동, 주변에 대한 흥미 등에는 별 문제가 없지만 사회적 상호작용, 직업, 기타 다른 중요한 영역에서 임상적으로 중요한 결함을 보이는 경우로, DSM-IV 진단 기준은 다음과 같다.

A. 다음 사항 중 최소 두 가지 이상에서 사회적 상호작용의 질적 결함을 보인다.

1. 사회적 상호작용을 위한 시선 맞춤, 얼굴표정, 신체 표현, 몸짓 등과 같은 다양한 비언어적 행동 사용상의 두드러진 결함
2. 발달단계에 맞는 또래관계 형성 실패
3. 기쁨, 흥미, 기타 성취물들을 타인들과 자발적으로 공유하려는 시도(예컨대, 타인에게 관심 있는 것을 보여 주거나 가져오거나 가리키는 등의 행동) 부족
4. 사회적 정서적 상호작용 부족

B. 다음 사항 중 최소 두 가지 이상에서 반복적이고 상투적인 행동, 흥미, 활동을 보인다.

1. 지나치게 몰입하여 하나 혹은 그 이상의 것에 상투적이고 제한적으로 관심을 보임
2. 특정의 반복적이고 별 의미 없는 것에 융통성 없게 집착함
3. 반복적이고 상투적인 행동(예컨대, 손이나 손가락 소리 내기 혹은 비틀기, 복잡한 전신 운동)
4. 물체의 특정 부위에 지나치게 집착 혹은 몰입

(5) 아동기 분리장애(Childhood Disintegrative Disorder)

이 장애는 출생 후 2세까지는 언어적 비언어적 의사소통, 사회적 관계 형성, 놀이, 적응 행동 측면에서 정상적인 발달을 보이다가 그 이후에는 이전까지 습득했던 기능에 심각한 결함을 보인다. 다른 전반적 발달장애나 정신분열로는 설명할 수 없는 증상을 보인다. 주요 진단 기준은 다음과 같다.

B. 다음 항목 중 최소 2개 이상에서 심각한 기능 결함을 보인다.

1. 언어의 표현 혹은 표현된 언어의 수용
2. 사회적 기술 혹은 적응 행동
3. 대소변 조절
4. 놀이
5. 운동 기술

C. 다음 항목 중 최소 두 가지 이상에서 기능의 이상을 보인다.

1. 사회적 상호작용의 질적 손상(예컨대, 비언어적 행동의 손상, 또래관계 형성 실패, 사회 · 정서적 상호작용 부족 등)
2. 의사소통의 질적 손상(예, 구어 발달 지체 및 부족, 대화 시도 및 유지 능력 부족, 언어의 반복적 상투적 사용, ~인 척 하는 행동의 부족)
3. 제한적, 반복적, 상투적인 행동이나 흥미, 활동

3) 자폐성장애의 원인

자폐성장애의 원인은 주로 출생 전, 출생 중, 출생 후에 야기되는 두뇌의 역기능이나 생화학적 역기능과 관련된 것으로 보고 있다. 한동안 자폐가 부모의 양육방식이나 부적절한 주변 환경 때문에 발생한다고 많이 알려져 있었지만, 현재는 거의 대부분 개인내적인 신경생리학적 문제가 자폐의 주요 원인으로 인식되고 있다. 현재 생의학 분야의 관련 학자들은 자폐성장애가 두뇌 발달 이상이나 두뇌 신경손상과 밀접하게 관련되어 있다는 점에 동의한다. 자폐성장애인의 소뇌의 이상과 대뇌 피질의 이상이 발견되고, 두뇌의 화학적인 작용과 관련된 요인, 특히 두뇌 신경전달물질의 이상이 언급되고 있다. 그중에서도 뇌세포의 세로토닌 비율이 비정상적으로 높은 것이 전체 자폐의 30~50% 정도를 설명할 만큼 대표적인 원인으로 알려져 있다. 이 밖에 자폐의 원인으로는 의학적 이상(뇌손상이나 기능상의 장애, 출생 시 산소과다에 따른 뇌 망상체 조직 손상과 그에 따른 정보통합과 기억능력 상실, 산전 산후의 합병증이나 뇌손상, 두뇌와 척수를 연결하는 특정 신경 가닥의 비정상적인 굵기, 뇌의 바이러스 감염, 임신과 출산장애), 유전(동일 가족내 출현 가능성인 약 2~3%는 일반적인 자폐아 출현율(.01~.02%)보다 높다. 또한 일란성 쌍생아 중에서 36%의 자폐 중복률을 보인다), 심리, 환경적 요인 등을 들 수 있다.

4) 자폐성장애의 특성

자폐아의 가장 큰 임상적인 특징은 언어지체 및 언어사용상의 결함이다. 타인의 말, 단어, 문장 등을 즉시 혹은 일정한 시간이 흐른 다음 반복하는 반향어 특성을 보인다. 의사소통 행위가 나타나지 않으며, 의미 없는 말을 반복하거나 욕구나 갈망을 표현하는 것도 어렵거나 하더라도 부적절하다. 대명사 사용에 혼란을 느껴 '나' '내가' 대신 자기 이름을 넣어 "철수 이것 먹고 싶어." 등과 같이 말한다. 억양도 높낮이가 거의 없이 일관되게 낮거나 높게 말한다.

사회성이나 대인관계 측면에서는 고립되어 있고, 사회적 상호작용이 거의 없는 것이 특징이다. 주변 사람들을 마치 무생물처럼 취급하며 이들에 무관심하고 안기기나 신체적 접촉을 회피한다. 이러한 현상은 집착이 심한 특정인을 제외한 가족에게도 마찬가지다. 당연히 타인의 의중이나 사회적 태도에 대한 이해도가 부족하고 사회적 인지능력이 낮다. 특히 가족에게까지 눈맞추기를 허용하지 않기도 한다.

특정 감각에 대해서는 지나치게 민감하거나 둔감한 특성을 보이기도 한다. 특이한 소리나 맛, 냄새 등에 지나치게 민감하다. 그런가 하면 일부 자폐아의 경우 특정 영역(동작성, 기계 및 수리적 영역, 예술 영역, 암산 혹은 연산 영역 등)에서 보통 사람을 훨씬 능가하는 이른바 석학증후군(Savant Syndrome)을 보이기도 한다.

행동에 대한 반복과 통일성에 대한 고집 그리고 특정 물건이나 현상에 집착하는 것 역시 자폐아의 또 다른 주요 특성이다. 이상한 몸짓, 몸 흔들기, 손가락 운동 등 특정 행동을 반복적으로 보이고, 특정한 물건(특히 기계적 소리가 나는)이나 물체의 특이한 측면(빛, 소리, 각도 등)에 몰입하는 경향을 보이기도 한다. 반복적이고 강박적인 행동을 보이기도 하고, 숫자, 기하학적 도형, 버스노선, 색깔 등에 특별한 관심과 집중을 보인다. 그렇지만 사소한 환경 변화에도 큰 저항을 보이는 경우가 많다. 자폐아라고 해서 모두 동일한 증상을 동일하게 보이는 것은 아니다. 자폐아 간에도 매우 다양하고 독특한 특성을 보이는 경우가 많다.

자폐증의 특성에 관해서는 널리 알려진 것만큼이나 잘못 인식하고 있는 부분도 많다. 그중 두드러진 몇 가지를 살펴보면 다음과 같다.

(1) 자폐인은 모두 특정 부분에서 천재성을 갖고 있다?

사람들이 이러한 인식을 갖게 된 데는 매스컴이 중요한 영향을 미친 것으로 보인다. 물론, 자폐인 중에서는 실제로 특정 분야에서 뛰어난 능력을 나타내는 경우가 있다. 예컨대, 자폐인이면서 *Thinking in Pictures, Expanded Edition: My Life with Autism*의 저자인 Temple Grandin은 대부분의 아이디어나 사물을 그림으로 이해한다고 한다([그림 9-3] 참조). Temple Grandin은 텍스트나 말로 설명하면 잘 이해하지 못하지만, 이미지나 그림 측면에서는 뛰어난 직관력을 갖고 있다. 그녀는 실제로 수천 마리 단위로 가축을 사육하는 시설을 사육 대상 동물이나 사육하는 사람 모두 편안하게 느끼도록 설계하는 재능을 갖고 있다.

하지만 모든 자폐인이 뛰어난 재능을 가진 것은 아니다. 오히려 대다수의 자폐아동은 인지능력이나 의사소통에 문제를 가지고 있고, 아주 소수(약 20% 이내)만이 석학증후군 증세를 보인다. 다만 자폐성장애라 하더라도 각자 독특한 특성을 갖고 있고, 그 특성에 맞게 교육을 해야 한다는 점은 자폐아동 교육에 있어 중요하다.

(가) 영화 〈머큐리〉에서 사이먼(Miko Hughes 역)은 자폐아동이지만 뛰어난 수리능력으로 복잡한 암호체계를 한순간에 푼다.

(나) 자폐인이지만 모든 것을 그림으로 더 잘 이해하고 사고한다는 Temple Grandin의 이야기를 담은 책 표지

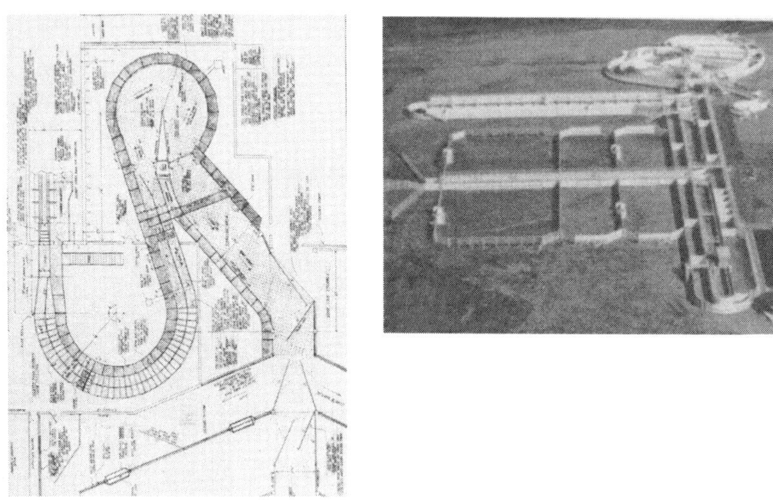

(다) Temple Grandin이 설계한 가축 축사

[그림 9-3] 석학증후군의 예

(2) 자폐성장애는 정신질환(정신병)의 일부다?

자폐증과 정신분열증은 전혀 다른 개념이다. 자폐증은 선천적으로 갖고 있는 장애이지만 정신분열증은 발달 과정 중에 나타나는 일종의 병, 혹은 질환이다. 행동 특성 측면에서도 정신질환자는 행동의 통일성을 고집하거나 변화를 싫어하는 행동이 두드러지지 않는다. 또한 정신질환자는 간혹 환각이나 환청을 경험하지만 자폐성장애인은 그러한 증상을 보이지 않는다.

(3) 자폐성장애아는 고학력 부모에게서 많이 나온다?

한때 이러한 생각이 사람들 사이에서 유행했던 이유는 공교롭게도 고학력의 부모에게서 자폐아로 판별되는 아동이 나오는 경우가 많았기 때문이다. 하지만 이것은 유전이나 생물학적으로 원래 그러한 부모에게서 자폐성장애아가 많이 나오기 때문이 아니고 자폐성장애에 대한 인식과 지식 수준이 상대적으로 높아 그만큼 진단하거나 조치를 취하는 경우가 많았기 때문이다. 부모의 학력 수준과 자폐성장애의 유병률과의 관계에 관해서는 아직 결정적인 근거가 없다.

(4) 자폐는 치유될 수 있다?

현재까지의 학문이나 의학 발달 수준과 자폐의 원인이 신경생물학적인 것임을 고려할 때 자폐 치유 가능성에 대해서는 자신 있게 말하기 어렵다. 다만, 현재도 자폐성장애의 원인이나 치료방법 및 교육방법 등이 계속적으로 발달하고 있기 때문에 부분적으로라도 긍정적인 효과를 기대할 여지는 충분하다. 따라서 보다 효과적인 지도방법을 찾으려는 노력은 지속되어야 할 것이다. 충분한 근거 없이 마치 자폐가 한두 번의 특정 방법을 투입함으로써 치유될 수 있는 것처럼 특정 상업용 프로그램을 홍보하는 것에 대해서는 경계할 필요성이 있다.

4. 학습장애

1) 정의와 판별 기준

학습장애란 일반적인 지적 능력을 가지고 있음에도 예기치 않게 또래에 비해 심한 학습부진을 나타내는 현상을 말한다. 현재 우리나라에서 학습장애는 「장애인복지법」에서 장애의 한 유형으로 구분하고 있지는 않지만, 「장애인등에 대한 특수교육법」에서는 학습장애를 '개인의 내적 요인으로 인하여 듣기, 말하기, 주의집중, 지각(知覺), 기억, 문제해결 등의 학습기능이나 읽기, 쓰기, 수학 등 학업성취 영역에서 현저하게 어려움이 있는 사람' 으로 정의하고 있다. 우리나라 관련 학계에서 주로 인용하고 있는 미국장애인교육법(IDEA)에서는 학습장애를 다음과 같이 정의하고 있다.

> '특정학습장애(specific learning disabilities)' 는 구어나 문어의 이해나 사용에 관련된 기본적인 심리 과정에서의 장애로 듣기, 말하기, 읽기, 쓰기, 철자, 계산하기 능력 중 하나나 그 이상의 영역에서 결함을 보이는 것을 말한다. 학습장애라는 용어는 지각장애, 뇌손상, 미소뇌기능 손상, 난독증, 발달적 실어증 등을 포함한다. 반면, 시각, 청각 혹은 운동감각장애나 지적장애, 정서장애 또는 문화적, 환경적, 경제적 불이익이 일차적인 원인으로 작용하여 나타나는 학습 문제는 제외한다.

학습장애 정의에 대해서는 사실 학자 간 논란이 분분하다. 그 논란의 핵심은 실제로 학습장애를 타당하고 신뢰할 만하게 판별하기가 쉽지 않다는 데 있다. 현재까지 학자들이 제시한 학습장애 진단 및 판별 방법 중 두드러진 것은 세 가지다. 첫 번째 방법은 기존의 학습장애 정의를 최대한 반영하여 일반적인 지적 능력(흔히 IQ로 측정함)과 실제 성취 수준(학업성적) 간의 불일치 정도로 결정하는 방법이다. 얼마 전까지 널리 사용되어 왔지만, 타당성과 신뢰성에 논란이 많이 제기되고 있다.

두 번째 방법은 소위 '불일치 기준 접근법'의 대안으로 제시되고 있는 '효과적인 교육프로그램에의 반응 정도(Responsiveness-to-Intervention: RTI)'로 학습장애를 판별하는 방법이다. 이 방법은 일반학급과 특수학급을 거치면서 단계적으로 효과적인 중재(교육방법)를 투입해 보고 그에 대한 반응을 학업성취 수준과 학업성장 속도에 비추어 또래에 비해 지나치게 낮을 경우 학습장애로 판별하는 방법이다. 불일치 접근법과 달리 불일치 정도를 보일 때까지 기다리지 않고 바로 학습 문제를 해결하면서 학습장애 여부를 판별한다는 장점이 돋보이는 접근이다.

세 번째 방법은 읽기, 쓰기, 수학 등의 교과 학습에 결정적으로 영향을 미치는 기본학습기술이나 인지 과정을 어느 정도 소유하고 있는가의 여부로 학습장애를 진단하고 판별하는 소위 '개인 내적 처리과정 결함 접근'이다. 아직 연구와 실제적인 타당성이 다른 두 접근보다 상대적으로 많이 미흡한 편이지만 이론이나 학습장애 분야의 연구 역사 맥락에서 매우 유망한 접근이다.

학교 현장에서는 이들 세 가지 접근을 절충하여 일정기간(약 한 학기 정도) 효과적인 교육방법을 투입해 보고 뚜렷한 이유 없이 그에 대한 반응이 또래에 비해 심하게 낮을 때 관련 인지기능이나 인지 과정에 결함 여부를 장애 진단과 판별 전문가 팀에서 분석하여 결정하도록 하는 방법이 최선일 것이다.

2) 분류 및 유형

국립특수교육원(2001)에서 전국 단위로 특수교육 요구아동 출현율 조사 연구 때 사용했던 정의와 학습장애 하위범주는 읽기학습장애, 쓰기학습장애, 수학학습장애, 중복학습장애 등 네 가지였다. 읽기학습장애는 학생들은 글을 읽을 때 생략(문장을 읽을 때 단어나 단어의 일부분을 빠뜨리기), 첨가(제시된 문장에 없는 단어나 문장을 추가하기), 대치(주어진 단어를 다른 말로 바꾸기), 도치(문자나 단어의 좌우를 바꾸어 읽기), 낮은 독해력 등의 특징을 보인다. 또한 글자와 소리와의 대응관계 학습이 느리고, 결과적으로 개별 단어 읽기와 문장 읽기에 어려움을 보인다. 비슷한 단어를 서로 혼동하고(예, 그러나 -그런데; 소풍-소품), 단어를 읽는 속도와 정확성이 또래에 비해 현저히 낮다.

쓰기학습장애 학생들은 글자의 크기, 간격, 글자 간의 조화가 심한 불균형을 나타내고 글자 모양을 심하게 왜곡하는 경우가 많다. 받아쓰거나 베껴 쓰는 속도가 느리고, 작문할 때는 구두점, 맞춤법 등과 같은 기술적인 측면은 물론이고 주제에 일관되게 글을 조직화하거나 적절하면서도 풍부한 어휘를 구사하는 데 심한 어려움을 보인다. 작문 영역에서는 산출하는 단어의 수와 문장의 길이 그리고 문장의 복잡도에서 또래보다 훨씬 낮은 수행 정도를 보인다. 문단의 배열과 문장 간의 논리적 연결 및 글의 구성에 문제가 많으며 사용된 어휘 범위가 한정되어 있고 부적절한 경우가 많다. 맞춤법과 기타 쓰기 관련 세부 규칙이 무시되는 경우가 많다.

수학학습장애 학생의 경우 숫자를 쓰거나 읽는 데 어려움을 보인다. 숫자를 시간적-공간적으로 조직하는 능력이 부족하여, 예컨대 자리 값에 따른 숫자의 배열에 어려움을 느낀다든지, 비슷한 글자(예, 6과 9)를 혼동하는 경우가 있다. 수학학습장애의 가장 두드러진 특징 중의 하나는 단순 연산 속도와 정확성의 부족이다. 원인으로는 장기기억으로부터의 단순 연산(예, 6+9=15) 결과를 인출하는 속도와 정확성의 문제와 연산전략(받아내림이나 받아올림 등)의 부재 등을 꼽을 수 있다. 이 외에도 문제해결능력이 낮아 다단계 해결 절차와 두 가지 이상의 정보를 동시에 처리해야 하는 과제에 특히 약점을 보인다. 뿐만 아니라, 기본적인 수학 개념(양, 순서, 대소, 부피, 집합 등)에 대한 이해도가 낮다. 이들 학습장애아동들의 낮은 수학과목 학업성취도는 대개 저학년 때부터 나타나서 오래 지속되며, 어느 정도 학년이 올라가도 향상되지 않고 정체되는 현상을 보인다(Mercer & Miller, 1992).

3) 학습장애의 원인

현재까지 학습장애 연구자들이 대체로 합의를 보고 있는 학습장애의 원인은 학습을 관장하는 뇌신경계통의 기능상의 결함이다. 그러한 결함의 절대적인 원인이 무엇인지에 대해서는 아직 명확하게 밝혀진 것이 없다. 여러 원인 중 하나는 유전이다. 쌍생아 연구결과에 따르면 일란성 쌍생아가 언어사용상 장애를 보일 확률(54~75%)이 이란성의 경우(32%)보다 높았다. 읽기장애의 40% 정도는 유전의 영향으로 볼 수 있다는 주장도 있다. 이 밖에도 미숙아 출산, 임신 및 출산 과정에서의 감염 등과 같은 의학적 요인과 경제적 빈곤에 따른 영양 부족 같은 환경적 요인도 학습장애의 원인으로 작용할 수 있다.

4) 학습장애의 특성

인지 혹은 정보처리 측면에서 학습장애아들은 작업기억, 처리속도, 시·청각 단기기억력, 주의집중력, 조직력 등에서 결함을 보인다. 사회, 정서 측면에서는 낮은 학업 자아개념, 학습된 무기력, 낮은 자존감 등의 특성을 보인다. 각 교과별로는 핵심 기본 기능을 충분히 습득하지 못하고 효과적인 학습 전략을 잘 모르고 있거나 알고 있다고 해도 스스로 이를 적용하지 못하는 경향을 보인다. 예컨대, 읽기학습장애의 경우 다양한 소리를 듣고 이를 서로 간에 변별하는 음운인식능력이나 문자-소리 대응관계 관련 지식이 낮고 독해 전략을 잘 모르거나 알아도 이를 능동적으로 활용하지 못한다. 쓰기의 경우도 쓰기 동작 과정에서 손가락을 움직임을 조절하거나 작문 작성 과정에서 글을 생성하거나 조직하는 능력이 또래에 비해 심각하게 낮다. 수학의 경우는 단순 연산을 빠르고 정확하게 풀지 못하며, 대개 읽기장애를 동반하고 있다. 주의집중의 부족이나 논리적 연산의 수행에 어려움을 겪으며, 수리적 정보의 표상과 해석에서 시공간적 기술을 사용하는 데 어려움을 보인다.

심리적인 측면에서는 학습장애인들은 감각 혹은 지각의 예민도와 정확도,

지각-운동 협응, 신체적 운동의 민첩성 등에서뿐만 아니라 기억력, 주의력, 인내력 등에서 일반인들에 비해 많은 결함을 보였다. 특히 학습장애아동들은 단시간 내에 특정한 목적을 달성하거나 문제를 해결하기 위해 비교적 여러 가지의 정보를 동시에 처리해야 하는 작동기억능력 측면에서 두드러진 약점을 보였다(Torgesen, 1985). 이 밖에도 선택적 주의력, 계획능력, 자신의 과제 수행상태 점검능력 등과 같은 고등사고능력에서도 일반 또래들과 많은 수행 차이를 보인다.

이 밖에 사회·정서 측면에서의 특성을 보면, 학습 동기 측면에서는 학습된 무기력을 보인다. 동기 수준이 낮고 거듭된 실패로 과제의 성공 여부를 자신의 노력으로 돌리기보다는 운이나 외적 여건으로 돌리는 경향을 보인다. 많은 학습장애아동들이 지각-운동 협응능력의 부족, 낮은 기억력, 주의집중력 부족 등과 같은 현상을 공통적으로 보인다. 하지만 이러한 현상들은 학습장애의 본질적인 현상이라기보다는 낮은 학습부진과 관련된 심리학적 특성으로 이해되어야 할 것이다. 또한 같은 학습장애인이라고 해도 개인마다 다양한 특성을 보일 수 있다.

학습장애의 경우 앞에서 열거한 특성들은 대개 단기간에 한두 가지 접근법으로 치유될 수 있는 성격이 아니며, 장기적으로, 지속적으로, 집중적으로 효과적인 프로그램을 투입해야 개선될 수 있는 것들이다. 따라서 학습문제의 특정 원인을 근본적으로 치유할 특정 방법을 찾으려 하기보다는 해당 학생이 갖고 있는 장점을 살리고 단점을 보완하는 접근이 바람직하다.

5. 기타 발달장애

1) 주의력결핍 및 과잉행동장애

주의력결핍 및 과잉행동장애(Attention Deficit Hyperactivity Disorders:

ADHD)는 나타내는 증상에 따라 크게 세 가지 유형이 있다. 첫째는 주의력 집중에 어려움을 보이는 경우, 둘째는 과잉행동 증상을 보이는 경우, 셋째는 충동적인 경향을 보이거나 충동 통제에 어려움을 보이는 경우다. 주의력결핍 및 과잉행동장애를 갖고 있는 아동들이 주로 보이는 증상에는 주의집중 유지의 어려움, 충동 통제의 어려움, 과잉활동, 반응지연의 어려움, 집중과 조직의 결핍, 기분 상태 조절능력 부족, 적절한 인내력 부족, 주의나 노력의 유지능력 부족, 학습부진, 또래와의 부정적인 사회적 관계, 사회 부적응, 낮은 자존감 등을 들 수 있다.

주의력결핍 및 과잉행동장애의 출현율은 대개 3~5%로 추정되는데, 남성에서 여성보다 4:1 비율로 높게 보고되고 있다. ADHD가 일어나는 원인으로 가장 많이 알려진 것은 신경생리학적 요인으로, 미세 뇌신경의 결함 혹은 중요한 신경 전달물질인 노르에피네프린 혹은 도파민의 생성이나 역할에 이상이 있는 경우다. 이 밖에도 유전이나 의학적 요인, 기질 혹은 부적절한 과거 경험이나 사회적 모방, 혹은 가족환경적 요인을 들 수 있다. 유전적 요인의 증거로는 이란성보다 일란성에서 한쪽이 ADHD일 경우 다른 쪽도 ADHD일 확률이 더 높은 것을 들 수 있다.

ADHD 진단과 평가는 대개 『정신장애의 진단 및 통계 편람 제4판(DSM-IV)』 기준에 따른다. 이 기준에 따르면, ADHD로 진단받기 위해서는 아홉 가지 주의력결핍 증세 중 여섯 가지 이상이 최소 6개월 이상 나타나거나 과잉행동 및 충동성 증세 아홉 가지 중 여섯 가지 이상이 최소 6개월 이상 지속적으로 나타나야 한다. ADHD는 다시 주의력결핍 우세형, 과잉행동 혹은 충동 우세형, 그리고 복합형 등 크게 세 가지로 분류한다. ADHD는 이들 증상이 7세 이전에 나타나며 이에 따른 손상이 두 가지 이상의 서로 다른 환경(예, 가정과 학교)에서 나타난다. 이러한 증상들은 사회적·학업적·직업적 기능면에서 심각한 부정적 영향을 미쳐야 한다. 하지만 전반적인 발달장애, 정신분열, 기타 정신병적 장애로 나타나는 증상은 ADHD 증상에서 제외되며, 또한 ADHD 증상은 기분장애, 불안장애, 분리장애 또는 성격장애로 설명될 수 없다.

학교에서 ADHD 아동들이 흔히 보이는 문제행동에는 수업 중 자리 이탈, 과잉행동, 충동행동, 주의산만 및 집중력 부재 등이다. 주의집중력을 강화하기 위해서는 조직화 기술 향상, 주의집중 유지능력 향상, 듣기능력 향상 등의 방법을 사용할 수 있다. 충동성을 통제하기 위해서는 교육과정 관리하기, 인내 및 기다리는 것 학습시키기, 시간 관리하는 법 가르치기, 순종적인 행동 격려하기 등의 방법을 사용할 수 있다. 과잉행동은 보다 바람직하고 주위에서 수용 가능한 행동으로 교체하여 형성시키도록 한다. 강화, 보상, 토큰보상, 반응대가, 일시격리 등의 전통적인 행동수정 기법도 적절하게 사용할 경우 매우 효과적이다. 증상이 심할 경우는 Retalin 등과 같은 약물을 사용한다.

2) 의사소통장애

의사소통장애(Communication Disorders)란 언어적 · 비언어적 의사소통능력에 심각한 결함을 보이는 경우로서, 흔히 언어장애로 불리기도 한다. 의사소통장애는 단순히 말을 하거나 듣는 데 장애를 가진 구어장애뿐만 아니라, 언어적 · 비언어적 수단을 사용하여 의사소통을 하려는 노력에 결함이 있는 경우 일체까지 포괄적으로 규정할 수 있다. 예컨대, 미국언어청각협회(The American Speech, Language, Hearing Association)에서는 의사소통장애를 "개념 또는 언어적, 비언어적 그리고 그래픽 상징 체계를 받아들이고, 보내고, 처리하고 이해하는 능력의 장애"로 규정하고, 청각 혹은 구어/언어 과정에서 두드러진다고 설명한다. Emerick과 Haynes(1986)는 한걸음 더 나아가 메시지를 전달하거나 지각하는 데 결함이 있는 경우, 그리고 의사소통 문제로 경제적, 학습적, 사회적 그리고 정서적인 발달에 불이익을 당하는 경우를 의사소통장애로 폭넓게 정의하였다. 우리나라 「장애인복지법」에서는 언어장애인을 "음성 기능이나 언어 기능에 영속적으로 상당한 장애가 있는 사람"

으로 규정하고 있고, 「장애인등에 대한 특수교육법」에서는 다음 각 목의 어느 하나에 해당하여 특별한 교육적 조치가 필요한 사람을 의사소통장애로 규정하고 있다.

가. 언어의 수용 및 표현 능력이 인지 능력에 비하여 현저하게 부족한 사람
나. 조음능력이 현저히 부족하여 의사소통이 어려운 사람
다. 말 유창성이 현저히 부족하여 의사소통이 어려운 사람
라. 기능적 음성장애가 있어 의사소통이 어려운 사람

의사소통장애의 유형은 크게 구어(말) 장애와 언어장애로 나누어 볼 수 있다. 구어장애란 말을 만들어 내는 기능상에 결함이 있는 경우로, 다시 조음장애, 유창성장애, 음성장애 등으로 구분한다. 조음장애란 말을 할 때 첨가, 생략, 왜곡, 대치 등의 현상이 일어나는 경우를 말한다. 유창성장애란 말 흐름의 속도나 리듬이 부적절한 경우로, 음, 음절, 단어, 구의 비정상적인 리듬과 반복으로 상대방이 말을 알아듣는 데 방해를 받는다. 유창성장애의 가장 대표적인 현상은 말더듬(stuttering)이다. 말더듬 현상은 대개 일시적인 경우가 많아 어렸을 때는 말을 심하게 더듬지만 성장함에 따라 자연 치유되는 경우가 많다. 음성장애는 목소리의 질, 높낮이, 강도, 공명, 지속시간, 크기에 결함이 있는 경우로, 장애 여부 기준은 상대방과의 의사소통에 얼마나 지장을 주는가다. 구어장애의 원인으로는 구개파열, 구어 근육의 마비, 치아손실, 두개 및 안면의 비정상, 기타 신경학적 손상 등을 들 수 있다.

언어장애는 말을 만들어 내는 조음 기관상의 문제라기보다는 주로 말, 문자, 기타 상징체계의 이해 및 활용에 결함이 있는 경우다. 언어장애는 다시 언어의 어느 측면에 결함을 보이는가에 따라 언어의 형태(음운론, 형태론, 구문론)에 손상이 있는 경우, 언어의 내용(의미)에 손상이 있는 경우, 그리고 언어의 의사소통 기능에 결함을 보이는 경우 등으로 구분할 수 있다. 언어장애 아동에게서 흔히 볼 수 있는 증상으로는, 3세 이후가 되어도 말을 전혀 하지

못하는 경우, 말을 하기는 하지만 반향어(특정 단어를 의미 없이 반복함)나 이치에 맞지 않는 말을 반복해서 사용하는 경우, 언어발달이 진행 중이긴 하지만 전반적으로 더딘 경우 등을 들 수 있다.

3) 뇌성마비

뇌성마비(Cerebral Palsy)는 지체장애인 중 가장 많은 비중(우리나라의 경우 약 80%)을 차지하는 장애 영역으로, 우리나라에서는 지체장애의 한 부분으로 분류하고 있다. 뇌성마비는 임신과 출생 과정 중 뇌에 손상을 입어 신체 각 부위의 마비와 자세 및 운동능력의 장애를 보이는 경우를 말한다. 뇌성마비와 관련해서 사람들이 자주 혼동하고 있는 개념이 뇌병변장애다. 장애인복지법 분류에 따르면, 뇌병변장애는 뇌성마비, 외상성 뇌손상, 뇌졸중(腦卒中) 등 뇌의 기질적 병변으로 발생한 신체적 장애로, 보행이나 일상생활의 동작 등에 상당한 제약을 받는 사람을 모두 합쳐서 지칭하는 용어다.

뇌성마비를 가진 사람들이 보이는 운동장애의 유형에도 여러 가지가 있는데, 대체로 경직성 운동장애(근육의 긴장도가 너무 높아 굳어 있고 잘 움직이지 못하는 경우), 불수의운동형 장애(사지가 떨리거나 과도하게 흔들려 제대로 운동 동작을 하지 못하는 경우), 운동실조형(균형감각과 위치감각을 상실하고 근육 간 협응이 이루어지지 않는 경우), 혼합형(여러 운동장애가 함께 나타나는 경우) 등이 있다.

뇌성마비인이라고 해서 모두가 인지기능상에 심한 장애가 있는 것은 아니다. 약 75% 정도는 다소간의 지적장애를 갖고 있지만 일부 뇌성마비인들이 신체 · 운동 영역에서는 물론 고등사고능력에서도 일반인과 대등하게 혹은 때로는 더 우월한 능력을 발휘하는 경우가 있고, 각 단체의 책임자 등 사회적으로 활발한 활동을 하는 경우도 있다.

요점 정리

1. 발달장애란 나이에 비해 신체 및 정신적 발달이 또래에 비해 심각하게 지체되는 상태를 통틀어 칭하는 개념이다.

2. 발달장애는 자폐성장애는 물론 학습장애, 지적장애 등을 포함하는 비교적 포괄적인 개념이다.

3. 발달장애의 원인은 염색체 이상, 임신과 출산 과정에서의 문제, 감염, 질병 등 다양하며 복합적이다.

4. 발달장애의 범주에 어떠한 장애들이 포함되어야 할 것인가에 대해서는 일치된 견해를 찾아보기 어렵다. 발달장애 영역으로는 지적장애, 자폐성장애, 학습장애, 의사소통장애, 지체장애(뇌성마비), 그리고 일부 정서 · 행동장애(예, ADHD)를 꼽을 수 있다.

5. 발달장애아를 제대로 이해하기 위해서는 이들이 보이는 특성의 다양성과 상대성을 고려해야 한다. 동일한 장애명을 가졌더라도 이들의 특성은 매우 다르며, 장애가 있다고 해도 개성과 재능을 보이는 영역이 있을 수 있다. 무엇보다 장애 증상은 해당 개인이 가진 수많은 특징 중 하나에 불과하다는 점을 인식하는 것이 올바른 발달장애 인식의 출발점이다.

6. 지적장애란 지적 기능과 개념적 · 사회적 · 실제적 적응기술로 표현되는 적응행동 영역 모두에서 심각한 제한성을 가진 장애다. 이 장애는 18세 이전에 시작된다. 지적장애를 이해하기 위해서는 개인과 주변 환경과의 상호작용 측면과, 그 개인에게 주어지는 지원의 양과 질을 반드시 고려해야 한다.

7. 자폐성장애란 전통적인 의미의 자폐와 유사한 특징을 보이는 장애를 모두 통칭하는 용어다. 자폐성장애는 사회적 상호작용과 의사소통의 질적 결함, 제한적이고 반복적인 상동 행동적인 유형의 제한된 행동, 그리고 사회적 상호작용, 사회적 의사소통을 위해서 사용되는 언어, 상징놀이나 상상놀이에서 한 가지 이상의 발달지체나 비정상적인 기능이 3세 이전에 나타나는 경우다.

8. 자폐성장애에는 자폐증(Autistic Disorder), 레트증후군(Rett Syndrome), 전반적 발달장애(Pervasive Developmental Disorder), 아스퍼거증후군(Asperger' s Syndrome),

아동기 분리장애(Childhood Disintegrative Disorder) 등이 포함된다.

9. 학습장애란 일반적인 지적 능력에 비해 예기치 않게 또래에 비해 심한 학습부진을 나타내는 현상을 말한다. 학습장애의 원인은 학습을 관장하는 뇌 신경계통상의 미세한 결함이다.

생각해 볼 문제

1. 교사로서 발달장애를 올바르게 인식한다는 것은 무엇을 의미하는가? 학생들이 발달장애 친구를 올바로 인식하도록 하는 프로그램이나 활동의 요소는 무엇이어야 한다고 보는지 열거해 보시오.
2. 최근 들어 자폐성장애 증상을 보이는 아동에 대한 보고가 늘어나고 있는 이유는 무엇이라고 생각하는지 설명해 보시오.
3. 학습과 적응행동 측면에서 발달장애학생들이 잘 학습할 수 있도록 하기 위해서는 어떠한 방법들이 효과적이라고 생각하는지 설명해 보시오.

참고문헌

국립특수교육원(2001). 특수교육 요구아동 출현율 조사연구.
이소현, 박은혜(2006). 특수아동교육. 서울: 학지사.
정옥분(2003). 아동발달의 이해. 서울: 학지사.

AAMR (2003). 정신지체 개념화: AAMR 2002년 정신지체 정의, 분류, 지원체계. (박승희, 신현기 역). 서울: 교육과학사.
Chesapeake Institute (1994). *A national agenda for achieving better results for children and youth with serious emotional disturbance.* Washington,

D.C.: U.S. Department of Education.

Emerick, L. L., & Haynes, W. O. (1986). *Diagnosis and evaluation in speech pathology*. Englewood Cliffs, NJ, Prentice-Hall.

Hunt, N., & Marshall, K. (2006). *Exceptional children and youth* (4th ed.). Boston: Houghton Mifflin.

Mercer, C. D., & Miller, S. P. (1992). Teaching students with learning problems in math to acquire understand, and apply basic math facts. *Remedial and Special Education, 13*(3), 19-35, 61.

Torgesen, J. K. (1985). Memory processes in reading disabled children. *Journal of Learning Disabilities, 18*, 350-357.

Turnbull A., Turnbull, R., & Wehmeyer, M. L. (2007). *Exceptional lives: Special education in today' s schools* (5th ed.). Upper Saddle River, New Jersey: Pearson, Merrill Prentice Hall.

Walker, H. M., & Severson, H. H. (1990). *Systematic screening for behavior disorders user' s guide and administration manual*. Longmont, CO: Sopris West.

제3부
학습이론

제10장

행동주의 학습이론

학습목표

- 학습의 의미를 설명한다.
- 고전적 조건화와 조작적 조건화의 의미를 이해하고 교육에 적용한다.

이 장의 내용

1. 학습의 개관
   학습의 의미 / 학습에 관한 이론적 쟁점
2. 행동주의 학습이론
   Thorndike의 시행착오학습과 연합주의 / Pavlov의 고전적 조건화 / Skinner의 조작적 조건화

주요 개념 및 용어

· 학습 · 행동주의 학습이론 · 연합주의 · 고전적 조건화
· 조작적 조건화 · 강화

제10장 행동주의 학습이론

1. 학습의 개관

1) 학습의 의미

학습은 인간에게만 고유한 과정이 아니다. Köhler의 통찰학습으로 유명한 침팬지뿐만 아니라 돌고래, 개, 고양이 등 많은 동물들도 학습이 가능하다는 것이 밝혀져 왔다. 그러나 학습은 인간의 삶에서 가장 중요한 의미를 지닌다. 삶의 과정에서 어떤 학습이 이루어지는가에 따라서 가장 큰 변화의 가능성을 가진 존재가 인간이기 때문이다. 학습이란 사실 교육이 가능함을 보여 주는 개념이라고 해도 과언이 아니다. 물론 여기서 말하는 학습이란 국어 · 수학 · 과학 학습 등에 한정된 의미의 학습을 의미하는 것이 아니라, 훨씬 더 광범위한 것을 의미함을 독자는 짐작할 수 있을 것이다.

학습이 인간의 삶과 교육에서 중요하다는 점에는 모두가 동의하지만, 학습의 원인과 과정 및 결과에 대해서는 다양한 이론들이 있다. 학습에 대한 정의 또한 단일하지 않으나, 일반적으로 다음과 같은 점은 공통적으로 포함하고 있다(여기에서는 다른 유기체의 학습은 제외하고 인간의 학습에 대한 정의에 국한하여 설명한다.).

(1) 행동의 변화

학습을 정의하는 첫 번째 중요한 준거는 행동의 변화가 일어났는지 여부다. 보다 구체적으로는, 행동 자체에 변화가 일어났거나 행동을 할 수 있는 역량(capacity for behavior)에 변화가 있어야 학습으로 규정할 수 있다

(Schunk, 2000: 2). 즉, 새로운 행동을 하게 되었거나 기존의 행동을 수정하여 뭔가 다르게 할 수 있게 되는 것이 학습이다. 행동주의적 학습이론에서는 구체적으로 관찰되는 행동의 변화로 학습을 규정하는 반면, 인지적 관점의 학습이론에서는 인간은 기술 · 지식 · 신념 · 행동들의 학습이 일어난 시점에서는 겉으로 드러나지 않을 수 있다고 보아서 행동역량의 변화도 학습의 범주에 포함시킨다.

(2) 비교적 영속적인 행동의 변화

학습을 정의하는 두 번째 준거는 행동(역량)의 변화가 비교적 영속적이어야 한다는 점이다. 약물이나 일시적 피로 및 질병에 따라 일어난 변화, 예컨대 지난밤에 잠을 충분히 자지 못해서 수업의 집중도가 전날에 비해서 떨어지는 것과 같은 변화는 학습에 포함하지 않는 것이다. 이러한 일시적 변화는 그 원인을 제거하면 행동이 원래 상태로 되돌아가기 때문이다. 그러나 변화가 얼마나 영속적이어야 학습이 일어났다고 할지에 대해서는 정해진 기준이 없으며, 변화는 반드시 영구적으로 지속되지 못하는 경우도 많다. 고등학교 때 배운 미적분의 개념을 이해하고 관련 문제를 해결할 수 있을 만큼 학습이 잘 이루어졌던 사람들이라도 몇 년 후에 미적분의 개념까지 망각하는 경우가 허다한 것이 그 예다.

(3) 경험에 의한 변화

학습의 정의에 공통적인 또 하나의 준거는 변화가 경험에 따른 것이라는 점이다. 유전자에 따라서 결정된다고 보이는 아동의 자연적 성숙에 따른 신체적 변화는 학습에 포함하지 않는다. 초등학교 저학년이면 대부분의 아동이 두 발을 동시에 사용하여 위로 뛰어오르는 동작을 할 수 있고 그 동작 시각에 맞추어 양손으로 줄을 돌리는 동작을 할 수 있는 신체적 성숙이 이루어진다. 그러나 줄넘기라는 구체적 경험을 해 보지 못하면 줄넘기 학습은 이루어지지 않는 것이다.

물론 자연적 성숙에 따른 변화와 학습에 따른 변화를 명확하게 구별하기 어려운 경우도 많다. 인간은 유전자에 따라 특정 시기에 특정 방식으로 행동하도록 결정지어진 것처럼 보이나, 특정 행동이 실제로 일어나는지는 환경에 따라 결정되는 것처럼 보인다. 대부분의 아동들이 생후 몇 개월이면 길 수 있고, 이어서 몇 개월 후면 걸을 수 있고 말도 할 수 있으나, 신체의 움직임이 지속적으로 제한되는 상태로 자란 아동이나 인간의 언어를 접할 수 없었던 아동의 발달을 보면 그 점을 알 수 있다.

2) 학습에 관한 이론적 쟁점

앞에 제시한 학습의 정의에 대해서는 학습이론들이 공통적으로 받아들이지만, 보다 구체적으로 어떤 경험을 통해서 어떤 과정을 거쳐 어떤 변화가 일어나는지에 대해서는 매우 다양한 이론들이 있다. 학습에 대한 다양한 이론들은 크게 행동주의적 학습이론과 인지주의적 학습이론으로 구분할 수 있으며, 이 책에서도 두 갈래로 구분하여 설명할 것이다. 이러한 쟁점 및 그 이면의 기본적 가정들에 대해서 두 갈래의 이론이 어떻게 다르며 어디에 초점을 두는지를 미리 파악하고 난 후 다양한 학습이론들을 공부하면 덜 혼란스러울 것이라 기대한다.

(1) 학습이 일어나는 과정: 관찰가능한 행동 vs. 내면의 정신적 과정

행동주의 학습이론들은 환경적 요인의 기능에 따라서 행동의 발생 빈도나 속도 및 형태 등이 변화하는 것을 학습이라고 본다. 이들은 자극과 반응의 연합으로 학습이 일어난다고 보는 것이다. 예컨대, 개에게 음식을 줄 때마다 종소리를 들려주는 것이나 비둘기가 특정 스위치를 누를 때마다 먹이가 나오도록 하는 환경적 요인을 통해서, 개가 종소리만으로도 침을 흘리거나 비둘기가 특정 스위치만 반복적으로 누르는 변화가 일어난다는 것이다.

자극과 반응의 연합으로 학습이 일어난다고 본 행동주의 학습이론은 1900년대 초 · 중반에 매우 강력한 영향력을 발휘하였는데, 이들은 관찰가능한 행동에만 국한하여 학습을 설명하고자 하였다. 생각이나 감정과 같은 내면적 현상들은 설명하려고 하지 않았는데, 이는 행동주의 학습이론들이 생각이나 감정과 같은 내면적 현상들의 존재를 부정하여서가 아니라, 그러한 내면적 현상들의 학습이 일어나는 원인이나 과정은 환경 속에서 관찰가능하지 않기 때문에 굳이 설명하려 할 필요가 없다는 주장에서였다.

반면에 인지주의 학습이론들은 지식과 기술의 습득, 정신적 구조의 형성, 정보처리 등을 강조한다. 이들에게는 학습이란 사람들이 말하고 행동하는 것으로부터 추론될 수 있는 내면의 정신적 현상이다. 따라서 정보의 구성, 획득, 조직, 기호화, 시연, 저장, 기억의 인출 및 망각 등이 중요한 정신적 과정으로 포함된다.

학습이 일어나는 과정을 어떻게 개념화하는지는 교육에 중요한 함의를 가진다. 행동주의 학습이론은 학습자가 자극에 적절히 반응하도록 하려면 교사가 어떻게 환경을 조정해야 하는지가 중요함을 알려 준다. 한편, 인지주의 학습이론은 지식이 학습자에게 의미 있어야 함을 강조하며 학습자가 환경과 자신에 대해 어떻게 지각하는지를 고려하여야 함을 알려 준다(Schunk, 2000: 12).

(2) 학습에 영향을 미치는 요인: 환경 vs. 학습자

행동주의 학습이론과 인지주의 학습이론 모두 학습자요인과 환경요인이 학습에 영향을 미친다는 점에는 동의하나, 그 상대적 중요성에서는 상당히 다른 견해를 가진다. 행동주의 학습이론은 환경의 역할, 즉 자극이 어떻게 조직되고 제시되며 반응이 어떻게 강화되는지가 중요함을 강조한다. 학습자변인은 인지주의 학습이론에 비해서 상대적으로 덜 중요하게 여겨지는데, 행동주의 학습이론에서 중요하게 여기는 학습자변인은 목표행동과 관련해서 이전에 어떤 강화의 역사가 있는지의 여부와 목표행동이 가능한 발달적 단계에 있는지 여부다.

반면 인지주의 학습이론은 교사가 학습자에게 개념을 어떻게 제시하고 설명하는지, 또 피드백을 어떻게 주는지 등의 환경적 요인이 학습을 촉진하는데 중요한 역할을 함을 인정하지만, 더욱 중요한 것은 학습자가 주어지는 정보를 가지고 무엇을 하는지 여부와 학습자가 특정학습에 대해 가진 생각과 신념과 태도 및 가치 등이라고 강조한다.

2. 행동주의 학습이론

가장 잘 알려진 행동주의 학습이론은 Skinner의 조작적 조건화인데, 조작적 조건화이론이 형성되는 기반이었다고 볼 수 있는 몇 가지 중요한 행동주의 학습이론들이 있다. 여기에서는 그중에서도 특히 중요한 Thorndike의 연합주의, Pavlov의 고전적 조건화부터 설명하기로 한다.

1) Thorndike의 시행착오학습과 연합주의

Thorndike(1874~1949)는 동물들을 대상으로 한 실험을 통해서 학습을 연구하기 시작하였는데, 일련의 실험 결과들은 "가장 기본적 형태의 학습은 바로 자극과 반응의 연합에 의해서 일어난다."라는 연합주의(connectionism)로 제시되었다.

실험의 대표적 예로 자주 제시되는 고양이의 문제상자에서 학습이 일어나는 과정은 다음과 같다. 상자 모양의 우리에 배고픈 고양이를 가두어 두고 우리 밖에 먹이를 놓아 두면, 고양이는 우리를 탈출하기 위하여 여러 가지 시도를 한다. 우리는 고양이가 사슬을 잡아당기면 열리도록 설계되어 있다. 이것저것 다양한 반응을 한 끝에, 즉 시행착오 끝에 우연히 사슬을 잡아당기는 반응을 한 고양이는 우리를 탈출하여 먹이를 먹게 된다. 그러면 고양이를 다시 우리에 가두고, 고양이는 우리를 탈출하기 위한 여러 가지 반응을 계속한다. 이러한 과정을 반복함에 따라 고양이가 시행착오를 하는 시간이 줄어들고 대신 우리를 탈출하기에 적절한 행동(사슬 잡아당기기)을 하는 데 더욱 빨리 도달한다.

시행착오학습은 다양한 반응들 중에서 원하는 결과와 결합되는 반응이 성공적인 반응으로 선택되고 다른 반응들은 버리게 되는 점진적 과정을 통해서 일어난다. 즉, 반복을 통해서 기계적으로 결합이 일어난 것이며, 학습자의 인식이나 통찰이 필요하지 않다.

(1) 학습의 법칙

물론 Thorndike도 인간의 학습은 개념 간의 결합 및 분석과 추론 등 보다 복합적이고 다양한 과정을 포함함을 인정하였으나, 보다 복합적인 학습도 기본적 학습원리들로 설명 가능하다고 보았다. 그가 처음에 제시한 기본적 학습원리들은 다음과 같다(Thorndike, 1913).

① 연습의 법칙(law of exercise)

연습의 법칙은 사용의 법칙(law of use)과 불사용의 법칙(law of disuse)으로 구성된다. 사용의 법칙이란 자극에 대한 반응이 빈번해지면 자극과 반응의 결합이 견고해짐을 뜻한다. 불사용의 법칙이란 자극이 있어도 반응이 없으면 자극과 반응의 결합이 약해지거나 소실되며, 자극이 있은 후 반응이 일어나는 시간간격이 멀수록 결합의 강도가 약화됨을 뜻한다.

② 효과의 법칙(law of effect)

효과의 법칙은 행동의 결과(consequences)를 강조하는 것으로서 자극에 따른 어떤 특정 반응 후에 만족스러운 결과가 따라오면 자극과 반응의 결합이 강화되고 불쾌한 결과가 따라오면 자극과 반응의 결합이 약화됨을 뜻한다. 즉, 효과적인 반응은 학습되고 비효과적인 반응은 학습되지 않는 것이다. 고양이가 특정 사슬을 잡아당기는 행동(효과적 반응)은 우리로부터의 탈출과 먹이(만족스러운 결과)를 가져오므로 학습이 되고 다른 반응들은 비효과적이므로 학습되지 않는 것, 아동이 정해진 줄 사이에 글자를 맞추어서 쓰면 부모가 칭찬을 하지만 그 줄을 벗어나면 지우고 다시 써야 하는 벌을 받게 되면 줄 사이에 글자를 맞추어 쓰는 행동은 학습이 되고 줄을 벗어나는 행동은 학습되지 않는 것 등이 그 예다.

③ 준비성의 법칙(law of readiness)

준비성의 법칙이란 유기체가 반응할 준비가 되었을 때 반응의 결과가 만족스러운 반면 준비가 되지 않았을 때는 만족도가 떨어지거나 심지어 혐오적으로 여길 수도 있음을 뜻한다. 고양이가 배고픈 상태에 있다면 먹이라는 결과를 가져오는 반응에 대한 준비가 된 상태이므로 사슬을 잡아당기는 반응의 결과가 더욱 만족스러운 반면, 학생이 피곤한 상태에 있다면 운동을 하도록 하는 것은 혐오적일 수 있다는 것이다. 달리 말해, 학생이 특정한 반응을 배울 수 있는 준비(발달 수준이나 선행기술 습득 수준)가 되어 있을 때 그 반응의 학습이 일어나도록 하는 것은 만족스러운 경험이 되지만, 특정 행동의 학습을 할 만한 발달 수준에 미치지 못했거나 필요한 선행기술이 갖추어져 있지 않은 상태에서는 학습이 오히려 혐오경험이 되거나 시간 낭비일 수 있음을 시사한다.

(2) 학습이론의 수정

Thorndike는 경험적 연구결과를 반영하여 1930년에 자신의 학습법칙 중 일부를 수정하였다. 즉, 연습의 법칙을 폐기하고 효과의 법칙 중 일부를 수정하였다.

① 연습의 법칙 폐기

Thorndike는 상황의 단순한 반복만으로는 자극과 반응의 결합이 반드시 견고해지지는 않는다는 점을 발견하여 연습의 법칙을 폐기하였다. 한 실험에서 참여자들은 눈을 감은 채 2, 3, 6, 8인치 길이의 선을 수일간에 걸쳐서 수백 회를 반복하여 긋도록 하였는데, 그들이 그은 선 길이의 정확도에 대한 피드백은 전혀 없었다. 만약 연습의 법칙이 맞다면 처음 백여 회 동안 반응이 가장 많이 일어난 길이의 선이 이후에 보다 더 빈번히 일어나야 하는데, 실험의 결과는 전혀 그렇지 않았다. 즉, 실험참여자들은 정확한 길이에 대하여 피드백이 없었기 때문에 계속적으로 다른 길이의 선들로 바꾸는 행동을 보인 것이다. 요컨대, 단순한 상황의 반복만으로는 반응의 발생빈도를 높이지 못한 것이다.

② 효과의 법칙 일부 수정

Thorndike는 만족스러운 결과(보상)의 효과와 불쾌한 결과(벌)의 효과가 상반적이라고 생각하였으나, 벌이 반드시 자극과 반응의 결합을 약화시키지는 않는다는 것을 발견하였다. 즉, 보상은 자극과 반응의 결합을 강화하지만 벌은 대안적 결합이 강화되는 경우에만 기존 결합이 약화되었다.

벌은 어떤 반응을 일시적으로 억누를 수는 있으나 그 반응을 망각하도록 하지는 못한다. 예컨대, 잘못된 계산방법을 배운 아동이 그 계산방법이 잘못된 것임을 가르쳐 주어서 올바른 계산방법을 배우게 하여 아동이 올바른 방법으로 계산을 할 수 있게 되어도 초기의 잘못된 계산방법을 잊어버리지는 않는다. 또한 벌은 학습자에게 어떤 행동이 바람직하지 못하다는 것은 알려줄 수는 있으나 바람직한 행동이 무엇인지는 가르치지 못한다. 학교에 지각하는 아동에게 벌만 주고 지각하는 대신 어떻게 해야 하는지를 가르쳐 주지 못한다면, 이 아동은 지각 대신 결석을 해 버릴 수도 있으며 벌이 있는 동안에는 지각을 멈추다가 벌이 없어지면 다시 지각을 할 수 있다는 것이다.

2) Pavlov의 고전적 조건화

실험을 통하여 연합적 학습[1]을 실증한 연구자로서 가장 중요한 인물을 들자면 바로 Pavlov(1848~1936)라고 할 수 있다(Myers, 2007). 평생 연구자로

1) 어떤 사건(사물)들이 함께 일어남으로써, 즉 두 자극(고전적 조건화)이 함께 일어나거나, 반응에 이어서 결과가 뒤따르는 것(조작적 조건화)에 따라서 학습이 일어나는 것을 이른다.

살았던 Pavlov는 학습에 관한 유명한 실험결과를 제시하기 이전에 이미 생리학자로서 소화체계에 관한 연구에 기여한 공로로 1904년에 노벨상을 수상하였다. 생애 마지막 30년을 투자한 학습에 관한 실험들로 그는 역사에 확고한 자리를 삽았고, 학습에 관한 그의 실험은 '고전적 조건화' 라고 불리게 되었다.

(1) Pavlov의 개와 실험

Pavlov의 고전적 조건화로 알려진 실험은 우연한 발견을 놓치지 않았던 창의적 시각으로부터 시작되었다. Pavlov는 개의 타액 분비를 연구하는 과정에서, 먹이가 개의 입에 놓이면 개의 타액이 분비된다는 것을 발견하였다(당연하게도!). 그런데 동일한 개를 대상으로 실험을 지속하는 과정에서 먹이와 연관된 자극들, 즉 먹이가 눈에 보이는 것, 먹이를 담는 접시, 먹이를 정기적으로 가져오는 사람, 심지어 그 사람의 발자국 소리만으로도 개의 타액이 분비된다는 것을 발견한 것이다. 먹이 외의 이러한 심리적 자극들 때문에 개의 타액이 분비되는 것은 처음에는 Pavlov에게 실험의 방해요인으로 여겨졌다. 그러나 Pavlov는 이것이 매우 기본적이면서도 중요한 학습의 형태임을 깨달았고, 그 이후 학습에 대한 연구에 매진하였다.

고전적 조건화이론이 나오게 된 실험은 다음과 같이 이루어졌다.

① 우선 개의 타액 분비를 측정할 수 있는 실험장치에 개를 연결시키고 먹이를 개에게 제시하였다. 당연히 개는 타액을 분비하였다. 이 경우 먹이는 개에게 타액을 분비시키는 무조건자극(unconditioned stimulus)이며, 타액 분비는 무조건반응(unconditioned response)이다. 제시된 먹이에 따른 타액 분비는 자연적인 생리반응이기 때문에, 먹이와 타액 분비의 결합을 위해서는 미리 어떤 조건화(conditioning) 과정도 필요하지 않았던 것이다.

② 그다음 개에게 종소리를 들려 주며 개의 반응을 관찰하였다. 예상한 대

로 개는 전혀 타액을 분비하지 않았다. 이 경우 종소리는 중립자극(neutral stimulus)이며, 타액 분비를 하지 않은 것은 무반응(no response)이 된다.

③ Pavlov는 무조건자극인 먹이와 중립자극인 종소리를 반복적으로 짝지어서 개에게 제공하면 개가 종소리만으로도 타액을 분비할 수 있을 것이라고 가정하였다. 그래서 개에게 먼저 종소리를 들려주고 곧바로 먹이를 주는 과정을 여러 번 반복하였다. 그 결과 개는 먹이가 제시되기 전에 종소리만 듣고도 타액을 분비하기 시작하였다. 이제 종소리는 무조건자극인 먹이와 짝지어져서 반복적으로 제시된 조건(conditioning)에 따라서 타액분비를 가져오는 조건자극(conditioned stimulus)이 된 것이며, 종소리만으로 타액이 분비된 것은 조건반응(conditioned response)인 것이다. 즉, 개는 종소리만으로 타액이 분비되게끔 조건화된(conditioned) 것이며, 달리 말해 학습된(learned) 것이다.

무조건자극(먹이) ➡ 무조건반응(타액)

중립자극(종소리) ➡ 무조건반응(타액) 없음

중립자극(종소리) + 무조건자극(먹이) ➡ 무조건반응(타액)

중립자극(종소리) + 무조건자극(먹이)
중립자극(종소리) + 무조건자극(먹이)
중립자극(종소리) + 무조건자극(먹이)
:
반복

⬇

조건자극(종소리) ➡ 조건반응(타액)

(2) 고전적 조건화

자연적으로는 개에게 타액 분비(무조건반응)를 가져올 수 없었던 종소리(중립자극)가 먹이(무조건자극)와 연합되는 조건에 반복적으로 노출된 결과, 종소리(조선자극)만으로도 타액분비(조건반응)이 가능해지는 현상인 고전적 조건화는 연합학습(associative learning)의 일종이다. Pavlov가 처음 제시하였을 때 조건화라고 불렀으나, 후에 Skinner의 조작적 조건화(operant conditioning)와 구별되도록 하기 위해 고전적 조건화(classical conditioning)라고 불리게 되었다.

고전적 조건화는 자율신경이 통제하는 것으로 보이는 비자발적 반응들, 즉 반사적 행동과 정서적 반응들의 학습에 주로 관련된다고 보고된다. 병원에서 흰 가운(중립자극)을 입은 의사가 주사(무조건자극)를 놓아서 아이가 아파 울게 되면(무조건반응) 이후 흰 가운(조건자극)만 보고도 아이가 우는 것(조건반응)이 그 한 예다.

고전적 조건화의 원리는 광고에서 매우 활발히 사용된다. 초등학생들이 주로 사용할 만한 새로운 물건이나 과자가 출시되었을 때 광고모델로 어떤 인물이나 캐릭터가 이용되는지를 살펴보라. 새로운 물건이나 과자는 아직 소비자에게 알려지지 않은 것이므로 중립자극과 마찬가지인데, 그 자극을 소비자인 초등학생들이 싫어하는 인물과 함께 제시하는 광고는 없다. 초등학생들이 좋아하는 특정연예인이나 캐릭터가 등장하여 어떤 물건이나 과자를 광고하면 그 물건이나 과자가 등장 연예인이나 캐릭터에 대한 호감과 짝지어져서 그 물건이나 과자도 좋은 것으로 여겨지도록 하는 것이다(Pavlov의 고전적 조건화를 적용하여 유아에게 인위적으로 쥐에 대한 공포를 일으키도록 한 'Little Albert 실험' 으로 유명한 Watson도 나중에 광고회사에서 일하였다.).

(3) 소거와 자발적 회복

무조건자극과 달리 조건자극은 조건화 후에 자극으로서의 힘을 영구적으로 가지는 것이 아니라 사라질 수 있다. 예컨대, 종소리만으로도 타액이 분비되도록 조건화된 이후에 만약 종소리만 계속 들려 주고 먹이가 뒤따르지 않는 상황이 지속되면 타액 분비라는 조건반응이 서서히 감소하고 결국 완전히 사라지는데, 이러한 현상을 Pavlov는 소거(extinction)라고 이름하였다.

그러나 종소리와 타액 분비 사이의 조건화가 완전히 소거된 다음 몇 시간 후에 동일한 개에게 종소리를 들려주었더니 타액이 (양은 적어졌으나) 다시 분비되는 흥미로운 현상이 발견되었다. Pavlov는 이를 자발적 회복(spontaneous recovery)라고 이름하고, 소거란 조건반응이 완전히 제거된 것이 아니라 억제되었던 것이며 시간의 경과는 억제현상을 경감시킨 것이라고 보았다. 자발적으로 회복된 조건반응은 무조건자극이 결합되지 않으면 오래 지속되지 못하지만, 무조건자극이 조건자극에 다시 결합되어 제시되면 조건반응은 다시 초기의 높은 수준으로 바로 회복된다.

(4) 자극의 일반화와 변별

Pavlov는 한 가지 종소리에 조건화된 개가 먹이와 전혀 짝지어 제시된 적이 없는 비슷한 종류의 다른 종소리에도 어느 정도 타액을 분비한다는 것을 발견하였다. 유사하게, 몸의 어떤 부분을 쓰다듬을 때 타액을 분비하도록 조건화된 개는 몸을 긁어 줄 때도 타액을 어느 정도 분비한다는 것이 발견되었다. 이처럼 조건자극과 비슷한 자극에도 반응을 보이는 현상을 자극의 일반화(generalization)이라고 한다.

일반화는 적응에 도움이 될 수도 있다. 뜨거운 컵을 만져 보고 깜짝 놀란 아동은 뜨거운 냄비나 주전자 등에도 유사한 두려움을 느끼는 경우가 그 예다. 일반화는 매우 자동적으로 일어나는 경우가 많다. 심지어 학대받은 경험이 있는 아동과 그렇지 않은 아동에게 컴퓨터 화면으로 화난 얼굴을 보여 주자 학대받은 경험이 있는 아동들은 뇌파반응이 극적으로 강해지고 그것이 오래 지속되는 결과가 나타나기도 하였다(Myers, 2007).

반면, Pavlov는 특정한 종소리를 들려 줄 때는 먹이를 함께 주고 유사한 다른 종소리들을 들려 줄 때는 먹이를 주지 않는 과정을 반복함으로써 개가 오직 특정한 종소리에만 타액을 분비하고 비슷한 종소리에는 타액을 분비하지 않도록 훈련할 수 있었다. 이 현상을 자극의 변별(stimulus discrimination)이라고 하는데, 조건자극과 다른 자극을 구별할 수 있도록 학습이 이루어진 것이다. 일반화와 마찬가지로 변별도 적응에 도움이 될 수 있다. 비슷하게 생겼지만 한 종류의 생물은 독이 있고 다른 종류는 독이 없는 것을 변별할 수 있게 됨으로써 인간의 생존가능성이 높아졌던 것이 그 예다.

(5) Watson의 행동주의

Pavlov의 고전적 조건화는 Watson의 행동주의에 기초를 제공하였다. 그는, 생물학적인 영향이 있긴 하지만 인간의 정서와 행동은 기본적으로 조건화된 반응으로 이루어진다고 보았다. 그는 "내게 십여 명의 건강한 영아들과 내 마음대로 조절할 수 있는 세상에서 그 영아들을 기를 수 있게 해 주면, 그

Watson과 Rayner(1920)의 꼬마 알버트(Little Albert) 실험

특정 공포가 조건화될 수 있음을 보여 주는 실험이다. 생후 11개월 된 유아 Albert는 다른 유아들과 마찬가지로 큰 소리는 무서워하고 흰쥐는 무서워하지 않았다. Albert에게 흰쥐를 보여 주고 그가 흰쥐를 만지려고 가까이 가면, 연구자들이 그의 바로 뒤에 있는 쇠막대기를 망치로 내려쳐서 큰 소리를 냈다. Albert는 펄쩍 놀라서 앞으로 엎어졌다. 다시 흰쥐를 보여 주고 또 큰 소리를 내는 과정을 되풀이하였다. 한 주 후에 다시 흰쥐를 보여 주자 Albert는 흰쥐에게 손을 뻗으려 하다가 뒤로 물러나 버렸다. 전 주의 조건화 효과가 명백하였다. 다시 흰쥐를 보면 무섭게 큰 소리가 나게 하는 과정을 여러 번 되풀이하고 나서 흰쥐만 보여 주었다. 그러자 이제 Albert는 흰쥐를 보자 마자 울기 시작했다(요즘에는 이런 실험은 윤리적 기준에 부합하지 않기 때문에 실행하지 못한다.). 더욱이 며칠 후에 Albert는 이 조건화된 공포의 일반화 현상까지 보였다. 즉, 토끼, 개와 모피코트를 보고도 무서워하였다. 전혀 다른 모양의 장난감은 무서워하지 않았다. 한 달 후 다시 흰쥐를 보여 주자 어느 정도 무서워하는 반응을 보였다.

아이들 중에서 무선적으로 선택하여 어떤 유형의 인간으로든 키울 수 있다. 의사, 법관, 화가, 상인, 심지어 거지, 도둑 무엇으로나 만들 수 있다. 적성, 성향, 능력, 직업, 그 조상의 인종 등 무엇과도 상관없이 특정 인간 유형으로 만들어 낼 수 있다."라고 말하기도 하였다.

3) Skinner의 조작적 조건화

Skinner(1904~1990)는 Pavlov의 고전적 조건화와 Watson의 행동주의를 접한 후 심리학에 관심을 가지게 되었으며, 이후 Thorndike의 연합주의학습이론 등을 확장 발전시켜서 행동주의 심리학을 정립하였다. Skinner는 태도나 신념 등의 내면적 정신현상의 존재를 부정하지는 않았다. 그러나 인간행동의 결정요인에 대한 과학적 분석을 위해 이용 가능한 정보가 내적 정신현상보다는 환경에 보다 더 풍부하다고 생각하였다.

(1) 두 가지 형태의 조건화

Skinner는 조건화의 두 형태가 존재한다고 하였다. 그 한 형태는 Pavlov의 조건화(고전적 조건화)로서 강화력 있는 자극(무조건자극)과 다른 자극(조건자극)을 짝지어서 제시하는 조건화인데, 이를 Skinner는 S형 조건화(type S conditioning)라고 불렀다. S형 조건화는 유기체로부터 반응을 이끌어 내는 데서 자극의 중요성을 부각하였는데, 이때 자극을 통해 이끌어 낸 반응은 수동행동(respondent behavior)라고 불렀다.

S형 조건화는 조건화된 정서적 반응을 설명하는 데 유용하지만, 대부분의 인간행동은 자극을 통해서 자동으로 이끌어 내지는 것이 아니라 자극의 존재 상황에서 인간이 자발적으로 발생시키는 것이라고 보았다. 즉, 이런 행동들은 선행자극으로 통제되는 것이 아니라 행동반응(response)에 후속하는 결과에 따라 통제된다는 것이다. 행동반응(response)의 중요성을 강조하기 위하여, 이런 조건화를 Skinner는 R형 조건화(type R conditioning)라고 하였다.

R형 조건화의 행동은 환경에 영향을 미치는 속성을 가지고 있다고 하여 '조작적 행동(작동행동, operant behavior)' 이라고 불렀다.

조건화 이전에는 일어나지 않는 수동행동과 달리, 조작적 행동은 조건화 이전에도 먼저 일어난다. 강화가 이루어지려면 일단 조작적 행동이 먼저 발생해야 하기 때문이다. 강화는 조작적 행동의 발생 가능성이나 빈도를 변화시키는 것뿐이다. 즉, 조작적 행동이 일어나고(환경에 작동을 하고), 강화에 따라 다음에 더 많이 일어나거나 감소하는 것이다.

고전적 조건화(S형 조건화)

조건화
(무조건자극+조건자극) ➡ 수동행동

조작적 조건화(R형 조건화)

조작적 행동+강화/벌 ➡ 행동반응 증가 혹은 감소

(2) 강화와 벌

강화(reinforcement)는 조작적 조건화(operant conditioning)의 핵심으로, 행동에 뒤따라옴으로써 그 행동의 차후 발생빈도나 강도를 높이는 과정이다. 강화제(reinforcer)는 이때 행동에 뒤따라온 자극이나 사건을 뜻한다. 강화의 예는 다음과 같다.

① 조작적 행동: 아동이 선생님을 보고 뛰어가서 인사를 한다.

② 강화제: 선생님이 활짝 웃으며 칭찬을 한다.

③ 결과: 아동이 선생님께 인사하는 빈도가 높아진다.

어떤 사건이나 자극이 강화제인지 아닌지는 미리 결정되는 것이 아니라, 결과에 따라서 결정된다. 이 예에서 만약 결과적으로 아동이 선생님에게 인사하는 빈도가 낮아졌다면, 선생님이 아동에게 웃으며 칭찬한 것은 전혀 강화제가 되지 못한다.

사실 강화제는 상황특수적이다. 즉, 특정 상황과 특정 시간에만 특정 개인에게 적용된다. 특정 아동에게 현재 강화제인 것이 나중에는 강화제가 아닐 수 있다. 특정 아동의 말하기 수업시간에 강화제인 것이 수학 수업시간에는 강화제가 아닐 수도 있다. 물론 이러한 상황특수성에도 불구하고 강화제가 될 수 있는 자극이나 사건들은 어느 정도는 예측이 가능하다. 대체로 아동은 선생님의 칭찬이나 자유놀이시간, 스티커, 좋은 점수 등이 강화제가 된다는 것을 교사나 부모들은 경험으로 안다. 하지만 이 중 어떤 것이 특정 아동에게 확실히 강화제가 될지는 그것이 주어진 후에 행동반응이 변화하는 것을 보아야만 확인이 되는 것이다.

강화에는 정적 강화(positive reinforcement)와 부적 강화(negative reinforcement)가 있다. 정적 강화란 바람직한 행동반응에 뒤이어서 행위자가 좋아하는 것을 제공해 줌으로써 바람직한 행동이 이후에 일어나는 빈도나 강도를 유지하거나 높이는 것이며, 부적 강화란 행위자가 싫어하는 것을 제거해 줌으로써 동일한 효과를 얻는 것을 말한다.

정적 강화의 과정

바람직한 행동+행위자가 좋아하는 결과를 제공
(수업에 집중함) (교사의 칭찬)
➡
바람직한 행동의 유지 혹은 증가
(수업에 집중하는 시간이 늘어남)

부적 강화의 과정

바람직한 행동+행위자가 싫어하는 것을 없애 줌
(수업에 집중함) (청소당번을 면해 줌)
➡
바람직한 행동의 유지 혹은 증가
(수업에 집중하는 시간이 늘어남)

벌의 과정

바람직하지 못한 행동+행위자가 싫어하는 결과 제공
(수업시간에 자리 이탈) (교사의 꾸중)
➡
바람직하지 못한 행동 감소
(수업 중 자리이탈 시간 감소)

반면, 벌(punishment)이란 행동반응에 뒤이어서 행위자가 싫어하는 것이 주어짐(혹은 행위자가 좋아하는 것을 제거함)으로써 그 행동이 이후에 일어나는 빈도나 강도가 약화되는 것을 말한다. 어떤 자극이나 사건이 벌인지 아닌지도 강화와 마찬가지로 결과에 따라서 결정된다. 수업시간에 아동이 떠들었을 때 교사가 야단을 치니 떠드는 행동이 줄어드는 결과가 생겼다면 교사가 야단을 친 것이 벌이 되지만, 야단을 쳐도 떠드는 행동이 줄어들지 않았다면 벌이 되지 않는 것이다.

행동반응에 대한 결과를 제공하는 사람의 의중과 상관없이 행동반응이 결과적으로 증가 · 유지 혹은 감소하느냐에 따라서 강화나 벌의 여부가 결정된다는 것은 교사가 매우 중요하게 고려해야 할 점을 알려 준다. 즉, 교사는 아동의 바람직한 행동을 유지 · 증가시키기 위하여 강화하려 하고 바람직하지 못한 행동은 감소시키기 위하여 벌하려 하지만, 결과적으로 교사가 의도한 대로 강화나 벌이 이루어졌는지를 반드시 점검하여 효과를 파악하여야 한다는 점이다. 만약 교사가 의도한 대로 결과가 이루어지지 않았다면, 다른 강화제나 조건화 과정을 적용해야 하는 것이다.

흔한 예로, 수업시간이 떠드는 아동이 있으면 교사는 그 아동에게 조용히 하라는 주의를 준다. 교사가 주의를 준 것은 떠드는 행동을 벌하고자 하는 의도에서 이루어지나, 교사의 의도와 달리 결과는 아동의 계속 떠드는 행동이 나타날 수 있다. 교사의 주의가 오히려 아동에게 관심을 주는 셈이 되어 정적 강화의 과정이 일어난 것이다. 이럴 때 교사는 떠드는 아동에게 계속 주의를 줄 것이 아니라 다른 조건화 과정을 적용하도록 해야 한다.

(3) 강화의 상호성

강화나 벌의 과정에 대해 이해하고 적용하고자 할 때 흔히 교사나 부모는 아동에게 강화제를 제공하는 사람으로, 또 아동은 강화제를 제공받는 대상으로 생각하지만, 사실 강화나 벌은 어느 쪽에든 일어날 가능성이 많으며 동시에 일어나기도 한다. 앞의 예에서 수업시간에 자리를 이탈하는 아동에게

〈떼쓰는 행동을 하는 아동과 부모에게서 일어나는 정적 강화와 부적 강화〉

정적 강화

아동의 떼쓰는 행동+ 아동이 원하는 것을 들어줌	➡	이후에 원하는 것이 있을 때 떼쓰는 행동이 증가함

부적 강화

아동이 원하는 것을 부모가 들어줌+ 떼쓰는 행동(부모에게 괴로운 것)이 그침	➡	이후에 아동이 떼를 쓸 때 원하는 대로 들어주는 부모의 행동이 증가함

교사가 야단을 쳐서 아동의 자리이탈 시간이 감소한 것은 아동에게는 벌의 과정이 일어난 것이지만, 교사에게는 부적 강화가 일어난 것이다. 즉, 교사가 야단을 치는 행동을 하니까 교사가 싫어하는 것(아동의 수업 중 자리이탈)이 없어지는 결과가 생겼다. 그러니까 수업 중 자리이탈 행동에 대해 교사가 야단치는 행동이 늘어난다면 바로 부적 강화인 것이다.

또 다른 예로 떼쓰는 아동과 그에 굴복하는 부모의 경우를 보자. 아동이 떼쓰는 행동을 계속하는 것은 그 행동이 정적 강화를 받았기 때문이다. 떼를 쓰면 아동이 원하는 것을 부모가 결국 들어주는 결과가 왔기 때문에 떼쓰는 행동이 지속된다. 부모 측에서 보면 아동의 떼쓰는 행동은 괴로운 자극인데 아동이 원하는 대로 들어주니까 떼쓰는 행동이 그치게 되는, 즉 괴로운 상황이 종결되는 결과가 생기는 것이니까 부적 강화가 일어나는 것이다. 아동은 원하는 것을 얻는 정적 강화가, 부모는 괴로운 것이 종결되는 부적 강화가 동시에 일어나기 때문에 아동은 계속 떼를 쓰고, 그에 대해서 부모는 계속 굴복하는 것이다.

(4) 일차적 강화제와 이차적 강화제

먹을 것이나 마실 것 등과 같은 자극은 생존에 필요한 것이므로 일차적 강화제(primary reinforcer)라고 불린다. 반면, 이차적 강화제(secondary reinforcer)란 일차적 강화제와 연합된 조건화 과정을 통해서 강화제로서의 힘을 갖게 된 자극을 말한다. 아동이 좋아하는 컵은, 우유나 주스나 물 등 아동이 좋아하는 일차적 강화제를 그 컵에 담음으로써 이차적으로 강화제의 힘을 가지게 된 것이다.

여러 가지의 일차적 강화제와 짝지어져서 조건화된 이차적 강화제를 일반화된 강화제(generalized reinforcer)라고 하는데, 대표적인 것이 돈이다. 돈은 여러 가지의 일차적 강화제와 짝지어지기 때문에 강화제로서 강력한 힘을 가지는 것이다.

(5) 소멸

소멸(extinction)이란 강화로 유지되던 행동에 더 이상 강화제가 주어지지 않음으로써 행동이 줄어드는 것을 말한다. 아동이 수업시간에 손을 들어도 교사가 계속 무시하고 발표를 시키지 않으면 결국 아동의 손드는 행동이 멈추는 것이나, 문자메시지를 계속 보내도 답장이 없으면 더 이상 문자메시지를 보내지 않게 되는 것이 그 예다.

소멸이 얼마나 급격히 일어나는가는 이전 강화의 역사에 달려 있다. 동일한 행동에 대해서 이전에 강화가 아주 적게 이루어졌으면 소멸이 빨리 일어나고, 강화의 역사가 길수록 소멸이 더디게 일어난다. 심지어 소멸되기 이전에 반응이 급격히 상승하기도 한다. 앞의 떼쓰는 행동 예를 보자. 만약 아동의 떼쓰는 행동이 오래 전부터 일어났고 부모가 떼쓰는 행동에 굴복해서 아동이 원하는 대로 해 준 적이 많다면, 어느 순간부터 부모가 떼쓰는 행동에 대해서 강화를 주지 않는다고 해서 떼쓰는 행동이 빨리 줄어들지 않는다. 오히려 일시적으로는 떼쓰는 행동이 더욱 심하게 일어날 수 있다.

(6) 강화계획

연속적 강화계획(continuous schedule)이란 바람직한 행동을 할 때마다 매

번 강화하는 것을 말한다. 연속적 강화는 어떤 행동을 처음 학습하도록 할 때 매우 효과적일 수 있다. 예를 들어, 새로운 운동기술을 배우는 아동이 제대로 된 반응을 할 때마다 강화를 준다면 학습의 효과가 높아질 수 있다.

그러나 현실에서는 아동이 바람직한 행동을 할 때마다 교사가 매번 강화를 주는 것이 불가능하다. 모든 아동에게 손을 들 때마다 발표를 시킬 수도 없고 수업에 집중하는 순간이나 다른 바른 행동들을 할 때마다 칭찬을 할 수도 없다. 간헐적 강화계획(intermittent schedule)이란 바람직한 반응의 일부에만, 즉 간헐적으로 강화하는 것을 말한다. 간헐적 강화는 연속적 강화보다 행동의 약화에 대한 저항이 강하기 때문에 바람직한 행동을 유지하는 데 효과적이다.

간헐적 강화계획은 행동반응 간의 시간간격에 따라서 강화하는 계획과, 행동반응의 수에 따라 강화하는 계획으로 나눌 수 있다. 이 두 기본 계획은 다시 시간간격 및 반응 수를 고정적으로 할 것인가, 변동적으로 할 것인가에 따라 각각 두 가지로 나누어져서 고정간격강화계획(Fixed-Interval schedule: FI), 변동간격강화계획(Variable-Interval schedule: VI), 고정비율강화계획(Fixed-Ratio schedule: FR), 변동비율강화계획(Variable-Ratio schedule: VR)의 네 가지로 만들어진다.

〈표 10-1〉 강화계획의 다양화

	반응 간의 시간간격	반응의 수
고정	고정간격강화계획	고정비율강화계획
변동	변동간격강화계획	변동비율강화계획

① 고정간격강화계획

고정간격강화계획은 바로 앞의 강화가 있은 후 일정한 시간이 지난 후에 한 첫 번째 올바른 반응에 강화를 주는 간헐적 강화계획이다. 아동의 수업집중행동을 5분의 고정간격에 따라 강화하는 계획이라면, 수업시작 후 5분이

지날 때까지는 아동이 수업에 집중을 해도 강화하지 않다가 5분이 되었을 때 수업에 집중을 하고 있으면 강화를 하고, 다시 5분이 지날 때까지 강화를 주지 않다가 5분이 다시 지났을 때 집중하면 강화를 하는 식이다.

이처럼 시간간격을 정해 놓고 정해진 시간에 올바른 행동이 있을 때만 강화를 하면, 행동반응이 꾸준히 일어나지 않고 시간간격에 따라 반응률이 급속히 떨어졌다가 다음 강화시간 무렵에 급속히 올라가는 양상을 보인다. 5분마다 수업집중행동을 강화하면, 강화를 받을 시간 무렵에만 수업집중행동이 나타나고, 일단 강화를 받고 나면 다음 강화를 받기 이전까지 한동안은 수업집중행동이 멈추는 것이다.

② 변동간격강화계획

변동간격강화계획은 바로 앞의 강화가 있은 후 일정한 시간이 지난 후에 한 첫 번째 올바른 반응에 강화를 주되, 강화 간의 시간간격을 고정적으로 하지 않고 어떤 평균을 중심으로 변동되도록 하는 간헐 강화계획이다. 수업집중행동을 5분의 변동간격에 따라 강화하는 계획이라면, 평균적으로 5분마다 수업집중행동을 강화하는 것으로서, 실제로는 바로 앞의 수업집중행동 강화 후 1분, 4분, 7분 30초, 9분 등 후에 다시 강화하는 것이다.

이처럼 시간간격에 변동을 주면 아동 입장에서는 어떤 때는 바로 1분 전에 강화를 받고 금방 다시 강화를 받다가 또 어떤 때는 10분이 지나야만 강화를 받게 되므로, 고정간격강화계획에 비해서 강화시간을 짐작하기 어려워 반응률의 변화가 덜 심해진다는 장점이 있다. 교사가 일기장 검사를 고정적으로 목요일마다 하면 수요일 밤에야 일기를 쓰고 목요일부터 그다음 주 수요일까지는 쓰지 않지만, 일기장 검사가 수요일, 목요일, 금요일로 왔다갔다 하면 화요일 밤부터 일기를 쓰기 시작하여 검사할 때까지 며칠 간은 계속 쓰게 되는 것과 같다.

③ 고정비율강화계획

고정비율강화계획에서는 반응시간의 간격과 상관없이 일정한 수의 반응이 일어난 후에 강화제를 준다. 줄을 똑바로 10개 그을 때마다 스티커를 한 장씩 붙여 주거나 수학 문제를 10개 풀 때마다 10분간 자유시간을 주는 식이다. 시간간격에 따른 강화계획에 비해서 반응비율에 따른 강화계획하에서는 반응이 비교적 빈번하게 일어난다. 반응을 많이 할수록 강화제를 많이 받기 때문이다. 그러나 반응비율이 작은 강화계획이면 강화 직후부터 반응이 다시 시작되지만, 반응비율이 크면 강화 후에 잠깐 중단되었다가 다시 시작되는 경향을 보인다. 즉, 강화를 받기 위해 해야 하는 반응의 수가 많으면 (예, 수학문제 100개를 풀어야 자유시간을 받음), 강화제를 받은 후에 반응이 한동안 멈추게 되는 것이다.

④ 변동비율강화계획

변동비율강화계획은 일정한 수의 반응이 일어난 후에 강화제를 주되, 반응비율을 고정적으로 정해 두지 않고 어떤 평균을 중심으로 변동되게 하는 것이다. 평균적으로 다섯 번 바람직한 행동을 할 때마다 강화하는 변동비율강화계획이라면, 실제로는 바로 앞의 강화 후 바로 다음 행동에도 강화를 하고 여덟 번 후의 행동에도 강화를 하는 식으로 변동하는 것이다. 수업시간에 발표를 하기 위해 적절한 때 손을 드는 행동을 평균 3대 1로 강화한다면, 어떨 때는 두 번 연속으로 강화하고 어떨 때는 여섯 번만에, 또 네 번만에 강화하는 것이다.

변동비율강화계획은 행동을 유지시키는 힘이 가장 강력한 강화계획이다. 반응의 지속성은 예측가능성에 달려 있는데, 변동비율강화계획은 강화를 예측하기가 가장 어려우므로 강화 후에 반응이 약화되지 않고 계속 유지되는 경향이 가장 강한 것이다. 아동의 바람직한 행동을 강화하려는 교사에게 이 점은 큰 도움이 된다. 아동이 바람직한 행동을 몇 번 할 때마다 간헐적으로 강화하되 실제로 고정적 반응 수에 따라 강화하지 않고 변동적으로 강화하는 것이 교사에게 훨씬 쉬울 뿐 아니라 행동유지의 효과도 가장 좋기 때문이다. 아동이 친구를 도와주는 행동을 하루에 평균 두 번 강화하겠다는 계획을 세웠다면, 어떤 날을 하루에 한 번, 어떤 날은 하루에 네 번, 또 어떤 날은 강화를 주지 않는 식으로 변동적으로 하면 되는 것이다.

그러나 변동비율강화계획이 행동을 유지시키는 강력한 힘을 가졌다는 점은 바람직하지 못한 행동에도 여전히 적용되는 것이므로 교사에게 주의가 필요하다. 즉, 교사가 자칫 아동의 바람직하지 않은 행동을 변동비율적으로 강화하면 그 행동도 유지된다는 것이다. 도박에 빠진 사람들이 도박에서 빠져나오기 힘든 것도 바로 도박이 변동비율강화의 가장 대표적인 경우이기 때문이다.

(7) 행동변화를 위한 조작적 조건화의 적용

① 행동형성

아동이 바람직한 행동을 할 때 그 행동을 강화하면, 이후에 바람직한 행동이 일어나는 빈도가 늘어난다는 것은 교육적으로 매우 중요하고 유용한 원리다. 아동이 인사를 공손히 할 때, 수업에 집중할 때, 친구를 도울 때, 주어진 과제를 수행할 때 등 수없이 많은 경우에 교사는 아동의 바람직한 행동을 강화하여 유지시킬 수 있다.

그러나 정해진 수준의 바람직한 행동이 일어난 후에야 강화를 한다면 많은 아동들은 강화를 받지 못할 수 있다. 예컨대, 쉬는시간 및 급식시간에 친구와 이야기를 나누고 놀이를 함께하는 행동을 할 때 강화를 한다고 하자. 어떤 아동은 친구와 상호작용이 거의 없고 친구가 말을 걸어도 대답도 못한다면, 교사가 강화를 하려고 기다려도 강화할 기회가 오지 않을 것이다. 이처럼 바람직한 행동이 미처 일어나지 못하는 경우에 적용할 수 있는 방법이 바로 행동형성(shaping)이다.

행동형성은 바람직한 형태의 행동으로 변화가 일어날 수 있도록 조작적 조건화를 점진적으로 적용하는 방법이다. 구체적으로 행동형성은 다음과 같은 단계들로 이루어진다(Schunk, 2000).

〈표 10-2〉 행동형성의 단계, 내용과 예시

행동형성의 단계	내용	예시
1	현재 아동이 할 수 있는 행동의 수준을 파악한다.	짝이 아동의 이름을 부르면 가끔 흘깃 쳐다본다.
2	바람직한 목표행동의 형태와 수준을 정한다.	목표행동: 친구와 쉬는시간에 함께 놀이하는 행동
3	강화제가 될 만한 것을 찾는다.	아동이 스티커를 받고 싶어한다.
4	목표행동을 점진적으로 이루어질 수 있는 작은 단계들로 나눈다.	짝이 이름을 부를 때 쳐다보는 행동, 짝이 지우개 등을 빌려 달라고 할 때 빌려 주는 행동, 짝이 이름을 부를 때 쳐다보며 대답을 하는 행동, 짝의 이름을 부르는 행동 등
5	현재 아동이 할 수 있는 가장 낮은 수준의 행동부터 강화를 시작하여 점진적으로 높은 수준의 행동으로 옮겨 간다.	짝이 이름을 부르면 흘깃 쳐다보기만 해도 스티커를 붙여 준다. 짝을 흘깃 쳐다보는 행동이 충분히 유지된다고 파악되면 다음 수준의 행동을 할 때 강화를 한다.

② 행동연쇄

대부분의 인간행동은 복잡한 연계적 부분들로 구성되어 있는데, 행동연쇄(chaining)는 연계적 부분들을 잘게 나누어서 차례로 강화를 적용함으로써 학습하게 하는 것이다. 신발 끈을 매는 것을 학습하고자 한다면, 신발 끈의 양쪽 끝을 같은 길이로 잡는 것으로부터 시작해서 한쪽을 다른 쪽에 거는 것, 한쪽으로 고리를 만드는 것, 다른 쪽을 고리에 집어넣는 것, 두 쪽을 함께 잡아당기는 것 등 작은 단계로 구분하여 한 단계씩 차례로 강화를 적용하는 것이다.

행동연쇄의 단계는 앞 단계부터 시작할 수도 있고 뒤 단계부터 거꾸로 시작할 수도 있다. 신발 끈 묶기를 학습할 때 교사가 앞 단계는 다 해 주고 마지막 단계만 아동이 하도록 하여 강화한 다음에 점차적으로 그 앞의 단계도 포함하여 두 단계, 세 단계 식으로 진행하거나, 첫 단계부터 시작하여 점차적으로 뒤 단계들을 하나씩 더 포함하는 식으로 진행할 수도 있다.

③ 프리맥 원리

프리맥 원리(Premack, 1962)란 빈도가 높은 행동은 빈도가 낮은 행동의 강화제가 될 수 있다는 것이다. 아동에게 자유롭게 활동을 선택하게 하였을 때 만화책을 보는 빈도가 10, 컴퓨터 게임을 하는 빈도가 6, 숙제를 하는 빈도가 0, 그림을 그리는 빈도가 2였다면, 만화책을 보는 행동은 숙제를 하는 행동의 강화제가 될 수 있는 것이다. 이 아동에게 숙제를 하는 습관을 기르려면, 정해진 양의 숙제를 마치고 나면 만화책을 30분 볼 수 있도록 하는 식의 강화를 적용할 수 있다.

요점 정리

1. 학습이란 경험을 통한 비교적 영속적인 행동(역량)의 변화다.
2. 행동주의 학습이론은 관찰가능한 행동에 국한하여 학습을 설명하였다. 이는 행동주의 학습이론들이 생각이나 감정과 같은 내면적 현상들의 존재를 부정해서가 아니라, 그런 내면적 현상들의 학습이 일어나는 원인이나 과정은 환경 속에서 관찰 가능하지 않기 때문에 굳이 설명하려 할 필요가 없다는 주장에서였다.
3. Thorndike의 학습이론은 "가장 기본적 형태의 학습은 자극과 반응의 연합에 따라서 일어난다"는 연합주의로 제시되었다. 다양한 반응들 중에서 원하는 결과와 연합되는 반응이 성공적인 반응으로 선택되고 다른 반응들은 버리게 되는 점진적 과정을 통해서 시행착오학습이 일어난다.
4. Thorndike의 학습원리는 연습의 법칙, 효과의 법칙, 준비성의 법칙으로 제시되었으나, 후에 연습의 법칙은 폐기되고 효과의 법칙 중 일부는 수정되었다. 수정된 효과의 법칙이란 보상은 자극과 반응의 결합을 강화하나 벌이 반드시 자극과 반응의 결합을 약화시키지는 않는다는 것이다.

5. 고전적 조건화란 무조건반응을 가져올 수 있는 자극으로서의 힘이 없던 중립자극이 무조건자극과 연합되는 조건에 반복적으로 노출(조건화)된 결과, 반응(조건반응)을 가져올 수 있는 자극(조건자극)으로서의 힘을 가지게 되는 연합학습의 과정이다.

6. 고전적 조건화는 반사적 반응과 정서적 반응들의 학습에 주로 관련된다.

7. 조건자극이 조건화 이후에 자극으로서의 힘을 잃게 되는 현상이 소거이며, 완전히 소거된 이후에 자발적 회복이 일어날 수 있다.

8. 조건자극과 비슷한 자극에도 반응이 일어나는 현상이 자극의 일반화이며, 유사한 자극에는 반응하지 않고 특정한 자극에만 반응하는 것은 변별이다. 일반화와 변별 현상은 모두 적응에 도움이 될 수 있다.

9. S형 조건화(고전적 조건화)는 조건화된 정서적 반응(수동행동)을 설명하는 데 유용하나, 인간이 자발적으로 발생시키는 행동은 선행자극으로 통제되는 것이 아니라 행동반응에 후속되는 결과로 통제된다. R형 조건화(조작적 조건화)는 조작적 행동이 일어난 후에 뒤따르는 결과에 따라서 행동반응이 증가 혹은 감소하는 것이다.

10. 강화는 조작적 조건화의 핵심으로서, 행동에 뒤따라옴으로써 그 행동의 차후 발생 빈도나 강도를 높이는 것이다. 강화제란 이때 행동에 뒤따라온 자극이나 사건을 뜻하는 것으로, 미리 결정되는 것이 아니라 결과에 따라서 결정되며 상황특수적이다.

11. 정적 강화란 바람직한 행동반응에 이어서 행위자가 좋아하는 것을 제공함으로써 이후에 바람직한 행동이 일어나는 빈도나 강도를 높이는 것이며, 부적 강화란 행위자가 싫어하는 것을 제거해 줌으로써 동일한 효과를 얻는 것이다.

12. 벌이란 행동반응에 뒤이어서 행위자가 싫어하는 것을 주거나 좋아하는 것을 제거함으로써 그 행동이 이후에 일어나는 빈도나 강도가 약화되는 것이다. 어떤 자극이나 사건이 벌인지 아닌지도 결과에 따라서 결정된다.

13. 아동은 조건화의 대상일 뿐 아니라 행위자이기도 한 상호성을 지니고 있다.

14. 이차적 강화제란 일차적 강화제와 연합된 조건화 과정을 통해서 강화제로서의 힘을 가지게 된 것이며, 일반화된 강화제란 여러 가지의 일차적 강화제와 짝지어져서 조건화된 이차적 강화제를 뜻한다.

15. 소멸이란 강화로 유지되던 행동에 더 이상 강화제가 주어지지 않음으로써 행동이 줄어드는 것이다. 소멸이 얼마나 급격히 일어나는가는 이전 강화의 역사에 달려 있다.

16. 간헐적 강화계획이란 바람직한 반응의 일부에만 간헐적으로 강화하는 것인데, 연속적 강화보다 행동의 약화에 따른 저항이 강하다. 간헐적 강화계획은 행동반응 간의 시간간격에 따라서 강화하는 계획과 행동반응의 수에 따라 반응하는 계획으로 나뉘고, 다시 시간간격 및 반응 수를 고정적으로 할 것인가, 변동적으로 할 것인가에 따라서 각각 두 가지로 나뉜다. 이 중 행동반응을 유지시키는 힘이 가장 강한 것이 변동비율강화계획이다.

17. 행동형성은 바람직한 형태의 행동으로 변화가 일어날 수 있도록 조작적 조건화를 점진적으로 적용하는 방법이다.

18. 행동연쇄는 복잡한 인간행동을 연계적인 작은 부분들로 잘게 나누어서 차례로 강화를 적용함으로써 학습하게 하는 것이다.

19. 프리맥 원리란 빈도가 높은 행동은 빈도가 낮은 행동의 강화제가 될 수 있다는 것이다.

생각해 볼 문제

1. 인간의 생각과 감정과 같은 내면적 현상보다 관찰 가능한 행동에 국한하여 학습을 설명한 행동주의 학습이론에 대한 본인의 입장을 제시해 보시오.

2. 고전적 조건화와 조작적 조건화의 차이점을 설명해 보시오.

3. 간헐강화계획의 다양한 형태를 설명하고 장단점을 설명해 보시오.

참고문헌

Myers, D. G. (2007). *Psychology*(8th ed.). New York: Worth Publishers.

Premack, D. (1962). Reversibility of the reinforcement relation. *Science, 136,*

255-257.

Schunk, D. H. (2000). *Learning theories: An educational perspective* (3rd ed.). Upper Saddle River, NJ: Prentice-Hall, Inc.

Thorndike, E. L. (1913). *Educational psychology: Vol. w. The psychology of learning.* New York: Teachers College Press.

Watson, J. B., & Rayner, R. (1920). Conditioned emotional reactions. *Journal of Experimental Psychology, 3,* 1-14.

제11장

인지주의 학습이론

학습목표

• 인지주의 학습이론의 기본 전제를 행동주의 학습이론과 대조하여 이해한다.
• 인지과정에 포함되는 제반 요소를 이해한다.
• 인간 사고과정의 기본 기제를 이해한다.

이 장의 내용

1. 전통적인 인지주의 학습이론
2. 형태주의 심리학
   형태주의 학파 / Köhler의 통찰학습
3. 인지와 행동주의
   Tolman의 목표지향행동 / Bandura의 사회인지론
4. 정보처리학습
   기억에 관한 정보처리 모형 / 정보처리이론의 최근 흐름
5. 인지학습이론의 교육적 시사

주요 개념 및 용어

· 인지 · 사회인지 · 목표지향행동 · 정보처리 · 작동기억
· 병렬처리 · 자동화

제11장 인지주의 학습이론

1. 전통적인 인지주의 학습이론

지금까지 다룬 행동주의 학습이론은 자극과 반응 간의 연합학습이다. Pavlov는 고전적 조건형성에서 무조건자극과 조건자극 간의 짝짓기가 개의 뇌에 있는 CS 처리회로와 UCS 처리회로 사이에 연합을 형성시켰다고 제안하였고, Thorndike는 음식이라는 자극이 문제상자와 탈출 반응 간의 연합을 생성하였다고 보았다.

이들 연합이론들에서 공통되는 주제는 특정 사상의 표상과 그 사상에 연합된 사상의 표상을 학습이라고 보는데, Pavlov의 이론은 두 가지가 모두 자극 처리회로인 경우라 할 수 있고 Thorndike의 이론은 자극 처리회로와 반응 처리회로의 연합인 경우라 할 수 있다. 따라서 Pavlov나 Thorndike, 그 외 행동주의 학습이론가들은 학습을 자극-반응의 연합으로 간주하고 이 연합의 법칙을 규명하고자 노력하였으며, Skinner는 직접적인 언급은 하지 않았지만 행동을 반응과 그 반응에 영향을 주는 자극으로 분리하고, 자극과 반응의 인과관계를 직접적인 관계로 설정하여 그 중간에 일어날 수도 있는 어떤 사고체계 또는 어떤 심리적 활동 패턴도 고려하지 않았다는 점에서 여기서 논의할 인지주의 학습이론가들과는 명백히 구분되는 연합주의자라고 할 수 있다(Hill, 1990). 즉, 초기 행동주의자들은 정신적 사건을 관찰할 수 없고 측정 불가능해서 객관적으로 연구할 수 없다는 문제를 제기하면서, 행동주의 학습이론에 정신 내면에 관한 사항은 포함시키지 않았다(Ormrod, 2007).

인지적 학습이론가들은 연합주의 학습이론가들이 관심의 대상에서 제외시킨 사고과정에 관심의 초점을 두었다. 학습과정은 사고를 포함하며 아무리 단순한 반응이라 할지라도 하나의 반응이 나오기까지 여러 단계의 사고과정을 포함하는 것으로 본다. 예를 들어, Pavlov의 실험에 등장한 개의 반응에서도 그러한 사고과정이 내포되었다는 것이다. 즉, 소리를 처리하는 사이에 음식이 주어지고 이러한 과정이 반복되었을 때 소리를 처리하는 순간 음식이 머릿속에 떠오르고 이 음식에 대한 반응으로 침을 흘리게 되는데 이 과정에서 감각, 지각, 표상, 기억 등 다양한 사고과정이 존재한다고 보는 것이다.

본질적으로 연합이론가들과 인지이론가들 간의 차이는 학습이 연합 형성처럼 단순한 과정인가, 아니면 기억과 같은 더 복잡한 과정들을 포함하는가다. 다음은 인지주의 학습이론의 시발점으로 불릴 만한 형태주의 심리학과 Köhler의 통찰학습에 대해 살펴본다.

2. 형태주의 심리학

20세기 전반기에 행동주의가 지배한 미국 심리학과 다른 독자적인 관점이 독일 심리학에서 나타났다. 형태주의 심리학이라고 알려진 이 관점은 지각, 학습 그리고 문제해결에서 조직적 과정의 중요성을 강조했고, 사람들은 독특한 방식으로 정보를 조직하는 것을 좋아하게 되어 있다고 믿었다. 형태주의 심리학은 통상적으로 파이현상으로 알려진 착시에 대한 Wertheimer(1912)의 설명과 분석에 그 기원이 있다고 알려졌다(Ormrod, 2007). Wertheimer는 두 불빛이 정해진 비율로 순서대로 깜박일 때, 불빛 하나가 앞뒤로 재빨리 움직이는 것처럼 보인다는 것을 관찰하였다. 길가의 많은 신호불빛이 깜박일 때 이런 현상을 볼 수 있다. 사람이 정지된 대상을 관찰하면서 움직임을 본다는 사실에서 Wertheimer는 경험의 지각은 경험 그 자체와 다르다는 결론에 이르렀다. 여기에서 "전체는 부분의 합 이상이다."라는 유명한 형태주의의 명제가 탄생한다. 형태주의 심리학자들은 다양한 측면의 경험을 서로 분리하여 연구할 때는 인간경험이 성공적으로 이해될 수 없다고 믿었다. 예를 들어, 우리는 특정 계열의 음들을 〈징글벨〉의 멜로디로 알아듣는다. 그런데 조를 바꾸어 연주해도 같은 노래로 인식한다(Rachlin, 1995). 지각과정에서 나타나는 여러 가지 항등성, 예를 들어 크기항등성, 색채항등성, 밝기항등성 등도 이러한 현상의 대표적인 예라 할 수 있다. 밝기항등성과 관련하여 닭을 대상으로 한 Köhler(1929)의 형태이조(transposition: 形態移調, 자극이 달라져도 원래의 형태나 특성이 그대로 유지되는 것. 음악에서 조 옮김을 해도 같은 선율로 들리는 현상과 같다.) 실험은, 한 상황에서 요소들 간의 상호관계의 중요성을 보여 주고 있다. 암탉에게 두 장의 회색 종이를 보여 주었는데, 하나가 다른 것보다 더 어두운 색이었다. 모이는 양쪽 종이 모두에 놓였으나, 더 어두운 쪽에서만 닭이 먹을 수 있도록 하였다. 계속된 실험에서, 전에 모이를 먹었던 것과 같은 명도를 가진 종이 한 장과 좀 더 어두운 색의 종이 한 장을 닭들에게 보여 주었다. 두 번째 상황에서, 닭들은 두 종이 중에 더 어두운 쪽, 다른 말로 하면 전에 강화받지 않았던 종이 쪽으로 가는 경향이 있었다(Ormrod, 2007 재인용). 이러한 현상은 닭과 같은 동물에서도 밝기항등성의 경향이 존재함을 의미한다. 이는 정보의 물리적 특성보다 주관적 해석이 학습에 더 중요하게 작동함을 보여 준다.

1) 형태주의 학파

유기체는 경험을 구조화하고 조직화한다. 형태주의라는 독일어는 대략 번역하면 '구조화된 전체'를 의미한다. 구조는 상황 안에 항상 본래부터 있던 것은 아니다. 대신에 유기체가 구조를 부여한다. 또한 유기체는 어떤 방식으로 경험을 조직하는 것을 좋아하도록 되어 있다. 형태주의 학파는 유기체, 특히 인간은 자신의 경험을 비슷하고 예측할 수 있는 방식으로 구조화하는 것을 좋아하도록 되어 있다고 제안하였다. 그들은 사람들의 경험을 조직하는 방법을 기술하기 위해 몇 가지 원리를 제안하였다.

사람들이 정보를 어떻게 조직하는지에 대해 알려 준 중요한 원리 중의 하나가 근접성의 법칙이다. 사람들은 가까이 있는 것들을 공간적으로 묶어서 하나의 단위로 지각하는 경향이 있다. 예를 들어, 띄어쓰기가 잘못된 문장은 읽기가 힘들다. "아버지 가방에 들어간다."와 "아버지가 방에 들어간다."는 의미가 전혀 다르게 해석된다. 형태주의 심리학에서 또 하나의 원리는 유사성의 법칙이다. 사람들은 서로 유사한 것을 하나의 단위로 지각하는 경향이 있다. 형태주의 학파의 다른 하나의 원리는 완결성의 법칙이다. 사람들은 완전한 그림을 만들기 위해 빠져 있는 조각을 채우려는 경향이 있다. 더 나아가 형태주의 학파는 사람들은 항상 자신의 경험을 가능한 한 단순하고, 간결하고, 체계적이고, 완전하게 조직화한다는 함축성, 즉 간결성과 엄격성의 법칙으로 알려진 원리를 제안하였다.

형태주의 심리학자들에 따르면, 학습은 기억흔적의 형성을 포함한다. 이 기억흔적들은 함축성의 법칙을 따른다. 그래서 시간이 갈수록 기억흔적은 실제 입력보다 더 단순하고, 더 간결하고, 더 완전해지는 경향이 있다.

2) Köhler의 통찰학습

형태심리학이 학습 이해에 가장 크게 기여한 부분은 통찰 연구다. 학습은 자신이 이제 정말로 이해한다는 느낌을 가지고 있을 때 갑자기 일어난다. 이러한 학습은 특히 잘 망각되지 않고 새로운 상황으로 쉽게 전이된다. 이러한 학습을 통찰학습이라고 부른다. 또한 형태주의 용어로 지각적 재체제화 또는 재구조화라는 용어를 쓰기도 한다. 통찰력이 있는 학습자는 문제 상황을 전체적으로 파악하고 문제해결의 수단과 목적 관계를 새로운 방식으로 지각한다. Thorndike(1898)는 문제상자에서 고양이가 보여 주었던 것과 같은 문제해결은 시행착오의 과정이라고 설명하였다. Köhler(1925)는 침팬지를 통한 실험에서 학습에 대한 Thorndike의 연합주의적 설명을 반박하였다(Liberman, 1996). Köhler(1925)는 문제해결은 문제해결 구조가 완성될 때까지 다양한 문제의 요소들을 정신적으로 조합하고 재조합하는 것을 포함한다고 제안하였다. 그는 침팬지가 문제 상황에서 정신적 숙고를 하는 듯한 모습을 보이면서 문제를 해결하는 것을 많이 관찰하였다([그림 11-1] 참조). 우리 바깥에는 술탄이라는 원숭이의 손이 닿을 수 없을 만큼의 먼 곳에 과일이 있었다. 술탄은 이전에 과일을 끌어오기 위해 막대를 사용했던 경험이 있었으나 우리 안에 있는 막대기는 너무 짧았다. 더 긴 막대가 우리 바깥에 있었는데 술탄의 손이 닿을 수 없는 곳에 있었지만 과일보다는 가까이 있었다. 이때 다음과 같은 상황이 발생하였다(Köhler, 1925: 180; Ormrod, 2007 재인용).

> 술탄은 우리 안의 작은 막대로 과일에 닿으려고 노력한다. 성공하지 못하자 그는 우리 그물에 튀어나온 철사 조각을 뜯어낸다. 그러나 그것 또한 헛수고다. 다음에 그는 뚫어지게 응시한다. 실험 과정에는 늘 동물들이 주변의 모든 것을 유심히 바라보는 상당히 긴 중지의 시간이 있다. 그는 갑자기 작은 막대기를 주워 긴 막대기 바로 맞은 편에 있는 창살 쪽으로 한 번 더 올라가고, 작은 막대기로 긴 막대를 자기 쪽으로 끌어오고, 긴 막대를 잡아 과일 쪽 창살로 가져가서 과일을 자기쪽으로 끌어온다. 그의 눈이 긴 막대에 마주친 순간부터, 그의 행동은 망설임 없는 연속적인 과정으로 이루어진다.

Köhler는 침팬지가 새로운 학습에 당면해서 Thorndike의 고양이들처럼 맹목적인 시행착오를 거쳐서 해결한 것이 아니라 문제 상황에 대한 지적인 심사숙고의 과정을 거치고, 또 점진적인 향상이 아니라 갑작스러운 통찰을 통해 문제를 해결한다고 주장하였다. Köhler의 침팬지는 문제해결에 필요한 여러 요소를 생각해 보고 이 요소들을 관련시킨 후 올바른 전략을 찾아 통찰을 한다. 통찰이 생기면 문제의 해결은 갑자기 이루어지게 되는데, 이런 이유로 통찰을 '아하, 경험' 이라고도 한다. Köhler의 실험에서 보면, 문제해결은 경험을 재구성하여 전체 구조를 파악하는 과정을 거친다. 통찰은 탐색적인 과정을 통해서 이루어지는데, 학습자가 문제 상황을 어떻게 인지하는가와 어떤 경험을 가졌는가에 따라 통찰과정에 차이가 난다.

통찰이란 논리적 추론이라기보다는 직관적 해결이다. 행동주의자들이 중시하듯 문제해결과정이 논리적이지도, 객관적으로 관찰가능하지도 않다. 그럼에도 우리들의 문제가 종종 갑작스러운 해답을 얻어낼 때가 있다. 물론 통찰학습이 아무런 관련 지식, 관련 경험 없이 이루어지는 것으로 생각해서는 안 된다. 아르키메데스가 목욕 중에 부력의 원리를 발견하고 "유레카!"라고 외쳤다는 일화에서 알 수 있듯이 그는 부력의 원리에 관해 갑작스러운 통찰을 얻었지만, 그 순간까지 수많은 배경 지식과 숙고의 과정이 있었고, 이를

[그림 11-1] 침팬지의 도구 활용 실험 장면(Köhler, 1976)

통해 어느 한 순간 섬광처럼 해답을 얻은 것이다. 통찰학습은 현대에 이르러 창의적 학습과 관련해 그 중요성이 강조되고 있다.

3. 인지와 행동주의

전통적인 행동주의 이론은 행동을 자극과 반응 간의 기계적 연합으로 설명하려 하였다. 그러나 이러한 설명은 많은 실험적 검증을 통해 한계가 있음이 드러났다. 인지이론가들의 비판도 있었지만, 한편으로 행동주의 내부에서도 이러한 한계점을 보완하려는 시도들이 있었다. 그들은 행동주의의 기본적 신념과 목표를 인지적 매개변수와 관련시키고자 하였다. 이 선구자들 중 가장 대표적인 사람이 Tolman이고, 그보다 훨씬 인지적 접근에 치우친 연합주의자가 Bandura다.

1) Tolman의 목적적 행동주의

Tolman(1932, 1938, 1942, 1959)은 동시대 행동주의자들과 마찬가지로 연구에서 객관성이 중요하다고 평가하였고 연구대상으로 인간 외의 동물, 특히 쥐를 사용하였다. 그러나 동시대 연구자와 달리 Tolman은 학습이 어떻게 일어나는지를 설명하면서 내적 정신 현상을 포함하였다. 즉, Tolman은 인지라는 매개변수를 자극과 반응 사이의 연합물로 상정함으로써 행동주의의 객관성, 예언성 등을 인지이론에 통합시키고자 노력하였고, 행동주의가 보다 융통성 있는 설명을 하는 데 기여하였다. 이렇듯 Tolman의 연구방법은 분명히 행동주의자들에게서 영향을 받았다. 그러나 유기체 학습의 조직화된 본질에 대한 관점을 개발하는 과정에서, Tolman은 형태주의 심리학자들의 아이디어에 영향을 받았다(Ormrod, 2007).

Tolman은 학습이 유기체의 행동으로 반드시 나타나는 것만은 아닌 내적 과정이라고 제안하였다. Tolman은 관찰되지 않은 학습에 대해 잠재적 학습이라는 용어를 사용하였다. Tolman의 관점에서 보면, 강화는 학습보다는 수행에 영향을 주는데, 왜냐하면 강화는 학습된 행동을 나타나게 할 가능성을 높이기 때문이다. 또한 Tolman은 학습이 S-R연합이라는 공식으로 보이기보다는 어떤 사건이 다른 사건을 유도하는 학습의 과정, 예를 들어 미로에서 특별한 경로를 따라가면 강화를 유도하는 것으로 여겨진다고 생각하였다. 행동은 목표 달성의 목적을 가진다. Tolman이 행동의 목표지향적 본질을 강조했기 때문에 그의 학습이론을 때때로 목적적 행동주의라고 부른다.

Tolman에 따르면 유기체는 어떤 행동이 어떤 결과를 산출한다는 것을 배우면 그 행동의 결과에 대한 기대를 형성하기 시작한다. 반응에 뒤따르면서 영향을 주는 강화보다 강화에 대한 유기체의 기대가 반응에 앞서 영향을 준다. 또한 학습은 정보조직체로 귀결되는데, 일련의 연구에서 Tolman은 미로를 달린 쥐들이 경험한 미로에 대한 반응연쇄보다 더 많은 것을 학습한다는 것을 보여 줬다. 쥐들은 미로가 배열되는 방법, 말하자면 미로의 방향도 배우는 것으로 보인다.

그러한 연구에 기초해서, Tolman은 쥐 외에 많은 다른 동물도 마찬가지로 환경에 대한 인지적 지도(cognitive maps)를 개발할 것이라고 제안하였다. 그들은 환경의 상이한 부분이 서로 관계를 맺으며 놓여 있는 곳에서 학습한다. 사물들이 공간 안에서 어떻게 조직화되는가를 알면 유기체는 한 장소에서 다른 장소로, 가능한 경로 중 가장 짧은 길로 재빨리 그리고 쉽게 도달할 수 있다. 인지적 지도 또는 정신적 지도 개념은 많은 현대의 연구자, 심리학자, 그리고 지리학자에게 계속 연구의 주제가 되어 왔다(예, Downs & Stea, 1977; Foo, Warren, Duchoo, & Tarr, 2005; Garcia-Mira & Real, 2005; Salomon, 1979/1994).

Tolman은 행동주의의 기본적 신념(객관성, 관찰가능성 등)을 따르면서 실험을 통해 드러난 한계점을 극복해 보려고 하였다. 그는 자신의 이론을 목표지향 행동주의라고 부르고, 유기체의 행동은 단순히 자극 때문에 이루어지는 것이 아니라 어떤 목표를 향해 이루어지는 것이라고 보았다. 또한 그는 행동이 목표를 추구하는 데 개인의 인지, 즉 세상에 대한 지각과 신념을 고려해야 한다고 생각하였다.

이러한 세상에 대한 개인의 신념, 도식, 기대 등을 인지라고 한다. Tolman은 인지를 자극과 반응을 연합하는 매개변수로 가정하였다. 그에 따르면 새로운 상황에서 유기체가 학습하는 것은 자극-반응의 관계 혹은 연합이 아니라 자극과 반응, 그리고 반응에 따른 결과에 대한 '기대', 즉 인지를 형성한다는 것이다. 예컨대, Skinner가 비둘기는 "단추를 쪼면 음식이 나온다."(라는 사실), 즉 반응과 반응에 따른 결과를 학습한 것이라고 설명한다면, Tolman은 비둘기가 학습한 것은 "단추를 쪼면 음식이 떨어질 것이다."라는 기대, 즉 새로운 인지적 구조를 형성한다고 말한다.

2) Bandura의 사회인지론

연합주의자 전통에 속해 있으면서 인지 쪽을 지향한 학자들 가운데 대표격인 인물은 Bandura다. Bandura는 사람들은 다른 사람이 하는 행동을 관찰함으로써 학습할 수 있다고 하였다. 그리하여 모방보다 더 일반적 개념인 관찰학습에 주목하였다. 아동이 누군가의 행동을 따라 모델링할 때, 그 누군가를 모델이라고 하고 전 과정을 관찰학습이라고 부른다. 관찰학습은 따라서 한 사람이 단순히 다른 사람의 특정 행동을 모방하는 것뿐만 아니라, 다른 사람과 똑같은 종류의 사람이 되고자 하는 더욱 확대된 과정(동일시라고 부름)도 포함한다. 그런데 모델은 어떤 개인이 관찰하는 어떤 실제의 인물일 필요가 없다. 역사적 인물, 가상적인 이상향 등이 모델이 될 수 있다.

Bandura는 관찰학습이 어떻게, 왜 일어나는지 체계적으로 연구하였다. 이에 대한 Bandura의 설명은 매우 인지적이다. 관찰자는 모델이 하는 행동을 보고, 모델에게 생기는 결과가 무엇인지를 주목하고, 그가 학습하는 것을 기억하고, 그로부터 다양한 추론을 내리고, 그 후에 그것을 자기의 행동에 비추어 설명한다. 학습한 내용은 연합주의자들이 뜻하는 반응이 아니라 반응과 그 결과에 대한 지식이다.

Bandura(1977, 1986)는 다른 사람의 행동을 관찰학습하기 위해서는 주의(attention), 파지(retention), 재현(motor reproduction), 동기화(motivation)의 네 가지 조건이 필요하다고 주장하였다.

(1) 주의

한 행동을 정확하게 모방하려면 우선 모델에게, 특히 관찰학습할 행동의 중요한 부분들에 주의를 집중해야 한다.

(2) 파지

주의를 집중한 후 학습자는 관찰한 행동을 기억해야 한다. 본 것을 단기간이라도 기억하는 간단한 방법은 기억할 것을 여러 번 반복하는 연습(rehearsal)이다(Vintere, Hemmes, Brown, & Poulson, 2004; Weiss & Klint, 1987). Bandura에 따르면 사람들은 자신이 관찰한 행동에 대한 언어적인 표상(수행할 행동을 설명하는 단계적 지시나 표식들)과 시각적 이미지를 같이 저장한다. 이 같은 언어적, 시각적 기억 부호(memory code)는 모델이 관찰한 행동을 시범 보인 직후, 혹은 그 후 얼마 지나서이든 관찰자가 그 행동을 수행하려 할 때 안내자의 기능을 한다. 학생들은 행동에 언어적 표식이 주어지면 더 쉽게 모델의 행동을 기억한다.

(3) 재현

성공적인 관찰학습의 세 번째 조건은 모델이 보인 행동을 실제로 따라해 보는 것이다. 학습자는 관찰한 행동을 수행할 수 있는 능력을 가지고 있어야 하고, 이상적으로는 관찰하는 동시에 그것을 수행하는 기회를 가질 수 있어야 한다(Hayne, Barr, & Herbert, 2003).

(4) 동기화

관찰학습의 마지막 요인은 동기화다. 학습자는 배운 것을 수행하고 싶어해야 한다. 부모와 교사가 아동의 모델이지만 아동은 그들이 관찰한 부모나 교사의 행동을 모두 따라하지는 않는다. 예를 들어, 교사가 수학 문제 푸는 시범을 보이면서 코를 후빈다면 아이들은 수학 문제 푸는 시범을 따라 하지 않고 코를 후비는 행동을 따라하기 쉽다. 그 이유는 일상생활에서 수학 문제를 풀어야 할 경우보다 코를 후벼야 할 경우가 더 자주 생기기 때문이다.

Bandura의 초기 접근은 사회학습이론(social learning theory)이라는 명칭으로 널리 알려졌다. 그러나 최근에 이 이론은 더 인지적인 요소를 더 많이 포함하면서 사회인지이론(social cognitive theory)라고 재명명되었다. 이 이론은 순수하게 인지적인 것은 아니지만, 연합주의에서 시작해서 지금은 인지주의에 가까운 이론으로 향하고 있다.

4. 정보처리학습

행동주의의 연합학습 모형은 학습이론 역사를 오랫동안 지배해 왔으나, 최근에는 많은 심리학자들이 인지 모형을 연구하게 되었다. 1970년대 들어 학자들은 신경계의 복잡성에 주목하면서 중추신경계가 연합론자의 설명대로만 작동하는 것 같지는 않다는 점을 인식하기 시작하였다. 그런 가운데 인지 원리들이 서서히 인정받게 되었다. 더구나 컴퓨터의 등장과 눈부신 발전으로 인지이론은 더욱 강력하게 인간의 사고를 설명할 수 있게 되었다.

정보처리이론이란 컴퓨터의 발달에 영향을 받아 발전한 일련의 거대한 연구흐름을 지칭한다. 이 입장에서는 인간의 인지과정이 마치 컴퓨터의 정보처리과정과 같다고 보고, 컴퓨터 유추를 통해 인간의 인지과정을 이해하려고 한다. 일반적으로 정보처리이론은 인간의 정신적 작업과정을 컴퓨터의 작업과정으로 이해하고 설명하려는 학습이론이라 할 수 있다.

그러나 정보처리이론은 순수하게 인지적 접근인 것만은 아니다. 컴퓨터의 기본 정보처리 회로는 단순한 스위치의 집합으로 이루어졌다. 즉, 개개의 세부적인 단위에서는 다분히 연합주의적인 특징을 지니고 있는 셈이다. 인지주의에서 주목하는 것은 컴퓨터가 정보를 저장하고, 인출하며, 논리적으로 추론하고, 문제들을 하위 문제들로 나누고, 매우 인지적 방식으로 정보를 처리하는 방식이다. 세부적인 전기신호 처리 단위 수준이 아니라 인식가능한 수준에서 '정보'를 처리하고 그 결과를 출력하는 과정인 거시적인 프로그램의 측면에 관심을 두는 것이다. 다시 말하면, 컴퓨터는 기본적으로 인지적 방식으로 작동하도록 프로그램된 연합주의자의 '유기체'인 셈이다(Hill, 1990). 따라서 정보처리는 내부 과정에 대한 인지적 강조와 이런 과정들은 근본적으로 단순하다는 연합적 신념을 결합한 것이다.

1) 기억에 관한 정보처리 모형

(1) 이중기억고 모형

정보처리 접근방법은 인간의 기억현상을 설명하는 것에서 출발하였다. 이 접근방법은 기억이나 다른 인지과정들을 비교적 단순한 인지과정의 연속으로 간주한다. 정보처리이론가들은 인간의 기억은 마치 컴퓨터가 외부의 자극들을 정보처럼 받아들여 그것을 처리 저장해 두었다가 출력으로 내놓는 것과 같은 과정을 거친다고 가정한다. 즉, 컴퓨터가 자료를 기억할 때 거치는 세 단계들—입력의 부호화, 저장, 그리고 필요시의 인출—을 그 출발점으로 삼는다.

정보가 제시될 때, 컴퓨터가 하는 첫 번째 일은 그 입력을 처리할 수 있는 형태로 변형, 또는 부호화하는 것이다. 예컨대, 2 나누기 4라는 문제를 처리한다고 할 때, 우리는 컴퓨터 자판을 사용하여 더해질 숫자들을 입력할 수 있다. 컴퓨터가 이 정보를 사용할 수 있기 위해서는 우선 그 정보를 일련의 전기신호의 형태로 변환하거나 부호화해야 한다. 그다음에 이 신호들은 컴퓨터의 메모리에 위치한 전자기 칸에 저장된다. 이 과정은 저장이라고 부른다. 마지막으로 더하기와 같은 작업을 수행하기 위해 저장된 정보가 필요할 때, 저장된 정보는 메모리로부터 인출되어 컴퓨터의 중앙처리장치(CPU)로 옮겨지고, 거기서 모든 연산들이 수행될 수 있다. 이것을 인출이라고 한다.

마찬가지로 인간의 기억도 정보의 부호화, 저장 및 인출로 이해될 수 있다. 초기 정보처리 모형으로서 Atkinson과 Shiffrin(1971)은 기억에 관한 저장 모형(Store-model)을 제시하였다. 이 모형은 기억을 3개의 저장소, 감각등록기, 단기기억저장소, 장기기억저장소로 나누었다. 이 모형을 그림으로 나타내면 [그림 11-2]와 같다.

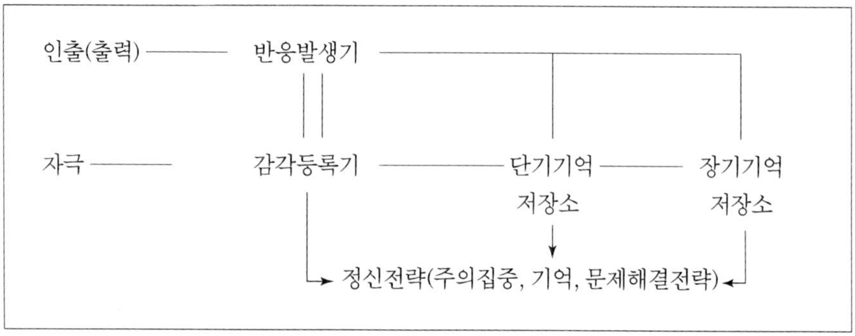

[그림 11-2] 기억에 관한 저장 모형(Atkinson & Shiffrin, 1971)

먼저 감각 기관을 통해 들어오는 정보는 감각등록기에 처음 등록된다. 감각등록기란 시각, 청각 등의 자극을 단시간 동안 기억하는 것이다. 우리가 받아들이는 모든 정보는 시각적 · 청각적 방식으로 즉시 감각등록기로 들어간다. 감각 정보는 거기서 1초 정도 머물러 있다가 주의와 같은 정신전략을 사용하지 않으면 그대로 사라져 버린다. 감각 정보는 수용된 형태 그대로 저장되는데, 눈의 망막에서 생긴 상과 같다.

우리가 정보를 감각등록기에서 작동기억으로 옮기기를 원한다면, 그 정보에 주의를 기울여야만 한다(Atkinson & Shiffrin, 1968; Cowan, 1995; Kulhavy,

Peterson, & Schwartz, 1986). 개인이 주의를 기울인 정보는 단기기억 혹은 작동기억으로 옮겨 가지만, 이에 반해 주의를 기울이지 않은 정보는 기억체계에서 유실될 수 있다.

사람들이 전에 보거나 들었던 것을 기억하지 못하는 이유 중 하나는 전혀 주의를 기울이지 않았기 때문이다. 마음이 교수님의 강의에서 멀리 떠난 채 수업시간에 앉아 있는 중이라면, 교수님이 말한 것을 잊어버렸다고 말하거나 그것을 전혀 듣지 못했다고 말할 수 있다. 그 상황은 감각등록기와 단기(작동)기억 중간 어딘가에서 발생한다. 즉, 강의가 감각등록기에 도달했으나 단기(작동)기억으로 옮겨질 정도로 충분히 처리되지 않은 것이다.

어떤 종류의 자극은 주의를 유발하는 경향이 있는 데 반해, 다른 종류의 자극은 그렇지 않다(Horstmann, 2002; Rakison, 2003; Sergeant, 1996). 사람들이 주의를 집중해서 작동기억에 저장하는 데 영향을 주는 몇 가지 중요한 요인은 움직임, 크기, 강도(intensity), 신기성(novelty), 부조화, 연합된 정서, 사적 중요성, 사회적 단서 등이 있다(Ormrod, 2007).

두 번째 저장소는 비교적 오래 저장하고 있지만, 항상 원래의 형태로 저장하고 있지는 않는 특징이 있다. 이를 단기기억저장소라고 부른다. 단기기억 중 가장 흔한 예는 전화번호를 찾아서 다이얼을 누르기까지 그 번호를 기억하기다. 일시적으로 전화번호를 기억한 후 전화를 일단 걸고 나면 바로 잊어버리게 된다. 학습이론가들은 Atkinson과 Shiffrin(1971)의 이중저장 모델을 계속 확인하거나 수정해 왔다. 예를 들어, 정보가 저장되는 형식들과 단기기억에서 장기기억으로 이동하는 과정들에 대해 이론화해 온 것이다. 그런데 가장 중요한 변화는, 단기기억 정보의 저장기능에 덧붙여 정보의 처리기능까지 포괄하는 작동기억으로 지칭하는 경향이 증가한 것이다(Ormrod, 2007). 작동기억(working memory)이란 단기기억저장소에서 현재 사용되고 있는 기억을 의미한다. 단기기억에 수용할 수 있는 정보량은 사람의 정신 용량의 한계를 나타낸다. 정신 전략을 통해 정보는 장기기억으로 전송된다. 단기기억에서의 저장시간은 약 30초가량으로, 이 시간 동안 시연(reversal)과 부호화를 통해 장기기억으로 정보를 보낼 수 있다. 시연은 정보를 처리하는 과정에서 정보를 소리내어 읽든, 혹은 속으로 반복하여 읽든 계속해서 반복하는 것을 의미한다. 시연하는 반복의 횟수는 기억에 영향을 준다.

마지막 저장소인 장기기억은 비교적 오랜 시간 동안 정보를 저장하는 기제를 제공한다. 그것은 또한 새로운 정보를 해석하는 지식의 기초를 제공한다. 사람들은 자주, 새로 들어오는 정보를 이미 알고 있는 것, 즉 장기기억 속에 이미 있는 것과 관련지음으로써 장기기억에 저장한다. 이 장기기억은 영구적인 기억으로서 무한한 용량을 가졌으며 그 안에서 아무것도 손실되지 않는다고 가정된다. 장기저장소에 있었던 어떤 내용을 잊어버리는 것은 그것을 찾지 못하기 때문이므로 올바른 검색 전략을 사용하면 기억해 낼 수 있다. 장기저장소는 마치 도서관처럼 거대한 정보를 체계적으로 저장하고 있다가 필요할 때 인출할 수 있게 되어 있다. 장기기억으로부터 정보를 인출하는 과정은 그 정보를 활성화하는 과정으로 생각할 수 있고, 정보가 활성화되면 그것은 단기기억저장소로 가서 다시 작동기억 상태로 바뀐다.

(2) 처리수준 모형

인간기억의 처리수준 모형(Cermak & Craik, 1979; Craik & Lockhart, 1972)은 이중저장모델에 대한 대표적인 대안적 이론이다(Ormrod, 2007). 이 관점에 따르면, 투입된 정보는 다수의 상이한 복잡성을 가진 수준들 중 어느 한 수준에서 중앙처리장치가 처리한다. 이 중앙처리장치는 한 번에 일정 양만큼 붙잡아 둘 수 있다는 점에서 제한된 용량을 가지고 있다. 일시적으로 거기에 붙잡힌 정보는 어느 주어진 시간에만 우리가 의식할 수 있는 정보다.

정보가 얼마나 오래, 그리고 얼마나 잘 기억되느냐 하는 것은 중앙처리장치가 얼마나 철저하게 정보를 다루었는가에 달려 있다. 전혀 처리되지 않은 정보는 이중저장모델의 감각등록기에서 하는 것처럼 아주 잠시의 인상만을 남긴다. 표면의 특징(예, 겉모양, 밝기)에만 주의를 기울이는 것처럼 피상적으로 처리된 정보는 이중저장모델의 작동기억에서 하는 것처럼 수초 동안 지속될 수 있다. 정보가 깊은 처리를 거칠 때, 즉 그 정보가 해석되고 이해되고 이전에 배운 정보와 관련될 때만 약간의 시간 동안이라도 기억된다.

학습에서 중요한 요인으로 자주 제기되는 요소 중 하나는 학습의도다. 무엇인가를 배우려고 의도하는 사람들은 그 정보를 배우려고 특별히 노력하지 않는 사람들보다 더 잘 배우고 기억할 것이다. 처리수준 모형의 지지자들은 사람들이 정보를 배우려고 의도하고 있을 때 더 철저하게 정보를 처리하지만, 학습의도 자체보다는 처리의 깊이가 학습성공에 영향을 미친다고 주장해 왔다. 사실, 개인들이 자료를 깊이 처리할 때, 특별히 그것을 배우려고 노력하지 않을 때조차 그들은 종종 성공적으로 학습한다. 즉, 처리의 정도가 두 상황에서 동일하다면 비의도적 학습(종종 우연적 학습이라고 불림)도 의도적 학습만큼이나 효과적이다.

처리수준 모형은 학습과 기억에 대한 심리학자들의 개념화에 큰 영향을 주었으나 이 접근의 약점들이 드러났다. 하나는, 처리 깊이의 아이디어가 정확한 용어로 정의하거나 측정하기 어려운 모호한 개념이라는 것이다(Baddeley, 1978; Willingham, 2004). 게다가 일부 연구에서는 학습 정도가 항상 처리 정도의 함수는 아니라고 지적한다. 예를 들어, 정보가 더 자주 반복될수록 그것을 깊이 있게 처리했는가에 상관없이 더 잘 기억될 수 있다(Nelson, 1977). 그런데 어떤 경우 피상적 처리가 깊은 처리보다 회상 정도가 더 높다는 사실은 처리수준 모형의 타당성이 의심받기에 충분한 증거로 볼 수 있다. 처리수준 접근에 대한 다른 관점은 반드시 정보가 의미적일 때가 아니라 정보가 정교할 때, 즉 새로운 자료가 보다 정확하고, 의미 있고, 완전하게 부호화되는 방식으로 학습 자료에 정보를 추가할 때 정보처리가 더 효과적이라는 것이다(Craik & Tulving, 1975; Ellis & Hunt, 1983).

2) 정보처리이론의 최근 흐름

학습이론으로서의 정보처리이론은 사고에 관한 연구에 집중되었다. 학습과정으로서 사고는 정보처리의 한 형태로 간주되어 왔다. 이런 관점에서 사고에 대한 모형은 인간정보처리과정에 대한 이해를 위해 보다 일반적인 틀에 맞추어져야 했다. 수많은 틀이 제안되었으며 1980년대 초까지 몇몇 가정들이 여러 이론가들에게 널리 받아들여졌다. 이 공통 가정들은 인간은 매우 큰 장기기억과 작은 용량의 작동기억을 가지고 있으며 이 두 기억은 고도의 기능을 가진, 그러나 그 기간이 짧은 감각기억의 보조를 받아 전반적 체제를 이룬다는 것이다. 이러한 모형에서 사고는, 작동기억 내의 그리고 장기기억과 작동기억 사이의 상징의 조작(manipulation of symbols)으로 간주된다(Gilhooly, 1988). 그 조작은 장기기억 내에 저장된 규칙에 따르는 것으로 가정된다. 어떤 시점에 규칙은 현재의 목표와 작동기억의 내용에 따라 장기기억으로부터 선택된다. 이때 오직 한 사고단계만이 한 시점에 일어난다고 가정된다. 이러한 컴퓨터 모형을 통한 정보처리접근은 인지 혁명이라고 불릴 만큼 인간 사고과정의 이해에 대한 새로운 전기를 마련하였다.

그러나 1980년대쯤 되어 몇 가지 의심이 생기기 시작하였다. 즉, 우리가 일상생활에서 새로운 것을 학습하거나 문제를 해결할 때 언제나 컴퓨터가 작업을 처리해 나가는 것처럼 그렇게 규칙적으로 일을 수행해 내지는 않는다는 것이다. 오히려 갑자기 해답이 떠오르거나 무의식적으로 작업을 하거나 운전을 하다가 졸거나 하는 것은 기존의 정보처리이론으로는 설명이 되지 않으며 설명을 한다고 해도 모순에 직면하게 될 수밖에 없다. 구체적으로 예를 들면, 문제를 풀다가 안 풀렸을 경우 아무리 계속 매달려도 풀리지 않다가 잠시 머리를 식히거나 다른 일에 열중할 때 갑자기 해답이 떠오르곤 한다. 이런 현상을 닭이 품은 알에서 어느 순간 병아리가 나오듯이 의식적 처리 없이 나타난다고 하여 부화(incubation)현상이라 한다. 집안일을 할 때를 예로 들면 텔레비전을 시청하면서도 뜨개질을 능숙하게 하거나, 라디오를 들으면서 설거지를 하는 것이다. 이러한 현상에 대한 설명으로 초보적인 병렬처리 개념이 생겨났다.

정보처리가 상징조작이라 가정하는 모형은 작동기억 내에서나 작동기억과 장기기억 사이의 조작을 설정하지만 순수한 장기기억 내에서 일어나는 조작은 배제한다. 그러나 장기기억 내의 인지활동을 가정한 이론가들은 이 활동이 의식적 사고의 흐름과 병렬적으로 일어날 수 있다고 보았다. 따라서 장기기억 내의 활동에 대한 가정은 직렬성 가정과 상반된다(임진영, 2000).

직렬처리의 가정이 바로 초기 정보처리 모형의 주요 문제점인데, 언어적 보고에 따라 사고과정을 추적하는 점에서도 그 원인을 찾을 수 있다. 만일 모든 사고가 직렬적이라면 언어적 보고는 언어적 부호 속에 내재하거나 언어적으로 언제든지 변환될 수 있는 사고의 많은 부분을 고찰할 수 있게 한다(Gilhooly, 1988). 그러나 사고의 병렬적 흐름이 존재하고 사람들이 작동기억을 통해 흐르는 것을 보고한다면 많은 사고는 보고될 수 없으며 기저의 사고흐름을 직접적인 방법으로는 추적할 수 없을 것이다.

새로운 접근으로서 병렬처리접근은 작동기억과 자동화에 대한 새로운 견해를 제시한다. 작동기억과 장기기억에 대한 이전 접근의 제한을 탈피하고 새로운 관점에서 자동화라는 기제에 따라 사고의 병렬적 처리를 주장한다. 즉, 사고를 하는 데 작동기억용량의 제한은 의식의 분할을 요구한다. 그런데 이 주의(의식의 분할)를 거의 요구하지 않을 정도로 고도로 연습된 과정을 '자동적(automatic)' 이라고 한다(Anderson, 1980). 인지과정을 두 유형, 즉 주의를 요하지 않는 '자동 과정(automatic process)' 과 주의를 요하는 '통제 과정(controlled process)' 으로 나눌 수 있다(Sternberg, 1986).

작동기억 용량이 물리적으로 증가하는 것이 아니라 표상의 발달로 작동기억을 차지하는 많은 부분의 상징조작이 장기기억 내에서 처리되어 작동기억의 부하를 덜어 주기 때문에 겉으로 보기에 작동기억 용량이 증가한 것처럼 보일 수 있다. 요컨대, 고차적 사고과정에서 작동기억의 부하를 덜어 주는 것이다. 최근의 접근유형으로 결합주의자(connectionist)접근을 들 수 있는데 이 접근은 상징적 하위단위에 따라 대량의 병렬처리가 일어난다는 점에서 이전의 병렬적 모형과 다르다. 결합주의자접근 주장자들은 산출체제(production system)가 심리적 실재성을 결여했으며, 비록 그 체제가 보다 근접하게 정신과정을 요약하긴 했지만 더 정확하게 하려면 활동 수준이 변하고 서로 흥분-억제 신호를 교환하는 밀접히 상호연결된 단위들로 분석되어야 한다고 주장한다. 그 단위는 미시적 특징을 나타내는 것이며 하나의 상징을 인식하는 것조차 관련된 단위의 큰 조직망 사이의 협동적 활동에 따른 것이다.

결합주의자접근은 대안으로 '뇌 비유'를 제안한다(Rumelhart et al., 1986). 병렬처리 모형의 하나인 병렬분배처리(Parellel Distributed Processing: PDP)에서는 규칙의 학습보다 연결강도의 강화가 중요하다. 앞서 제시된 이중기억고 모형과 처리수준 모형이 이 모형에 모두 포괄될 수 있음을 알 수 있다. 이 같은 차이는 처리과정이나 학습 모두에 큰 함의를 준다. 지식의 표현은 그 지식이 필연적으로 처리경로에 영향을 주는 방식으로 정립된다. 처리과정에서 지식을 사용한다 함은 기억으로부터 관련된 지식을 발견하고 그것을 다루는 문제가 아니며, 그것은 처리 그 자체의 부분이요 조각이다(Rumelhart et al., 1986).

상위인지과정에는 인지기술, 인지전략, 초인지가 속한다. 이를 보다 체계적으로 제시하는 것이 위계적 병렬주의(Hierarchical parallelism)다. 이 위계적 병렬체제에 따르는 상위 수준에서는 행동의 넓은 범위에 대한 결정을 하고 하위 수준에서는 세부사항에 주의를 기울인다. 여러 수준은 정보와 지시를 서로 교환한다. 가장 흥미로운 점은 각 수준의 소체제들은 동시에 작동할 수 있고 또한 서로 독립적이라는 것이다. 마찬가지로 이런 형태의 모형에 근거하여 개인 수준에서 말하자면 행동과정을 상위 수준에서 정하고 하위 수준의 자세한 감각 동작 과정에 대한 정보를 이용하는 것이 되겠다.

이상과 같이 사고에 관한 논의는 실재에 보다 근접하려고 노력하고 있다. 즉, 뇌의 구조와 비슷하게 사고의 구조를 설정하고 그 과정을 뉴런의 신경전달방식과 유사한 방식으로 정의하려고 한다. 학습에서도 그 함의는 마찬가지로 깊다. 만일 지식이 연결의 강도라면 학습은 옳은 연결강도를 찾아내어 주어진 조건에 적합한 활동의 유형을 찾아내는 것이다. 이는 매우 중요한데, 왜

냐하면 정보처리체제를 학습시킬 수 있는 가능성을 열어 주기 때문이다. 즉, 그 연결을 찾아냄으로써 처리의 과정에서 노출된 활동 사이의 상호의존성을 포착하는 것이다. 병렬분배처리 모형에서 취하는 접근은 완전히 다르다.

첫째, 학습의 목표가 외현적 규칙의 형성이라는 것을 가정하지 않는다. 오히려 학습의 목표란 마치 규칙을 알고 있는 듯이 작동하는 단순한 단위의 망을 형성하는 연결강도의 획득이라고 본다.

둘째, 학습기제에 강력한 연산능력을 부여하지 않는다. 오히려 국지적으로 이용가능한 정보에 기초를 둔 단위들 사이의 연결강도를 조정하는 아주 단순한 연결강도 조정기제만을 가정한다(Rumelhart et al., 1986: 32).

5. 인지학습이론의 교육적 시사

학습에 대한 인지적 접근은 행동주의와는 다른 방식으로 교육에 여러 가지 시사를 줄 수 있다. Ormrod(2007)은 다음과 같은 시사점을 제안하고 있다.

(1) 사람들은 자신의 학습을 조절한다

인지주의자들은 외현적 행동보다는 정신활동을 강조한다. 교실에서 정신적으로 적극적이지 않은 학생들, 즉 즉시 교재에 주의집중하거나 인지적인 처리를 하지 않는 학생들은 학습성과가 떨어진다. 교재에 정말 몰입한 학생은 인지적 처리과정을 통해 배우는 내용과 방법을 선택한다. 이를 고려한 다양한 수업전략들은 학생들이 수업자료를 인지적으로 잘 처리하는 데 도움을 줄 수 있다.

(2) 기억은 선택적이다

학습자들은 처리하고 기억할 수 있는 양보다 더 많은 정보를 받아들이기 때문에, 어떤 것에 집중하고 어떤 것을 무시해야 하는지 늘 선택해야만 한다.

교사들이 가르치는 내용과 교재에 실린 내용은 어떤 경우 지나치게 자세하여 학생들이 기억할 수 있는 것보다 더 많은 정보를 담고 있어 부담을 준다(Calfee, 1981; Gagné, 1985). 그러한 상황에서 학생들은 주어진 정보 중 일부만을 선택해야만 하는데, 이때 항상 최선의 선택을 하지는 않는다.

세부내용이나 자세한 설명은 수업이나 교재의 주제를 예시하고, 명료화하고, 정교화하는 데 효과적인 수단이므로 없어서는 안 되지만, 동시에 교사들은 학생들이 나무 때문에 숲을 보지 못하는 일이 없도록 필수적인 정보를 가려낼 수 있도록 해야 한다.

(3) 주의과정은 학습에 필수적이다

다양한 기억모형이 제시되지만 모든 모형에서 주의가 정보의 장기적인 기억에 필수적인 요소로 등장한다. 심지어 주의가 모든 것을 결정하는 경우도 있다. 예를 들어, 교재를 읽는 중에 특정 내용에 주의를 두지 않으면 이 내용은 당연히 처리되지 않으며 그렇기 때문에 학습도 불가능하다. 따라서 주의는 학습의 첫걸음이다.

"말을 물에 끌고 갈 수는 있으나, 물을 마시게 할 수는 없다."라는 옛말도 있기는 하지만, 물에 끌고 가는 것도 중요하다. 중요한 내용에 학생들이 주의하여 관심을 가지도록 하는 것이 교사의 임무인 것이다.

사실, 교실은 교과내용이나 수업 내용 외에도 다양한 주의를 끄는 경쟁 자극들로 둘러싸여 있다. 따라서 교사들이 할 수 있는 일은 차별적인 전략으로 학생들이 수업에 주의를 기울이게 하는 것이다. 학생들의 주의를 사로잡고 붙잡아 둘 수 있는 몇 가지 효과적인 전략은 다음과 같다(Ormrod, 2002).

① 주제와 제시방식을 다양하게 하라 매일매일 같은 주제와 같은 절차를 반복하면 학생들은 지루해 하고 주의가 분산된다. 주제와 제시양식이 다양하고 새로우면 학생들이 계속 수업에 주의를 기울이게 할 수 있다.

② 특히 어린아이들을 데리고 공부를 할 때 자주 휴식을 제공하라 장시간 조

용하게 집중해서 앉아 있으면 어른도 불안하고 마음이 산란해진다. 휴식을 자주 갖는 것은 초등학교에서 고학년을 제외하고는 모두에게 특히 중요하다. 휴식시간을 운동장에서 보내지 않고 교실에 머물렀을 때조차도 그러한 휴식시간은 주의 수준을 향상시켰다.

③ 질문을 하라　다른 것 때문에 집중이 되지 않을 때 질문은 학생들의 주의를 유지하는 데 탁월한 방법이다. 수업 중에 가끔 질문을 함으로써, 즉 특정 아이에게 질문을 하거나 모든 학생에게 손을 들게 하거나 미리 인쇄된 OX 문제카드에 대답하도록 함으로써 교사들은 학생들이 계속 주의를 집중할 수 있도록 할 수 있다. 그리고 학생들이 교재를 읽으면서 대답을 하도록 한다면 질문과 관련된 내용의 학습을 더 향상시킬 수 있다.

④ 혼자 풀기 과제가 주어졌을 때 주의분산을 최소화하라　대부분의 학생들, 특히 어린 학생들은 환경이 비교적 조용할 때 혼자 풀기 과제에 더 잘 집중할 수 있다.

⑤ 과제에 집중하기 어려워하는 학생은 교사 가까이에 앉혀라　학생들은 교실 앞쪽이나 교사 가까이에 있을 때 주의를 더 잘 기울인다. 앞자리는 특히 쉽게 산만해지는 학생들에게 적합하다.

⑥ 학생들의 행동을 점검하라　학생의 세세한 행동은 주의를 기울이고 있는지 아닌지 단서를 제공한다. 예를 들어, 학생들의 시선이 교사, 교재 등 적절한 곳으로 향하고 있다면 과제에 주의를 두고 수행하고 있음이 확실하다.

(4) 사람들은 한 번에 제한된 양의 정보만 처리할 수 있다

앞서 주의 범위와 작동기억이 제한된 용량을 가졌음을 확인하였다. 즉, 사람들은 한정된 시간에 특정한 양의 정보에만 주의를 두어 처리할 수 있다. 따라서 정보를 장기기억으로 들여보내는 데 시간이 걸린다. 교사는 수업 진도를 결정하거나 수업자료를 준비할 때 이 점을 반드시 고려해야 한다. 너무 많은 정보를 너무 빨리 제시한다면, 학생들은 전혀 처리할 수 없고 따라서 기억할 수도 없다.

(5) 작동기억의 용량제한에는 장점도 있다

작동기억에서의 병목현상으로 학습자는 받아들이는 정보를 충분한 여유를 가지고 압축하고, 조직하고, 종합할 수 있다. 학습자는 자신의 처리능력 범위 내에서 정보를 처리할 수 있게 되는 것이다.

요점 정리

1. 인지라는 단어는 사고를 지칭하며, 인지이론가들은 학습이 단순한 연합이라기보다는 복잡한 사고과정을 포함한다고 믿는다.
2. 인지학습이론에 중요한 이론적 기초를 제공한 것은 형태주의 심리학으로 인간은 사물을 부분으로 나누어서 지각하는 것이 아니라 그것들을 연결시켜 의미 있는 전체의 '형태(gestalt)'로 지각하고, 해석하는 경향이 있다고 본다.
3. 형태심리학이 학습 이해에 가장 크게 기여한 부분은 통찰 연구다. 학습은 자신이 이제 정말로 이해한다는 느낌을 가지고 있을 때 갑자기 일어난다. 이러한 학습은 특히 잘 망각되지 않고, 새로운 상황으로 쉽게 전이된다. 이러한 학습을 통찰학습이라고 부른다. 또한 형태주의 용어로 지각적 재체제화 또는 재구조화라는 용어를 쓰기도 한다.
4. Tolman은 자신의 이론을 목표지향 행동주의라고 부르고, 유기체의 행동은 단순히 자극으로 이루어지는 것이 아니라 어떤 목표를 향해 이루어진다고 보았다. 또한 그는 행동이 목표를 추구하는 데 개인의 인지, 즉 세상에 대한 지각과 신념을 고려해야 한다고 생각하였다.
5. Bandura는 사람들은 다른 사람이 하는 행동을 관찰함으로써 학습할 수 있다고 하면서 관찰자는 모델이 하는 행동을 보고, 모델에게 생기는 결과가 무엇인지를 주목하고, 그가 학습하는 것을 기억하고, 그로부터 다양한 추론을 내리고, 그 후에 그것을

자기의 행동에 비추어 설명한다고 하였다. 관찰학습에 필요한 네 성분으로 Bandura는 주의, 파지, 산출 그리고 동기화를 중요시한다.

6. 정보처리이론이란 컴퓨터의 발달에 영향을 받아 발전한 일련의 거대한 연구 흐름을 지칭한다. 이 입장에서는 인간의 인지과정이 마치 컴퓨터의 정보처리과정과 같다고 보고, 컴퓨터 유추를 통해 인간의 인지과정을 이해하려고 한다. 일반적으로 정보처리이론은 인간의 정신적 작업과정을 컴퓨터의 작업과정으로 이해하고 설명하려는 학습이론이라 할 수 있다.

7. 정보처리 접근방법은 기억이나 다른 인지과정들을 비교적 단순한 연산들이나 과정들의 계열로 간주한다. 정보처리이론가들은 인간의 기억은 마치 컴퓨터가 외부의 자극들을 정보처럼 받아들여 그것을 처리 저장해 두었다가 출력으로 내놓는 것과 같은 과정을 거친다고 가정한다. 즉, 컴퓨터가 자료를 기억할 때 거치는 세 단계들—입력의 부호화, 저장 그리고 필요시의 인출—을 그 출발점으로 삼는다.

8. 학습과정으로서 사고는 정보처리의 한 형태로 간주되어 왔는데, 1980년대 초기까지 인간은 매우 큰 장기기억과 작은 용량의 작동기억을 가지고 있으며 이 두 기억은 고도의 기능을 가진, 그러나 그 기간이 짧은 감각기억의 보조를 받아 전반적 체제를 이룬다는 가정을 받아들였다. 사고는 작동기억 내, 그리고 장기기억과 작동기억 사이의 상징의 조작으로 간주되고 그 조작은 장기기억 내에 저장된 규칙에 따르는 것으로 가정된다. 어떤 시점에 규칙은 현재의 목표와 작동기억의 내용에 따라 장기기억으로부터 선택된다. 오직 한 사고단계만이 한 시점에 일어난다고 가정된다.

9. 정보처리가 상징조작이라 가정하는 모형은 작동기억 내에서나 작동기억과 장기기억 사이의 조작을 설정하지만 순수한 장기기억 내에서 일어나는 조작은 배제한다. 장기기억 내의 인지활동을 가정한 이론가들은 또한 이 활동이 의식적 사고의 흐름과 병렬적으로 일어날 수 있다고 보았다. 따라서 장기기억 내의 활동에 대한 가정은 직렬성 가정과 상반된다.

10. 새로운 접근으로서 병렬처리접근은 작동기억과 자동화에 대한 새로운 견해를 제시한다. 사고를 할 때 작동기억 용량의 제한은 의식의 분할을 필요로 하는데 이러한 주의(의식의 분할)를 거의 요구하지 않을 정도로 고도로 연습된 과정, 즉 '자동적(automatic)' 과정이 존재하며 따라서 인지과정을 주의를 요하지 않는 '자동 과정(automatic process)' 과 주의를 요하는 '통제과정(controlled process)' 으로 나눌 수 있다.

11. 최근의 접근유형으로 결합주의(connectionist) 접근을 들 수 있다. 이 접근은 상징적 하위 단위에 따라 대량의 병렬처리가 일어난다는 점을 강조하면서 '뇌 비유'를 제안한다.

12. 병렬분배처리가 학습에 주는 함의로, 첫째, 학습의 목표가 외현적 규칙의 형성이 아니며 마치 규칙을 알고 있는 듯이 작동하는 단순한 단위의 망을 형성하는 연결강도의 획득이라고 본다. 둘째, 학습기제에 강력한 연산능력을 부여하지 않고 국지적으로 이용가능한 정보에 기초를 둔 단위들 사이의 연결강도를 조정하는 아주 단순한 연결강도 조정기제만을 가정한다.

생각해 볼 문제

1. 인지학습의 가정이 행동주의 학습이론과 다른 점을 열거하고 그 원인을 분석하시오.
2. 초기 인지학습이론이 가진 인식론적 특징을 제시하고 비판하시오.
3. 인간의 학습현상을 설명하는 기제로서 인지주의와 행동주의의 장단점을 제시하시오.
4. 인지학습에 대한 정보처리이론은 인지주의 전통의 어떤 점을 계승하고 있는지 설명하시오.
5. 정보처리이론의 최근 학문적 성과에 비추어 행동주의와 전통적 인지주의 학습이론을 재해석하시오.
6. 인간학습의 뇌 모형은 생리적 신경전달 메커니즘과 어떤 관련성이 있다고 보는지 설명하시오.

참고문헌

김영채(1988). 학습심리학입문. 서울: 박영사.
김언주(1989). 신 피아제론. 서울: 배영사.

문은식, 김충희(1990). 학습성취사와 성별에 따른 학교학습성취귀인의 분석. 교육발전논총, 제11권 1호, 55-83, 충남대학교 교육발전연구소

서영숙, 이재연, 성영채, 김광웅(1993). 아동교육심리. 서울: 숙명여자대학교출판부.

안범희(1993). 학교학습심리학. 서울: 하우.

임진영(2000). 인간사고의 통합적 접근: 인간학습의 뇌모형, 행동과학연구, 30(1), 한국행동과학연구소.

Anderson, T. H.(1980). Study strategies and adjunct aids. In R. Spiro, B. Bruce, & W. Brewer (Eds), *Theoretical issues in reading comprehension*. Hillsdale, NJ: Erlbaum.

Anderson, J. R. (1987). 인지심리학(이영애 역). 서울: 을유문화사.

Atkinson, R. C., & Shiffrin, R. M. (1968). Human memory: A proposed system and its control processes. In K. W. Spence & J. T. Spence (Eds.), *The psychology of learning and motivation: Advances in research and theory* (Vol. 2). New York: Academic Press.

Atkinson, R. C., & Shiffrin, R. M. (1971). The control of short-term memory. *Scientific American, 225* (2), 82-90.

Atkinson, R. L., Atkinson, R. C., & Hilgard, E .R.(1983). *Introduction to psychology* (8th ed.). New York: Harcourt Brace Jovanovich.

Baddeley, A. D. (1978). The trouble with levels: A reexamination of Craik and Lockhart' s framework for memory research. *Psychological Review, 85*, 139-152.

Bandura, A. (1977). *Social learning theory*. Englewood Cliffs, NJ: Prentice Hall.

Bandura, A. (1986). *Social foundations of thought and action: A social cognitive theory*. Englewood Cliffs, NJ: Prentice Hall.

Brewer, W. F. (1974). There is no convincing evidence for classical or operant conditioning processes in adult humans. In W. B. Weiner & D. S. Palermo (Eds.), *Cognition and the symbolic processes*. Hillsdale, NJ: Erlbaum.

Calfee, R. (1981). Cognitive psychology and educational practice. In D. C. Berliner (Ed.), *Review of Research in Education* (Vol. 9). Washington, DC: American Educational Research Association.

Cermak, L. S., & Craik, F. I. M. (Eds.) (1979). *Levels of processing in human memory*. Hillsdale, NJ: Erlbaum.

Chomsky, C. (1969). *The Acquisition of Syntax in Children from Five to Ten*. Cambridge, MA: MIT Press.

Cowan, N. (1995). *Attention and memory: An integrated framework*. New York: Oxford University Press.

Craik, F. I. M., & Lockhart, R. S. (1972). Levels of processing: A framework for memory research. *Journal of Verbal Learning and Verbal Behavior, 11*, 671-684.

Craik, F. I. M., & Tulving, E. (1975). Depth of processing and the retention of words in episodic memory. *Journal of Experimental Psychology: General, 104*, 268-294.

Curtiss, S. (1985). The development of human cerebral lateralization. In D. F. Benson, & E. Zaidel (Eds.), *The Dual Brain* (pp. 97-116). New York: Guildford Press.

Davis, R. A. (1935). *The Psychology of Learning*. N.Y.: McGraw Hill.

Downs, R. M., & Stea, D. (1977). *Maps in minds*. New York: Harper & Row.

Ellis, H. C., & Hunt, R. R. (1983). *Fundamentals of human memory and cognition* (3rd ed.). Dubuque, IA: Wm. C. Brown.

Foo, P., Warren, W. H., Duchon, A., & Tarr, M. J. (2005). Do humans integrate routes into a cognitive map? Map-versus landmark-based navigation of novel shortcuts. *Journal of Experimental Psychology: Learning, Memory, and Cognition, 31*, 195-215.

Gagné, E. D. (1985). *The cognitive psychology of school learning*. Boston: Little, Brown.

García-Mira, R., & Real, J. E. (2005). Environmental perception and cognitive maps. *International Journal of Psychology, 40*, 1-2.

Gilhooly, K. L. (1988). *Thinking*. New York: Academic Press.

Glover, J. A., Ronnong, R. R., & Brunning, R. W. (1990). *Conitiver psychology*. New York: MacMillan.

Hayne, H., Barr, R., & Herbert, J. (2003). The effect of prior practice on memory reactivation and generalization. *Child Development, 74*, 1615-

1627.

Horstmann, G. (2002). Evidence for attentional capture by a surprising color singleton in visual search. *Psychological Science, 13,* 499-505.

Hill, W. (1990). *Learning: A survey of psychologucal interpretations* (5th ed.). HaperCollins.

Köhler, W. (1925). *The mentality of apes.* New York: Liveright.

Köhler, W. (1929). *Gestalt psychology.* New York: Liveright.

Köhler, W. (1976). *The Mentality of Apes.* NY: Liveright Publishing coporation.

Kulhavy, R. W., Peterson, S., & Schwartz, N. H. (1986). Working memory: The encoding process. In G. D. Phye & T. Andre (Eds.), *Cognitive classroom learning: Understanding, thinking, and problem solving.* Orlando, FL: Academic Press.

Liberman, D. A. (1996). 학습심리학(이관용, 김기중 역). 서울: 교육과학사.

Nelson, T. O. (1977). Repetition and depth of processing. *Journal of Verbal Learning and Verbal Behavior, 16,* 151-171.

Ormrod, J. E. (2007). Human Learning (5th ed.). New York: Prentice Hall.

Rachlin, H. (1995). The value of temporal patterns in behavior. *Current Directions in Psychological Science, 4,* 188-192.

Rakison, D. H. (2003). Parts, motion, and the development of the animate?inanimate distinction in infancy. In D. H. Rakison & L. M. Oakes (Eds.), *Early category and concept development: Making sense of the blooming, buzzing*

Rumelhart, D. E., McClellnad, J. L., & Hinton, G. E. (1986). The Appeal of Parallel Distributed Processing. In J. L. McClelland, D. E. Rumelhart, and The PDP Research Group, (Eds.), *Parallel Distributed Processing* (Vol. 1), Massachusetts: Massachusetts Institute of Technology.

Salomon, G. (1994). *Interaction of media, cognition, and learning.* Hillsdale, NJ: Erlbaum. (Originally published 1979)

Sergeant, J. (1996). A theory of attention: An information processing perspective. In G. R. Lyon & N. A. Krasnegor (Eds.), *Attention, memory, and executive function* (pp. 57-69). Baltimore: Brookes.

Sternberg, R. J. (1986). *Intelligence applied: Understanding and increasing your intellectual skills*. New York: HBJ publishers.

Thorndike, E. L. (1898). Animal intelligence: An experimental study of the associative processes in animals. *Psychological Review Monograph Supplement, 2*(8).

Tolman, E. C. (1932). *Purposive behavior in animals and men*. New York: Century.

Tolman, E. C. (1938). The determiners of behavior at a choice point. *Psychological Review, 45,* 1-41.

Tolman, E. C. (1942). *Drives toward war*. New York: Appleton-Century.

Tolman, E. C. (1959). Principles of purposive behavior. In S. Koch (Ed.), *Psychology: A study of a science* (Vol. 2). New York: McGraw-Hill.

Vintere, P., Hemmes, N. S., Brown, B. L., & Poulson, C. L. (2004). Gross-motor skill acquisition by preschool dance students under self-instruction procedures. *Journal of Applied Behavior Analysis, 37,* 305-322.

Weiss, M. R., & Klint, K. A. (1987). "Show and tell" in the gymnasium: An investigation of developmental differences in modeling and verbal rehearsal of motor skills. *Research Quarterly for Exercise and Sport, 58,* 234-241.

Wertheimer, M. (1912). Experimentelle Studien über das Sehen von Bewegung. *Zeitschrift für Psychologie, 61,* 161-265.

Willingham, D. T. (2004). *Cognition: The thinking animal* (2nd ed.). Upper Saddle River, NJ: Prentice Hall.

제12장

동기와 학습

학습목표

- 행동주의 동기이론의 핵심개념을 이해한다.
- 인지주의 동기이론의 핵심개념을 이해한다.
- 인본주의 동기이론의 핵심개념을 이해한다.

이 장의 내용

1. 행동주의 동기이론
   강화이론 / 사회학습이론
2. 인지주의 동기이론
   귀인이론 / 성취동기이론 / 목표이론
3. 인본주의 동기이론
   욕구위계이론 / 자기결정성이론

주요 개념 및 용어

· 동기 · 강화 · 기초강화(일차적 강화) · 조건강화(이차적 강화) · 자기효능감 · 통제소재 · 귀인양식 · 성공추구동기 · 실패회피동기 · 수행목표 · 학습목표 · 욕구위계 · 자기실현 경향성 · 자율성 · 내적 동기 · 외적 동기

제12장 동기와 학습

학업성취도를 예언하는 변인 가운데 "공부를 왜 하는가?" 에 대한 학습동기는 교사가 가장 관심을 가져야 할 특성이다. 학습동기는 학업성취도를 예언하는 변인 가운데 지능 다음으로 중요한 변인이라는 주장도 있고, 지능보다도 더 예언력이 큰 변인이라는 주장도 있다. 어느 쪽이든 동기는 학교학습에서 매우 중요한 변인으로 교사가 잘 알아 두어야 할 변인이다. 동기에 대한 고전적인 정의를 보면, 동기란 "어떤 목표를 지향하는 행동을 일으키고, 방향을 잡아 주고, 유지하는 힘의 총합"(Lindsley, 1957)으로 행동의 유발, 방향성, 유지라는 세 가지 요소를 포함한다. 즉, 학습동기는 학생들로 하여금 공부를 시작하게 하고, 공부에 집중하게 하고, 공부를 지속하게 하는 마음의 힘이다. 학습동기를 설명하는 이론은 동기이론의 발전과 함께 교육심리학 분야에서 특히 관심을 가지고 발달하였다. 따라서 동기이론의 발달과정과 핵심개념에 대한 이해는 학습동기를 이해하는 기초가 된다. 동기이론은 일반적으로 정신분석이론, 행동주의이론, 인지주의이론, 인본주의이론으로 대별되는데, 정신분석이론은 본능에 초점을 둔 동기이론으로 학습동기에는 큰 시사점을 주지 못한다(이성진, 1996). 따라서 이 장에서는 동기이론 가운데 학습동기에서 중요하게 다루고 있는 행동주의이론, 인지주의이론, 인본주의이론에 대해 알아볼 것이다.

1. 행동주의 동기이론

1) 강화이론

강화는 행동주의에서 동기를 설명하는 핵심개념이다. Skinner로 대표되는 행동주의 심리학자들은 동물의 행동이 강화를 통해 촉진되고 방향이 결정되며 유지되는 것, 즉 동기화를 실험적으로 증명하였다. 강화란 유기체의 반응경향성을 높여 주는 것으로 일차적인 욕구를 충족시키는 기초강화와 연합되면서 일차적 욕구를 채울 것을 보장해 주는 이차적 강화 또는 조건강화로 대별된다. 즉, 일차적 강화 또는 이차적 강화를 통해 모든 유기체의 행동이 동기화된다는 것이다.

행동주의 심리학자들은 이러한 원리를 인간의 행동에도 그대로 적용될 수 있음을 보여 주었고, 학생들이 학습과정에서 보이는 여러 가지 행동의 동기화에도 적용하였다. 예를 들면, 학습에 대한 지구력 부족은 아동의 주의력 부족이나 좌절감에 그 원인이 있는 것이 아니라, 학습행동을 유지하는 강화요인이 적절하지 못하다는 데 그 원인이 있다고 본다(이성진, 1996). 또한 프로그램 학습은 행동주의 동기이론을 교수법에 적용한 대표적인 예다. 과제를 마치거나 성적이 향상되었을 때 가산점을 주거나 선물을 주는 것, 반대로 과제를 마치지 못하거나 성적이 떨어졌을 때 벌을 주는 것도 교실이나 가정에서 흔히 볼 수 있는 강화이론의 적용 사례다.

강화이론의 구체적인 내용은 제10장의 행동주의 학습이론에서 이미 다루었다. 여기에서는 강화이론의 교실 적용에 대해 알아보고자 한다. 교사는 두 가지 측면에서 강화의 원리를 교실에 적용해 볼 수 있다. 첫째는 아동의 낮은 학습동기의 원인을 그 아동을 둘러싼 환경의 강화체제에서 찾는 것이고, 둘째는 아동의 학습동기를 증진시키기 위해 강화의 원리를 적용하는 것이다.

먼저, 학생들의 학업행동이 동기화되지 못하는 원인을 강화체제 속에서 찾는 한 가지 방법은 행동의 연결고리를 분석하는 것이다. 선행자극(Antecedent)에 따라 어떤 행동(Behavior)은 유발되고, 그 행동이 후속자극(Consequence)에 따라 강화를 받을 경우 그 행동은 증가한다. 그러나 강화를 받지 못할 경우 그 행동은 줄어든다. 이것을 '행동의 연결고리(A-B-C 모형)' 라고 하고, 어떤 행동을 잘 이해하기 위해서는 그 행동의 선행자극(A) - 행동(B) - 후속자극(C)의 연결고리를 정확하게 파악해야 한다. 예를 들어, 준우라는 아동은 다음과 같은 경험 이후 수업시간에 발표나 질문을 하지 않게 되었다고 한다.

> 준우는 교사가 "자, 여기까지 내용 중에서 질문 있는 사람 질문하세요."라고 할 때 질문이 있다고 손을 들었다. 그리고는 이미 수업시간에 교사가 설명했던 내용에 대해 질문을 하였다. 수업시간에 집중을 하지 않았기 때문에 그런 질문을 한다고 생각한 교사는 "수업시간에 딴짓하고 선생님 말을 안 들으니까 그런 질문을 하는 거지. 다음부터 수업 열심히 듣고 그런 쓸데없는 질문은 하면 안 된다."라고 하였다. 준우는 정말 궁금해서 질문을 했지만 오히려 교사에게 꾸중을 듣고 친구들 앞에서 창피만 당하였다.

이 사례를 분석해 보면, 어떤 행동 B(수업시간에 질문하기)는 선행자극 A(질문 있는 사람 질문하라는 교사의 발문)으로 유발되고, 후속자극 C(교사의 꾸중)으로부터 영향을 받는다. 후속자극 C로부터 강화를 받은 경우는 행동이 증가하며, 강화를 받지 않은 경우 행동이 줄어든다. 준우의 경우는 교사가 꾸중이라는 혐오적 후속자극을 제공했기 때문에 그 이후로는 질문이 있어도 질문을 하지 않게 될 것이다. 이와 같이 학생들의 낮은 학습동기(학업행동을 하지 않음)의 원인은 학업행동을 둘러싼 강화체제에서 찾을 수 있다.

다음으로, 학생들의 학습동기를 증진시키기 위해 강화의 원리를 적용하는 것이다. 사람들은 서로 알아차리지 못하는 사이에 서로에게 어떤 행동을 강화하여 그 행동을 더하게 하기도 하고 덜하게 하기도 한다. 이러한 자연환경의 강화체제를 변화시켜 아동의 학습동기를 증가시킬 수 있다. 교사는 아동의 어떤 학업 관련 행동을 증가시키고 어떤 학업 방해 행동을 감소시킬 것인지를 결정한다. 그리고 현재 그 행동의 수준을 객관적으로 파악하기 위한 관찰과 기록 과정을 거친다. 구체적 행동에 대한 관찰과 기록은 아동의 행동에 대한 새로운 태도를 갖게 해 주기도 하며, 아동의 행동에 대한 객관적인 평가 자체가 변화의 계기가 되기도 한다. 그러므로 교사는 아동에게 기대하는 학업행동의 구체적인 형태와 수준에 대해 알리고, 그 행동에 대한 구체적인 강화계획을 세워 이를 실천해 나간다. 단, 여기에서 주의할 점은 강화 프로그램은 개별 아동의 행동변화를 위해 활용될 때 가장 효과적이고, 학급 단위로 실시될 경우 여러 가지 제한점이 있다는 것이다. 목표가 되는 문제행동(또는 목표행동)이나 변화기제로 사용되는 강화물의 가치는 아동 개인마다 다르기 때문에 학급관리를 위해 강화 프로그램을 적용할 경우, 프로그램에 참여하지 않는 아동이 존재하게 된다. 뿐만 아니라 목표행동을 수행할 수 있는 잠재력에서의 아동의 개인차가 고려되지 않아 목표행동을 성취하는 아동만이 성공감을 독차지할 수도 있다. 학급 단위로 가장 보편적으로 사용할 수 있는 강화 프로그램은 바로 칭찬이다. 학생들의 잘못된 행동을 지적하기보다는 바람직한 학업관련 행동을 칭찬함으로써 학습에 대한 동기를 높여 줄 수 있다. 단, 쉬운 과제에 대한 지나친 칭찬은 낮은 능력에 대한 피드백으로 받아들여질 수 있으므로 주의해야 한다.

2) 사회학습이론

Bandura(1977, 1986)의 사회학습이론은 행동주의와 인지주의를 이어 주는 가교다. 최근에는 인지적인 요소가 더 크게 강조되면서 사회인지이론으로 명명되기도 한다. 사회학습이론의 가장 중요한 특징은 자신이 직접 한 행동에 대한 결과만이 아니라 다른 사람이 한 행동의 결과를 관찰한 것이 그 행동을 앞으로 할 것인지의 여부를 결정한다는 점이다. 다른 사람의 행동을 관찰하면서 나도 그렇게 행동할 수 있을 것이라는 '자기효능감(self-efficacy)'

이 생기고, 나도 저렇게 강화를 받을 수 있을 것이라는 '결과기대(outcome expectation)'를 하면서 마침내 그 행동을 하게 된다. 사회학습이론의 주요 개념 중 학생들의 학습동기를 설명할 때 가장 많이 적용되는 것은 자기효능감이다. 즉, 주어진 학습과제를 할 수 있다고 생각하는 아동은 그렇지 않은 아동에 비해 그 학습과제를 해내고자 하는 학습동기가 높다.

자기효능감은 전체적인 성격 특성도 아니고 일반적인 자기개념도 아니다. 자기효능감은 개별 활동에서의 성취경험(성공/실패)으로부터 주로 발달한 특수한 자기개념이라고 볼 수 있다(박승호, 2007). Bandura(1997)는 상황적 · 행동적 특수성으로 설명된 자기효능감이 일반적인 자기개념보다 구체적인 상황에서의 동기와 행동을 더 잘 예언한다고 하였다. 이런 이유 때문에 자기효능감 개념은 우리나라 학습동기 연구에서 지대한 관심을 받아 왔다(예, 김아영, 1998; 김아영, 박인영, 2001; 박병기, 채선영, 2005).

학업에 대한 자기효능감과 학업성취도의 관계에 대한 메타분석의 결과(Multon, Brown, Lent, 1991)에 따르면, 개인의 자기효능감은 학업수행 변량의 약 14%를 설명하고, 학업지속 변량의 약 12%를 설명한다. 또한 학업성취 수준이 낮아질수록 자기효능감과 학업수행 및 학업지속의 관계가 높아진다. 그리고 정상적인 학업성취를 하고 있는 학생들의 경우는 초등학교 학생들보다 고등학생들의 학업성취에 대한 자기효능감의 영향이 크다고도 밝히고 있다.

학생들의 자기효능감은 어떻게 형성되고, 교사들은 낮은 자기효능감으로 자신의 실력을 발휘하지 못하고 있는 학생들을 어떻게 도울 것인가? Bandura(1997)에 따르면, 자기효능감은 성공경험, 대리적 경험, 언어적 설득, 생리적 · 정서적 상태의 네 가지 주요한 근원(sources)으로부터 형성된다. 성공경험이란 어떤 과제를 성공적으로 수행함으로써 자신이 능력이 있다고 지각하는 것을 의미하고, 대리적 경험은 다른 사람의 성취와 비교해 봄으로써 유능감이 생기는 것을 의미한다. 언어적 설득이란 다른 사람이 어떻게 이야기해 주는가에 따른 사회적 영향을 의미하고, 생리적 · 정서적 상태는 자신의 능력이나 기능에서의 취약성을 부분적으로 판단할 때 나타나는 생리적이고 정서적인 상태를 의미한다. 이 네 가지 자기효능감의 근원을 어떻게 조정함으로써 아동의 자기효능감을 증진시킬 것인지에 대한 논의를 살펴보면 다음과 같다.

첫째, 성공경험은 자신의 능력에 대한 지표로서 네 가지 근원 중 가장 영향력이 커서 교사가 더욱 관심을 가져야 할 부분이다. 성공경험은 자기효능감에 강한 신념을 형성하는 반면, 실패경험은 자기효능감을 약화시킨다. 학습에서의 누적된 실패경험은 반복적으로 자기효능감을 약화시키는 반면, 지속적인 노력을 통해 장애를 극복한 경험이 있으면 쉽게 약화되지 않는 자기효능감(relsilient self-efficacy)을 획득할 수 있다. 즉, 지속적인 노력을 통해 무엇인가를 성취하는 성공경험이 자기효능감을 높여 줄 수 있는데, 이를 위해서는 성공이 가능한 목표를 설정하는 것이 중요하다. 예를 들면, 수학에서 평소에 50점 정도를 받는 수준에 있는 학생이 80점을 받겠다는 목표를 세운다면 아무리 열심히 해도 이 목표를 달성하기는 어렵다. 50~60점 범위의 목표를 세워야 성공할 가능성이 크다. 55점, 60점, 65점으로 조금씩 조금씩 목표를 높여 가면 성공할 가능성도 높고, 이 성공경험에 따라 수학에 대한 자기효능감도 높아질 것이다. 그러나 성공을 한다고 해서 반드시 자기효능감이 향상되는 것은 아니다. 자기효능감의 변화는 수행 그 자체보다는 수행 결과가 내포한 능력에 대한 정보를 인지적으로 어떻게 처리하는가에 따라 달라진다. 즉, 성공을 자신이 이루어 낸 것이라고 지각할 때 자기효능감이 높아진다.

둘째, 교사들은 대리적 경험을 통한 자기효능감의 형성과정도 잘 살펴보아야 한다. 학교에서는 많은 학생들이 서로의 학습과정을 관찰한다. 내가 그 과제를 할 수 있을까의 여부에 대한 지각은 나와 비슷한 또래가 그 과제를 수행한 결과에 따라 달라질 수 있다. 초등학생들의 분수 문제 풀기에 대한 대리적 경험이 수학 문제 풀이에 대한 자기효능감에 미치는 영향을 알아본 Schunk 등의 연구결과는 흥미롭다. 교사가 분수 문제를 푸는 것을 본 학생들보다 또래가 수학 문제를 푼 것을 본 학생들의 자기효능감이 더 높았고, 그중에서도 쉽게 문제를 풀어내는 아동(숙달 모델)보다 문제를 풀면서 어려움을 겪는 아동(극복 모델)을 관찰한 아동의 자기효능감이 더 높았다(Schunk & Hanson, 1989; Schunk, Hanson, & Cox, 1987).

셋째, 교사가 아동에게 직접 말로 전달하는 언어적 설득도 자기효능감을 변화시킬 수 있다. 같은 수준의 수행에서의 성공도 어떻게 해석되는가에 따라 자기효능감을 향상시키기도 하고 저하시키기도 하는데(Bandura, 1982), 성공경험과 더불어 언어적 설득이 함께 할 때 더욱 효과적이다(Schunk & Rice, 1987). 즉, 언어적 설득은 성공경험과 함께 결합될 때 더욱 효과적인데, 성공을 자신의 힘으로 이루었다는 것을 확인시켜 주어야 한다. 예를 들면, 앞서 성공경험에서 든 사례에서, 노력하면 수학 성적을 올릴 수 있는 능력을 가졌다는 것을 인식하고 있는지 확인하고 이 점을 공고히 해 줄 수 있을 것이다. 목표를 향해 노력할 수 있었던 것도 훌륭한 능력이고, 노력을 통해 어떤 성취를 이루어 낸 것도 그것을 할 수 있는 능력이 있었기 때문이다. 이 점을 분명히 하지 않으면 성공을 하고도 여전히 자기효능감이 낮은 상태에 머물 수도 있다.

넷째, 자신이 없는 과제에서 나타나는 생리적 · 정서적 상태를 개선하여 자기효능감을 높일 수 있다. 자기효능감이 낮은 과제에서 나타나는 대표적인 생리적 · 정서적 상태는 불안반응인데, 아동에게 심호흡이나 근육이완 훈련 등을 통해 불안반응을 진정시키는 방법을 알려 줄 수 있다. 경우에 따라 교사가 아동을 불안하게 하여 자기효능감을 떨어뜨리기도 하는데, 교사는 자신의 어떤 행동이 아동의 불안을 일으키는지를 스스로 관찰하고 이를 개선하기 위해 노력해야 한다.

2. 인지주의 동기이론

행동주의 동기이론이 외부환경에 따른 동기의 조절을 설명해 오다가 사회학습이론에서 타인의 행동에 대한 관찰이 동기를 조절한다는 점이 발견되면서 사람들은 인간의 인지적 과정에 대해 관심을 갖게 되었다. 사회학습이론의 자기효능감과 결과기대는 개인 내에서 처리되는 인지적 과정으로 보아야 할 것이다. 여기에서 출발하여 인지주의 동기이론은 성공과 실패의 원인을 무엇이라고 생각하는가에 따라 행동이 달라진다는 귀인이론, 성공을 얼마나 이루고자 하는가에 대한 성취동기이론, 무엇을 목표로 과제를 수행하는가와 관련된 목표이론, 과제를 수행하는 자신의 행동을 스스로 관찰하고 관리하는 자기조절이론 등으로 발전해 왔다.

1) 귀인이론

귀인이란 사건이나 행동의 결과를 놓고 그 결과에 작용한 원인을 탐색하는 행위를 말하고, 한 개인이 어떤 특정 요인에 귀인하는 경향을 귀인양식이라고 한다. 사람들이 중요한 사건들의 원인을 무엇이라고 생각하는가에 대한 Heider(1958)의 관심이 귀인이론의 근간이 되었는데, Heider는 사람들이 어떤 일의 원인을 내적 요인과 외적 요인으로 귀인한다고 보았다. 이후 귀인이론은 대인관계, 학교학습, 우울, 불안, 일탈행동, 스포츠 등 다양한 분야에서 발달하였고, 귀인이론을 학교학습과 관련하여 발전시킨 대표적인 교육심리학자 중의 한 사람이 Weiner다. Weiner(1979, 1984)는 학습동기에 영향을 미치는 귀인을 내적-외적 차원, 안정성 차원, 통제가능성 차원 등 세 가지 차원으로 개념화하였다(〈표 12-1〉 참조).

첫째, 내적-외적 차원은 학업에서의 성공 또는 실패의 원인을 자신의 탓으로 돌리는가, 외부의 탓으로 돌리는가의 차원이다. 학업에서의 성공 또는 실패에 대한 대표적 내적 귀인의 예는 능력과 노력이고, 대표적 외적 귀인의 예는 운과 과제의 난이도다. 내적-외적 차원은 자신감, 자존감, 죄책감, 수취심과 밀접한 관련이 있어 성공이나 실패를 내적 요인의 탓으로 돌릴 경우, 성공은 자부심과 동기증진을 가져오지만 실패는 수치심을 가져온다. 성공이나 실패를 외적 요인의 탓으로 돌리면 성공은 감사의 결과를 수반하지만 실패는 분노의 결과를 수반한다.

둘째, 안정성 차원은 학업에서의 성공 또는 실패의 원인을 얼마나 변화가능성이 있는 것에 돌리는가와 관련된다. 학업에서의 성공 또는 실패에 대한 안정적인 귀인에는 능력과 과제의 난이도가 해당되고 불안정적인 귀인에는 노력과 운이 해당된다. 안정성 차원은 미래에 대한 기대와 밀접한 관계가 있어 과제의 난이도와 같은 안정적 요인에 귀인하면 미래의 비슷한 과제에 대해서도 성공 또는 실패할 것이라고 기대하기 쉽다. 반면, 자신의 학습결과를 기분이나 운과 같은 불안정적 요인에 귀인하면 미래에 비슷한 과제에 직면할 때에도 성공이나 실패가 이전과 달라질 것이라고 기대하기 쉽다.

셋째, 통제가능성 차원은 학업에서의 성공 또는 실패의 원인을 자신이 얼마나 통제할 수 있는가와 관련된다. 학습자의 입장에서 노력은 통제가 가능하지만 노력, 운, 과제의 난이도는 모두 스스로 통제하기 어렵다. 통제가능한 귀인은 대체로 자신감과 미래에 대한 기대와 관계가 있어서 수학시험에서 얻은 좋은 점수를 통제가능한 요인(예, 노력)으로 귀인하는 학생들은 점수에 자부심을 가지고 미래에도 높은 점수를 받을 것이라고 기대한다. 반면, 높은 점수를 받았지만 그것이 통제가능한 요인과 거의 관계가 없다고 생각하

〈표 12-1〉 Weiner의 귀인과 각 차원과의 관계

	원인의 소재	안정성	통제가능성
능력	내적	안정적	통제불가
노력	내적	불안정적	통제가능
운	외적	불안정적	통제불가
과제의 난이도	외적	안정적	통제불가

는 아동은 단지 감사함을 느낄 뿐이며 앞으로도 행운이 계속되기를 바란다 (정종진, 1996).

Weiner 귀인모델의 기본적인 입장은, 학생들은 과제에서의 성공과 실패를 세 차원의 서로 다른 원인에 귀인하고, 그 귀인양식에 따라 정서적 반응이 나타나며, 미래의 성공과 실패에 대한 기대를 갖게 되어 다음 학습행동에 영향을 미친다는 것이다. 이러한 귀인모델은 학교학습과 귀인양식의 관계에 대한 경험적 연구를 통해 검증되었다. 예를 들면, Bar-Tal과 Bar-Zohar (1980)는 학업성취도와 내적 귀인양식과의 상관관계에 대한 36개의 경험적 연구를 개관하여, 그중 31개의 연구는 정적 상관을, 1개의 연구는 부적 상관을, 4개의 연구는 의미 있는 상관관계를 나타내지 않고 있음을 밝히고 학업성취도와 귀인양식의 관련성을 주장하였다.

무엇보다 귀인양식이란 교육으로 변화시킬 수 있는 학습자의 특성이라는 점에서 주목받고 있다. Dweck(1975)은 교육을 통해 귀인양식을 변화시킴으로써 학생들의 학업성취도를 높일 수 있다는 것을 최초로 입증하였다. Weiner(1984)는 귀인훈련 프로그램의 목적은 다음과 같은 흐름의 인과적 귀인을 변경시키는 데 있다고 하였다. '실패 → 추론된 능력결핍 → 무능감 → 성취감소'의 부적합한 인과적 귀인의 흐름을 '실패 → 노력결핍 → 죄책감과 수치감 → 성취증가'로 의도대로 변경시키는 것이다(정종진, 1989). 이후 실패만이 아니라 성공에 대한 귀인을 함께 변경시키는 프로그램에 대한 논의로 이어졌다. 성공에 대한 귀인을 변화시키는 귀인훈련 프로그램은 초기에는 성공에 대한 귀인도 실패에 대한 귀인과 동일하게 성공을 노력에 귀인하는 것을 목표로 하였지만, 이후에는 실패와 성공에 대해 동일하게 내적 귀인을 지향하면서도 실패에 대해서는 노력을 강조하고, 성공에 대해서는 능력을 강조하였다. 이는 성공을 노력에 귀인할 때 귀인정보를 접하는 학생이 스스로의 능력에 대해 실망감을 갖게 될 수 있는 반면, 능력에 귀인할 경우 자기효능감, 자기가치감이 향상될 수 있기 때문이다. 이것은 특히 능력과 노력이 서로 다른 성질의 것이고, 서로 상보성을 가진다(능력이 많으면 노력을 적게 해도 되고, 능력이 부족하면 노력을 많이 해야 한다)는 신념을 가진 초기 청소년기(12~13세 이상) 이후의 학생들에게는 더욱 뚜렷이 나타나는 현상이다(Nicholls, 1984).

즉, 귀인훈련에 포함되는 귀인의 내용이나 방향성은 노력과 같이 특정한 한 가지 귀인으로 재귀인하기보다는 실패경험과 성공경험에 따라 차별적인 처치를 하는 것으로 발달하였다. 또한 이러한 차별적 처치의 발달은 실패경험과 성공경험만이 아니라 학습 습득 과정의 어느 시점에 있는가에 따라, 귀인훈련 대상의 현재 귀인양식에 따라 차별화되어야 한다는 주장으로 발전되고 있다. Schunk(1994)는 학습의 과정 중 학습 초기 성공에 대해서는 노력에 대해 귀인할 것을, 이미 습득된 과제의 수행을 성공한 경우는 능력에 대해 귀인할 것을 주장한다. Craven, Marsh와 Debus(1991)는 내적 귀인에 대한 훈련 프로그램은 내적 귀인양식을 가진 대상보다는 외적 귀인양식을 가진 대상에서 더욱 효과적임을 밝히고 있다. 즉, 귀인훈련 프로그램은 학생들이 이미 가지고 있는 귀인양식에 따라 차별화되어야 함도 알려 주고 있다.

2) 성취동기이론

성취동기는 도전적인 과제를 성취하는 것을 통해 만족감을 얻고자 하는 욕구로 Murray(1938)가 처음으로 제안하였지만, 성취동기를 본격적으로 연구하기 시작한 것은 McClelland와 동료들(1953)이다. 이후 Atkinson(1964)은 학업과 관련된 학생들의 학습동기와 관련된 연구로 발전시켰는데, 욕구(needs), 기대(expectancies), 가치(values)를 성취동기이론의 구성개념으로 포함시켰다. 욕구는 동기를 일으키는 계기, 기대는 성공의 가능성, 가치는 유인가라고 각각 정의하였다. 이 가운데 욕구는 성장과정을 통해 형성되면서 상황에 따라 비교적 변화하지 않는 개인차를 나타내는 구인으로 Atkinson의 동기이론을 설명할 때 주로 언급되는 부분이다. Atkinson은 이것을 모티브(motive)라고 명명하고 있는데 대부분 동기로 번역되어 왔고 이 책에서도 모티브를 동기라고 명명할 것이다.

성취동기(achievement motive)는 크게 두 가지로 분류되는데, 성공추구동기(motive to approach success)와 실패회피동기(motive to aviod failure)다. 성공추구동기는 개인의 성공에 대한 기대나 바람으로 성취를 통해 자부심을 경험할 수 있다는 유능감이다. 성공추구동기가 높은 아동은 성취해야 할 과제에 적극적으로 접근하고 몰입한다. 이에 반해 실패회피동기는 어떤 과제에 직면했을 때 만약 실패를 하면 창피하고 부끄러워질 것이라는 것을 예상하는 것으로 실패회피동기가 높은 아동은 성취해야 할 과제를 하려고 하지 않는 경향이 있다. 성공추구동기와 실패회피동기는 서로 다른 행동의 결과를 초래한다.

첫째, 실패에 대한 반응이 다르다. 성공추구동기를 가진 아동은 성공을 목표로 하고 있기 때문에 그 과정에서 실패를 경험할 경우 더욱 노력을 기울인다. 그러나 실패회피동기를 가진 아동은 실패를 경험하면 노력을 줄인다. 둘째, 선택하는 과제의 난이도에서도 차이를 보인다. 성공추구동기가 높은 아동은 조금 더 노력하면 성취할 만한 도전적 과제를 선택하지만, 실패회피동기가 높은 아동은 매우 쉬운 과제나 매우 어려운 과제를 선택하는 경향이 있다. 예를 들면, 교사가 자유롭게 활동이나 과제를 선택하라고 할 때 너무 어려운 과제를 선택하거나 너무 쉬운 과제를 선택하는 아동이 있다면, 이런 아동의 행동은 실패회피동기에 기인한 것으로 이해할 수 있을 것이다. 셋째, 성공추구동기가 높은가, 실패회피동기가 높은가에 따라 아동의 학습행동도 달라진다. 성공추구동기가 실패회피동기보다 높은 학생들은 과제를 열심히 하고 자신의 수행결과에 대해 불안해하거나 걱정하지 않는다. 반면, 실패회피동기가 성공추구동기보다 높으며 불안이 높은 학생들은 주로 과제를 미루고 수행이 나빠지는 악순환을 경험한다. 특히, 과제를 미룰 경우 실패를 하더라도 자신이 열심히 했음에도 불구하고 실패를 했다기보다는 시간이 없어서 노력을 기울이지 않았기 때문에 실패한 것이라고 귀인할 수 있기 때문에 미루는 행동을 지속한다. 이러한 실패회피동기가 높은 학생들의 특성에 초점을 둔 접근은 이후 자기가치이론(Covington & Beery, 1976)으로 발전하였다.

지금까지 살펴본 내용은 성공추구동기와 실패회피동기를 하나의 연속선상의 특성으로 보는 입장이다. 연속선상의 특성이라는 관점에서는 성공추구동기가 높아질수록 실패회피동기가 낮고 실패회피동기가 높으면 성공추구동기는 낮다는 입장이다. 이런 주장과 달리 성공추구동기와 실패회피동기가 서로 독립된 특성이라고 보기도 한다. 성공추구동기와 실패회피동기가 서로 독립적이라는 주장(Covington, 1992)에서는 성공추구동기와 실패회피동기가 모두 높은 학생(overstrivers), 성공추구동기는 높은데 실패회피동기는 낮은 학생(success-oriented students), 성공추구동기는 낮지만 실패회피동기는 높은 학생(failure avioders), 성공추구동기와 실패회피동기가 모두 낮은 학생(failure acceptors)으로 분류한다. Covington은 여기에 성공추구동기와 실패회피동기가 모두 높거나 모두 낮은 학생들의 학습행동에 대해 덧붙이고 있다. 성공추구동기와 실패회피동기가 모두 높은 학생들의 경우, 성취를 높이기 위해 과제를 매우 열심히 하면서도 실패에 대한 두려움 때문에 불안해 하고 스트레스를 많이 받는다. 이 학생들은 대부분 성적이 좋지만 계속 성적에 대해 신경을 많이 쓰고 힘들어한다. 반면, 성공추구동기와 실패회피동기가 모두 낮은 학생들은 기본적으로 학업성취에 관심이 없다. 이러한 무관심은 성취 자체에 대해 관심이 없는 경우도 있고 성취에 대한 반감이나 반항심에 기인한 경우일 수도 있다.

Atkinson(1964)의 성취동기이론을 구성하는 개념 중 기대와 가치는 욕구와 다른 환경적 요소로 상황과 과제에 따라 달라질 수 있다. 실제 어떤 과제를 선택할 것인가를 결정하는 데는 얼마나 성공가능성이 높은가(기대)와 얼마나 매력적인가(가치)도 함께 작용한다. 이러한 기대와 가치는 서로 역함수 관계에 있어서 성공가능성이 낮아질수록 유인가는 높아지고 성공가능성이 높아질수록 유인가는 떨어진다. 즉, 성공하기 쉬운 과제는 별로 매력적이지 않은 반면, 성공하기 어려울수록 그 과제는 매력적이다. 대부분의 학생들은 성공가능성도 어느 정도 있으면서 어느 정도 매력적이기도 한 중간 정도 난이도의 과제를 선택한다고 한다. 이러한 기대와 가치의 관계에 대한 논의는 이후 Eccles(1983)에 의해 기대가치이론(expectancy-value theory)으로 발전되어 지금까지 계속 연구되고 있는 분야다.

3) 목표이론

Atkinson의 성취동기이론은 목표라는 개념이 포함되면서 목표이론으로 발달하였는데, 성취목표이론 또는 목표지향성이론이라고도 명명된다. 여기에서 목표는 학자들마다 서로 다르게 이름을 붙이고 있지만, 모두 두 가지 유형으로 분류할 수 있다. Nicholls(1984)의 과제지향성(task-orientation)과 자아지향성(ego-orientation), Dweck(1986)의 학습목표(learning goal)와 수행목표(performance goal), Ames(1992)의 숙달목표(mastery goal)와 수행목표(performance goal)가 대표적 예다. 이렇게 대비되는 두 가지 목표지향성 중 과제지향성, 학습목표, 숙달목표(이후 모두 숙달목표로 통칭)는 배우는 것 자체에 가치를 두고 이를 목표로 삼는 것이다. 도전거리를 찾아내고 스스로의 능력을 향상시키는 과정에서 얻는 개인적 만족을 추구하면서 적당히 어렵고 도전할 만한 목표를 선택하는 경향으로, 이는 보다 바람직한 목표지향이라고 할 수 있다. 자아지향성, 수행목표(이후 모두 수행목표로 통칭)는 과제를 수행하는 이유가 능력에 대한 타인의 인정을 받는 것에 있다. 과제나 시험에서 다른 학생들보다 우수하게 보이는 것을 추구하고, 아주 쉽거나 어려운 목표를 선택하는 경향이 있어 바람직한 목표지향이라고 보기 어렵다.

일반적으로 숙달목표를 가진 아동은 동일한 능력을 가지고 있으면서 수행목표를 가지고 있는 아동과 수업활동에서도 차이를 보인다. 예를 들면, 과제를 해결해 나가는 과정에서 어려움에 봉착할 경우 숙달목표를 가진 아동은 계속 노력을 기울여 수행 수준이 높아지는 반면, 수행목표가 높은 아동은 좌절하면서 수행 수준도 낮아진다. 이러한 숙달목표와 수행목표는 자기가치이론과도 연결이 되는데, 숙달목표를 가진 아동은 성취가 노력의 결과라고 생각하기 때문에 성공을 통해 자기가치가 무한히 높아지는 것도 아니고 실패를 해도 자기가치에 손상을 받지 않는다. 반면, 수행목표를 가진 아동은 성취가 능력의 결과라고 생각하기 때문에 성공은 자기가치감을 높여 주지만 실패했을 때 자기가치가 손상받는다.

목표지향성의 발달 과정을 보면, 어릴 때는 숙달목표를 추구하지만 점차 수행목표를 추구하는 경향이 강해진다. 예를 들면, 초등학교 1학년 아동은 어떤 과제를 하면서 불안해하거나 실패를 두려워하는 경우가 거의 없지만, 학년이 올라가면 많은 아동들이 학습과제에 자신감 없이 접근한다(Stipek, 1984). 또한 Miller(1982)는 초등학교 2학년과 6학년에게 동일한 실패 상황을 겪고 난 후 수행을 비교해 본 결과, 6학년에서만 수행이 저하되었다고 보고하고 있다. 이렇게 학년이 높아지면서 아동들이 점점 수행목표를 추구하게 되는 것은 학교의 경쟁적 구조가 초래한 결과일 수 있다.

최근에는 학생들의 목표지향을 이분법적으로 개념화하는 것을 보완한 중다목표이론으로 바꾸어야 한다는 주장이 등장하였다(예, Barron & Harackiewicz, 2001; Elliot & Harackiewicz, 1996; Elliot & McGregor, 2001; Harackiewicz et al., 2002). 중다목표이론은 숙달목표와 수행목표가 모두 학습에 긍정적인 영향을 미칠 수 있는 측면이 있음에 주목하면서 과제에 대한 접근과 회피라는 개념을 교차시켰다. 즉, 숙달목표와 수행목표의 분류 축에 접근-회피라는 축을 교차시켜 2차원적 목표이론을 제안하고 있다. 즉, 아동이 추구하는 목표는 숙달-접근목표, 숙달-회피목표, 수행-접근목표, 수행-회피목표로 나눌 수 있다. 완벽주의적인 학생이 과제와 관련하여 어떠한 오류도 범하지 않으려 하는 것은 숙달-회피목표의 예라고 할 수 있다. 이때 다른 아동과의 비교(수행-회피목표) 때문에 오류를 범하는 것을 염려하는 것이 아니라 자기가 세운 목표 때문에 걱정하는 것으로, 숙달-회피목표는 숙달목표이지만 부정적인 속성을 가질 수 있다. 또한 수행-접근목표는 수행목표이지만 적응적일 수 있다는 연구결과(예, 조승우, 김아영, 1998; 최병연, 2001; Meece, Blumenfeld, & Hoyle, 1998)도 있다. 보다 구체적인 연구결과를 살펴보면, 초등학교 5～6학년을 대상으로 목표지향성과 정서의 관계를 분석한 조한익과 김수연(2008)의 연구에서는 숙달-접근 목표와 수행-접근목표는 긍정 차원의 정서들과 정적 상관이 있었고, 숙달-회피목표와 수행-회피목표는 부정 차원의 정서들과 정적 상관이 있었다.

3. 인본주의 동기이론

전통적으로 인간의 동기는 크게 외적 동기와 내적 동기로 분류되어 왔다. 외적 동기는 어떤 행동을 하는 목적이 보상이나 처벌 회피와 같은 외적인 결과에 있는 것을 의미하고, 내적 동기는 어떤 외적 목적이나 보상이 없더라도 과제 자체에 대한 흥미나 수행에서 오는 만족감을 얻기 위해 행동하게 하는 동기를 의미한다. 일반적으로 행동주의 동기이론은 외적 동기를 설명하고, 인본주의 동기이론은 행동주의의 지나친 외재화를 비판하면서 내적 동기의 중요성을 강조하면서 등장하게 되었다고 본다.

1) 욕구위계이론

Maslow(1970)의 욕구위계이론은 인간의 자기실현이라는 내적 동기를 강조한 인본주의 동기이론의 대표라고 할 수 있다. Maslow의 동기이론은 학습이라는 활동에만 적용되는 것은 아니고, 모든 인간행동의 원동력에 대해 설명하고 있다. 인간은 내적 욕구를 갖고 태어나고 이 욕구를 만족시키기 위해 노력하는데, 이러한 노력의 궁극적인 목적은 생물학적 만족이나 긴장의 감소를 뛰어넘어 자기실현의 추구다. Maslow의 욕구위계는 가장 우선적이고 기본적인 생리적 욕구에서부터 자기실현이라고 할 수 있는 심미적, 인지적 욕구를 포함하는 욕구위계를 제시하고 있다. 모든 사람이 자기실현을 위해 노력한다고 믿었으며, 우선 하위의 욕구들이 충족됨으로써 상위의 욕구를 자유롭게 추구하게 되고 궁극적으로 자기실현에까지 이르게 된다. Maslow

는 인간의 기본욕구를 크게 다섯 단계로 구분하고, 인간에게 동기를 부여할 수 있는 욕구가 5개의 계층을 형성하고 있으며, 인간의 욕구는 낮은 단계의 욕구로부터 시작하여 그것이 충족됨에 따라서 차츰 상위 단계로 올라간다고 보았다. 각 단계별 욕구의 내용은 다음과 같다.

1단계 생리적 욕구(physiological needs)는 욕구위계의 가장 아래에 있는 욕구로서 모든 욕구들 중에서 가장 강력한 욕구다. 생리적 욕구에는 먹는 것, 마시는 것, 성, 수면 등이 포함된다. 안전, 사랑, 자존, 자기실현의 욕구가 있다 하더라도 굶주린 상태에서는 먹으려는 욕구가 그 어느 것보다도 지배적이며 인간의 모든 기능은 먹는 행동에 집중된다. 그러므로 생리적 욕구의 충족은 인간을 생리적 욕구의 지배로부터 벗어나게 함으로써 이보다 상위의 욕구에 따른 목표를 갖게 할 수 있다.

2단계 안전 욕구(safety needs)는 생리적 욕구가 어느 정도 충족되면 나타난다. 이것은 맹수, 극히 춥거나 더운 기온, 살해, 폭행의 위험 등으로부터 안전하고자 하는 욕구다. 원시시대와는 달리 문명사회는 사회안전망이 구축되어 있어 사람들의 안전 욕구가 충족되고 있다고 볼 수 있다. 그러나 극심한 경제적 곤란, 전쟁, 질병, 신경증, 자연재해 등의 상황에서는 안전의 욕구가 인간의 행동에 크게 영향을 미친다. 또한 일상적 상황에서 안전 욕구는 고용이 안정적인 직업에 대한 선호, 저축, 보험 등으로 표현된다.

3단계 소속감과 애정 욕구(belongingness and love needs)는 생리적 욕구와 안전욕구가 충족된 후에는 타인들과 친밀한 관계를 가지려고 하는 욕구가 나타난다. 사람들은 누구나 사회적인 관계를 유지하고자 하는데 어느 집단에 소속되고 그 집단에 받아들여지기를 원한다. 좁게는 자신의 가족 속에서 소속감과 존재감을 느끼고 싶어 하고, 나아가 또래관계, 동아리, 학교, 직장, 지역사회 등에서 소속감을 느끼고 싶어 한다. 또한 우정, 연애, 결혼 등을 추구하는 것도 여기에 속한다.

4단계 자존 욕구(esteem needs)는 사랑과 소속의 욕구가 어느 정도 만족되기 시작하면서 집단의 단순한 구성원 이상이 되고자 하는 욕구다. 대부분의 사람은 사회생활을 통해서 계속적으로 자신을 높이 평가하고 자신을 존중하며 자존심을 지니고 타인으로부터 존경받기를 바라는 욕구가 있다. 이러한 자존의 욕구가 충족되면 자신감, 가치감, 강자라는 느낌 등을 갖게 되고, 자존의 욕구가 충족되지 못한다면 열등감, 무력감 등이 유발된다.

5단계 자기실현 욕구(self-actualization needs)는 가장 높은 곳에 있는 욕구로 인지적 갈망, 심미적 특성, 창의적 개성 등을 추구한다. 자기실현 욕구는 자기 자신의 충만, 다시 말하자면 한 개인이 가지고 있는 가능성을 현실화하려는 경향의 욕구다. 자기실현은 개인적으로 보나 사회적으로 보나 중요한 의미를 지닌다. 자기실현이란 궁극적으로 한 개인의 인간화를 뜻하고, 자기실현자는 비자기실현자보다 창의적이고 효과적인 삶을 산다고 보기 때문에 그러하다.

Maslow의 욕구위계이론으로 아동을 이해하면……

Maslow의 욕구위계이론은 사람들이 반드시 위계에 따라 행동하는 것은 아니라는 점에서 비판을 받기도 하지만, 아동의 학습과정을 이해하는 데 중요한 시사점을 주고 있다.

Maslow에 따르면, 사람들은 누구나 항상 무엇인가를 원하는 욕구를 가지고 있고, 그 욕구가 행동을 결정한다고 한다. 그런데 그런 욕구에는 좀 더 절실한 욕구가 있고, 상대적으로 덜 절실한 욕구가 있다. 사람들은 누구나 가장 절실한 욕구를 충족시키기 위해 행동하는데, 보다 절실한 욕구가 충족되어야 덜 절실한 욕구가 행동을 결정할 수 있는 힘을 갖는다. 모든 사람들에게 가장 일차적으로 충족되어야 하는 욕구는 생리적 욕구, 안전에 대한 욕구, 소속감을 느끼고 사랑을 받고 싶은

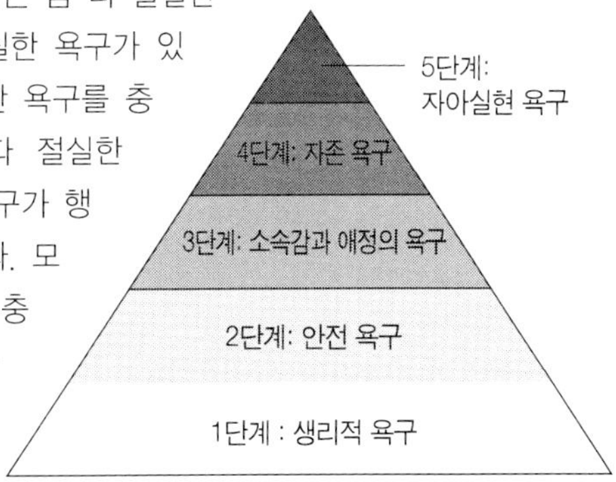

욕구, 남들보다 낫다고 인정받고 싶은 욕구의 순이라고 한다. 그리고 이런 욕구가 모두 충족되면 인간은 지금보다 좀 더 나은 사람이 되고 싶은 성장의 욕구(알고 싶은 욕구, 아름다움을 추구하고 싶은 욕구, 자기실현의 욕구)를 느끼게 된다. 국가 차원에서 교육을 지원하고, 부모가 자녀를 가르치고, 학생들 스스로 학교에 다니는 가장 궁극적인 목적은 그 개인의 자기실현이다. 학습에 대한 내적 동기인 새로운 것을 아는 것에 대한 즐거움, 과제 자체에 대한 흥미, 과제수행의 성공에서 오는 기쁨 등 역시 Maslow의 성장 욕구에 포함된 것들이다. 즉, 학업의 고유한 목적에 따라 학생들이 동기화되기 위해서는 그 이전에 결핍 욕구부터 충족되어야 한다는 선행조건이 있다. 이러한 맥락에서 아동의 학습동기를 증진시키기 위해서는 무엇보다 먼저 그 아동의 어떤 결핍 욕구가 위협받고 있어서 학습에 관심을 갖지 못하는지를 파악해야 한다.

우리나라 아동들은 아침에 일찍 일어나 학교를 나올 때부터 수면욕(생리적 욕구)을 위협받고 있고, 교실에 앉아 공부에 열중하기 위해서는 식욕이나 성욕 같은 생리적 욕구와도 싸워야 한다. 뿐만 아니라 이혼, 별거, 사고, 질병 등으로 가정이 해체될 때나 학교폭력에 시달릴 때는 안전에 대한 욕구가 강하게 위협받으며, 부모로부터 인정을 받지 못하거나 친구를 사귀지 못할 경우 소속감에 대한 욕구가 더 절실해진다. 학업성적이 매우 우수함에도 불구하고 공부 때문에 어려움이 많은 학생들의 대부분은 부모로부터 인정받으려고 하거나 다른 사람들로부터 칭찬을 받기 위해 공부에 매달린다. 즉, 공부를 공부 자체가 아닌 다른 기본적인 욕구를 채우는 수단으로 삼고 있기 때문에 성적의 하락에 대한 불안이 극심하다. 따라서 기본적인 욕구가 위협받고 있는 상황을 개선하고, 스스로 정체감을 정립할 수 있도록 돕는 것이 우선 다루어야 할 문제가 될 수 있다.

2) 자기결정성이론

외적 보상은 내적 동기를 손상한다는 Deci(1975)의 주장은 외적 동기와 내적 동기의 상대적 중요성에 대한 논쟁의 출발점이 되었다. Deci(1971)는 대학생들을 대상으로 한 퍼즐게임 실험에서 피험자들이 해결한 퍼즐의 수에 따라 보상이 주어진 실험집단과 아무런 보상도 주어지지 않은 통제집단을 설정하였다. 그리고 이들의 퍼즐에 대한 흥미도와 퍼즐해결에 소요된 시간의 차이를 분석하고 두 측정치를 퍼즐놀이라는 활동에 대한 내적 동기 수준을 반영하는 것으로 정의하였다. 그 결과 실험집단의 경우 퍼즐 풀기에 보낸 평균 시간은 198초였으며, 통제집단은 242초였다. 즉, 실험집단이 통제집단보다 퍼즐 풀기에 보낸 시간이 적었으며, 실험 종료 후 측정한 흥미도에서도 낮은 수준을 보였다. 실험집단과 통제집단 간의 차이는 실험집단이 퍼즐 풀기에 대해 돈을 받은 것 외에는 없었다. 따라서 Deci는 이것을 보상을 통한 내적 동기 감소효과라고 해석하였다. 이러한 외적 동기의 내적 동기 감소효과는 과잉정당화 가설과 관련된 연구들(Lepper & Greene, 1975; Lepper, Greene, & Nisbett, 1973)에서도 지지되었다. 한편, 보상이 내적 동기를 저해한다는 것과 함께 Amabile(1979)은 창의성에는 내적 동기가 필수적이며, 외적 동기는 창의성을 저해한다고 주장하였다. Amabile은 특정 활동에 대해 보상을 제공하면 사람으로 하여금 목표와 관련된 자극에만 주의를 집중하게 함으로써, 환경의 다양한 자극들에는 주의를 기울이지 못하게 하는 주의과정에서의 제한 효과를 제안하였다. 이러한 보상에 따른 '주의의 협소화' 는 창의적 수행에 필수적인 자발성과 유연성을 감소시켜 외적 동기가 창의성을 저해한다고 주장하였다.

Deci와 Ryan(1985; 2000)은 자신들의 내적 동기이론을 학습자의 자율성이라는 자기도식(Self-Schema) 개념을 구심점으로 발전시키고, 이 이론을 자기결정성이론(Self-Determination Theory: SDT)이라고 명명하고 있다(김아영, 2003). 자기결정성이론은 내적 동기를 촉진하거나 저해하는 사회적 요인과 환경적 요인의 관점에서 형성된 이론으로, 유기체의 선천적인 경향성이라고 할 수 있는 내적 동기는 그것을 발현할 수 있는 상황에서 가장 잘 유발된다고 가정하고 있다. 자기결정성이론은 인지평가이론, 유기체 통합이론, 인과성향이론으로 구성되어 있다. 각 이론에 대한 내용을 다루는 것은 이 책의 범위를 넘어서는 것으로 자기결정성이론을 다룬 다른 이론서를 참고하기 바란다. 여기에서는 자기결정성이론에서 제안하는 내적 동기와 외적 동기의 개념을 정리해 볼 것이다. 자기결정성이론에서는 내적 동기와 외적 동기가 서로 상반되는 대립 개념이 아니라 개인의 자율성과 통제라는 연속선상에 존재하는 것으로 본다. 즉, 자율성의 정도에 따라 각기 다른 유형의 동기가 하나의 연속선상에 놓이는데, 아무런 동기도 없는 무동기(amotivation), 외적 조절(extrinsic regulation), 부과된 조절(introjected regulation), 확인된 조절(identified regulation), 통합된 조절(integrated regulation), 내적 동기(intrinsic motivation)의 순으로 나타난다.

내적 동기와 외적 동기를 구분하기보다는 연속선상에서 조망하고, 그 사이의 여러 동기 수준을 세분화함으로써 동기를 보다 폭넓게 이해할 수 있다. 이러한 동기 개념을 학습행동에 적용한 Vallerand와 동료들의 연구는 더욱 눈여겨 볼 만하다. Vallerand와 Bissonnette(1992)는 자율성을 기준으로 학습동기를 여섯 단계의 구조로, Vallerand와 동료들(Vallerand et al., 1992, 1993)은 일곱 단계의 구조로 구분하였다. 임은미(1998)는 자율성의 정도에 따라 학습동기를 여섯 단계로 구분한 Vallerand와 Bissonnette의 연구와 학습동기를 일곱 단계로 구분한 Vallerand와 동료들의 분류를 종합하여 학습동기를 자율성이 낮은 순서부터 8단계로 정리하였다.

자율성이 가장 낮은 단계는 무기력의 단계(amotivation)로, 학업동기가 전혀 내면화되어 있지 않은 상태다. 아동은 자신의 학업행동의 성과를 의심할 뿐 아니라, 성과를 내기 위한 행동을 해낼 자신도 없다는 무기력에 빠져 목표지향적인 행동을 전혀 하지 않으려 한다. 이 단계의 아동은 학습된 무기력을 느낀다.

다음은 외적 강압의 단계(extrinsic-external regulation)다. 누군가가 직접적으로 보상을 주거나 제재를 가하면서 구체적인 행동을 지시할 때 행동을 수행한다. 교사나 부모 등 중요 타자의 처벌을 피하고 보상을 받기 위해 공부하는 것이 이에 해당한다.

세 번째 단계는 내적 강압의 단계(extrinsic-introjected regulation)로, 스스로 자신의 행동을 통제하지만 행동의 직접적인 통제자가 타인에서 자신으로 바뀌었을 뿐 외적 가치나 보상 체계를 그대로 내면화한 단계다. 따라서 이 단계의 아동은 공부를 하지 않을 때 느끼는 죄책감이나 긴장, 불안을 피하기 위해 공부한다.

네 번째 단계는 유익 추구의 단계(extrinsic-identified regulation)다. 어떤 목표를 이루기 위해 유익한 행동을 스스로 선택하여 수행하는 단계다. 수학 과목에서의 능력을 향상시키기 위해 수학보습학원을 다니기로 선택하는 것이 그 예다. 외적인 목적을 추구하는 수단으로 학습을 한다는 면에서 여전히 외적 동기의 상태라고 할 수 있다.

다섯 번째 단계는 의미 부여의 단계(extrinsic-integrated regulation)다. 개인이 스스로 어떤 행동을 가치롭다고 판단하여 선택할 뿐 아니라 그 결정이 자신의 자아개념, 인생관, 목적에 부합하기 때문에 행동을 수행하면서 갈등을 경험하지 않는 단계다. 따라서 공부하면서 내적 갈등이나 긴장을 경험하지 않는다.

여섯 번째 단계는 지식탐구 추구의 단계(intrinsic-to know)로 알고 이해하고 의미를 추구하려는 욕구에 따라 공부한다. 새로운 내용을 학습하고 탐색하고 이해하는 동안에 경험하는 즐거움과 만족을 추구한다. 공부 외의 다른 것을 목적으로 하지 않고 있어 내적 동기로 접어드는 단계라고 할 수 있다.

일곱 번째 단계는 지적 성취 추구의 단계(intrinsic-to accomplish things)다. 지식탐구 추구의 단계와 마찬가지로 내적 동기의 상태로 과제를 완벽하게 수행하는 데 주안점을 둔다. 스스로 유능감을 느끼고, 성취하고, 창조하면서 경험하는 즐거움과 만족을 얻기 위해서 공부에 몰두하는 단계다. 스스로의 한계를 극복하기 위해 과제가 요구하는 것 이상의 수준으로 하려고 노력하는 것이 그 예다.

마지막으로 자율성이 가장 높은 수준의 동기상태는 지적 자극 추구 단계(intrinsic-to experience stimulation)다. 공부에 열중하면서 무아지경(flow), 흥분감, 절정경험 등을 얻기 위해 공부하는 단계다. 자극적인 토론에서 경험하는 재미를 얻기 위해 수업에 참석하거나 열정적이고 흥분되는 학습 내용을 통해 강렬한 지적 즐거움을 얻기 위해 독서를 하는 것이 그 예다.

즉, 자기결정성이론에서는 아동의 자율성을 지지해 줄수록 아동을 동기가 없던 무동기 상태에서 어떤 외적 보상을 추구하거나 처벌을 회피하는 외적 동기 상태를 거쳐 지적 탐구 자체에서 즐거움을 느끼고 지적 자극을 스스로 찾는 내적 동기 상태에 이른다고 본다. 따라서 아동이 학습을 할 때 자율성을 충분히 지지해 줌으로써 내적 동기 상태에서 공부할 수 있도록 해야 하고 이를 통해 아동의 학업성취도 높아지고 만족도도 높아진다고 주장한다. 그러나 실제 학업성취도나 학교적응도를 높이는 것은 내적 동기라기보다는 외적 동기라는 연구결과들도 있다. 고등학생과 대학생을 대상으로 종단연구를 실시한 Koestner와 동료들(Koestner, Losier, Fichman, & Mallet, 2002)은 학습활동에 대한 몰입, 학교를 계속 다니는 것, 학교적응 등을 향상시키는 것은 내적 동기가 아닌 부과된 조절(외적 동기)이라는 결론을 내렸다. 우리나라 중·고등학생들을 대상으로 한 임은미(1998)의 연구에서도 유사한 결과를 얻었는데, 연구설계에서 제안한 8단계의 동기는 실제 무동기-사회적 동기-자율적 동기로 구분될 수 있음이 확인되었고, 사회적 동기와 자율적 동기가 모두 학생들의 학업성취도와 정적 상관을 보였다. 이와 같은 결과들은 아동의 학습동기를 내적 동기화로 이끄는 것도 중요하지만 외적으로 동기화될 수 있는 부분도 간과해서는 안 된다는 것을 시사한다.

요점 정리

1. 동기란 '어떤 목표를 지향하는 행동을 일으키고, 방향을 잡아 주고, 유지하는 힘의 총합'으로 행동의 유발, 방향성, 유지라는 세 가지 요소를 포함한다.
2. 강화란 유기체의 반응경향성을 높여 주는 것으로 일차적인 욕구를 충족시키는 기초강화와 기초강화와 연합되면서 일차적 욕구를 채우게 될 것을 보장해 주는 이차적 강화 또는 조건강화로 대별된다.
3. 학생들의 잘못된 행동을 지적하기보다는 바람직한 학습행동을 칭찬함으로써 학습

에 대한 동기를 높여 줄 수 있다.

4. 학생들의 학습관련 행동이 어떤 강화체제 속에 있어서 동기화되지 못하는가를 파악하기 위해 행동의 A-B-C를 분석한다.

5. 자기효능감은 전체적인 성격 특성이 아니고, 일반적인 자기개념도 아니며, 개별 활동에서의 성취경험(성공/실패)으로부터 발달한 특수한 자기개념이다.

6. 학생들의 자기효능감은 자신의 학업수행 변량의 약 14%를 설명하고, 자신의 학업지속 변량의 약 12%를 설명한다.

7. 자기효능감은 성공경험, 대리적 경험, 언어적 설득, 생리적 · 정서적 상태의 네 가지 주요한 근원(sources)으로부터 형성된다.

8. 학습에서의 누적된 실패경험은 반복적으로 자기효능감을 약화시키는 반면, 지속적인 노력을 통해 장애를 극복한 경험이 있으면 쉽게 약화되지 않는 자기효능감(resilient self-efficacy)을 획득할 수 있다.

9. 대리적 경험을 통한 자기효능감 증진에서 극복 모델이 숙달 모델보다 더 효과적이다.

10. 귀인이란 사건이나 행동의 결과를 놓고 그 결과에 작용한 원인을 탐색하는 행위를 의미하는데, 귀인의 내적-외적 차원, 안정성 차원, 통제가능성 차원 등 세 가지 차원 모두가 학습동기에 중요한 역할을 한다.

11. 귀인훈련 프로그램은 학습자의 귀인양식을 변화시키는 것을 목적으로 하는 교육프로그램으로, 귀인훈련에 포함되는 귀인의 내용이나 방향성은 노력과 같이 특정한 한 가지 귀인으로 재귀인하기보다는 실패경험과 성공경험에 따라 차별적인 처치를 하는 것으로 발달하였다.

12. 성취동기는 도전적인 과제를 성취하는 것을 통해 만족감을 얻고자 하는 욕구로, 사람들은 어떤 것을 성취하고자 하는 욕구(성공추구동기)를 가지는 동시에 실패를 피하고자 하는 욕구(실패회피동기)도 가지고 있다.

13. 성공추구동기가 높은 학생들은 성공을 했을 때 동기가 낮아지는 반면, 학습과제를 실패했을 때 동기가 오히려 증가한다. 실패회피동기가 높은 학생들은 학습과제를 성공했을 때 동기가 증가하고 실패했을 때는 동기가 감소한다.

14. 두 가지 목표지향성 중 과제지향성, 학습목표, 숙달목표는 배우는 것 자체에 가치를 두고 이를 목표로 삼는 것이다. 한편, 자아지향성, 수행목표는 능력에 대한 타인

의 인정을 받기 위해 과제를 수행하는 것이다.

15. 중다목표이론은 숙달목표와 수행목표의 분류축에 접근-회피라는 축을 교차시켜, 숙달-접근목표, 숙달-회피목표, 수행-접근목표, 수행-회피목표라는 2차원적 목표 이론을 제안한다.

16. 외적 동기는 어떤 행동을 하는 목적이 보상이나 처벌 회피와 같은 외적인 결과에 있는 것을 의미하고, 내적 동기는 어떤 외적 목적이나 보상이 없더라도 과제 자체에 대한 흥미나 수행에서 오는 만족감을 얻기 위해 행동하게 하는 동기를 의미한다.

17. 인간은 내적 욕구를 갖고 태어나고 이 욕구를 만족시키기 위해 노력하는데, 이러한 노력의 궁극적인 목적은 생물학적 만족이나 긴장의 감소를 뛰어넘어 자기실현의 추구다.

18. Maslow는 인간의 기본욕구를 크게 생리적 욕구, 안전 욕구, 소속감과 애정 욕구, 자존 욕구, 자아실현 욕구 등 다섯 단계로 구분하고, 인간에게 동기를 부여할 수 있는 욕구가 5개의 계층을 형성하고 있으며, 인간의 욕구는 낮은 단계의 욕구로부터 시작하여 그것이 충족됨에 따라서 차츰 상위 단계로 올라간다고 본다.

19. 외적 보상은 목표에 지나치게 몰두하게 하여 내적 동기나 창의성을 저해할 수도 있다.

20. 자기결정성이론에서는 내적 동기와 외적 동기가 서로 상반되는 대립 개념이 아니라 개인의 자율성과 통제라는 연속선상에 존재하는 것으로 본다. 자율성의 정도에 따라 각기 다른 유형의 동기가 하나의 연속선상에 놓이는데, 아무런 동기도 없는 무동기(amotivation), 외적 조절(extrinsic regulation), 부과된 조절(introjected regulation), 확인된 조절(identified regulation), 통합된 조절(integrated regulation), 내적 동기(intrinsic motivation)의 순이다.

생각해 볼 문제

1. 다양한 동기이론들이 초등학교 교육현장에 주는 시사점은 무엇인지 토론해 보시오.

2. 초등학교 저학년과 고학년의 학습동기를 증진시킬 수 있는 전략을 각각 구상해 보시오.

3. 자신의 과거와 현재의 학습동기를 동기이론의 개념들을 대입하여 설명해 보시오.

참고문헌

김아영(1998). 동기이론의 교육현장 적용연구와 과제: 자기효능감 이론을 중심으로. 교육심리연구, 12(1), 105-228.

김아영(2002). 자기결정성 이론에 따른 학습동기유형 분류체계의 타당성. 교육심리연구, 16(4), 169-187.

김아영 (2003). 교실에서의 동기. 교육심리연구, 17(1), 5-36.

김아영, 박인영(2001). 학업적 자기효능감 척도개발 및 타당화 연구. 교육학연구, 39(10), 95-123.

박병기, 채선영(2005). 학업수행 자기효능감 척도의 개발 및 타당화. 교육심리연구, 19(4), 1219-1240.

박승호(2007). 자기조절학습의 발전과정과 미래전망. 2007년 자기주도학습 심포지엄 자료집.

이성진(1996). 교육심리학 서설. 서울: 교육과학사.

임은미(1998). 학업동기 및 부모행동과 학업성취도의 관계. 박사학위논문, 서울대학교.

정종진(1989). 학교학습과 동기. 서울: 배영사.

정종진(1996). 동기연구의 인지적 경향과 그 교육적 시사-귀인이론을 중심으로-. 교육심리연구, 10(1), 93-121.

조승우, 김아영(1998). 초등학교 아동의 목표지향성과 자기조절학습전략 사용 및 자기효능감의 관계. 교육과학연구, 27, 71-88.

조한익, 김수연(2008). 초등학생의 성취목표지향성, 정서 및 정서지능의 관계 연구. 교육심리연구, 22(2), 443-460.

최병연(2001). 목표지향성이 성취관련 신념과 노력에 미치는 영향. 한국교육, 28(1), 165-180.

Amabile, T. M. (1979). Effects of external evaluations on artistic creativity. *Journal of Personality and Social Psychology, 37*, 221–233.

Ames, C. (1992). Classroom: Goal, structure, and student motivation. *Journal of Educational Psychology, 84*, 261–271.

Atkinson, J. W. (1964). *An introduction to motivation*. Princeton, NJ: Van Nostrand.

Atkinson, J. W. (1980). Motivational effects in so-called tests of ability and educational achievement. In L. J. Fyans, Jr. (Ed.), *Achievement motivation*. New York: Plenum.

Bandura, A. (1977). Self-efficacy: Toward a unifying theory of behavioral change. *Psychological Review, 84*, 191–215.

Bandura, A. (1982). Self-efficacy mechanism in human agency. *American Psychologist, 37*(2), 122–147.

Bandura, A. (1986). *Social foundations of thought and action*. Englewood Cliffs, NJ: Prentice Hall.

Bandura, A. (1997). *Self-efficacy: The exercise of control*. New York: Freeman.

Barron, K. E., & Harackiewicz, J. M. (2001). Achievement goals and optimal motivation: Testing multiple goal models. *Journal of Personality and Social Psychology, 80*(5), 706–722.

Bar-Tal, D., & Bar-Zohar, Y. (1977). The relationship between perception of locus of control and academic achievement. *Contemporary Educational Psychology, 2*, 181–199.

Covington, M. V., & Beery, R. G. (1976). *Self-worth and school learning*. New York: Holt, Rinehart, & Winston.

Covington, M. V. (1992). *Making the grade: A self-worth perspective on motivation and school reform*. New York: Cambridge University Press.

Craven, R. G., Marsh, H. W., & Debus, R. L. (1991). Effects of internally focused feedback and attributional feedback on enhancement of academic self-concept. *Journal of Educational Psychology, 83*(1), 17–27.

Deci, E. L. (1971). Effects of externally mediated rewards on intrinsic motivation. *Journal of Personality and Social Psychology, 18*, 105–115.

Deci, E. L. (1975). *Intrinsic motivation*. New York: Plenum.

Deci, E. L., & Ryan, R. M. (1985). *Intrinsic motivation and self-determination in human behavior.* New York: Plenum.

Deci, E. L., & Ryan, R. M. (2000). The "what" and "why" of goal pursuits: Human needs and the self-determination of behavior. *Psychological Inquiry, 11,* 319–338.

Dweck, C. S. (1975). The role of expectations and attributions in the alleviation of learned helplessness. *Journal of Personality and Social Psychology, 31*(4), 674–685.

Dweck, C. S. (1986). Motivational processes affecting learning. *American Psychologist, 41,* 1040–1048.

Eccles, J. S. (1983). Expectancies, values, and academic behaviors. In J. T. Spence (Ed.), *Achievement and achievement motives* (pp. 75–146). San Farncisco: Freeman.

Elliot, A. J., & Harackiewicz, J. (1996). Approach and avoidance goals and intrinsic motivation: A mediational analysis. *Journal of Personality and Social Psychology, 70,* 461–475.

Elliot, A. J., & McGregor, H. A. (2001). A 2×2 achievement goal framework. *Journal of Personality and Social Psychology, 80*(3), 501–519.

Forsterling, F. (1985). Attributional retraining: A review. *Psychological Bulletin, 98*(3), 495–512.

Harackiewicz, J., Barron, K. E., Pintrich, P. R., Elliot, A. J., & Thrash, T. (2002). Revision of achievement goal theory: Necessary and illumination. *Journal of Educational Psychology, 94*(3), 638–645.

Koestner, R., Losier, G. F., Fichman, L., & Mallet, M. (2002). Internalization and adaptation: Finding personal meaning in school activities. Unpublished manuscript, McGill University.

Lepper, M. R., & Greene, D. (1975). Turning play into work: Effects of adult surveillance and extrinsic rewards on children's intrinsic motivation. *Journal of Personality and Social Psychology, 31,* 479–486.

Lepper, M. R., Greene, D., & Nisbett, R. E. (1973). Undermining children's intrinsic interest with extrinsic rewards: A test of the "overjustification hypothesis". *Journal of Personality and Social Psychology, 28,* 129–137.

Lindsley, D. B. (1957). Psychophysiology and motivation. In M. R. Jones (Ed.) *Nebraska symposium on motivation* (pp. 44~105). Lincoln: University of Nebraska Press.

Maslow, A. H. (1970). *Motivation and personality* (2nd ed.). New York: Harper.

McClelland, D. C., Atkinson, J. W., Clark, R. A., & Lowell, E. L. (1953). *The achievement motive.* New York: Appleton-Century-Crofts.

Meece, J., Blumenfeld, P. C., & Hoyle, R. H. (1998). Students' goal orientation and cognitive engagement in classroom activities. *Journal of Educational Psychology, 80,* 514-523.

Miller, A. (1982). Self-recognitory schemes and achievement behavior: A developmental study. Doctoral dissertation, Purdue University.

Multon, K. D., Brown, S. D., & Lent, R. W. (1991). Relation of self-efficacy beliefs to academic outcomes: A meta-analytic investigation. *Journal of Counseling Psychology, 38*(1), 30-38.

Murray, H. A. (1938). *Explorations in personality.* New York: Oxford University Press.

Nicholls, J. G. (1984). Concept of ability and achievement motivation. In R. Ames & C. Ames (Eds.), *Research on motivation in education (Vol. 1): Student motivation* (pp. 39-73). New York: Academic Press.

Relich, J. D., Debus, R. L., & Walker, R. (1986). The mediating role of attribution and self-efficacy variables for treatment effects on achievement outcomes. *Contemporary Educational Psychology, 11,* 195-216.

Ryan, R. M., & Deci, E. L. (2000). Self-determination theory and the facilitation of intrinsic motivation, social development, and well-being. *American Psychologist, 55*(1), 68-78.

Schunk, D. H. (1994). Self-regulation of self-efficacy and attributions in academic settings. In D. H. Schunk & B. J. Zimmerman (Eds.), *Self-regulation of learning and performance: Issues and educational applications* (pp. 75-99). Hillsdale, NJ: Erlbaum.

Schunk, D. H., & Hanson, A. R. (1989). Influence of peer-model attributes on children's beliefs and learning. *Journal of Educational Psychology, 81*(3), 431-434.

Schunk, D. H., Hanson, A. R., & Cox, P. D. (1987). Peer-model attributes on children's achievement behavior. *Journal of Educational Psychology, 79*(1), 54-61.

Schunk, D. H., & Rice, J. M. (1987). Enhancing comprehentional skill and self-efficacy with strategy value information. *Journal of Reading Behavior, 19,* 285-302.

Stipek, D. J. (1984). The development of achievement motivation. In R. Ames & C. Ames (Eds.), *Research on motivation in education (Vol. 1): Student motivation* (pp. 145-174). New York: Academic Press.

Vallerand, R. J., & Bissonnette, R. J. (1992). Intrinsic, extrinsic, and amotivational styles as predictors of behavior: A prospective study. *Journal of Personality, 60,* 599-620.

Vallerand, R. J., Pelletier, L. G., Blais, M. R., Briere, N. M., Senecal, C., & Vallieres, E. F. (1992). The academic motivation scale: A measure of intrinsic, extrinsic, and amotivation in education. *Education and Psychological Measurement, 52,* 1003-1017.

Vallerand, R. J., Pelletier, L. G., Blais, M. R., Briere, N. M., Senecal, C., & Vallieres, E. F. (1993). On the assessment of intrinsic, extrinsic, and amotivation in education: Evidence on the concurrent and construct validity of the academic motivation scale. *Education and Psychological Measurement, 53,* 159-172.

Weiner, B. (1979). A theory of motivation for some classroom experiences. *Journal of Educational Psychology, 71*(1), 3-25.

Weiner, B. (1984). Principles for a theory of student motivation and their implication within and attributional framework. In R. Ames & C. Ames (Eds.), *Research on motivation in education (Vol. 1): Student motivation* (pp. 15-38). New York: Academic Press.

찾아보기

《인 명》

《내 용》

저자 소개

이대식(leeds@ginue.ac.kr)
서울대학교 교육학과 학사
서울대학교 대학원 교육학과 석사
미국 University of Oregon 박사(특수교육 전공)
현 경인교육대학교 교육학과 부교수

여태철(tcyeo@ginue.ac.kr)
서울대학교 교육학과 학사
서울대학교 대학원 교육학과 석사
서울대학교 대학원 교육학과 박사(발달심리 전공)
현 경인교육대학교 교육학과 부교수

공윤정(gongy@ginue.ac.kr)
서울대학교 교육학과 학사
서울대학교 대학원 교육학과 석사
미국 Purdue University 박사(상담심리학 전공)
현 경인교육대학교 교육학과 조교수

김혜숙(hyesook@ginue.ac.kr)
서울대학교 교육학과 학사
서울대학교 대학원 교육학과 석사
미국 Stanford University 박사(상담심리학 전공)
현 경인교육대학교 교육학과 교수

송재홍(jimsong56@hanmail.net)
전북대학교 교육학과 학사
전북대학교 대학원 교육학과 석사
전북대학교 대학원 교육학과 박사(교육심리 전공)
현 제주대학교 교육학과 교수

임진영(jinyoung@cje.ac.kr)
서울대학교 교육학과 학사
서울대학교 대학원 교육학과 석사
서울대학교 대학원 교육학과 박사(교육심리 전공)
현 청주교육대학교 초등교육과 교수

황매향(maehyang@ginue.ac.kr)
서울대학교 교육학과 학사
서울대학교 대학원 교육학과 석사
서울대학교 대학원 교육학과 박사(교육상담 전공)
현 경인교육대학교 교육학과 조교수

아동발달과 교육심리의 이해

2010년 3월 9일 1판 1쇄 발행
2021년 3월 25일 1판 5쇄 발행

지은이 • 이대식 · 여태철 · 공윤정 · 김혜숙 · 송재홍 · 임진영 · 황매향
펴낸이 • 김 진 환
펴낸곳 • (주) 학지사
04031 서울특별시 마포구 양화로 15길 20 마인드월드빌딩 5층
대표전화 • 02) 330-5114 팩스 • 02) 324-2345
등록번호 • 제313-2006-000265호
홈페이지 • http://www.hakjisa.co.kr
페이스북 • https://www.facebook.com/hakjisabook

ISBN 978-89-6330-258-4 93370

정가 17,000원

저자와의 협약으로 인지는 생략합니다.
파본은 구입처에서 교환하여 드립니다.